와일드

WILD

Copyright © 2012 by Cheryl Strayed All rights reserved.
Korean translation rights arranged with Aevitas Creative Management, New York
through Danny HongAgency, Seoul.
Korean translation copyright © 2024 by FORESTBOOKS

이 책의 한국어판 저작권은 대니홍 에이전시를 통해
Aevitas Creative Management와 독점 계약한 ㈜콘텐츠그룹 포레스트에 있습니다.
저작권법에 의해 한국 내에서 보호를 받는 저작물이므로 무단 전재와 무단 복제를 금합니다.

Wild
와일드

셰릴 스트레이드 지음 | 우진하 옮김

page2

일생에 한 번은 의지할 지팡이 하나 없이
어두운 숲속으로 홀로 걸어 들어가야 할 때가 온다.

추천의 글

놀랍도록 자극이 되는 책. 당신이 용기가 없다고 생각하는 그 순간 용기를 내도록 이끈다.

오프라 윈프리

숨이 멎을 것 같은 모험과 심오한 성찰이 슬픔과 생존이라는 인간의 본성과 함께 잘 버무려진 문학과 인간의 승리.

《뉴욕 타임스 The New York Times》

셰릴 스트레이드의 글은 날카롭고 힘이 넘치며 우리의 시선을 사로잡는다. 독자들은 사막의 열기와 시에라네바다 산맥의 강추위, 그리고 자신의 길을 한 걸음씩 찾아가는 한 놀라운 여성의 강한 의지를 느낄 수 있을 것이다.

《피플 People》

우리는 셰릴 스트레이드의 등산화 한 짝이 실수로 절벽 아래로 사라질 때 함께 안타까워하고, 그가 평범한 아마추어 여행자에서 퍼시픽 크레스트 트레일의 여왕으로 변모해갈 때 함께 환호한다. 그녀는 누구도 상상할 수 없었던 방황과 도전을 통해 궁극적으로 우리에게 희망의 진정한 실체를 선물한다.

《엘르Elle》

인상적이면서도 훌륭한 책. 정확하면서도 힘이 넘치는 필치로 우리를 진정한 야생의 세계로 안내한다. 우리가 미처 입 밖으로 내지 못하는 인생의 진짜 중요한 진실은 무엇일까. 인생은 우리가 원하는 대로 흘러가지는 않지만 어쨌든 우리는 견디고 살아나가야만 한다. 자신을 찾게 해준다는 수많은 책이 그 이름값을 못 하고 있는 이때, 『와일드』는 우리에게 진짜 인생의 모습을 보여준다.

《슬레이트Slate》

생기 넘치고 감동적이다. 궁극적으로 삶의 문제들을 헤쳐나가는 데 영감을 준다. 삶의 모든 문제를 한데 모아 해결해나가는 위대한 여정.

《월스트리트 저널The Wall Street Journal》

자연 그대로인 날것의 회고록. 셰릴 스트레이드는 자신의 강박관념 속에 남아있는 것들을 드러내기 위해 과거의 밑바닥을 파헤친다. 그러기 위해서 수천 킬로미터의 야생의 길을 혼자서 걷는다.

아버지의 폭행과 유기, 어머니의 암과 죽음, 그리고 가족의 해체. 스트레이드는 날것의 살아있는 소명을 실천해 슬픔을 이겨냄으로써 새롭게 태어난다.

《휴스턴 크로니클 Houston Chronicle》

중독적이며 매력적인 책. 단지 읽는 즐거움뿐만 아니라 진정한 독서가 무엇인지 알게 해주는 책. 스트레이드는 엄청난 재능을 지닌 작가이다.

《보스턴 글로브 The Boston Globe》

날카로우면서도 강렬하다. 스트레이드는 모든 작가가 꿈꾸는 놀라운 재능을 가지고 있다. 그가 자신의 책에서 보여주는 모든 글은 간결하면서도 시적으로 자신이 하고 싶은 말을 정확하게 잘 전달하고 있다.

《워싱턴 포스트 The Washington Post》

지난 몇 년간 미국에서 출간된 자전적 회고록 중 가장 사실적이며 가슴을 후려치는 아름다운 책. 거칠지만 동시에 감동적이다. 그러나 그 감동에 전혀 억지는 없다. 작가는 슬픔과 상실감에 대해 솔직하고도 담담하게 기록해가지만 자기 연민이나 인위적인 깨달음은 없다.

《내셔널 퍼블릭 라디오 National Public Radio》

『와일드』는 나를 완전히 압도했다. 마지막 1/3을 읽는 동안 나는 탈진했고 눈은 퉁퉁 부었다. 작가는 격한 고통과 시련 속에서 얻은 경험들을 자재 삼아 자신만의 유려하고 독특한 이야기 집을 만들어냈다.

드와이트 가너, 《뉴욕 타임스》 칼럼니스트

셰릴 스트레이드처럼 쓸 수 있는 사람은 아무도 없을 것이다. 『와일드』는 내가 읽었던 책 중에서 가장 격정적이며 감성적이게 읽은 것 중 하나다. 용서와 슬픔, 용기와 희망의 기록. 절대 잊히지 않을 문장들.

앤 후드, 《뉴욕 타임스》 칼럼니스트

대담하면서도 장대한 스케일. 우리의 심장을 들었다 놓았다 하는 책. 스트레이드는 용기와 투지가 넘치고 매혹적이며 우아한 작가다. 나는 때로는 웃으며 때로는 울음을 삼키며 이 책을 읽었다. 아름다우면서도 깊은 깨달음을 주는 책이다.

팜 휴스턴, 『모든 것은 움직인다 Contents May Have Shifted』의 저자

인간의 내면과 외면을 아우르는 아름답고도 장대한 여정.

가스 스테인, 『엔조』의 저자

목차

추천의 글 6
프롤로그 13

1부
돌연히 무너진 삶

상실의 시작 23
모든 것에서 떠나기 59
짊어져야 할 것들 77

2부
슬퍼할 새 없이 걷다

퍼시픽 크레스트 트레일 91
고통에 가려진 고통 117
불안을 둘러싼 아름다움 145
숲속에 남은 단 한 명의 여자 195

3부
눈부시고 아픈 길

텅 빈 곳에서 태어난 행운	225
잃어버린 길 위의 여우	258
레이디, 레이디, 레이디	277

4부
뜨거운 야생에서

지금, 여기 이곳의 나	333
현실과 현실	357
길이 없는 길	386
비로소 숨을 쉬다	414

5부
돌아가다

오리건에서 만난 사람들	441
텅 빈 그릇을 채운 것	487
뛰고, 넘고, 돌면 끝	508
PCT의 여왕	534
신들의 다리	554

에필로그	576

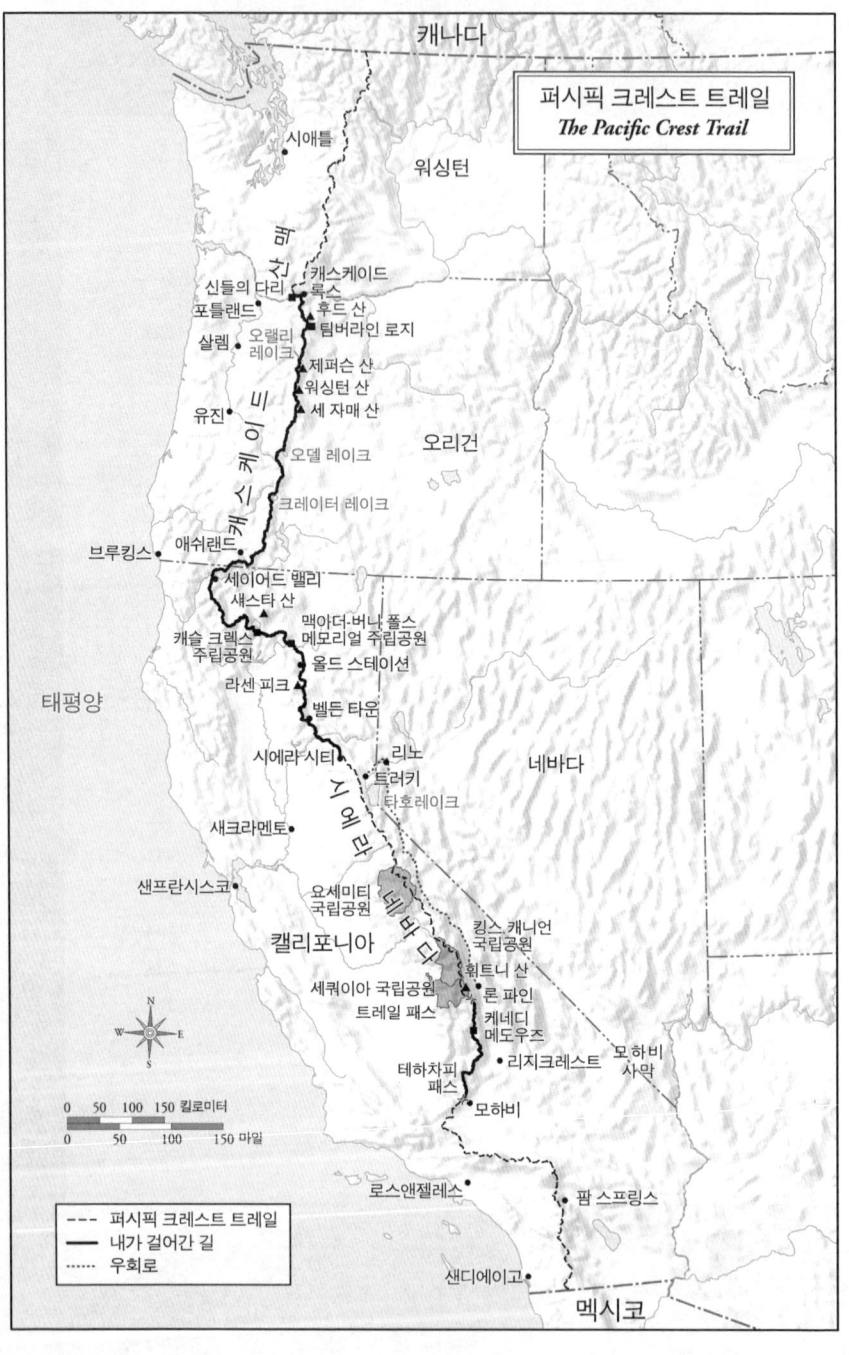

프롤로그

나무들은 키가 컸다. 그러나 캘리포니아 북부의 가파른 산등성이 위에 서서 나무들을 굽어보는 나는 그 나무들보다 키가 더 컸다.

방금 나는 벗어놓은 등산화 한 짝을 나무들 사이로 떨어트렸다. 커다란 배낭이 엎어지는 바람에 공중으로 튕겨나가더니 자갈 투성이 길을 굴러 저쪽 끄트머리로 날아가버린 것이다. 등산화는 몇 미터 아래 헐벗은 바위에 부딪혀 튀어 올랐다가 저 아래 숲속으로 사라져버렸다.

다시 찾아오는 것은 불가능했다. 나는 기절할 것처럼 숨을 들이켰다. 이 황무지에서 38일을 지내는 동안 이곳에서는 그 어떤 일도 일어날 수 있다는 사실을 깨닫기는 했지만, 그렇다고 해서 방금 일어난 일의 충격이 사라지는 것은 아니었다.

등산화가 사라졌다. 말 그대로 완전히 잃어버렸다.

나는 남은 등산화 한 짝을 갓난아이를 품에 안듯 꼭 끌어안았다. 당연히 아무 소용없는 짓이었다. 등산화 한 짝만으로 뭘 할 수 있단 말인가? 아무짝에도 쓸모없는 있으나 마나 한 존재 아닌가? 이 가련한 고아 같은 녀석에게 나는 아무런 동정심도 느낄 수 없었다. 그냥 무겁고 커다란 짐짝일 뿐이었다. 은색의 금속 죔쇠에 붉은색 끈이 달린 갈색 가죽 라이클^{Raichle} 등산화 한 짝이라니. 나는 이 녀석을 들어 온 힘을 다해 멀리 내던졌다. 그리고 내 품을 떠나 저 멀리 무성한 숲속으로 사라져버리는 등산화의 모습을 지켜보았다.

나는 스물여섯 살짜리 고아다. 혼자인데다가 이제는 심지어 맨발이다. 친아버지는 내가 여섯 살 때 가족과 남이 되었고 엄마는 스물두 살 때 세상을 떠났다. 새아버지가 있었으나 엄마가 죽고 난 후에 그는 '아버지'가 아니라 그냥 알고 지내는 남자로 변했다. 어떻게든 가족끼리 함께 지내보려 노력했지만 언니와 남동생마저 각자의 슬픔에 잠겨 뿔뿔이 흩어졌다. 결국 나도 모든 것을 포기하고 그들처럼 등을 돌렸다.

몇 년 전 내 삶은 이미 등산화처럼 내던져진 채 널브러져 있었다. 나는 미네소타에서 뉴욕, 그리고 오리건도 모자라 서부 전역을 이리저리 방랑하며 떠돌아다녔다. 아무 데서나 자고 아무 데서나 일어났다. 그러다 마침내 1995년 어느 여름날, 이렇게 맨발로 서 있는 나를 발견했다.

내가 지금 있는 이곳은 내가 한 번도 가보지 못한, 그리고 전혀 몰랐던 미지의 세계였다. 나는 슬픔과 혼란, 그리고 공포와 희망을 동시에 품고 이곳을 이리저리 헤매고 있었다. 이곳은 내가 그렇게 될 수 있다고 믿고 있던 한 여자의 모습으로 나를 만들어줄 것 같았다. 동시에 한때 진짜 내 모습이었던 어린 시절처럼 나를 되돌려줄 수 있을 것이라고 생각했다. 너비는 고작해야 50센티미터 남짓, 그러나 거리는 4,285킬로미터가 넘는 이곳.

나는 퍼시픽 크레스트 트레일The Pacific Crest Trail, PCT에 있었다.

처음 그곳에 대해 알게 된 건 길을 떠나기 불과 7개월 전이었다. 당시 나는 내가 여전히 사랑하고 있는 한 남자와 이혼 직전까지 간 상황에서 슬픔과 비탄에 둘러싸인 채 미니애폴리스에서 혼자 살고 있었다. 나는 휴대용 삽 한 자루를 사기 위해 야외용품 상점에 들렀다가 무심코 근처 진열대에서 책 한 권을 집었다. 『PCT 제1권: 캘리포니아』라는 제목을 확인하고 책 뒷면에 적힌 글을 읽었다.

PCT란 캘리포니아 주 멕시코 국경에서 시작해 캐나다 국경 너머까지 9개의 산맥을 따라 이어지는 황무지의 도보여행길이었다. 그 거리는 일직선상으로 1,600킬로미터 정도였지만 실제로는 4,285킬로미터로 그 두 배가 훨씬 넘었다. 캘리포니아 주, 오리건 주, 워싱턴 주 전체에 해당하는 거리를 가로지르는 이 장대한 여정에는 국립공원들은 물론 여러 황무지와 연방 정부, 인디언 부족, 그리고 개인 소유의 땅과 지역들이 포함되어 있었다. 게다가 사막과 산맥들, 그리고 열대우림이며 강과 고속도로까지 거쳐야 하는 길이었다.

나는 다시 책의 앞면 사진을 바라보았다. 푸른 하늘을 배경으로 험준한 바위산에 둘러싸인 호수가 눈에 띄었다. 나는 책을 진열대 위에 도로 올려놓고 삽을 산 뒤 그곳을 떠났다. 하지만 나는 며칠 후 다시 상점에 가서 그 책을 구매했다. 그때만 해도 PCT는 그저 상상 속의 세계에 불과했다. 뭔가 어렴풋하고 기이한, 약속과 수수께끼로 가득 찬 그런 상상 속의 세계.

그런데 손가락 끝으로 지도 위의 길을 따라가고 있으려니 마음속에서 무언가가 피어올랐다. 나는 그 길을 따라 걸어가고 싶었다. 아니, 최소한 100일 동안만이라도 내가 갈 수 있는 만큼 걸어보고 싶었다.

나는 남편과 떨어져 홀로 원룸 아파트에 살며 식당에서 종업원으로 일하고 있었다. 살면서 이토록 모든 것이 뒤죽박죽인 채 나락으로 떨어지기는 처음이었다. 매일 매일 깊은 우물 바닥에 처박혀 머리 위의 하늘만 바라보고 있다고 생각했다. 그러나 그 우물 속에서 나는 이제 홀로 황야를 가로지르는 여행가로 변신할 준비를 하게 될 터였다. 안 될 것이 뭐가 있겠는가? 나는 이미 많은 것을 경험해본 사람이었다. 다정한 아내에서 불륜녀가 되기도 했고, 사랑받는 딸에서 명절에도 혼자인 신세가 되기도 했다. 야심만만하게 맡은 일을 척척 해내며 작가를 꿈꾸던 여자가 허드렛일을 전전하더니 마약에도 조금씩 손을 대었고 이제는 아무 남자나 가리지 않고 잠자리도 함부로 가졌다.

나는 펜실베이니아 주에 살던 어느 광부의 손녀딸로 태어났고 친아버지는 제철소 노동자로 일하다가 영업사원으로 전업했다. 부모님이 이혼한 후 엄마와 언니 그리고 남동생과 함께 살았다. 우리가 살던 아파트 단지는 온통 혼자 된 여자와 아빠 없는 아이들이 득실거리던 그런 곳이었다. 10대가 되자 이번에는 미네소타 북쪽 숲 어느 집에서 시골 생활 비슷한 것을 하며 살게 되었다. 화장실은 물론, 전기도 수도도 없는 집이었다. 그런 형편이었지만 나는 고등학교에서 치어리더 활동도 했고 동창회의 여왕으로 뽑히기도 했다. 그리고 대학에 진학해서는 급진적인 여성 운동가로 활약했다.

그렇지만 여자 혼자서 수천 킬로미터가 넘는 황무지 길을 걸어서 종단하다니? 나는 그런 이야기를 한 번도 들어본 적이 없었다. 그렇지만 그런 시도를 한다고 해서 내가 잃을 것은 아무것도 없었다.

이렇게 맨발로 캘리포니아에 있는 산 위에 서 있자니 그 모든 일이 아주 오래전에 있었던, 내가 아닌 다른 사람의 일들처럼 느껴졌다. PCT를 홀로 걷겠다는 얼토당토않은 결심을 하게 된 건 바로 나 자신을 구원하기 위해서였다. 내가 지금까지 겪었던 모든 일은 바로 이 여정을 준비하기 위한 과정이었는지 모른다는 믿음도 생겼다. 그렇지만 무슨 일이 일어날지 알고 준비한 것은 아니었다. 이 여정의 하루하루는 그저 또 다른 내일의 여정을 위한 준비일 뿐이었다. 때로는 심지어 그 하루조차도 다음 날 닥칠 일을 적절히 준비하기에 모자랐다. 이렇게 산 중턱을 걷다가 등산화를 잃어버릴 줄 누가 알았겠는가.

사실 딱히 낙심이 크지는 않았다. 지난 6주 동안 나는 그 등산화를 신고 사막과 눈길을 걸었고 숲과 덤불 사이를 가로질렀으며 형형색색의 꽃들이 만발한 초원 위도 걸었다. 산을 오르내리기도 하고 벌판과 공터도 만났으며 도무지 뭐라고 불러야 할지 알 수 없는, 그저 가봤다고 말할 수밖에 없는 그런 곳을 지나치기도 했다. 그러는 동안 발에는 물집이 잡혔고 살은 다 까졌다. 발톱은 네 개나 까맣게 죽어 지독한 고통과 함께 발가락에서 떨어져나가고 말았다. 등산화와 나는 그 모든 여정을 함께했고 결국 서로에게 진저리가 나 있었다. 그러다 보니 등산화가 무생물이 아니라 마치 내 몸의 일부인 것처럼 느껴졌다. 하긴 내가 여름 내내 짊어지고 다닌 배낭, 텐트, 슬리핑백, 정수기, 초경량 스토브, 총 대신 들고 다니는 주황색 호신용 호루라기도 마찬가지다. 전부 속속들이 잘 알고 있고 크게 의지하던 생명줄 같은 물건이었다.

나는 발아래 나무들을 내려다보았다. 나무 꼭대기가 뜨거운 바람을 타고 부드럽게 흔들리고 있었다. 이 거대한 초록의 향연을 바라보며 저기 어디쯤 등산화가 있겠거니 하고 생각했다. 사실 내가 여기서 걸음을 멈춘 이유는 바로 이 경치 때문이었다. 때는 7월 중순의 늦은 오후, 사방을 둘러봐도 인적이라고는 하나도 없었다. 게다가 다음 보급품을 배달받을 수 있는 우체국을 가려면 며칠을 더 걸어야 하는지도 알 수 없었다. 이 길을 지나가면서 여행자를 만날 수도 있지만 그런 일은 정말 극히 드물었다. 사람을 만나지 못하고 며칠씩 걷는 일도 허다했다. 사실 누가 오든 말든 전혀 상관없었다. 어쨌든 나는 혼자였으니까.

나는 발톱이라곤 거의 붙어 있지 않은 부르튼 맨발을 바라보았다. 발목 위로는 다 떨어져 내버린 모직양말 자국이 희미하게 남아 있었다. 털 많은 종아리는 구릿빛으로 탄탄하게 근육이 잡혀 있었고 상처와 멍 자국과 함께 먼지가 뒤덮여 있었다. 모하비 사막을 걷기 시작하면서 나는 오리건과 워싱턴 주 경계선 위의 컬럼비아 강을 가로지르는 다리에 도착할 때까지 절대 멈추지 않겠다고 다짐했었다. 이른바 '신들의 다리$^{Bridge\ of\ the\ Gods}$'라고 불리는 거창한 이름의 다리였다.

나는 다리가 있는 북쪽을 바라보았다. 그 다리는 생각만으로도 내게는 하나의 이정표가 되었다. 지금까지 걸어온 남쪽을 바라보았다. 나를 가르치고 깨우쳐준 거친 야생의 땅이었다. 그리고 내가 선택할 수 있는 길을 곰곰이 생각해보았다. 방법은 하나뿐이라는 건 이미 잘 알고 있었다.

그냥 계속해서 길을 걷는 것. 언제나 그랬듯이.

제1부

돌연히
무너진 삶

그만큼 위대한 것이 사라지려면
그보다 더 큰 전조가 있어야 했을 것을.
윌리엄 셰익스피어,『안토니와 클레오파트라』

상실의 시작

PCT를 3개월간 혼자서 걸어보겠다는 결심은 여러 과정을 거쳐야 했다. 한번 해볼까 하는 생각, 실제로 해보겠다는 결심, 그리고 필요한 물건을 사고 짐을 꾸리는 몇 주간의 기나긴 준비까지.

PCT를 준비하면서 나는 식당일을 그만두었고 이혼 절차를 마무리 지었으며 가지고 있던 물건들을 모두 팔아치웠다. 그리고 친구들에게 작별 인사를 전하고, 마지막으로 엄마의 무덤을 찾아갔다. 그러고 나서 차를 타고 오리건 주의 포틀랜드까지 나라를 가로질렀다. 며칠 뒤, 비행기를 타고 로스앤젤레스까지 날아가 다시 차를 타고 모하비 사막 근처의 어느 마을까지 간 다음 다른 차로 갈아타고 PCT와 고속도로가 만나는 지점에 도착했다.

긴 기다림 끝에 마침내 여행의 출발점에 도착했다. 막상 이 여정을 시작하려고 하니 내가 지금 하려는 일이 무엇을 의미하는지 현실적으로 깨닫게 되었다. 문득 그만두고 싶었다. 이 일은 너무

나도 터무니없고 특별한 의미도 없었으며 게다가 나의 예상보다 훨씬 더 말이 안 될 정도로 벅찼다. 무엇보다 나는 아직 준비가 완벽하지 않았다.

그럼에도 나에게는 이 여행을 정말로 떠나고 싶다는 진정한 열망이 있었다. 수많은 문제가 도사리고 있다 해도 도전하고 싶었다. 이 길에는 내가 한 번도 보지도 못한 곰, 방울뱀, 퓨마와 같은 야생동물들도 있을 것이다. 발바닥은 갈라지고 물집이 잡히고 온몸은 찢기거나 상처투성이가 될 것이다. 피로는 쌓여만 가고 모든 것이 부족할 것이다. 추위와 더위가 번갈아가며 나를 괴롭히고 외로움과 고통, 그리고 갈증과 허기가 나를 기다릴 것이다.

그러나 오랜 시간 동안 머나먼 길을 걸어 최종 목적지에 도착했을 때 깨달았다. 이 여행의 시작은 내가 머릿속으로 이 여행을 상상하기 전부터, 좀 더 정확하게 말하면 4년 7개월 하고도 3일 전에 이미 시작된 것이었다. 그때 나는 미네소타 주 로체스터에 있는 메이오 클리닉에서 죽어가는 엄마의 모습을 바라보고 있었다.

*

나는 온통 녹색으로 차려입었다. 녹색 바지, 녹색 셔츠, 그리고 녹색 머리띠까지. 모두 엄마가 만들어준 것이었다. 엄마는 평생 내 옷들을 만들어주셨다. 그중 몇 벌은 정말 입고 싶은 옷도 있었지만 물론 별로인 옷들도 있었다. 녹색 옷을 광적으로 좋아하는 건 아니었지만 어쨌든 나는 그 옷들을 입었다. 지금 상황에서 그 옷들은 나의 속죄이자 부적 같은 의미였다.

그렇게 녹색으로 차려입은 나는 온종일 엄마와 새아버지 에디와 함께 병원의 각 층을 오르내리며 엄마가 검사를 받는 것을 도왔다. 그러는 동안 내 머릿속에는 온통 기도문이 휘젓고 다녔다. '휘젓다'라는 말이 기도에는 어울리지 않겠지만 어쨌든 나는 신 앞에서 그리 겸손한 존재는 아니었다. 심지어 나는 신을 믿지도 않았다.

내가 올리는 기도는 '오 하나님, 우리에게 자비를 내려주소서' 같은 것이 아니었다. 자비 같은 건 구하지 않을 생각이었다. 그런 건 필요 없었다. 엄마는 고작 마흔다섯 살이었고 아무런 문제도 없어 보였다. 게다가 꽤 오랫동안 채식주의자 생활을 했다. 또한 천연살충제 역할을 한다는 마리골드 꽃을 집 마당에 심어 벌레들을 쫓아내고, 우리가 감기에 걸리면 생마늘 한 쪽을 먹게 했던 사람이다.

그러니 우리 엄마는 암 같은 병에 걸리지 않아야 했다. 메이요 클리닉의 각종 검사가 그런 사실을 증명해줘야 했다. 미네소타 덜루스의 의사들이 해준 말 따위는 곧 뒤집어주겠지. 나는 그렇게 확신했다. 덜루스의 의사들이 도대체 누군데? 아니, 덜루스가 뭐야? 덜루스! 자기들이 무슨 말을 하고 있는지도 모르는 빌어먹을 의사들이 사는 초라하고 황량한 마을 같으니라고! 마흔다섯 살의 채식주의자, 마늘을 날로 먹고 천연살충제를 고집하는, 게다가 담배도 피우지 않는 우리 엄마를 보고 폐암 말기라고? 그게 말이 돼? 뭣 같은 소리 집어치우라고 해.

이게 바로 나의 기도였다. 집어치워, 집어치워, 집어치우라고!

그럼에도 엄마는 이렇게 커다란 종합병원을 찾아왔다. 한 걸음 내딛는 것조차 오랜 시간이 걸릴 만큼 아주 완벽히 지쳐버린 모습으로.

"휠체어를 가지고 올까?" 기다란 병원 입구에 늘어서 있는 휠체어를 보고 에디가 엄마에게 물었다.

"엄마는 휠체어 같은 거 필요 없어요." 내가 대꾸했다.

"아니, 잠깐만……." 엄마는 그러면서 거의 무너지듯 휠체어에 몸을 실었다. 에디가 그런 엄마를 엘리베이터 쪽으로 밀고 가려는 순간 엄마와 나의 눈이 마주쳤다.

나는 아무 생각도 하지 않으려고 애쓰며 두 사람의 뒤를 따라갔다. 그렇게 우리는 결국 마지막 확인을 위해 의사를 만나러 왔다. 우리는 그를 '진짜 의사'라고 불렀다. 우리 엄마에 대한 모든 것을 다 끌어모아 우리에게 무엇이 진실인지 말해줄 '진짜 의사'. 엘리베이터가 움직이기 시작하자 엄마는 손을 뻗어 내 바지를 끌어당겼다. 그리고 손으로 녹색 면바지를 문지르며 말했다. "완벽하구나."

그때 나는 스물두 살이었다. 엄마가 나를 임신했던 나이였다. 내가 막 엄마의 삶에 들어가려는 순간, 엄마는 이렇게 나를 떠나는구나. 갑자기 그런 생각이 머릿속을 꽉 채우며 내가 퍼붓던 저주의 기도를 잠시 몰아냈다. 나는 고통으로 거의 울부짖을 지경이었다. 사실이 무엇인지 알기도 전에 내가 이미 알고 있는 사실 때문에 숨이 막혀 죽을 것 같았다. 이제 나는 남은 인생을 엄마 없이 살아가야 한다. 나는 그 사실을 내 안에 있는 모든 것과 함께 저 멀리 떨쳐내고 싶었다. 그 엘리베이터 안에서 나는 아무것도 믿을 수 없었고 숨조차 제대로 쉴 수 없었다. 그래서 나는 대신 다른 것들을 생각하기로 했다. 만일 의사가 '당신 생명이 얼마 남지 않았습니다' 하고 말한다면 반짝반짝 빛나는 나무 책상이 있는 방 하나를 찾아 그 안에 틀어박혀야지, 뭐 이런 거 말이다.

아니, 지금 그런 이야기가 아니지.

우리는 검사실로 안내되었다. 그곳에서 한 간호사가 엄마에게 윗옷을 벗고 끈으로 옆을 졸라맬 수 있게 만든 면 원피스 같은 것으로 갈아입도록 도와주었다. 옷을 갈아입은 엄마는 하얀색 종이가 펼쳐진 매트가 깔려 있는 탁자 위로 올라갔다. 엄마가 몸을 움직일 때마다 검사실은 엄마 밑에 깔린 종이가 부스럭대며 구겨지는 소리로 가득 찼다. 나는 엄마의 벌거벗은 등을 보았다. 엄마는 절대 죽지 않을 거야. 엄마의 벌거벗은 등이 바로 그 증거처럼 보였다. 나는 '진짜 의사'가 검사실로 들어와 운이 좋으면 1년은 더 살 수 있을 거라는 이야기를 들려줄 때까지 그 모습을 바라보고 있었다.

그러나 의사는 치료 방법이 없다고 했다. 이미 치료 가능한 단계를 넘어서서 더는 할 수 있는 일은 아무것도 없다고 말했다. 그리고 이렇게 암이 늦게 발견되는 일은 흔하다고 했다. 특히나 폐암의 경우에는.

"우리 엄마는 담배도 안 피우는데요?" 나는 이렇게 반박해보았다. 마치 진단 결과와 상관없이 암도 협상만 잘하면 물러나게 할 수 있는 그런 이성적인 존재인 것처럼.

"젊었을 때 잠깐 피웠던 것뿐이에요. 그 이후엔 담배에 손도 안 댔다고요."

의사는 자기도 슬프다는 듯이 고개를 저으며 의사로서 해야 할 이야기를 계속했다. 병원에서는 방사선 요법으로 등의 통증을 완화하도록 노력해볼 것이며, 방사선을 쪼이면 지금 엄마의 척추 전체를 따라 커지고 있는 종양을 줄일 수 있다고 말했다.

나는 울지 않았다. 나는 그저 숨만 몰아쉬었다. 아주 끔찍하고 의도적으로. 그러고서 숨 쉬는 것을 잊어버렸다. 나는 세 살 무렵에 기절한 적이 있었다. 욕조에서 나오기 싫어서 숨을 참고 있다가 그랬다는데 너무 어릴 때라 기억이 잘 나지는 않았다. '그래서요? 그래서 어떻게 됐어요?' 나는 어린 시절 내내 엄마에게 물어보고 같은 이야기를 계속해서 듣고 또 들었다. 그렇게 어린 시절 내가 저지른 충동적인 행동에 놀라기도 하고 즐거워하기도 했다. 엄마는 파랗게 질려버린 나를 보고 손을 뻗었다고 항상 똑같이 답했다. 엄마 품 안에 고개를 떨어뜨린 내가 다시 숨을 몰아쉬며 살아나기를 기다렸다는 것이다.

다시 숨을 몰아쉬며 살아나기를.

"다시 말을 탈 수 있을까요?" 엄마가 물었다. 엄마는 양손으로 깍지를 끼고 자리에 앉아 있었다. 관절들이 서로 얽힌 그 모습이 스스로에게 족쇄를 채우고 있는 것처럼 보였다. 의사는 바로 대답하지 않고 연필 하나를 들어 세면대 가장자리에 똑바로 세웠다. 그러고는 연필심 쪽을 힘껏 내리찍었다.

"방사선 요법 후에 부인의 척추 상태는 이렇게 될 겁니다." 그리고 말을 이었다.

"한 번 흔들리기만 해도 뼈들이 오래된 과자처럼 부서져 내리게 되죠."

*

우리는 화장실로 향했다. 각자 따로 변기 위에 앉아 흐느끼기 시작했다. 우리는 아무런 말도 나누지 않았다. 슬픔 때문에 외로움이 치밀어 올라서가 아니라 한 몸 같은 느낌 때문이었다. 나는 문에 기댄 엄마의 무게를 느낄 수 있었다. 엄마의 손이 천천히 문을 내리쳤고 화장실 문 전체가 흔들렸다. 잠시 뒤 우리 두 사람은 밖으로 나와 얼굴과 손을 씻고 환한 거울 속에 비친 서로의 모습을 바라보았다.

우리는 병원 약국으로 가서 기다렸다. 나는 녹색 옷을 입은 채로 엄마와 에디 사이에 앉았다. 믿기지 않았지만 녹색 머리띠도 그대로 머리 위에 얹혀 있었다. 한 노인의 무릎 위에는 머리카락이 없는 커다란 사내아이가 앉아 있었다. 팔꿈치 아래쪽을 크게 흔들고 있는 한 여자도 눈에 띄었다. 그는 다른 한 손으로 팔을 움켜쥐고는 진정을 시키려 애를 쓰고 있었다. 그는 기다렸다. 우리도 기다렸다. 휠체어에 탄 아름답고 짙은 머리카락을 지닌 한 여자도 있었다. 자주색 모자를 쓰고 손가락에는 다이아몬드 반지가 가득했다. 우리는 그에게서 눈을 뗄 수가 없었다. 그는 주변에 모인 사람에게 스페인어로 이야기하고 있었다. 가족 아니면 남편인 듯했다.

"저 여자도 암에 걸렸을까?" 엄마가 조금 큰 목소리로 내게 속삭였다. 에디는 맞은편에 앉아 있었지만 그 얼굴을 쳐다볼 수 없었다. 그의 얼굴을 보는 순간 우리 둘 다 오래된 과자처럼 부서져 내릴 것 같았다. 나는 언니 카렌과 남동생 레이프 생각을 했다. 그리고 내 남편 폴과 수천 킬로미터 밖에 사는 엄마의 부모님과 이모 생각도 했다. 이 사실을 알게 되면 뭐라고 이야기할까? 나처럼 울까? 이제 내 기도는 아까와는 달라져 있었다. 1년, 1년, 1년. 이 한마디 말이 심장처럼 계속해서 나를 두들겨댔다.

엄마가 살 수 있는 시간, 앞으로 고작해야 1년.

"무슨 생각하고 있어?" 나는 엄마에게 물었다. 대기실 스피커에서는 노래가 흘러나오고 있었다. 가사는 들리지 않는 그냥 음악 소리였지만 엄마는 그 노래를 알고 있었는지 내 질문에는 대답하지 않은 채 부드럽게 가사를 흥얼거리기 시작했다.

"종이로 만든 장미, 종이로 만든 장미. 오, 진짜 장미와 똑같은 저 모습." 엄마가 노래를 부르며 내 손을 잡고 말했다. "어렸을 때 자주 듣던 노래구나. 그 생각을 하니 재미있네. 그때랑 같은 노래를 지금 듣고 있다니. 이런 일이 있을 줄은 정말 몰랐는데."

그때 엄마의 이름이 스피커에서 들려왔다. 처방전이 다 준비된 것이다.

"가서 받아와. 네가 누구인지 말하고, 내 딸이라고 말하렴."

나는 엄마의 딸이다. 아니, 그 이상이다. 나는 카렌이고 세릴이고 레이프다. 카렌, 셰릴, 레이프. 카렌셰릴레이프. 평생 엄마의 입을 통해 우리 삼 남매의 이름이 한꺼번에 불리는 걸 들어왔다. 엄마는 그 이름들을 속삭였고 소리치기도 했으며 화가 난 듯 쉭쉭거리다가 부드럽게 노래하듯 부르기도 했다. 우리는 엄마의 자녀인 동시에 동료였고 엄마의 시작이자 끝이었다. 우리는 차를 타면 번갈아가며 엄마 옆자리에 앉았다.

"엄마가 너희들을 얼마나 사랑할까? 이만큼?" 엄마는 그렇게 물어보며 양손을 한 뼘 정도 벌렸다.

"아뇨!" 우리는 킬킬거리며 합창하듯 대답했다.

"그럼 이만큼?" 엄마는 같은 질문을 반복하며 그때마다 손도 점점 더 크게 벌렸다. 그렇지만 아무리 손과 팔을 뻗은들 원하는 대답에 다다를 수 있었을까? 절대 그럴 수 없었을 것이다. 우리를 향한 엄마의 사랑은 훨씬 더 컸으니까. 그 사랑은 크기나 무게를 가늠할 수 있는 것이 아니었다. 중국의 노자가 쓴 『도덕경』에서는 사랑이 만 가지 다른 이름으로 나오고 다시 또 만 가지가 더 나올 만큼 수없이 많은 이름을 가지고 있다고 한다. 엄마의 사랑이 그랬다. 큰 소리로 울려 퍼지고 모든 것을 아우르면서도 아무런 장식 없이 소박했다. 매일 매일 엄마는 자신의 모든 것을 우리에게 쏟아부었다.

천주교를 믿는 군인 가정에서 자라난 엄마는 열다섯 살도 되기 전에 두 나라와 미국의 다섯 개 주를 옮겨 다녔다. 엄마는 말 타기와 가수 행크 윌리엄스를 좋아했고 가장 친한 친구의 이름은 밥스였다. 열아홉 살에 첫 임신을 하고 아빠랑 결혼했는데, 사흘 뒤부터 아빠가 엄마를 때렸다. 엄마는 집을 도망쳤다가 돌아가기를 반복했다. 참고 견디면 안 되는 거였는데, 엄마는 그렇게 한 것이다. 아빠는 엄마의 코뼈를 부러뜨렸고 엄마의 접시를 깨뜨렸다. 훤한 대낮에 엄마의 머리채를 잡고 길바닥에 넘어뜨려 무릎이 다 까지기도 했다. 그런데도 엄마는 아빠와 이혼하지 않았다. 스물여덟 살이 되자 엄마는 드디어 마지막으로 남편 곁을 떠나려 했다.

엄마는 혼자였다. 카렌, 셰릴, 레이프가 자동차 옆자리에 타고 있을 뿐이었다.

그 무렵 우리는 미니애폴리스에서 한 시간 거리 외곽에 있는 작은 읍내에 살고 있었다. 터무니없이 거창한 이름의 아파트 단지들이 늘어서 있는 곳이었다. 호수 아파트, 모래언덕 아파트, 나무 위 아파트, 우아한 아파트 등등. 엄마는 이런저런 직업을 전전했다. 엄마는 '노스맨'이라는 식당에서 일하다 다시 '인피니티'라는 이름의 식당으로 자리를 옮겼다. 그곳의 유니폼은 검은색 티셔츠로 가슴께 근처에는 '열심히 하겠습니다'라는 글이 오색으로 번쩍거리며 새겨져 있었다. 엄마는 부식성 높은 화학물질을 담을 수 있는 플라스틱 용기를 생산하는 공장에서 낮 교대조로 일하기도 했는데, 그때는 불량품들을 집으로 들고 왔다. 쟁반이며 상자 등 기계 처리 과정에서 부서지거나 망가져 흠이 있는 물건들이었다. 우리는 그걸로 인형 침대나 자동차 경주로 같은 장난감을 만들며 놀았다.

엄마는 일하고, 일하고, 또 일했다. 그럼에도 우리는 여전히 가난했다. 우리는 정부에서 주는 치즈와 전지분유를 받아먹었고 정부 보조금으로 다른 식료품과 의료비도 해결했다. 그리고 크리스마스가 다가오면 자선단체에서 나눠주는 공짜 선물을 받았다. 우리는 우편함이 있는 아파트 현관 근처에서 술래잡기며 신호등 놀이, 그리고 몸동작 알아맞히기 놀이 등을 하며 시간을 보냈다. 아파트 우편함은 열쇠가 있어야만 열 수 있었고 우리가 놀면서 기다리는 건 수표로 보내지는 월급이나 정부 보조금이었다.

"우리는 가난하지 않아. 우리 집은 사랑이 넘쳐나니까."

엄마는 시시때때로 같은 말을 되풀이했다. 엄마는 가게에서 파는 식용 색소와 설탕물을 섞어 우리에게 주며 아주 특별한 음료수라고 했다. 열대과일 음료수나 오렌지 과즙, 혹은 레모네이드라면서. 엄마는 이렇게 물었다. "아가씨, 음료수 좀 더 드시겠어요?" 그 점잖은 체하는 억양에 우리는 모두 언제나 웃음을 터뜨렸다. 엄마는 양팔을 활짝 벌리고 우리에게 물었다. "엄마가 너희들을 얼마나 사랑할까? 이만큼?" 그럼 또 끝도 없는 질문과 대답이 이어졌다. 엄마는 이 세상에서 사랑이라 이름 붙인 그 어떤 것들보다도 더 많이 우리를 사랑했다.

엄마는 낙천적이고 조용한 사람이었다. 물론 아주 가끔 화가 날 때면 나무숟가락으로 엉덩이를 때렸다. 어느 날은 우리가 방 청소를 안 하자 '이놈들이!'라고 소리치고는 울음을 터뜨린 적도 있었다. 엄마는 친절하고 이해심이 많았으며 따뜻하고 순진한 사람이었다.

엄마가 만나던 남자 중에는 이름이 킬러나 두비, 그리고 '모터사이클' 댄인 사람도 있었다. 어떤 남자는 이름이 빅터였는데 활

강 스키를 좋아한다고 했다. 그 남자들은 우리에게 돈을 얼마간 쥐여주고 밖으로 나가 뭘 사먹으라고 했고, 우리가 나가면 엄마랑 아파트에서 단둘이 있곤 했다. 우리가 돈을 받아들고 배고픈 강아지들처럼 우르르 몰려나갈 때면 엄마는 등 뒤에서 말했다. "차 조심해."

엄마가 에디를 만났을 때 엄마는 잘될 거라는 생각은 하지 않았다. 에디는 엄마보다 여덟 살이나 어렸기 때문이다. 그렇지만 어쨌든 두 사람은 곧 사랑에 빠졌다. 카렌과 레이프와 나도 그 남자를 좋아하게 되었다. 우리가 처음 에디를 만났을 때 그는 스물다섯 살이었고 스물일곱 살이 되자 엄마랑 결혼해 우리의 좋은 아빠가 되겠다고 약속했다. 자신은 무엇이든지 만들거나 고칠 수 있는 목수라면서 말이다. 우리는 이름만 번지르르한 그 아파트 단지를 떠나 에디를 따라 금방이라도 허물어질 듯한 시골 셋집으로 이사했다. 흙바닥이 그대로 드러나 있는 지하실이 있고 집 바깥쪽은 네 가지 색 페인트로 칠해져 있는 그런 집이었다.

그런데 엄마와 결혼한 그해 겨울, 에디는 일을 하다가 지붕에서 떨어져 등이 부러졌다. 1년 뒤 1만 2,000달러의 보상금을 받게 된 엄마와 에디는 그 돈으로 미네소타 주 덜루스에서 서쪽으로 한 시간 반가량 떨어진 에이트킨 카운티의 땅을 40에이커가량 사들였다. 그 땅에는 집이 없었다. 아니, 누구도 그 땅에 감히 집을 지은 적이 없었다. 40에이커의 우리 땅은 나무와 덤불, 잡초, 웅덩이에 가까운 연못과 부들자리가 얽혀 자라고 있는 늪지대로만 가득 채워진 정사각형 모양의 땅이었다. 사방 몇 킬로미터가 모두 그런 나무와 덤불과 잡초와 호수와 늪으로 둘러싸여 있어 어디가 어딘지 도무지 전혀 구분할 수가 없었다. 우리 가족은 처음 몇 달 동안 땅 주인의 자격으로 계속 주변을 돌아보기만 했다. 그렇게 걸으면 나머지 세상으로부터 그 땅을 봉인하고 완전한 우리 땅으로 만들 수 있을 것처럼 말이다. 우리는 길도 제대로 보이지 않는 야생의 땅을 이쪽저쪽을 헤치고 나갔다. 그리고 정말 그곳은 천천히 우리 땅이 되어갔다. 수많은 사람 속에서 오랜 친구를 알아보듯 처음에는 똑같아 보이던 나무들도 눈에 익어갔고, 가지들의 흔들림은 어떤 의미가 있는 것 같았다. 나뭇잎들은 마치 사람의 손처럼 손짓했다. 풀숲과 이제는 익숙해진 늪지대의 가장자리는 우리 가족만 알아볼 수 있는 표시이자 길잡이가 되었다.

우리는 여전히 미니애폴리스에서 한 시간가량 떨어진 외곽의 한 읍내에 살면서 그곳을 '북쪽'이라고 불렀다. 처음 6개월 동안에는 고작해야 주말에만 그곳에 갔다. 그 시간 동안 우리는 뼈 빠지게 일하며 한 조각 땅을 일구고 우리 가족 다섯 명이 살 수 있는 타르 방수지로 둘러싼 방 한 칸짜리 오두막을 지었다.

6월 초순이 되어 내가 열세 살이 되자 우리는 드디어 그 '북쪽'으로 이사했다. 아니, 이사한 건 사실 엄마와 레이프, 카렌, 나뿐이라고 할까? 거기에 말 두 마리와 개와 고양이들, 그리고 엄마가 사료 가게에서 닭 모이 10킬로그램 한 포대를 사자 공짜로 준 병아리 열 마리가 든 상자와 말이다. 에디는 여름 내내 주말에만 차를 몰고 찾아오는 일을 계속했다. 그러다 가을이 왔다. 다쳤던 등의 치료가 끝나자 에디도 마침내 다시 일할 수 있게 되었다. 그는 성수기 동안 일할 수 있는 목수 자리를 하나 찾았다. 그냥 포기하기에는 너무 아까운 일자리였다.

카렌, 셰릴, 레이프가 엄마하고만 사는 생활이 다시 시작되었다. 엄마가 재혼하기 전과 별반 다를 게 없었다. 여름 동안 자고 깨어나기를 반복하면서 우리는 다른 사람들의 눈에 거의 띄지 않았고 우리도 다른 사람은 거의 만나보지 못했다. 우리는 서로 반대 방향에 있는 두 개의 작은 읍내와 30킬로미터 이상 떨어져 있었다. 무스 레이크는 동쪽에 있었고 맥그레거는 북서쪽이었다. 가을이 되자 우리는 둘 중 더 작은 읍인 맥그레거에 있는 학교에 다니게 되었다. 인구는 고작 400명 정도였고 여름 내내 그곳을 찾은 사람은 먼 곳에 살며 인사하기 위해 들른 이웃과 우리 삼 남매, 엄마뿐이었다. 우리는 시간을 때우기 위해 서로 싸우고 이야기하고 농담도 하며 지냈다.

내가 누구게? 우리는 스무고개 놀이를 하며 서로 질문을 끝없이 되풀이했다. 우리 중 한 사람이 마음속으로 유명인이든 일반인이든 가리지 않고 한 사람을 생각하면 나머지 사람들이 정해진 횟수만큼 질문하고 '그렇다' 또는 '아니다'라고만 대답하는 것이었다. 당신은 남자입니까? 당신은 미국인입니까? 당신은 이미 죽었습니까? 그러면 당신은 연쇄 살인마인 찰스 맨슨입니까? 겨울 동안 우리를 먹여살려줄 텃밭을 일구고 가꾸는 동안 그렇게 놀면서 남는 시간을 보냈다. 수천 년 동안 아무도 손을 대지 않고 내버려둔 그 땅에서.

그 땅 저편에 우리가 짓고 있던 집은 공사 진척이 너무 느려서 여름이 끝나기 전에 완성되기만 바랄 뿐이었다. 우리가 일할 때마다 모기들이 달려들었지만, 엄마는 살충제는 물론 뇌세포를 파괴하고 대지를 오염시키며 후손들에게 해를 입힐 수 있는 어떠한 화학물질도 사용하지 못하게 했다. 대신 우리에게 야생 박하나 박하기름을 몸에 듬뿍 바르게 했다. 저녁이 되면 우리는 등불 아래 모여 벌레에 물린 자국이 얼마나 되는지 세며 놀 정도였다. 물린 자국은 일흔아홉, 여든여섯, 백 하고도 세 군데나 되기도 했다.

"언젠가는 엄마한테 고맙다고 하게 될 거야." 엄마는 항상 우리에게 그렇게 이야기했지만, 나는 우리가 더는 가질 수 없는 모든 것에 대해 불평을 늘어놓았다. 여태껏 중산층과 비슷한 수준으로도 살아본 적 없었지만 그래도 현대사회가 주는 여러 편리한 시설들을 누리며 살았다. 집에는 언제나 텔레비전이 있었으며 수세식 화장실은 말할 것도 없고 손만 뻗으면 물을 마실 수 있는 수도도 있었다.

그러나 개척자로 살아가려니 최소한의 필요를 충족시키는 일에도 엄청나게 지루하고 장황한 노동과 정말 불필요한 노력이 잔뜩 수반되어야 했다. 야외용 버너와 버너용 바람막이, 들어가는 얼음에 따라 그럭저럭 냉기를 유지할 수 있는 에디가 만들어준 아이스박스, 그리고 오두막 바깥쪽 벽에 기대어놓은 이동용 싱크대와 뚜껑 달린 양동이 하나가 주방이었다. 이 주방을 이루는 요소들은 각각 도움이 되는 것보다 품이 더 들어갔다. 버너는 조심스럽게 잘 다루어야 했고 아이스박스는 얼음을 채우고 치우는 일을 반복해야 했으며 싱크대는 이리저리 옮겨야 했고 양동이는 물을 길어다 채워야 했다. 그렇게 모든 것을 살피고 관리해야 했다.

카렌과 나는 다락방에서 침대 하나를 나눠 썼는데 천장과 너무 가까워서 제대로 앉아 있을 수도 없었다. 레이프는 조금 떨어진 곳에서 자기 침대를 썼고 엄마는 바닥에 있는 침대에서 잤다. 주말이면 에디가 와서 엄마와 함께 머물렀다.

매일 밤 우리는 아이들이 밤샘 파티를 하듯 잘 때까지 이야기를 나눴다. 천장에는 카렌과 내가 쓰는 침대까지 이어진 채광창이 달려 있는데, 침대에 누우면 그 투명한 창이 내 얼굴에서 불과 몇십 센티미터 위에 있었다. 매일 밤 칠흑같이 어두운 밤하늘과 눈부신 별들은 내 멋진 친구가 돼주었다. 이따금 나는 그들의 그 소박한 아름다움과 엄숙함을 보며 엄마의 말이 맞았다고 강렬하게 깨닫곤 했다. 엄마는 항상 '언젠가는 엄마한테 고맙다고 하게 될 거야'라고 했지만, 사실 그때마다 이미 감사함을 느꼈다. 그럴 때면 나는 내 안의 무엇인가가 더 강하고 진실한 모습으로 자라고 있음을 느끼곤 했다.

핼러윈 축제일 밤, 드디어 우리 가족은 숲의 나무와 버려진 목재로 지은 우리 집으로 이사했다. 전기는 물론 수도나 전화기, 집 안의 화장실은 물론 심지어 문짝이 달린 방 한 칸도 없는 그런 집이었다. 나는 10대 시절 내내 에디와 엄마는 집 짓는 일을 계속하며 더 나은 집으로 만들어갔다. 엄마는 텃밭을 가꾸고 가을이 오면 수확물들을 절이거나 냉동 보관하고 병조림으로도 만들었다. 단풍나무 수액을 모아 끓여 메이플 시럽을 만들고 빵을 굽고 뜨개질도 했다. 그리고 민들레와 브로콜리 잎사귀로 직접 천을 염색하기도 했다.

　시간이 흐르고 나는 미네소타 대학교 트윈시티 캠퍼스에 있는 세인트토머스 칼리지에 입학했다. 혼자가 아닌 엄마와 함께였다. 입학허가서에 딸린 설명서를 보니 학부모도 무료로 수업을 들을 수 있었기 때문이다. 엄마는 개척자 같은 인생을 좋아하긴 했지만 대학 학위는 항상 받고 싶어 했다. 설명서를 읽고 엄마와 나는 같이 웃다가 각자 곰곰이 생각을 해보았다. 그때 엄마의 나이는 마흔이었다. 엄마는 대학에 가기에는 자기 나이가 너무 많지 않으냐고 말했다. 게다가 세인트토머스 칼리지는 차로 세 시간이나 걸렸다. 우리는 논의를 거듭한 끝에 결론을 내렸다. 엄마도 함께 입학은 하되 따로 살기로 했다. 나는 기숙사에 들어가고 엄마는 통학한다는 계획이었다. 그리고 혹시 교내에서 마주치기라도 한다면 내가 먼저 엄마를 아는 체하기 전까지는 엄마는 나를 모른 체하기로 했다.

　"뭐든 다 상관없어." 계획을 짜는 동안 엄마는 말했다. "어차피 결국 제대로 못 따라갈 테니까." 하지만 엄마는 입학을 위해 고등학교 졸업반 마지막 몇 달을 내내 나만 쫓아다녔다. 엄마는 나와 연습문제를 풀고 작문 숙제를 같이 하고 필독서도 남김없이 다 읽었다. 나는 학교 선생님의 채점 방식을 기준 삼아 엄마의 과제물들을 확인했는데, 내가 볼 땐 그저 그런 수준이었다. 그런데 막상 대학에 입학하고 나니 엄마는 전 과목에서 A 학점을 받았다. 나는 계획을 수정해 때로는 학교에서 엄마를 만나면 아주 힘껏 끌어안기도 했고, 때로는 전혀 모르는 사람처럼 그냥 지나치기도 했다.

엄마가 암에 걸렸다는 사실을 알게 됐을 때, 우리는 둘 다 대학교 4학년이었다. 그때 우리는 세인트토머스에 있지 않았다. 1학년을 마친 뒤 엄마와 나는 미네소타 대학교로 학적을 옮겼다. 그 당시 엄마는 덜루스 캠퍼스, 나는 미니애폴리스에 있는 캠퍼스에서 공부하고 있었다. 신기하게도 우리는 같은 전공을 선택했고, 그 사실을 알고 둘 다 깜짝 놀랐다. 엄마는 여성학과 역사학을, 그리고 나는 여성학과 영문학을 복수 전공했다. 밤이 되면 우리는 전화로 한 시간가량 통화했다. 그 무렵 나는 폴이라는 이름의 멋진 남자와 막 결혼을 한 터였다. 나는 엄마가 만들어준 순백색의 드레스를 입고 '북쪽' 숲에서 결혼식을 올렸다.

엄마가 병에 걸리자 나는 내 인생을 포기하려 했다. 폴에겐 내게 아무 기대도 하지 말라고 일러두었다. 나는 엄마를 돌봐야만 했다. 학교도 그만두고 싶었지만 엄마는 그러지 말라고 엄하게 말했다. 아니, 무슨 일이 있어도 학위를 따라고 애원했다.

엄마는 몇 과목의 수업만 더 들으면 졸업할 수 있었기에 꼭 해내겠다고 말했다. 죽는 한이 있어도 학사 과정을 마치겠다는 다짐에 우리는 웃으며 서로를 그늘진 눈길로 바라보았다. 엄마는 병상에 누워서라도 학업을 이어갈 생각이었다. 그리고 나는 엄마가 써야 할 내용을 이야기하면 시키는 대로 받아써서라도 도울 생각이었다. 나는 엄마가 머지않아 마지막 남은 두 과목을 끝낼 수 있을 만큼 기운을 차리게 될 것이라고 확신했다.

나는 학교를 그만두지 않았다. 교수님이 배려해주어 일주일에 이틀만 수업을 들어도 되었기 때문이다. 이틀간의 수업이 끝나면 난 곧장 집으로 달려갔다. 아픈 엄마의 모습을 견디지 못했던 레이프나 카렌과 달리 난 되려 엄마와 떨어져 있는 것을 견디지 못했다. 게다가 집에는 내가 꼭 필요했다. 에디도 가능한 한 엄마와 함께 있었지만 일을 하러 가야만 했다. 누군가는 돈을 벌어 살림을 꾸려나가야만 했다.

나는 엄마가 먹을 수 있을 만한 음식들을 차렸지만 엄마는 거의 먹지 못했다. 엄마는 죄수 같은 모습으로 자리에 앉아 접시 위에 담긴 음식들을 바라보기만 했다. "맛있어 보여." 엄마가 말했다. "그런데 지금은 못 먹겠어. 나중에 먹어볼게."

나는 마룻바닥을 박박 문질러 닦고 찬장에 있는 모든 것을 끄집어낸 뒤 새 종이를 바닥에 깔았다. 엄마는 신음을 내며 잠을 청했고 조심스럽게 약을 삼켰다. 몸 상태가 괜찮은 날이면 엄마는 의자에 앉아 나랑 이야기를 나누었다. 사실 특별히 할 이야기는 없었다. 엄마는 속이 빤히 들여다보일 정도로 말이 많은 사람이었고 나는 꼬치꼬치 캐묻기를 좋아하는 사람이었으니까. 나는 나를 향한 엄마의 사랑이 만 가지 일들 위의 또 다른 만 가지 일들보다 더 크다는 사실을 잘 알고 있었다.

나는 엄마가 어린 시절 사랑했던 말들의 이름이 필, 버디, 바쿠스라는 사실도 알고 있었고, 엄마의 첫 남자는 열일곱 살 때 만난 마이크라는 소년이었고 그 이듬해 아버지를 만났다는 것도, 처음 몇 번 데이트하며 엄마가 아버지를 어떻게 바라보았는지 알고 있었다. 결혼도 하지 않은 열아홉의 엄마가 임신 소식을 전했을 때, 할아버지가 밥을 먹고 있던 숟가락을 떨어뜨렸다는 이야기도 알고 있었다. 엄마가 성당에서 고해성사하기를 싫어한다는 사실도, 정작 엄마가 하고 싶었던 이야기가 무엇인지도 알고 있었다.

엄마가 자신의 엄마에게 했던 욕설과 거친 행동, 밥상 차리기 놀이를 하던 여동생에게 내뱉던 불평들, 학교 갈 때 입고 나간 얌전한 옷들을 가방에 숨겨둔 청바지로 갈아입은 일 등등……. 나는 어린 시절과 사춘기를 거치며 엄마를 조르고 졸라 더 자세한 이야기를 들려달라고 했다. 나는 누가 언제 어떻게 그런 말을 했는지, 그런 일들이 벌어질 때마다 엄마의 속마음은 어땠는지, 언제 어디서 그런 일이 있었는지 모두 알고 싶어 했다. 그러면 엄마는 조금은 주저하는 듯, 그리고 조금은 재미있다는 듯 웃으며 이야기를 들려주었고 도대체 왜 그런 게 알고 싶으냐고 묻기도 했다. 나는 알고는 싶었지만 왜 알고 싶은지 설명하지는 못했다.

하지만 이제 엄마는 죽어가고 있었고 나는 모든 것을 다 알고 있었다. 엄마는 이미 내 안에 들어와 있었다. 내가 이미 알고 있던 엄마의 일부뿐 아니라 내가 태어나기 전의 엄마의 인생까지 전부.

*

미니애폴리스와 집을 오가야만 하는 생활은 그리 길게 이어지지 않았다. 한 달이 조금 지나자 1년은 버틸 수 있다던 의사들의 진단은 어느새 서글픈 꿈으로 변했다. 우리는 2월 12일 메이오 클리닉 종합병원을 찾았고, 3월 3일이 되자 통증이 너무 극심해진 엄마는 100킬로미터 정도 떨어진 덜루스에 있는 병원에 입원해야만 했다. 병원을 가기 위해 옷을 입으려던 엄마는 자신이 양말조차 제대로 신을 수 없다는 사실을 깨닫고 나를 방으로 불러 도와달라고 했다. 엄마는 침대 위에 앉았고 나는 그 앞에 무릎을 꿇었다. 나는 한 번도 다른 사람의 양말을 신겨준 적이 없었다. 그 일은 생각보다 무척 힘이 들었다. 양말은 신겨지지 않고 구겨지기만 했다. 엄마가 일부러 내가 제대로 양말을 신기지 못하게 하려고 발을 구부리고 있기라도 한 것처럼 엄마에게 화가 치밀어 올랐다. 엄마는 등을 기대고 침대 위에 손을 짚은 채 두 눈을 감았다. 나는 엄마가 아주 깊고 느리게 숨을 몰아쉬는 소리를 들었다.

"빌어먹을, 어떻게 좀……." 나는 이렇게 내뱉었다.

엄마는 나를 내려다보며 한참 동안 아무런 말도 하지 않았다.

"얘야." 마침내 엄마가 나를 바라보며 입을 열었다. 엄마는 내 쪽으로 손을 뻗어 내 머리 위를 두드렸다. 엄마가 어린 시절 나에게 아주 분명한 뜻을 전달하고 싶을 때 쓰던 또 다른 말이었다.

"이제 가요." 간신히 신발까지 신겨준 후 나는 이렇게 말했다.

엄마는 둔하고 느린 동작으로 외투를 걸쳤다. 그리고 벽에 손을 짚어가며 집을 나섰다. 반려견 두 마리가 엄마가 가는 곳마다 따라붙으며 손과 다리에 코를 비벼댔다. 나는 엄마가 개들을 어르는 모습을 바라보았다. 이제 나는 더 할 수 있는 기도도 없었다. 그저 다 집어치우라는 욕설만 메마른 입안을 맴돌 뿐이었다.

"잘 있어, 얘들아." 엄마는 개들에게 이렇게 말했다. "안녕, 우리 집." 엄마는 집에게도 작별 인사를 하고 나를 따라 문밖으로 나왔다.

*

　엄마가 죽는 것은 상상조차 하지 못할 일이었다. 이렇게 엄마가 실제로 죽어가고 있는 순간에도 엄마의 죽음에 대해 한 번도 생각해본 적 없었다. 엄마는 바위처럼 단단하고 거대한 존재였고 내 인생을 지켜주는 사람이었다. 노년의 엄마가 여전히 텃밭에서 일하고 있는 모습. 그 모습은 이미 오래전부터 내 마음속에 깊이 각인되어 있었다. 내가 더 자세히 이야기해달라고 조르고 조른 끝에 마치 나의 추억처럼 되어버린 엄마의 유년 시절 추억 중 하나처럼. 엄마는 언젠가 내가 보내준 흑백사진 속 예술가인 조지아 오키프처럼 그렇게 아름답게 늙어가겠지. 나는 우리가 메이요 클리닉을 다녀온 뒤 첫 몇 주 동안 이런 모습을 마음에 단단히 새겨두었다.
　그러다가 엄마가 덜루스 병원의 호스피스 병동 입원을 받아들이자 그 모습은 다른 모습으로, 좀 더 현실에 가까운 모습으로 바뀌었다. 나는 10월의 엄마 모습을 그려보았다. 그리고 그 장면을 내 마음속에 기록해두었다. 그다음은 8월의, 5월의 엄마 모습이었다. 하루하루가 지나가고 또 다른 엄마의 모습이 계속 생겨났다.
　입원 첫날, 간호사 한 명이 모르핀 투여를 이야기했지만 엄마는 거절했다. "모르핀은 죽어가는 사람에게 주는 거야." 엄마가 말했다. "아무 희망이 없다는 소리라고."
　그렇지만 엄마는 고작 하루밖에 버티지 못했다. 자다 깨기를 반복하며 웃고 떠들어댔고 고통으로 울부짖었다. 낮에는 내가 엄마 곁을 지켰고 밤이면 에디가 나를 대신했다. 레이프와 카렌은 이해할 수 없는 변명을 늘어놓으며 얼굴도 비치지 않아 화가 났지만 그들의 부재는 엄마에게 아무런 문제도 되지 않는 것 같았다. 엄마는 자신의 고통을 줄이는 일 말고는 아무런 관심이 없었다. 나는 엄마를 편안하게 해줄 베개를 어디서도 찾을 수 없었다.

그리고 어느 날 오후, 처음 보는 한 의사가 병실로 들어오더니 엄마가 죽어가고 있다고 설명해줬다.

"네? 아직 한 달밖에 안 됐잖아요." 나는 화가 나서 말했다. "다른 의사 선생님이 1년은 버틸 수 있다고 했다고요!"

그는 아무런 대답도 하지 않았다. 서른 살쯤으로 보이는 젊은 의사는 엄마 옆에 서 있었다. 털 많은 손을 주머니에 꽂고 침대에 누워 있는 엄마를 내려다보았다. "지금 우리가 할 수 있는 일은 환자분을 편안하게 해드리는 것뿐입니다."

'편안하게'라니. 그러면서 간호사들은 엄마에게 모르핀을 가능한 한 적게 투여하기 위해 노력했다. 간호사 중 한 사람은 남자였는데 흰색의 꽉 끼는 간호사 유니폼 바지 사이로 그 남자 물건이 툭 튀어나와 보이는 것이 내 눈에 띄었다. 나는 그 남자를 엄마의 침대 발치 너머에 있는 작은 욕실에 밀어 넣고 내 몸이라도 바치고 싶은 심정이었다. 우리를 돕기 위해 무슨 일이라도 다 할 수 있게 말이다. 그리고 물론 나도 그 남자와 재미를 좀 보고 싶었다. 내 몸 위를 덮치는 그 남자의 무게를 느끼고 내 머리를 더듬는 그 남자의 숨결을 느끼고도 싶었다. 내 이름을 부르고 또 부르는 그 남자의 목소리를 듣고 그에게 나의 존재를 각인시키고 싶었다. 우리가 지금 얼마나 심각한 상황인지 알리고 우리에 대한 자비심으로 가슴이 찢어지게 만들고 싶을 지경이었다.

엄마가 그 남자 간호사에게 모르핀을 더 요구했다. 나는 엄마가 그런 식으로 누군가에게 어떤 일을 부탁하는 것을 들어본 적이 없었다. 그런데 저 미친 새끼가 엄마가 그런 부탁을 하는데 돌아보지도 않고 자기 손목시계만 보고 있었다. 무슨 대답을 하든 표정은 항상 똑같았다. 그는 아무 말 없이 모르핀을 줄 때도 있었고 부드러운 목소리로 안 된다고 할 때도 있었다. 엄마는 애걸하기도 흐느끼기도 하다가 결국 울음을 터뜨렸다. 엄마의 눈물은 엉뚱한 방향으로 흘러갔다. 뺨을 타고 입 쪽으로 흐르는 것이 아니라 눈에서 귀 쪽으로 흐르더니 베개 위 머리카락을 적셨다.

엄마는 1년을 살지 못했다. 엄마는 10월도, 8월도, 5월도 보지 못했다. 엄마는 덜루스의 의사가 처음 암을 진단한 이후 49일을 더 살았다. 메이요 클리닉에서 재검진을 받은 뒤 34일 만이었다. 그렇지만 그 하루하루가 영원 같았다. 하루가 지나면 또 하루가 쌓여서 깊은 안개 속으로 냉혹한 현실이 그 모습을 드러냈다.

레이프는 엄마를 보러 오지 않았다. 카렌은 내가 조르고 조른 끝에야 한 번 찾아왔다. 나는 가슴이 무너져 내렸고 믿기지 않는 현실에 분노가 폭발했다. "나는 그런 식으로 엄마를 다시 만나고 싶지는 않아." 카렌은 나와 이야기할 때 일주일에 한 번은 찾아오겠다고 하다가 결국 울음을 터뜨렸다. 남동생 레이프와는 아무런 연락도 닿지 않았다. 이 몇 주 동안 도대체 동생이 어디 틀어박혀 있는지 에디와 나는 도무지 짐작조차 가지 않았다. 한 친구가 내게 레이프가 지금 수라는 이름의 여자친구와 세인트 클라우드에 있는 것을 보았다고 전해주었다. 또 다른 친구는 셰리프 호수에서 얼음낚시를 하는 모습을 보았다고도 했다.

그렇지만 나는 그런 일에 일일이 신경을 쓸 형편이 아니었다. 매일 엄마 곁에 달라붙어 엄마가 구역질할 때마다 플라스틱 통을 갖다 대주었다. 도저히 불가능해 보이는 베개 바로잡기를 끊임없이 반복했다. 간호사가 엄마 침대 옆에 갖다 놓은 환자용 변기 위에 가까스로 엄마를 앉혔다. 어르고 달래서 음식을 간신히 한두 입 먹게 하면 엄마는 10분 뒤에 모두 토해냈다. 그중에서도 가장 힘든 건 자고 있는 엄마를 지켜보는 일이었다. 엄마의 얼굴은 평온한 모습이 아니라 고통으로 일그러져 있었다. 엄마가 몸을 뒤척일 때마다 몸을 감싸고 매달려 있는 튜브들이 흔들렸고 그때마다 내 심장도 함께 두방망이질 쳤다. 엄마의 부어오른 손과 손목과 튜브를 연결하는 바늘들이 어떻게 될까 봐 두려웠다.

"기분은 좀 어때요?" 엄마가 깨어나면 나는 튜브 사이로 헝클어진 머리카락을 매만지며 일말의 희망을 품고 이렇게 속삭이듯 물었다.

"아, 셰릴……." 엄마가 할 수 있는 말은 이게 전부였다. 그러고는 곧 시선을 돌렸다.

*

나는 엄마가 잠이 들면 병원 복도를 이리저리 배회했다. 그러다가 문이 열린 다른 병실들을 지나갈 때면 그쪽으로 눈길이 갔다. 침대에 누워 있는 노인들이 얼굴이 파랗게 질린 채 기침을 해 댔고, 부어오른 무릎을 붕대로 칭칭 감싼 사람들도 보였다.

"좀 어떠세요?" 때로 간호사들이 구슬픈 목소리로 이렇게 물었다. 그럼 나는 "우리는 잘 버텨내고 있어요"라고 답했다. 그렇지만 사실 '우리'가 아니라 나 혼자였다.

남편 폴은 내가 혼자인 기분이 들지 않도록 자기 나름대로 최선을 다했다. 그는 몇 년 전 우리가 사랑에 빠졌을 때와 다름없이 여전히 친절하고 부드러운 남자였다. 내가 불꽃처럼 뜨겁게 사랑했던 남자. 갓 스무 살 때 결혼을 발표해서 모두를 깜짝 놀라게 했던 장본인. 그렇지만 이렇게 엄마가 죽어가게 되자 폴이 무슨 짓을 하거나 어떤 말을 하던 그에 대한 내 마음속 무엇인가도 함께 죽어가기 시작했다. 여전히 나는 지루한 오후가 돌아오면 병원 공중전화로 달려가 매일 폴과 통화를 했다. 혹은 밤에 엄마와 에디의 집으로 가서 전화할 때도 있었다. 우리는 긴 대화를 나눴다. 나는 흐느끼며 그날 있었던 일을 모두 다 이야기했고 폴도 때로 나와 같이 울면서 아주 조금이라도 위로를 해주려고 애를 썼다. 그렇지만 그의 말들은 그저 공허할 뿐이었다. 사실 그가 하는 말들은 거의 귀에 들리지 않았다. 이런 상실감에 대해 그가 무엇을 알고 있단 말인가? 그의 부모님은 여전히 멀쩡하게 행복한 부부로 잘 살고 있다. 우리 사이의 관계와 그의 자랑스럽고 문제없어 보이는 인생은 내 고통을 더 가중하는 것만 같았다. 그건 그의 잘못이 아니었다. 폴과의 생활은 더는 견딜 수가 없었다. 누구하고도 마찬가지였다. 내가 함께 있는 걸 견뎌낼 수 있는 유일한 사람은 얄궂게도 가장 어려운 상황에 처해 있는 우리 엄마뿐이었다.

아침이면 나는 엄마의 침대 곁에 앉아 엄마에게 뭐라도 읽어주려고 애를 썼다. 내가 갖고 있던 책은 케이트 쇼팽의『각성』과 유도라 웰티의『낙천주의자의 딸』두 권이다. 두 권 다 대학 시절 엄마와 같이 읽으며 좋아했던 책이다. 하지만 책을 읽어주는 일도 계속할 수가 없었다. 내 입에서 나오는 말들은 공중에서 다 사라져버렸다.

그건 내가 기도할 때도 마찬가지였다. 나는 열렬히, 그리고 미친 듯이 기도했다. 기독교의 하나님은 물론 어떤 신이라도 좋았다. 심지어 내가 알지도 못하는 신에게조차 나는 기도했다. 나는 내게 종교적인 교육의 기회를 주지 않았던 엄마를 저주했다. 자신이 겪었던 억압적인 천주교 집안 환경에 대한 분개 때문인지, 엄마는 성인이 된 후 교회에 발길을 끊었다. 이제 엄마는 죽어가고 있고 내게는 신이 없었다. 나는 우주를 향해 기도하면서 그 안에 내 기도를 들어주는 신이 있기를 바랐다. 나는 기도하고 또 기도했고 그러다가 말문이 막혀버렸다. 신을 찾지 못해서가 아니라 오히려 갑자기 신의 존재를 생생하게 깨달았기 때문이었다. 신은 있었고 나는 그것을 느낄 수 있었다. 신은 어떤 일을 일어나게 하거나 혹은 일어나지 않게 할 어떤 의도도 가지고 있지 않았다. 그리고 엄마의 생명을 구하는 일에도 관심이 없었다. 신은 소원을 들어주는 존재가 아니었다. 내게 신이란 인정사정없는 개자식에 불과했다.

마지막 며칠 동안 엄마는 그저 그런 상태를 유지했다. 그때까지 엄마는 튜브를 따라 천천히 손목 혈관 속으로 들어가는 모르핀 액체에 의지하고 있었다. 깨어나면 그저 '아, 아……'라고 말하거나 절박하게 숨을 몰아쉴 뿐이었다. 때로 엄마는 내가 거기에 없는 것처럼 그냥 돌아누워 잠에 빠져들 때도 있었고 또 때로는 깨어나서 자신이 어디에 있는지 물어보기도 했다. 엄마는 매콤한 멕시코 요리가 먹고 싶다고도 했고 또 사과 소스를 달라고 하기도 했다.

엄마는 자기가 사랑했던 모든 동물이 병실에 와 있는 줄 아는 모양이었다. 그것도 아주 많이. "저기 내 앞에 말들이 있네." 이렇게 말하며 나무라듯 주위를 두리번거리기도 하고 혹은 허리께에 누워 있는 보이지 않는 고양이를 쓰다듬으려 손을 뻗기도 했다. 그러는 동안 나는 엄마가 내게 너는 세상에서 제일 좋은 딸이라고 말해주기를 바랐다. 나는 내가 그런 걸 바라게 될 줄 몰랐다. 마치 너무 열이 올라 그런 나를 식혀줄 어떤 말이 필요한 것만 같았다. 결국 나는 엄마에게 대놓고 이렇게 물어보기까지 했다. "엄마, 내가 세상에서 제일 좋은 딸이지, 그렇지?"

그러면 엄마는 그렇다고 대답했다. 당연히 그래야지.

하지만 그것만으로는 충분하지 않았다. 나는 그런 말들이 엄마의 마음속에 하나로 엮어져 다시 새로운 느낌으로 내게 전달되기를 바랐다.

나는 사랑에 굶주려 있었던 것이다.

*

　죽음은 빠르게 찾아왔지만 갑작스럽지는 않았다. 천천히 피어오른 불꽃은 이내 사그라지더니 연기가 되었고 그 연기마저 공중으로 사라져버렸다. 엄마는 보통 암 투병 환자들처럼 바싹 말라 들어갈 시간조차 없었다. 숨을 거둘 때 엄마의 모습은 조금 달라지기는 했지만 여전히 건강해 보였다. 그냥 살아 있는 여자의 몸 같았다. 머리도 빠지지 않아 갈색의 머리카락이 몇 주간의 입원 생활로 거칠고 뻣뻣해졌을 뿐이었다.

　엄마가 숨을 거둔 병실에서는 창문 밖으로 슈피리어 호수가 보였다. 세계에서 가장 크고 차가운 호수였다. 그 호수를 제대로 보려면 얼굴을 유리창 쪽으로 비스듬히, 그리고 힘껏 갖다 대어야 했다. 그러면 지평선 너머 영원히 남아 있을 호수 한 자락이 문에 들어왔다.

　"전망이 좋은 방이네!" 직접 자리에서 몸을 일으켜 호수를 볼 수 없을 만큼 쇠약해져 있으면서도 엄마는 그렇게 외쳤다. 그러다가 조금 전보다는 가라앉은 목소리로 이렇게 말하는 것이었다.

　"전망 좋은 방에서 사는 게 평생 소원이었는데…….."

　엄마는 몸을 일으킨 채로 죽고 싶어 했다. 그래서 나는 주변에 있는 베개를 모두 끌어모아 엄마 등에 받쳐주었다. 마음 같아서는 엄마를 병원 밖으로 데리고 나가 푸른 풀밭 위에서 죽음을 맞게 해주고 싶었다. 나는 집에서 가져온 퀼트 이불로 엄마를 덮어주었다. 우리가 입던 낡은 옷을 잘라 엄마가 직접 만든 것이었다.

"이거 치워버려라." 엄마가 거칠게 쉭쉭거리며 이불을 걷어차기 위해 수영하듯 발을 버둥거렸다.

나는 그런 엄마의 모습을 바라보았다. 창밖을 보니 눈이 쌓여 얼어붙은 인도의 가장자리가 햇빛에 반사되어 반짝거렸다. 그날은 '성 패트릭의 날'이었고 간호사들은 흐물거리는 사각형의 녹색 젤리 한 덩어리를 침대 옆 탁자 위에 올려놓았다. 이제 곧 엄마의 마지막 하루가 될지도 모르는 날이 저물 터였다. 그리고 그날 내내 엄마는 자는 것도 깨어 있는 것도 아닌 상태로 계속 눈을 뜨고 있었다. 간헐적으로 의식이 맑게 돌아왔다가 다시 멍해지는 일도 반복되었다.

그날 저녁 나는 원치 않게 엄마 곁을 떠나 있게 되었다. 의사들과 간호사들은 에디와 내게 이제 시작이라고 말했다. 나는 그 말이 엄마가 몇 주 더 버티지 못한다는 뜻으로 받아들였다. 카렌과 폴이 내일 아침이면 미니애폴리스에서 함께 차를 몰고 찾아올 것이고, 외할아버지와 외할머니도 앨라배마에서 출발해 며칠 뒤면 볼 수 있을 터였다. 그렇지만 레이프는 여전히 어디에 있는지 도통 알 수가 없었다. 에디와 나는 레이프의 친구들이며 그 친구들의 부모님들에게까지 수소문해 레이프와 연락이 닿으면 이쪽으로 전화하라는 말을 전해달라고 부탁했다. 그렇지만 레이프는 아무런 연락이 없었다. 결국 나는 하루 동안 병원을 떠나 직접 레이프를 찾아 병원으로 데리고 오기로 결심했다.

"아침에 다시 올게요." 나는 엄마에게 그렇게 말하고 작은 싸구려 소파에 반쯤 몸을 기대고 있는 에디를 올려다보았다. "내가 가서 레이프를 데리고 올게."

엄마는 아들의 이름이 들리자 눈을 번쩍 떴다. 푸른색 눈이 다시 예전처럼 번쩍거렸다.

"엄마는 걔한테 화도 안 나?" 나는 아마도 열 번은 넘게 씁쓸한 기분으로 엄마에게 이렇게 물었던 것 같다. 그러면 엄마는 늘 이렇게 말하곤 했다. "안 되는 일을 억지로 할 수는 없는 노릇이지. 그렇게 사람을 몰아붙이면 안 돼." 아니면 이렇게. "셰릴, 걔는 이제 겨우 열여덟 살이잖니."

그렇지만 이번에는 나를 물끄러미 보며 이렇게 말하는 것이었다. "얘야." 엄마의 양말을 신겨주며 내가 화를 냈던 그때와 똑같은 목소리였다. 내가 다른 무언가를 원하느라 고통스러워할 때면 엄마가 늘 하던 행동. 엄마는 저 말 한마디로 나를 설득하려고 애썼다. 그러면 나는 상황을 있는 그대로 받아들일 수밖에 없었다.

"내일 같이 올게. 그다음에 여기서 엄마랑 같이 있을 거야. 알겠지? 아무도 엄마를 안 떠나."

나는 엄마의 몸 전체를 감싸고 있는 튜브들 사이로 손을 뻗어 엄마의 어깨를 두드렸다. "엄마, 사랑해." 나는 이렇게 말하며 몸을 굽혀 엄마의 뺨에 입을 맞췄다. 엄마는 몸을 움츠렸다. 이런 입맞춤조차도 엄마에겐 견디기 힘든 큰 고통을 주었다.

"사……랑……." 엄마가 속삭였다. '나도 사랑해'라는 말조차 할 수 없을 정도로 몸이 약해진 엄마였다. 내가 병실을 나설 때 엄마는 다시 "사랑……"이라고 말했다.

나는 엘리베이터를 타고 나와 차가운 거리를 따라 걸었다. 나는 사람들로 가득 찬 술집을 지나쳤다. 커다란 판 유리창 너머로 번쩍이는 녹색 종이 모자와 녹색 셔츠, 그리고 녹색 멜빵을 입은 사람들이 녹색 맥주를 들이켜고 있는 모습이 눈에 들어왔다(성 패트릭의 날에는 녹색 의상과 장식을 즐기는 풍습이 있다—옮긴이). 술집 안의 한 남자와 눈이 마주치자 그는 취한 듯 나를 가리켰다. 그의 얼굴은 내 귀에는 들리지 않는 웃음을 터뜨렸다.

나는 집으로 돌아와 말과 암탉들에게 먹이를 주고 난 뒤 전화를 걸기 시작했다. 개들이 기쁜 듯이 내 손을 핥았고 고양이는 내 무릎을 툭툭 건드렸다. 나는 레이프가 어디 있는지 알 만한 사람들에게 모두 다 전화를 걸었다. 누군가 동생이 술을 퍼마시고 있다고 말했다. 또 누군가는 수라는 이름의 여자친구와 세인트 클라우드에서 뒹굴고 있다고 전해주었다. 자정이 넘자 전화벨이 울렸고 나는 동생에게 이제 시작이라고 말했다.

30분 뒤 동생이 문 앞에 나타나자 나는 소리를 지르며 분노와 힐난하는 마음으로 멱살이라도 잡고 마구 흔들고 싶었다. 그렇지만 막상 얼굴을 보니 내가 할 수 있는 일이라고는 동생을 끌어안고 울부짖는 것밖에 없었다. 깊은 밤에 보니 녀석은 부쩍 나이가 들어 보이기도, 아주 어려 보이기도 했다. 처음으로 동생이 이제 분명 남자가 되었지만 여전히 내게는 작은 꼬맹이로 보일 수도 있다는 사실을 알게 되었다. 내 작은 꼬맹이. 내가 지금까지 살면서 반쯤 엄마 노릇을 해주었던 아이. 일하러 가는 엄마를 대신해 선택의 여지 없이 어쩔 수 없이 해야만 했던 일들. 카렌과 나는 세 살 터울이었지만 우리는 실제로는 마치 쌍둥이처럼 키워졌고 어릴 때부터 둘 다 똑같이 레이프를 돌봐왔다.

"난 못 견뎌." 레이프는 눈물을 흘리며 계속해서 같은 말을 반복했다. "난 엄마 없이는 못 살아. 못 산다고! 난 그렇게는 못 해."

"다들 견뎌내야만 해." 나는 이렇게 대답했지만 나도 내 말을 믿지 않았다. 우리는 작은 싱글 베드에 같이 누워 꼭두새벽까지 울며 이야기를 하다가 나란히 잠이 들었다. 나는 몇 시간 뒤 레이프보다 먼저 잠에서 깨어 가축들에게 먹이를 주고 우리가 병원에서 지내는 동안 먹을 것들로 가방을 가득 채웠다.

아침 8시가 되자 우리는 병원을 향했다. 동생은 엄마의 차를 급하게 몰았고 자동차 오디오에서는 U2의 「조슈아나무 The Joshua Tree」 트랙에 담긴 노래들이 귀청이 떠나갈 듯 울려 퍼졌다. 우리는 말없이 음악만 열심히 들었다. 낮게 떠오르는 태양이 도로 옆에 쌓여 있는 눈 속을 파고들었다.

우리가 병원에 도착하자 닫혀 있는 병실 문 앞에는 방문 전에 간호사의 허락을 받으라는 표지판이 걸려 있었다. 처음 보는 것이었지만 나는 그저 형식적인 절차라고만 생각했다. 우리가 간호사들이 있는 쪽으로 걸어가자 복도에 있던 간호사가 다가와 내가 뭐라고 입을 열기 전에 먼저 이렇게 말했다.

"어머님 눈에 얼음으로 조치를 취했어요. 각막을 기증하고 싶다고 하셔서요. 그래서 우선 얼음을 가지고……."

"뭐라고요?" 내가 격렬하게 반응하자 간호사가 놀라서 뒤로 물러났다. 나는 대답을 기다리지 않았다. 나는 병실을 향해 달려갔고 레이프가 내 뒤를 따라왔다. 내가 문을 열어젖히자 에디가 서 있다가 두 팔을 벌리고 우리에게 다가왔다. 그렇지만 나는 에디를 피해 엄마에게로 달려들었다. 엄마의 두 팔은 몸 양옆으로 가지런히 놓여 있었다. 수없이 주사를 찔러댄 탓에 온통 피멍이 들어 얼룩덜룩한 팔이었다. 주삿바늘이며 튜브는 이제 없었다. 엄마의 두 눈 위에는 얼음으로 채워진 수술용 장갑이 올려져 있었고, 장갑의 손가락은 엄마의 얼굴 위로 무심하게 늘어져 있었다. 내가 엄마를 와락 움켜쥐자 장갑이 미끄러져 침대 위에 부딪혔다가 바닥으로 떨어지고 말았다.

나는 한 마리 짐승처럼 얼굴을 엄마의 몸에 비비며 울부짖고, 울부짖고, 또 울부짖었다. 엄마가 세상을 떠난 지 불과 한 시간도 채 되지 않았다. 엄마의 사지는 차갑게 식었지만, 몸에는 아직 온기가 남아 있었다. 나는 얼굴을 그 온기 속에 파묻고 또다시 울기 시작했다.

*

나는 계속해서 엄마 꿈을 꿨다. 꿈속에서 나는 엄마가 세상을 떠나는 순간에 언제나 엄마와 함께 있었다. 엄마를 죽게 만든 건 바로 나였다. 한 번이고, 두 번이고, 세 번이고 계속해서 엄마는 내게 그렇게 하라고 명령했다. 그리고 그럴 때마다 나는 무릎을 꿇고 앉아 흐느꼈다. 제발 그러지 말라고 엄마에게 애원하면서. 그렇지만 엄마는 고개를 흔들었다. 그리고 매번 나는 엄마 말을 잘 듣는 착한 딸이 되어 결국 엄마가 시키는 대로 하고 말았다.

나는 엄마를 우리 집 마당에 있는 나무에 묶고는 그 몸에 휘발유를 끼얹었다. 그리고 불을 붙였다. 나는 엄마가 우리가 지은 집 옆에 나 있는 흙길을 따라 도망가도록 내버려 두었다가 트럭을 타고 엄마를 깔아뭉갰다. 엄마의 몸뚱이가 트럭 아랫부분에 걸려 질질 끌려왔고 그러다 떨어져 나가면 다시 차를 돌려 그 몸을 밟고 지나가기를 되풀이했다. 나는 어린이용 야구 방망이를 꺼내 들고 엄마가 죽을 때까지 내려쳤다. 천천히, 느릿느릿, 그리고 구슬프게. 나는 내가 미리 파놓은 구덩이에 엄마를 강제로 밀어 넣고 그 위에 흙이며 돌덩어리를 퍼부어 엄마를 생매장했다.

이런 꿈들은 조금도 비현실적으로 느껴지지 않았다. 아주 평범한 어느 날의 일상에서 벌어지는 일들 같았다. 마치 내 잠재의식에서 틀어놓은 다큐멘터리 영화처럼 생생하게 느껴지는 꿈이었다. 내 트럭은 정말 내가 타던 그 트럭이었고 마당도 우리 집 앞에 있는 그 마당이었다. 그 야구 방망이는 우리 집 신발장 속에서 우산들과 함께 놓여 있던 것이었다.

나는 우는 대신 비명을 지르며 꿈에서 깨어났다. 그러면 폴이 나를 일으켜 내가 진정될 때까지 안아주었다. 그는 수건을 물에 적셔 내 얼굴에 덮어주었다. 그렇지만 그 수건도 내 악몽을 씻어주지는 못했다. 그 무엇도 소용이 없었다. 그 어떤 것도 엄마를 다시 살려내거나 엄마의 죽음을 견뎌낼 수 있게 해주지 못했다. 엄마가 세상을 떠나던 그 순간, 그 옆에 있지 못했던 것. 그 기억은 나를 토막 내어 이리저리 지근지근 짓밟았다.

만 가지 일들 중에서 내가 내 자리를 다시 찾는 데는 몇 년이 넘는 세월이 걸렸다. 우리 엄마가 길러준 여자의 모습을 다시 찾는 것. 엄마가 '애야'라고 불러주던 모습을 기억하고 그 특별한 눈길을 가슴속에 새겨두는 것. 나는 고통스러웠다. 나는 모든 일이 이전과 달라지기를 바랐다. 내게 부족한 것은 황무지였고 나는 나의 길을 저 숲속 너머에서 찾아야만 했다. 그렇게 되기까지 4년 7개월 하고도 3일의 시간이 걸렸다. 나는 내가 그곳에 닿기 전까지 내가 어디를 헤매고 있는지도 알지 못했다.

그곳은 바로 신들의 다리라 불리는 곳이었다.

모든 것에서 떠나기

엄마가 사망한 날부터 PCT 여행을 시작한 날까지, 그 4년이 넘는 세월의 여정을 만약 지도로 그린다면 아마도 그 지도는 독립기념일 불꽃놀이처럼 중심부에서 온갖 방향으로 뻗어나간 선들로 복잡하게 채워졌을 것이다.

텍사스까지 갔다가 돌아온 길. 뉴욕까지 갔다가 돌아온 길. 뉴멕시코와 애리조나, 그리고 캘리포니아와 오리건을 왔다 갔다 한 길. 오리건의 포틀랜드를 갔다가 돌아온 길. 다시 포틀랜드, 그리고 또다시 왕복한 길. 하지만 이런 길을 나타내는 선들이 그 속에 담긴 이야기까지 전하지는 않는다. 그 지도는 내가 오갔던 모든 곳을 다 보여주지만 내가 머물고 싶어 했던 모든 길까지 보여주는 건 아니다.

엄마가 세상을 떠난 후에 몇 개월 동안 엄마의 빈자리를 채우고 가족을 함께 묶어두기 위해 내가 노력하고 실패했던 일들을 보여주지 못하며, 또 내 거짓말로 망쳐버린 결혼생활을 유지하기 위해 얼마나 애를 썼는지도 이야기해주지 않는다. 지도에서 볼 수 있는 건 각각 빛나는 선들이 이리저리 튀어나온, 마치 거칠게 그린 뾰족한 별과 같은 모습뿐일 것이다.

PCT 도보여행을 떠나기 전날 밤, 모하비 마을에 도착하기 전에 나는 마지막으로 미네소타를 찾아갔다. 에디와 폴, 그리고 우리 삼 남매가 엄마의 화장한 유골을 흙에 파묻고 묘비를 세운 우리 땅의 꽃밭 위에 앉았다. 나는 들을 수도 없는 엄마에게 이제는 엄마의 무덤을 돌보기 위해 찾아오지 않을 거라고 이야기했다. 그 말인즉, 이제 아무도 엄마를 찾아오지 않을 거라는 뜻이었다.

결국 나에게는 엄마의 무덤을 부러진 나뭇가지와 솔방울이 떨어져 있는 잡초더미 속으로 되돌려 남겨두는 것밖에는 다른 선택지가 없었다. 한겨울 눈이 내려 덮이는 것은 물론, 개미며 사슴, 그리고 흑곰과 땅벌 등 온갖 것들이 엄마와 함께 지내게 될 터였다. 나는 사프란 꽃들 사이의 무덤가에 몸을 기대고 다 괜찮을 거라고 엄마에게 말했다. 나는 결국 항복해버린 것이다. 엄마가 세상을 떠나고 모든 게 다 변해버렸어. 엄마가 살아 있었다면 상상도 못 했을, 그리고 감히 짐작조차 못 했을 그런 변화들이야.

내 입에서 나오는 목소리는 나직했지만 단호했다. 나는 마치 누군가 내 숨통을 틀어막는 것 같은 기분이 들어 너무 슬펐다. 그렇지만 내 남은 모든 인생은 지금 내가 하는 말들에 달린 것 같았다. 엄마는 언제나 우리 엄마야. 하지만 난 이제 떠나야 해. 엄마는 어쨌든 이 꽃밭에서 더는 나만을 위해 머무를 수 없는 거잖아?

나는 엄마에게 차근차근 설명했다. 나는 엄마를 어딘가 다른 곳으로 데려갈 생각이었다. 내가 언제나 엄마를 만날 수 있는 유일한 곳. 바로 내 마음속이었다.

*

다음 날, 나는 영원히 미네소타를 떠났다. 나는 PCT 여행을 시작할 것이었다. 때는 6월의 첫 주였다. 나는 내 1979년형 쉐보레 루브 픽업트럭을 몰고 포틀랜드로 향했다. 화물칸에는 건조식품과 여행 필수품으로 가득 채운 상자가 열 개도 넘게 실려 있었다.

나는 몇 주 동안 짐을 꾸리고 상자마다 내가 한 번도 가본 적 없는 곳의 주소를 써서 붙였다. PCT를 따라 나 있는 일종의 기착지들로 에코 레이크, 소다 스프링스, 버니 폴스, 사이어드 밸리 같은 곳들이었다. 나는 트럭과 짐들을 포틀랜드에 사는 친구인 리사의 집에 맡기고 비행기를 타고 로스앤젤레스로 향했다. 리사는 여름 동안 그 짐들을 기착지마다 하나씩 부쳐줄 예정이었다. 로스앤젤레스에 내린 나는 친구 오빠가 모는 차를 타고 모하비 사막으로 갔다.

우리는 이른 저녁 한 마을로 들어섰다. 태양은 우리 뒤 서쪽 몇 킬로미터 밖에 있는 테하차피 사막 위로 지고 있었다. 바로 내가 다음 날 걸어서 넘어야 할 산맥이었다. 모하비 마을이 위치한 곳의 고도는 해발 850미터쯤이었다. 주유소나 식당, 모텔의 간판들이 세상에서 가장 높은 나무들보다 더 높이 솟아 있는 것처럼 느꺼졌다. 그것들을 보고 있자니 내가 세상 가장 밑바닥에 서 있는 것 같았다.

"여기 세워주세요." 나는 손짓하며 말했다. 오래되어 보이는 네온사인 간판에는 '화이트 모텔'이라고 쓰여 있었고 그 이름 위쪽으로는 노란색으로 '텔레비전 완비'라는 말이, 그리고 아래쪽에는 분홍색으로 '빈방 있음'이라고 쓰여 있었다. 그 낡아빠진 모양새로 보아하니 아마도 이 마을에서 가장 저렴한, 나에게 딱 맞는 숙박업소 같았다.

"태워다줘서 고마워요." 차가 주차장에 들어서자 나는 말했다.
"천만에." 나를 로스앤젤레스에서 여기까지 태워준 친구 오빠가 답하며 나를 바라보았다.

"정말 괜찮겠어?"

"그럼요. 혼자서 여행한 적이 많으니까요." 나는 자신 없는 목소리로 대답했다. 그리고 배낭과 커다란 물건들로 가득 찬 마트용 비닐 쇼핑백 두 개를 들고 차에서 내렸다. 나는 포틀랜드를 떠나기 전에 쇼핑백 속 물건들을 몽땅 배낭 속에 꾸려 넣을 생각이었지만 그럴 시간이 없었다. 할 수 없이 나는 쇼핑백째 들고 여기까지 왔다. 내 방에 있는 모든 물건이 여기 들어 있는 셈이었다.

"행운을 빌어." 친구 오빠가 말했다.

나는 차가 사라지는 모습을 바라보았다. 먼지와 건조한 바람이 뒤섞인 맛이 나는 뜨거운 공기가 머리와 눈가를 스쳐갔다. 주차장 바닥은 시멘트와 작고 하얀 자갈들이 섞여 포장되어 있었다. 낡고 허름한 커튼이 쳐져 있는 창문과 문들이 일렬로 길게 늘어서 있는 모텔의 모습이 눈에 들어왔다. 나는 배낭을 어깨에 짊어지고 쇼핑백들을 챙겨 들었다. 짐이 이것밖에 없다니 왠지 기분이 묘했다.

처음에 내가 생각했던 생기는 몸에서 다 빠져나가고 갑자기 사방에 노출이 된 느낌이 들었다. 나는 지난 6개월여 동안 이 순간만을 상상해왔다. 그렇지만 지금 여기에 와 있는 나는, PCT로부터 겨우 수십 킬로미터 밖에 있는 나는 내가 상상했던 모습과는 달리 아주 기운이 없어 보였다. 아직 꿈이라도 꾸고 있는 것처럼, 모든 생각이 느리게 흘러가고 있었다.

안으로 들어가자. 모텔 카운터 쪽으로 몸을 움직이기 전에 나는 이렇게 내게 말을 해야만 했다. 가서 방을 달라고 해야지.

"18달러요." 카운터 뒤에 서 있던 나이 든 여자 사장이 이렇게 말했다. 유리문을 밀고 들어가려는 순간 사장은 나를 훑어보며 기분 나쁜 투로 덧붙였다.

"더 올 사람이 있으면 2인실 요금을 내야 해요."

"더 올 사람 같은 거 없어요." 나는 이렇게 말하며 얼굴이 붉어졌다. 사실대로 말하고 있는 것뿐인데 왜 거짓말을 하는 것 같은 기분일까. "아까 그 남자는 그냥 나를 태워다주러 온 거예요."

"그럼 18달러 내요." 사장이 대꾸했다. "나중에라도 누가 찾아오면 돈을 더 내야 한다는 건 알아둬요."

"올 사람이 없다니까요." 나는 차분한 어조로 말했다. 나는 입고 있던 반바지 호주머니에서 20달러짜리 지폐를 꺼내 카운터 너머 사장에게 내밀었다. 사장은 돈을 받아들고는 거스름돈 2달러와 함께 숙박 기록 카드와 쇠사슬로 카운터에 고정된 볼펜을 건넸다.

제1부 / 돌연히 무너진 삶

"난 차가 없어서 차 번호 같은 건 기록할 게 없어요." 나는 기록 카드가 필요 없다는 손짓을 했다. 나는 웃어 보였지만 사장은 웃지 않았다.

"그리고 또…… 지금은 주소 같은 것도 없어요. 여행하는 중이라서요. 그러니까 지금……."

"그러면 나중에 돌아갈 집 주소라도 적어요."

"무슨 말인지 알겠어요. 그런데 이번 여행이 끝나면 정확히 어디 살게 될지 몰라서요. 왜냐하면……."

"이봐요, 손님." 사장이 으르렁거렸다.

"어디든 집은 있을 거잖아요."

"알겠어요." 나는 그렇게 대답하고는 에디의 집 주소를 적었다. 사실 에디와는 4년 전 엄마가 죽고 난 뒤 상처 속에서 완전히 멀어졌다. 에디를 내 아버지라고 생각할 수조차 없을 정도였다. 우리가 세웠던 숲속의 집은 아직 그대로였지만, 내게는 돌아갈 '가정'이 어디에도 없었다. 레이프와 카렌과 나는 피를 나눈 남매라는 관계로 어쩔 수 없이 묶여 있음에도 연락을 거의 하지 않고 지냈다. 우리의 삶은 근본적으로 달랐다. 폴과 나는 끔찍했던 1년간의 별거 끝에 결국 한 달 전에 완전히 이혼하고 말았다. 내게도 때로 가족을 대신할 만한 그런 사랑하는 친구들이 있었다. 그들과는 허물없는 사이였으나 끊어질 듯 끊어지지 않는 간간이 이어지는 관계였을 뿐이다.

나는 자라면서 피는 물보다 진하다는 엄마의 말을 항상 들어 왔다. 내가 종종 따지고 들던 엄마의 감상적인 말이었다. 그렇지만 엄마가 옳았든 틀렸든 이제는 아무런 상관이 없었다. 피도 물도 모두 내 손가락 사이로 흘러가버리고 말았으니까.

"여기 있습니다." 나는 사장에게 이렇게 말하며 기록 카드를 사장 쪽으로 내밀었지만, 사장은 한참 동안 내 쪽을 돌아보지도 않았다. 카운터 뒤 탁자 위에 올려둔 작은 텔레비전에 정신이 팔려 있었기 때문이다. 아내를 살해했다던 전 미식축구 스타인 O. J. 심슨 재판과 관련된 뉴스 같았다.

"저 남자가 유죄라고 생각해요?" 사장은 여전히 텔레비전에서 눈을 떼지 않고 이렇게 물어왔다.

"그런 것 같네요. 그래도 속단하기에는 너무 이른 것 같아요. 아직 뭐 충분한 증거들도 없고요."

"당연히 저 남자가 죽였지!" 사장이 소리쳤다.

간신히 사장이 내미는 방 열쇠를 받아든 나는 주차장을 가로질러 건물 가장 끝에 있는 문 쪽으로 걸어갔다. 잠긴 문을 열고 방 안으로 들어가 짐들을 내려놓고 탄력 없는 침대 위에 앉았다. 나는 모하비 사막에 와 있었지만 방은 이상할 정도로 축축했고 젖은 카펫과 소독약 냄새가 났다. 방구석에 있는 흰색 금속 환기구가 살아 있는 듯 으르렁거리며 에어컨 역할 대신인지 몇 분 동안 얼음처럼 차가운 바람을 뿜어댔다. 그러다 잠시 뒤 요란한 소리와 함께 훅 꺼져버려 만만치 않은 고독감을 더욱 부채질했다. 밖으로 나가 직접 친구가 될 사람이라도 찾아야 하는 것이 아닌가 생각이 들 정도였다. 그런 것쯤이야 아무것도 아니었다.

지난 몇 년 동안 나는 그렇게 즉석에서 아무나 만나 외로움을 달랬다. 그러나 지금은 사랑하지도 않는 사람과 그런 관계를 맺는 일이 다 터무니없이 느껴졌다. 그렇지만 나는 여전히 내 몸을 짓누르는 다른 사람의 육체, 다른 모든 것을 잊게 해주는 단순한 흥분을 미치도록 간절히 바라고 있기도 했다. 나는 그런 육체의 갈증을 마음속에서 지우고 털어버리려는 듯 침대에서 벌떡 몸을 일으켰다. 나는 술집에 갈 수 있어. 나는 남자에게 술을 얻어 마실 수 있어. 그러면 우리는 뜨겁게 달아오른 몸으로 다시 이곳으로 돌아오겠지.

그런 갈증 뒤에 폴에게 전화를 걸고 싶은 마음이 꿈틀거렸다. 그는 이제 나의 전남편이지만 여전히 나의 가장 좋은 친구였다. 엄마의 죽음 이후 몇 년 동안 그를 멀리할수록 동시에 그에게 점점 더 의지하게 되었다. 결혼생활 동안 있었던 나의 침묵의 고통 사이사이에서도 우리는 우리만의 기묘한 방식으로 나름대로 즐거운 시간을 보낸 행복한 부부였다.

방구석의 금속 환기구가 다시 작동했다. 나는 그 앞에 가서 섰다. 차가운 바람이 맨다리를 식혀주었다. 내가 입고 있는 옷은 지난밤 포틀랜드를 떠날 때 입고 있던 옷 그대로였다. 모직 양말에 금속 죔쇠가 달린 가죽 등산화, 주머니가 잔뜩 달린 남색 반바지, 건조가 빨리 되는 특수 섬유 소재의 속옷, 스포츠 브래지어, 평범한 티셔츠. 모두 다 구매한 지 얼마 안 되는 새 옷으로 PCT를 걷기 위해 준비한 것이었다. 지난겨울과 봄에 걸쳐 열심히 저축한 돈으로 사 모은 것들이다. 그런 걸 입고 있으니 왠지 한 번도 되어본 적 없는 낯선 사람이 된 것 같았다.

도시 생활 가장자리에서 지난 몇 년을 보내긴 했지만, 사실 나는 누가 봐도 야외생활에 쉽게 적응할 수 있는 사람이었다. 어쨌든 10대 시절을 미네소타의 북쪽 숲에서 거칠게 보냈으며 가족이 함께하는 휴가 여행은 대개 야외에서 보내는 캠핑 같은 것들이었다. 따라서 나는 폴이나 친구들과 아니면 혼자서 여행을 한 적도 많았다. 트럭 화물칸에서 잠을 자기도 하고 국립공원이나 국유림에서 캠핑한 적도 셀 수 없이 많았다.

하지만 이번 여행은 그런 캠핑과는 차원이 달랐다. 문득 이 모든 게 거짓말 같았다. PCT 여행을 하겠다고 결심한 후 6개월 동안 나는 적어도 수십 번 이상 왜 이 여행이 의미가 있는지 자문했고 그럴 때마다 나야말로 이 도전에 적합한 사람이라는 답을 되풀이했다. 그럼에도 이렇게 모텔 방에 홀로 있자니 내가 정말 불확실한 모험을 벌이고 있다는 사실을 부인할 수 없었다.

"먼저 짧게 한번 다녀오는 건 어때?" 폴은 몇 개월 전 우리가 같이 지내며 이혼에 대해 논의하는 동안 내 계획에 대해 이렇게 제안했다.

"왜?" 나는 초조하게 되물었다. "내가 해내지 못할 것 같아서?"

"그런 말이 아니잖아." 폴이 말했다. "당신, 배낭여행 가본 적 없잖아. 그래서 그렇지."

"내가 왜 배낭여행을 가본 적이 없어!" 나는 화가 나서 소리쳤다. 그의 말은 틀리지 않았다. 나는 배낭여행은 가본 적이 없었다. 배낭여행과 비슷한 이런저런 여행이나 캠핑은 해봤지만, 사실 배낭을 짊어지고 혼자서 황무지 같은 곳에서 밤을 새워본 적은 단

한 번도 없었다. 정말 단 한 번도 말이다.

그렇다. 나는 배낭여행을 한 번도 가본 적 없다. 지금 나는 서글픈 설렘을 안고 그 생각을 하고 있었다. 나는 불현듯 포틀랜드에서부터 짊어지고 온 내 배낭과 쇼핑백들을 둘러보았다. 거기에는 내가 아직 포장도 풀지 못한 짐들이 가득했다. 내 배낭은 검은색 테두리가 있는 녹색이었고 내부는 크게 세 부분으로 나뉘어 있었으며 옆에는 그물과 나일론으로 된 커다란 주머니들이 큰 귀처럼 달려 있었다. 배낭은 아래쪽을 따라 튀어나온 플라스틱 받침대 덕분에 혼자서도 쓰러지지 않고 서 있었다. 그 모습이 왠지 나에게 작지만 묘한 편안함을 안겨주었다. 나는 배낭 쪽으로 다가가 마치 아이의 머리를 어루만지듯 조심스레 배낭 윗부분을 만져보았다.

한 달 전, 배낭을 적당히 꾸려서 시험 삼아 걸어본 적 있다. 그때 짐을 다시 챙기라는 충고를 단단히 들었던 터라 미니애폴리스를 떠나기 전에 그렇게 해볼 생각이었다. 그러다가 포틀랜드에 도착하면 해본다는 것이 결국 한 번도 해보지 못하고 여기까지 와버렸다. 그리고 PCT 여행의 첫날, 첫 시험대에 오르게 된 셈이다.

나는 쇼핑백 하나를 열어 주황색 호루라기를 꺼내 들었다. 포장지에는 '세계에서 소리가 가장 큰 호루라기'라고 적혀 있었다. 나는 포장을 뜯고 호루라기를 꺼내 그 노란색 줄을 손에 움켜쥐었다. 그러고는 운동 경기 코치처럼 호루라기를 목에다 걸었다. 이런 걸 목에다 걸고 다니게 될 줄 누가 상상이나 했을까? 다른 것들도 마찬가지이지만 '세계에서 소리가 가장 큰 호루라기'를 사면서도 별

다른 생각이 없었다. 나는 호루라기 줄을 목에서 벗어 배낭에 매달았다. 그렇게 하면 배낭을 메고 걸을 때 호루라기가 내 어깨쯤에 오게 되고 필요할 경우 쉽게 찾아 사용할 수 있으리라.

호루라기가 필요하긴 할까? 나는 침대 위에 몸을 던지고 누워 순진하게, 그러면서도 쓸쓸하게 그런 생각을 했다. 이미 저녁 먹을 시간은 한참 지났지만 걱정이 돼서 그런지 배가 고프지 않았다. 외로움과 불편함이 배 속을 가득 채우고 있는 느낌이었다.

"결국 하고 싶은 대로 하게 되네." 열흘 전 미니애폴리스에서 작별 인사를 나눌 때 폴은 그렇게 말했었다.

"무슨 뜻이야?" 내가 물었다.

"혼자가 되는 것 말이야." 폴이 대답했다. 그리고 웃었다. 나는 무슨 뜻인지 모르게 고개만 끄덕였다. 혼자가 되는 것이 내가 원하는 일이었는지는 확실치 않았다. 그렇지만 내가 하고 싶은 대로 하게 된 것은 사실이었다. 결국 이렇게 되고 나니, 내게 정말 필요한 것이 사랑이었다는 사실을 뭐라고 설명할 수 있을까.

내 결혼생활의 끝은 엄마가 죽고 난 뒤 일주일 뒤에 도착한 편지 한 통으로 시작되었다. 물론 실제로는 그 이전부터 문제가 있기는 했지만. 그 편지는 나에게 온 것이 아니라 바로 폴에게 온 것이었다. 아직 내 마음에 엄마를 잃은 슬픔이 가시지는 않았지만 나는 거기 쓰여 있는 주소를 보고 흥분된 마음으로 우리 침실에 있는 폴에게 달려가 편지를 전했다. 뉴욕의 뉴 스쿨$^{\text{New School}}$에서 온 편지였다.

불과 3개월 전, 그러니까 엄마가 암에 걸렸다는 사실을 알기

며칠 전에 나는 폴에게 정치철학 박사학위에 도전해보라고 격려했었다. 1월 중순까지만 해도 뉴욕에 살며 학업을 이어간다는 건 세상에서 가장 흥분되는 계획 같았다. 하지만 3월 하고도 하순, 폴이 편지를 열어보고 탄성을 내지르며 합격했다고 서로 얼싸안았을 때는 이 기쁜 소식을 분명히 축하해야 한다고 생각했지만 나의 모습은 사실 둘로 갈라져 있었다. 엄마의 죽음을 목도한 여자와 지금의 나였다.

이전의 삶이 마치 멍 자국처럼 내려앉아 있었지만, 진짜 나의 모습은 멍이 든 살가죽 아래, 내가 알고 있고 내가 생각해 오던 모든 것들 아래에서 요동치고 있었다. 폴과 내가 뉴욕으로 출발해야 할 6월까지 어떻게 하면 학사 학위를 끝마칠 수 있을까. 그저 상상만 하고, 책에서나 읽었던 뉴욕의 이스트 빌리지나 파크 슬로프에 어떻게 하면 셋집을 구할 수 있을까. 내가 숭배하는 문학의 수많은 영웅이 그랬던 것처럼 똑같이 로맨틱하고 돈 한 푼 없는 신세의 작가가 되어 펑키한 겉옷에 멋들어진 털실 모자와 근사한 부츠를 신고 그렇게 돌아다닐 수 있을까.

엄마가 암에 걸리지 않았다면, 죽지 않았다면 이런 생각들로 나는 하루하루를 근사하게 채워나갔을 것이다. 하지만 이젠 모두 불가능한 것들이 되어버렸다. 그 편지 내용이 무엇이든 간에 말이다. 나 스스로에 대해 상상해왔던 모든 것은 엄마가 내뱉은 마지막 숨결 속에 그렇게 다 사라져버렸다.

나는 미네소타를 떠날 수 없었다. 가족들에게는 내가 필요했다. 레이프가 다 자랄 때까지 누가 그를 돌봐줄 것인가? 누가 에디

곁에 남아 그의 외로움을 위로해주지? 추수감사절 식탁을 차리고 우리 가족의 전통을 이어갈 사람이 누구인가? 누군가는 남아서 우리 가족에게 남아 있는 것을 지켜야만 했다. 그리고 그 누군가는 바로 나밖에 없었다. 최소한 나는 엄마를 위해서도 그렇게 해야만 했다.

"당신 혼자 가도 돼." 나는 편지를 들고 서 있는 그에게 이렇게 말했다. 그리고 나는 그 말을 이후 몇 주 내내 우리가 이 문제에 대해 의논할 때마다 반복해서 말했다. 그러면서 내 생각은 날이 갈수록 확고해졌다. 내 안의 일부는 폴이 나를 두고 떠나는 것에 대해서 겁을 먹고 있었고, 또 다른 일부는 그가 제발 그렇게 하기를 간절히 바라고 있었다. 만일 그가 떠나버린다면, 우리의 결혼생활은 내가 저절로 막을 내리게 될 터였다. 나는 내가 먼저 시작했다는 죄책감 없이 그렇게 자유로워지고 싶었다.

나는 폴을 사랑했지만, 우리가 사랑에 빠져 결혼을 했을 때는 질풍노도와 같은 철부지 열아홉 살이었다. 한 남자를 얼마나 사랑하느냐에 상관없이 다른 사람을 위해 나 자신을 헌신하려는 준비는 거의 되어 있지 않았다. 결혼한 이후에 잠시나마 다른 남자를 마음속에 품어본 적은 있지만 애써 그런 마음들을 억눌러왔다. 그러나 이제는 더는 그럴 수가 없었다. 내가 겪은 슬픔이 내 자제력을 송두리째 앗아가버렸다. 모든 것이 나를 궁지에 몰아넣고 있어. 나는 이렇게 스스로를 합리화했다.

나도 그만 나 자신을 부정하면 안 돼?

엄마가 죽은 지 일주일 뒤 나는 낯선 남자와 입을 맞추고 있었다. 그리고 다시 일주일 뒤에는 또 다른 남자와. 나는 그렇게 여러 남자와 시간을 보냈고 다른 남자들이 또 달려들었다. 마지막 선은 넘지 말자는 내 다짐이 나에게는 어떤 의미가 있었는지는 모르겠지만 나는 이렇게 내가 속이고 거짓말하는 것이 옳지 않은 일이라는 사실을 잘 알고 있었다.

나는 폴의 곁을 떠날 수도, 그렇다고 사실대로 고백할 수도 없는 무능력함에 빠져버린 느낌이었다. 그래서 나는 그가 나를 떠나기를 기다렸다. 가서 혼자 학위를 마치기를 바랐다. 물론 그는 원하지 않는 일이었다. 폴은 1년 동안 입학을 미뤘고 우리는 그대로 미니애폴리스에 살았다. 그래서 나는 가족 가까이 머무를 수 있었다. 그렇지만 엄마의 죽음 이후 그 1년 동안 그 가까움은 많은 일을 해내지는 못했다. 문득 나는 가족들을 더는 이끌어갈 수 없겠다는 생각이 들었다. 나는 우리 엄마가 아니었다.

엄마가 죽고 나서야 나는 엄마가 어떤 존재였는지 겨우 깨달았다. 엄마는 우리 가족의 중심에 있는 마법의 힘이었다. 우리는 모두 미처 깨닫지 못하는 사이에 엄마를 중심으로 그 궤도를 돌고 있었다. 이제 엄마가 없는 자리에서 에디는 점점 이방인이 되어갔고, 레이프와 카렌과 나는 자신들의 삶 속으로 튕겨나갔다. 그렇게 되지 않으려고 그토록 힘들게 버텨왔건만 결국 나도 그 사실을 인정할 수밖에 없었다. 엄마가 없이 우리는 더는 예전의 그 가족으로 돌아갈 수 없었다. 우리 네 사람은 슬픔의 바다에서 각자 떠도는 가련한 표류자들에 불과했다. 우리를 연결해주는 건 가느다란 밧줄 한 가닥뿐이었다. 나는 이제 결코 추수감사절 식탁 따위

차리지 않으리라. 엄마가 돌아가신 뒤 또다시 추수감사절은 돌아왔지만, 가족은 그저 내게 과거형일 뿐이었다.

그렇게 해서 폴과 나는 우리가 처음 계획을 세운 지 1년의 세월이 지난 뒤에야 드디어 뉴욕으로 옮겨갈 수 있게 되었다. 나는 떠나는 것이 행복했다. 뉴욕에 가면 모든 것을 새롭게 시작할 수 있을 것 같았다. 나는 더는 낯선 남자와 어울리는 일을 그만둘 것이다. 가슴이 찢어질 듯 슬퍼하는 일도 이제는 없겠지. 이제는 가족들 일로 씨름하지 않으리라. 나는 뉴욕에 사는 작가가 될 거야. 근사한 부츠를 신고 멋들어진 털모자를 쓰고 그렇게 뉴욕 거리를 걸어 다녀야지.

그러나 그렇게 되지 않았다. 나는 그대로의 나였다. 과거의 상처 아래 진짜 모습이 요동을 치는 똑같은 여자가 다른 곳에 와 있을 뿐이었다. 낮이면 나는 소설을 썼다. 그리고 밤이면 식당에서 손님들 시중을 들며 내가 정한 선을 넘지 않는 범위에서 이 남자 저 남자와 어울렸다. 우리는 뉴욕에 살게 되었지만 한 달도 되지 않아 폴은 학위 과정을 포기했다. 공부 대신 기타를 연주하며 살고 싶다는 것이다.

6개월 뒤 우리는 모든 것에서 떠났다. 그렇게 잠시 미네소타로 가 있다가 서부 전체를 가로지르는 몇 개월이 걸릴지 모르는 장거리 자동차 여행을 떠났다. 일하며 여행하며 그렇게 그랜드 캐니언, 데스밸리, 빅 서$^{Big\ Sur}$, 그리고 샌프란시스코를 둘러보며 그 지역을 크게 한 바퀴를 돌았다. 늦은 봄 여행을 마무리할 무렵 우리는 포틀랜드에 정착해 다시 식당에 일자리를 구했다. 처음에는 친구인 리사의 작은 아파트에 같이 머물다가 도시에서 16킬로미터 정도 떨어진 농장으로 다시 자리를 옮겼다. 그곳에서 염소며 고양이, 기묘하게 생긴 외국 닭들을 돌보는 대신 공짜로 여름을 보낼 수 있었다. 우리는 우리가 타고 온 트럭에서 이부자리를 꺼내와 농가 거실에 펴고 크고 널따란 창문 아래 자리를 잡았다. 창밖으로는 개암나무 과수원이 보였다. 폴과 나는 한참을 걸어가 산딸기를 따고 사랑을 나눴다. 나는 할 수 있다고 생각했다. 폴의 아내가 될 수 있다고.

그렇지만 또다시 내가 틀렸다. 나는 그저 내가 되어야만 하는 그런 사람이 되려고 했을 뿐이었다. 그리고 그 노력이 더 심해졌을 뿐이었다. 나는 심지어 내 인생이 둘로 쪼개지기 전에는 내가 어떤 사람이었는지조차 기억하지 못했다. 포틀랜드 외곽에 있는 작은 농가에 살며 엄마의 두 번째 기일이 지난 뒤 몇 개월이 흘렀다. 나는 이제 내가 정해놓은 선이고 뭐고 아무것도 걱정하지 않았다. 폴은 미니애폴리스에 취직자리가 생겨 가축들을 돌보던 일을 그만두고 미네소타로 돌아가게 된 것이다. 나는 그대로 오리건에 남아 농장 여주인의 예전 남자친구와 몸을 섞었다. 나는 일자리를 구하러 간 식당에서 만난 주방장도 마다하지 않았고, 바나나크림 파이를 주며 공짜 마사지를 해준 마사지 치료사와도 신나게 놀아났다. 세 사람 모두 관계가 지속된 건 닷새가 고작이었다. 나로서는 남자들이 고의로 관계를 빨리 끝낸다는 느낌이 강하게 들었다. 그다지 아름답지는 않지만 깔끔하게. 좋지는 않지만 후회도 없이 그렇게.

여름이 저물어갈 무렵 다시 폴과 함께 살기 위해 미니애폴리스로 돌아오자 나는 내가 치료되었다고 믿었다. 나는 내가 달라졌고 더 나아졌고 이제 다 마무리가 되었다고 생각했다. 그리고 잠시나마 가을을 성실하게 보내며 새해를 맞을 준비를 했다. 그러다가 나는 또다시 다른 남자와 관계를 맺었다. 그때 나는 내가 위기의 끝자락에 서 있음을 알게 되었다. 나 자신을 더는 어찌할 수가 없었다. 나는 결국 내 인생을 갈기갈기 찢어발기는 말을 폴에게 내뱉고 말았다. 그를 사랑하지 않는 건 아니었다. 그렇지만 나는 혼자여야만 했다. 왜 그래야 하는지는 나도 알 수 없었다.

엄마가 세상을 떠난 지 3년이 지났다.

내가 해야만 했었던 모든 말을 다 쏟아내고 나자, 우리는 둘 다 마룻바닥에 허물어져 흐느끼고 말았다. 다음 날이 되자 폴은 떠났다. 우리는 주변 친구들에게 조금씩 우리가 헤어지게 되었다는 사실을 알렸다. 앞으로 잘 이겨내길 바라고 있다는 말도 했다. 당장 이혼할 수는 없었다. 일단 친구들이 믿지 않았다. 우리가 그럭저럭 행복한 부부로 보였던 모양이었다. 그리고 불같이 화를 냈다. 우리 부부가 아니라 바로 나에게 말이다. 가장 친한 친구 중 한 명은 액자 속에 끼워 간직하고 있던 내 사진을 박박 찢어 우편으로 보냈다. 또 다른 친구는 폴과 그렇고 그런 관계를 맺었다. 내가 이 일에 상처받고 질투하자 다른 친구 하나가 이건 모두 다 내가 자초한 일이라고 말했다. 나도 내가 한 짓과 똑같이 당하는 거라고. 나는 이런 비난에 제대로 반박할 수 없었다. 가슴은 여전히 찢어질 듯 아팠다. 나는 우리가 쓰던 이부자리 위에 누워 이런 고통으로부터 붕 떠 있는 듯한 기분을 느꼈다.

헤어지기로 한 지 3개월이 흘렀지만 우리는 여전히 지독한 고통의 나날들을 보냈다. 나는 우리가 다시 합치는 것도, 완전히 이혼하는 것도 바라지 않았다. 그동안 폴은 다른 여자들과 조금씩 만나기 시작했지만 나는 갑자기 독신주의자가 되기라도 한 것처럼 굴었다. 섹스 때문에 나는 내 결혼생활을 다 망쳐버렸고 이제 섹스는 내 마음속에서 완전히 멀어져 버린 존재가 되었다.

"넌 그 빌어먹을 미니애폴리스를 당장 떠나는 게 좋겠어." 내 친구 리사가 늦은 밤 가슴을 찢는 대화를 나누다가 내게 이렇게 말했다. "포틀랜드로 와서 나 좀 만나."

일주일이 지나지 않아 나는 식당 종업원 일을 그만두고 트럭에 짐을 싣고는 서쪽을 향해 떠났다. 1년 뒤 내가 PCT 여행을 하게 될 그 길과 정확하게 같은 여정의 길이었다.

몬태나 주에 도착하자 나는 내가 옳은 일을 했다는 사실을 깨달았다. 차창 밖으로 몇 킬로미터가 넘게 펼쳐져 있는 푸른 대지가 눈에 들어왔다. 하늘은 그보다도 훨씬 더 넓었다. 저 너머로 어슴푸레하게 포틀랜드 시가 보이는 것 같았다. 짧은 시간이나마 이 시간이 감미로운 도피의 순간이 될 것 같았다. 이곳에서 내 모든 짐을 내려놓자고 생각했다.

그러나 나는 그 대신 더 많은 문제를 찾게 되고야 말았다.

짊어져야 할 것들

화이트 모텔의 내 방에서 다음 날 눈을 떴다. 샤워 후 거울 앞에 벌거벗은 채로 서서 심각하게 이를 닦으며 내 모습을 바라보았다. 뭔가 흥분된 기분을 느껴보려고 애썼지만 꺼림칙한 불안감만 엄습할 따름이었다. 나의 진짜 모습을 바라볼 때마다 어떤 생각이 천둥처럼 내 머리를 후려쳤다. 이렇게 흐릿한 거울 앞에 서서 내 모습을 바라보면 '가슴에 구멍 뚫린 여자'라는 말이 떠올랐다. 그 여자가 바로 나였다. 그 이유로 나는 지난밤 그렇게도 누군가를 그리워했던 걸까. 그리고 그 이유로 이 모텔에 와서 이렇게 벌거벗고 서 있는 게 아닐까. PCT를 따라 3개월간 혼자 걸어보겠다는 무모한 계획을 세우고서 말이다.

나는 칫솔을 내려놓고 거울에 기대어 내 눈을 똑바로 바라보았다. 내 안의 내 모습이 바람에 부서지는 꽃잎처럼 산산이 흩어지는 기분이 들었다. 내가 몸을 움직일 때마다 내 안의 또 다른 꽃잎들이 부서져 내렸다. 아, 제발. 나는 생각했다. 부디, 제발.

다시 침대로 돌아가 오늘 여행 때 입을 옷들을 살펴보았다. 샤워하기 전에 침대 위에 곱게 올려놓은 옷들이다. 내가 처음 학교에 가던 날 엄마도 이렇게 해줬지. 브래지어와 티셔츠를 챙겨 입었다. 새로 새긴 타투 가장자리의 상처 딱지가 셔츠 소매에 달라붙어 있어 조심스럽게 그것들을 떼어냈다. 내 몸에 새긴 유일한 타투다. 왼쪽 삼각근 위에 그려넣은 푸른색 말 한 마리. 폴도 똑같은 곳에 짝을 맞춰 타투를 새겼다. 이혼하기 불과 한 달 전, 우리의 이혼을 기념하기 위해 새긴 것이었다. 지금 우리는 부부가 아니지만, 그 타투는 우리가 영원히 함께 이어져 있다는 증거처럼 보였다.

나는 지난밤보다 더욱 간절히 폴에게 전화를 걸고 싶었다. 하지만 스스로 그 감정을 허락하지 않았다. 그는 나를 너무 잘 알았다. 그는 내 목소리만 들어도 내 슬픔과 주저함을 알 것이고, 그것이 PCT로 떠나기 전에 느끼는 단순한 불안감이 아니라는 사실도 알아챌 것이다. 그리고 나에게 뭔가 할 말이 더 있다는 것도 느낄 것이다.

나는 양말을 신고 등산화 끈을 조여 맸다. 그리고 창가로 가 커튼을 열어젖혔다. 햇빛이 하얀 자갈이 박힌 주차장에 반사되어 눈부시게 빛났다. 길 건너편에는 주유소가 있어 PCT에 접어들 때까지 차를 얻어 타기 좋겠다는 생각이 들었다. 커튼에서 손을 떼자 커튼이 다시 처지며 방이 어두워졌다. 나는 그 어둠이 좋았다. 물론 얼토당토않은 생각이었지만 안전한 누에고치 안에라도 들어가 있는 것처럼 절대로 이곳을 떠나고 싶지 않았다.

오전 9시였다. 이미 바깥은 뜨겁게 달아올라 있었다. 방구석의 환기구가 다시 살아나 찬바람을 내뿜었다. 모든 것이 내가 갈 곳은 어디에도 없다고 말하고 있는 듯했지만 그래도 내가 있을 만한 곳이 있었다. 오늘은 PCT 여행의 첫날, 이곳은 모하비 사막이었다.

배낭을 열어 안에 들어 있는 걸 전부 다 끄집어내 하나씩 침대 위에 던졌다. 쇼핑백 안에 든 것들도 다 쏟아부었다. 그리고 물건들을 다시 정리하기 시작했다. 앞으로 3개월 동안 내가 짊어지고 가야 하는 짐들이 모두 여기 있었다.

파란색 압축 주머니에는 플리스 소재의 바지 한 벌, 보온용 긴소매 셔츠, 두툼한 플리스 후드 파카, 모직 양말 두 켤레, 속옷 두 벌, 얇은 장갑 한 켤레, 햇빛 차단용 모자, 플리스 모자, 방수 바지 등 여행 때 입을 옷이 들어 있다. 그리고 드라이 백이라고 부르는 튼튼한 가방이 하나 더 있는데, 거기에는 첫 번째 보급 기착지인 케네디 메도우즈$^{Kennedy\ Meadows}$에 도착할 때까지 앞으로 14일간 먹을 식량이 잔뜩 들어 있다.

슬리핑백과 캠핑용 의자도 있었는데 의자는 슬리핑 패드로 사용할 수 있도록 풀어서 펼칠 수 있었다. 그리고 광부들이 사용하는 것과 비슷한 헤드램프와 다섯 개의 고무끈도 있었다. 그리고 야외에서 사용 가능한 정수기, 작은 휴대용 스토브, 연료가 들어 있는 길쭉한 알루미늄 통, 분홍색의 작은 라이터, 여러 가지 크기의 조리기구가 겹쳐 들어 있는 코펠 한 세트가 있었다. 싸구려 스포츠 샌들 한 켤레도 있었는데 해가 저물어 야영하게 되면 그 샌들로 갈아 신을 참이었다. 빨리 마르는 수건, 온도계가 달린 열쇠고리, 방수포, 손잡이가 달린 보온 보냉 겸용 플라스틱 머그잔, 뱀에 물렸을 때 사용하는 응급 처치 도구, 스위스 다용도 군용칼, 케이스가 딸린 소형 쌍안경, 형광색 밧줄 한 꾸러미도 있었다.

아직 사용법도 제대로 모르는 나침반도 챙겼다. 스테잉 파운드Staying Found, 즉 '정확한 길 찾기'라는 이름의 이 나침반에는 같은 이름의 사용 설명서가 딸려 있어 LA까지 오는 비행기 안에서 읽어 보려고 애썼지만 실패했다. 딸까닥하는 소리와 함께 여닫게 되어 있는 붉은색 캔버스 케이스에는 구급 약품이, 지퍼락 봉지에는 두루마리 휴지가, '유-딕-잇U- Dig- It'이라는 상표가 붙은 검은색 케이스에는 야외용 소형 삽 한 자루가 있었다. 작은 가방 하나에는 세면도구와 샴푸, 린스, 비누, 로션, 데오드란트, 손톱깎이, 해충 퇴치용 약, 자외선 차단제, 빗, 생리대 대용 천연 스펀지, 자외선이 차단되는 립밤 등이 있었다.

양초를 사용하는 금속 랜턴과 손전등도 있었는데 랜턴용으로 여분의 초도 준비했다. 나조차 왜 챙겼는지 의아한 접을 수 있는 휴대용 톱 한 자루, 텐트가 들어 있는 초록색 나일론 가방, 1리터짜리 플라스틱 물통 두 개도 있었다. 그리고 10리터짜리 드로미더리 백이 있었는데 카멜 백이라고도 하는 이 주머니는 배낭처럼 등에 짊어질 수 있는 물주머니였다. 나일론 꾸러미 하나는 펼치면 배낭을 덮는 방수 커버가 되고 고어텍스 꾸러미도 역시 펼치면 방수 비옷이 되었다. 그리고 혹시나 필요할까 싶어 가져온 여분의 물품들도 있었다. 건전지, 방수 성냥 한 갑, 비상용 담요, 요오드 정제 한 병 등등.

　볼펜 두 자루와 책도 세 권 더 있었다. 『PCT 제1권: 캘리포니아』는 내가 이 여행을 떠나게 만든 여행 안내서로 네 명의 저자가 공동으로 저술했고 다 같이 한목소리로 조용하지만 단호하게 이 여행의 어려움과 보람을 이야기하고 있다. 다른 두 권은 윌리엄 포크너의 작품인 『내가 죽어 누워 있을 때』와 에이드리언 리치의 시집인 『공통 언어를 향한 꿈』이었다. 일기장으로 쓸 200쪽짜리 A4 크기 공책 한 권, 신분증 대용인 운전면허증, 현금 약간, 우표 한 묶음이 들어 있는 지퍼락 봉지도 있었다. 작은 수첩 하나에는 친구들 주소가 적혀 있었고, 전문가용으로도 손색이 없는 35밀리미터 미놀타 X-700 사진기와 여분의 줌 렌즈, 탈부착이 가능한 사진기용 플래시와 접을 수 있는 소형 삼각대도 있었다. 모두 다 보호용 패드가 덧대어진 사진기 전용 가방에 들어 있었고 크기는 미식축구공 정도였다. 물론 나는 전문적인 사진작가는 아니었다.

　나는 지난 몇 달간 미니애폴리스에 있는 REI라는 이름의 야외용품 전문 상점에 열두 번도 더 넘게 찾아가 이런 물건들을 사들였다. 당연히 그리 쉬운 일은 아니었다. 물통 하나를 살 때도 사전에 알아보지 않고 덤벼드는 일이 얼마나 바보 같은 짓인지 바로 알 수 있었다. 사야 할 것도 많은데 고려해야 할 사항도 너무나도 많았고, 디자인까지 신경 쓰려 하면 끝도 없었다. 그렇지만 이런 일도 내가 앞으로 준비해야 할 일들에 비교하면 가장 사소하고도 덜 복잡한 문제였다.

　내게 필요한 나머지 장비들은 이보다 훨씬 더 복잡했다. 나는

REI의 모든 직원과 상의한 끝에 그 사실을 깨달을 수 있었다. 그들은 진열된 텐트 사이를 어슬렁거리거나 초경량 스토브 앞에 서 있는 나를 볼 때마다 도움이 필요하지 않으냐고 친절하게 물어봤다. 그들의 연령대와 태도 그리고 관심 분야는 다양했지만 한 가지 공통점이 있었다. 바로 한 명도 빠짐없이 시간을 오래 들여 각종 장비에 대해 말해준 것이다. 그 놀라운 모습에 나는 감동까지 받았다. 직원들은 내 슬리핑백의 지퍼가 잘 열리고 잠기는지, 모자와 딱 맞게 연결된 얼굴 가리개가 호흡을 방해하지 않는지 살펴주었다. 그들은 내 휴대용 정수기의 정수량을 늘리기 위해 주름진 유리 섬유 부품이 달린 것을 보고 기뻐하기도 했다. 그런 그들의 지식은 나에게 큰 도움이 되었다. 어떤 배낭이 좋을지 생각하다 민첩성과 균형 감각이 잘 잡혀 있는 최고 품질의 그레고리 하이브리드 외장 프레임형 배낭을 고를 때는 내가 마치 전문 배낭 여행가라도 된 듯한 느낌이 들기도 했다.

그렇지만 그렇게 꼼꼼하게 선택한 물품들을 이렇게 모하비의 한 모텔 방 침대 위에 쌓아놓고 쳐다보고 있으려니 나는 내가 그런 전문가와는 전혀 거리가 멀다는 사실을 아주 겸손한 마음으로 깨닫게 되었다.

나는 산더미처럼 쌓인 장비들을 뒤적이며 아무것도 더 들어갈 공간이 없을 때까지 배낭의 남은 공간을 찾아 이리저리 힘껏 물건들을 쑤셔 박았다. 나는 챙겨온 두꺼운 고무줄을 이용해 식량 꾸러미와 텐트, 방수포, 옷 가방, 그리고 캠핑용 의자를 배낭 바깥쪽에 묶어 매달 생각이었다. 배낭 곁에 있는 프레임은 바로 그런 목적으로 부착된 것이었다. 그러나 지금 와서 살펴보니 배낭에 매달아야 하는 물건들은 그것뿐만이 아니라는 사실이 분명해졌다. 나는 일단 처음 생각했던 물건들을 몽땅 다 고무줄로 묶어 매달았고 다시 나머지 물건들 몇 가지도 배낭에 묶기 시작했다. 샌들과 사진기 가방, 그리고 머그잔과 랜턴 등이었다. 나는 케이스에 든 삽을 배낭의 벨트에 매달고 온도계 열쇠고리는 배낭 지퍼에 매달았다.

겨우 짐 꾸리기를 마치고 난 나는 방바닥에 주저앉았다. 한껏 용을 쓴 탓인지 땀이 흘러내렸지만 그래도 아주 편안한 기분으로 내 배낭을 바라볼 수 있었다. 그러다가 문득 마지막 한 가지가 더 생각이 났다. 바로 물이었다.

이곳을 내 여행의 출발지로 선택한 건 처음 목적지로 계획한 오리건 주의 애쉬랜드까지 걸어가는 기간을 약 100일로 예상했기 때문이었다. 처음 계획을 세울 땐 그곳에 대한 좋은 이야기를 많이 들어서 어쩌면 거기에 정착해 살 수도 있겠다는 생각도 했다. 몇 개월 전 나는 손가락으로 지도의 남쪽 부분을 짚으며 거리와 여행 일수를 계산하다가 테하차피 패스에서 멈췄다. 바로 PCT가 모하비 사막 북서쪽 구석의 58번 고속도로를 가로지르는 지점으로 모하비 마을과 멀지 않은 곳이었다.

그러나 몇 주 전까지 나는 미처 알지 못했다. 그곳은 전체 여행 길에서 가장 건조하며, 제아무리 빠르고 건강하고 경험 많은 전문 도보여행자라도 하루 만에 물이 있는 곳에 도착할 수 있을지 장담할 수 없는 지역이었다. 하물며 나에게는 언감생심인 일이었다. 처음으로 물을 채울 수 있는 곳까지의 거리는 27킬로미터 남짓.

내 속도로는 이틀쯤 걸린다고 예상했고, 충분한 물을 가지고 출발해야 한다고 생각했다.

나는 욕실 세면대에서 1리터짜리 물통들을 채우고 그물망으로 되어 있는 배낭 옆 주머니에 집어넣었다. 나는 배낭 한가운데 쑤셔 박아 두었던 드로미더리 백을 끄집어내 물 10리터를 채웠다. 나중에 알게 된 사실이지만 물은 1리터는 1킬로그램이었다. 물만으로도 12킬로그램이 더해진 것이다. 드로미더리 백은 흡사 거대하게 부풀어오른 물풍선처럼 보였고 손 안에서 이리저리 출렁거리고 흔들리더니 배낭에다 집어넣으려고 하자 튕겨나가 방바닥 위에 뒹굴었다. 이 물주머니에는 가장자리에 끈으로 된 손잡이가 있었는데 갖은 애를 쓴 끝에 고무줄을 그사이에 엮어 넣어 사진기 가방과 샌들과 머그잔 옆에 붙들어 맬 수가 있었다. 그 일을 하다가 너무 짜증이 나 머그잔을 꺼내 바닥에 패대기치기는 했지만.

내가 가져가야 할 모든 물건이 필요한 곳에 다 자리를 잡고 나자 고요한 침묵이 찾아 왔다. 나는 출발할 준비가 된 것이다. 나는 손목시계를 차고 선글라스에 연결된 분홍색 네오프렌 줄을 목에다 걸었다. 그리고 모자를 쓰고 내 배낭을 바라보았다. 거대하면서도 속이 꽉 들어찬, 왠지 정감이 넘치지만 동시에 위협적이기도 한 모습으로 홀로 우뚝 서 있는 배낭. 마치 살아 움직이는 것 같은 친구 같은 모습에 나는 외로운 기분이 어느 정도 사그라졌다. 똑바로 세운 배낭의 높이는 허리까지 닿았다. 나는 배낭을 움켜쥐고 들어 올리기 위해 몸을 굽혔다.

배낭은 조금도 움직이지 않았다.

나는 몸을 웅크리고는 배낭의 프레임을 더 단단히 붙들고 다시 한번 들어 올리려고 용을 썼다. 이번에도 역시 움직이지 않았다. 조금도. 이번에는 두 다리에 단단히 힘을 주고 양손을 이용해 마치 포옹이라도 하듯 배낭을 끌어안고 들어 올리려 했다. 모든 힘과 기운, 의지 등 내 안의 모든 것을 다 쏟아부었는데도 배낭은 여전히 미동도 없었다. 정말이지 소형 승용차 한 대를 들어 올리려는 것만 같았다.

나는 배낭 옆에 주저앉아 지금의 내 처지를 곰곰 생각해봤다. 에어컨이 쌩쌩하게 나오는 이 방에서조차 배낭을 들 수 없는데, 과연 이 배낭을 짊어지고 험준한 산맥과 메마른 황무지를 지나 수천 킬로미터나 되는 길을 걸어갈 수 있을까. 모든 것이 다 터무니없게 느껴졌지만 그래도 나는 저 배낭을 들어 올려야만 했다. 나는 단지 여행을 떠나는 데 필요한 물건들을 집어넣었을 뿐이다. 사실 REI의 직원들은 짐 무게에 대해 여러 번 경고했지만, 그 말을 그다지 신경을 쓰지 않았다. 그때는 심사숙고해야 할 더 중요한 문제들이 산적해 있다고 생각했다. 모자와 딱 맞게 연결되는 얼굴 가리개가 호흡하는 데 지장이 없는지, 뭐 그런 문제들 말이다.

나는 배낭에서 덜어내야 할 짐이 무엇인지 생각해봤다. 모두 없어서는 안 될 중요한 물건들이었다. 비상시에 무슨 일이 벌어질지 모른다고 생각하니 무엇 하나 덜어낼 수 없었다. 나는 그 배낭을 어떻게 해서든지 짊어지고 가야만 했다.

나는 바닥에 앉아 등을 배낭에 대고는 양팔을 배낭 어깨끈에 꿰어 넣었다. 그리고 가슴께에 달린 양쪽 어깨끈을 연결하는 벨트까지 채운 뒤 크게 숨을 한 번 몰아쉬고는 반동을 얻기 위해 몸을 앞뒤로 움직이기 시작했다. 나는 온 힘을 기울여 몸을 앞으로 숙인 뒤 양손을 무릎 위로 짚었다. 이제 배낭이 바닥에서 조금 들어 올려졌다. 이제 완전히 내 몸에 달라붙어 있게 된 것이다. 여전히 비틀 승용차처럼 보이지만 어쨌든 그 승용차가 주차한 곳은 이제 방바닥이 아니라 내 등이었다. 나는 그 자세로 잠시 숨을 고르며 몸의 균형을 잡았다. 나는 천천히 발을 움직이며 동시에 손으로는 금속 환기구를 지지대 삼아 필사적으로 온 힘을 다해 몸을 일으켰다. 내가 몸을 일으키자 배낭의 금속 프레임이 비명을 질러대기 시작했다. 이 엄청난 무게를 견뎌내기 너무 힘겨운 모양이었다. 내가 자리에서 일어서자, 그러니까 사실은 똑바로 선 자세와는 거리가 먼 거의 앞으로 몸을 숙인 자세에서 환기구를 손으로 짚자 너무 힘을 주었는지 결국 금속판 하나가 떨어져 나가고 말았다.

　나는 그 금속판을 제자리에 끼울 시도조차 할 수 없었다. 금속판이 떨어진 자리는 겨우 손만 뻗으면 닿을 거리에 있었지만, 그 거리는 나에게 영원히 닿을 수 없는 영겁의 거리처럼 느껴졌다. 금속판을 벽에 기대어 세워놓고 배낭의 허리 벨트를 채웠다. 그리고 비틀거리며 방 안을 걸어보았다. 몸의 무게 중심은 몸을 움직일 때마다 그쪽으로 기우는 듯했다. 배낭의 무게가 어깨를 고통스럽게 짓눌렀다. 그래서 나는 허리띠를 더욱더 단단히 조였다. 균형을 잡으려는 노력과 함께 내 양 옆구리를 조여대니 마치 살이 양쪽으로 풍선처럼 삐져나오는 것 같았다. 내 등의 배낭은 마치 용암처럼 솟아올라 내 머리 위보다 더 높아졌고 공장에서 사용하는 쥠틀처럼 나를 움켜쥐고 내 몸을 꼬리뼈 쪽으로 짓눌러 내렸다. 정말 끔찍한 기분이었지만 아마도 이것이 배낭여행자가 되어가는 기분이 아닐까.

물론 나는 그것 역시 잘 알 수 없었다.

내가 알고 있는 것은 단 하나였다. 이제는 떠나야 할 시간이라는 것. 나는 방문을 열어젖히고 밝은 세상으로 한 걸음을 내디뎠다.

제2부

슬퍼할 새 없이 걷다

말은 목적, 말은 지도

에이드리언 리치, 「난파선 속으로 잠수하기 Diving into the Wreck」

퍼시픽 크레스트 트레일

나는 살아오면서 위험하고도 바보 같은 짓을 수도 없이 저질렀다. 그렇지만 낯선 사람에게 차를 태워달라고 하는 일은 아직 해보지 않았다. 길 가는 차를 얻어 타는 이른바 히치하이커들에게 끔찍한 일들이 많이 일어난다는 사실은 나도 잘 알고 있었다. 특히 여자가 혼자 차를 얻어 탈 때는 말이다. 여자 여행자들은 강간, 폭행을 당하고 길가에 버려지기도 한다.

그렇지만 나는 화이트 모텔을 나와 바로 앞 주유소로 향하면서 마음을 굳혔다. PCT에 진입하기 위해 타오르는 듯한 고속도로 위를 20킬로미터 남짓 걸어가고 싶지 않다면 나는 차를 얻어 타야만 했다. 게다가 히치하이킹은 PCT 여행자들이 대수롭지 않게 하는 흔한 일이었다. 그리고 나는 PCT로 향하는 여행자였다. 그렇지 않나?

그래, 그 말이 맞다.

『PCT 제1권: 캘리포니아』를 보면 평소와 다름없는 침착한 태도로 차를 얻어 타라고 한다. 어떤 경우에는 PCT가 도로를 가로지를 때도 있고, 우체국을 찾기 위해 그 도로를 따라 몇 킬로미터씩 걸어야 할 때도 있다. 우체국에 가야만 다음 지점을 통과하는 데 필요한 필수품들을 우편으로 배달받을 수 있기에, 히치하이킹은 그런 필수품들을 찾아들고 다시 PCT로 복귀할 수 있는 유일하고 합리적인 해결법이었다.

나는 주유소 앞에 있는 음료수 자판기 앞에 멈춰 서서 오가는 사람들을 바라보았다. 그리고 온 신경을 그들에게 집중하도록 노력했다. 그러면서 적당한 사람을 보면 안전한지를 육감으로 느낄 수 있기를 바랐다. 나는 카우보이모자를 쓴 백발노인들의 차, 내가 들어갈 자리는 보이지 않는 꽉 찬 가족의 차, 차가 터져나가라 음악을 크게 틀고 떠들어대는 10대 아이들의 차도 보았다. 그중 누구도 살인자나 강간범으로 보이지는 않았다. 그렇다고 그런 일들과 전혀 관련 없어 보이는 사람도 없었다. 나는 콜라 한 캔을 사서 아무렇지 않은 듯 마시기 시작했다. 내 등을 짓누르는 이 엄청난 무게 때문에 제대로 서 있을 수조차 없었지만 그 사실을 부정이라도 하듯이. 드디어 나도 움직여야만 했다. 시간은 거의 11시가 다 되었고 6월의 사막 열기는 점점 더 뜨거워져만 갔다.

콜로라도 주 번호판을 단 미니밴 한 대가 멈춰 서더니 남자 두 사람이 내렸다. 한 사람은 내 또래였고 다른 한 사람은 50대쯤 되어 보였다. 나는 두 사람에게 다가가 차를 좀 얻어 탈 수 있겠느냐고 물었다. 두 남자는 잠시 주저하며 서로를 바라보았다. 표정을 보아하니 분명 두 사람 다 침묵 속에서 안 된다고 거절할 적당한 이유를 찾고 있는 것 같았다. 그래서 나는 말을 멈추지 않고 PCT에 대해 봇물 터지듯 빠르게 설명을 늘어놓았다.

"그러죠, 뭐." 나이 든 남자가 여전히 주저하는 듯했지만 결국 이렇게 말했다.

"감사합니다." 나는 떨리는 목소리로 대답했다. 내가 미니밴 옆에 달린 커다란 문 쪽으로 뒤뚱거리며 다가가자 젊은 남자가 문을 밀어 열어주었다. 차 안을 바라보다가 나는 문득 그 안으로 올라탈 방법이 없다는 사실을 깨달았다. 이렇게 배낭을 짊어지고는 한 발짝도 차 안으로 들여놓을 수가 없었다. 나는 우선 짐부터 내려놓아야 했다. 하지만 어떻게? 만일 내가 지금 가슴과 허리에 걸쳐 있는 벨트부터 풀면 배낭이 내 몸으로부터 무너져내리는 일을 막을 방도가 전혀 없을뿐더러 어쩌면 어깨며 팔이 떨어져 나갈지도 몰랐다.

"좀 도와드릴까요?" 젊은 남자가 물었다.

"괜찮아요. 혼자 할 수 있어요." 나는 아무렇지도 않은 듯한 목소리로 대답했다. 내가 생각할 수 있었던 유일한 방법은 등을 미니밴 쪽으로 돌려 슬라이딩 도어 끝을 힘껏 붙잡고 차 문틀 위에 주저앉는 것이었다. 그러면서 배낭을 뒤쪽 차 바닥 위에 올려놓았다. 아, 그것은 축복의 순간이었다. 나는 벨트며 어깨끈을 풀고 배낭을 넘어뜨리지 않도록 조심하며 몸을 빼냈다. 그리고 몸을 돌려 차에 올라타고 배낭 옆에 자리를 잡고 앉았다.

일단 그렇게 차를 타고 출발하자 두 남자는 조금 더 친절해졌다. 우리가 탄 차는 바싹 말라붙은 덤불이며 어슴푸레한 산들 같은 건조한 풍경을 뚫고 서쪽을 향해 달려갔다. 두 사람은 덴버 근처에서 온 부자지간으로 샌 루이스 오비스포에 있는 졸업식 행사에 참석하러 가는 길이라고 했다. 얼마 가지 않아 테하차피 패스가 가까이 있다는 표지판이 보였고 아버지는 미니밴의 속도를 늦추더니 도로 가에 주차했다. 아들이 차에서 먼저 내리더니 문을 열어주었다. 나는 배낭을 내렸을 때와 같은 방식으로 다시 짊어질 수 있기를 바랐다. 그러나 내가 미처 움직이기도 전에 아들이 배낭을 끌어 내리더니 힘겹게 도로 옆 자갈이 깔린 땅바닥 위에 내려놓았다. 하도 요란스럽게 내려놓아서 물주머니가 터지지 않을까 걱정이 될 정도였다. 나는 배낭을 따라 차에서 내려 배낭을 똑바로 다시 세우고 묻어 있는 흙먼지를 털어냈다.

"그거 다시 맬 수 있겠어요? 나도 간신히 옮겼는데."

"그럼요, 할 수 있어요." 내가 말했다.

하지만 그는 내가 정말 그렇게 할 수 있는지 확인하려는 듯 그 자리에 서 있었다. "태워주셔서 고맙습니다." 나는 그렇게 말하며 어서 빨리 그 남자가 떠나기를 바랐다. 배낭을 다시 짊어지는 그 굴욕적인 과정을 보여주고 싶지 않았다. 그는 고개를 끄덕이더니 미니밴의 문을 닫았다.

"조심해서 잘 가세요."

"네, 감사합니다." 그리고 그가 다시 차에 올라타는 모습을 바라보았다. 그들이 떠나고 나자 나는 고요한 고속도로 위에 혼자 서 있었다. 눈부신 정오의 태양 아래 몰아치는 바람 속으로 작은 먼지구름들이 흩날렸다. 나는 거의 해발 1,150미터 높이에 서 있었다. 사방에 보이는 것이라곤 사막 산쑥과 조슈아나무, 그리고 허리 높이까지 자라는 덤불이 점점이 박혀 있는 베이지색의 황량해 보이는 산들뿐이었다. 나는 모하비 사막의 서쪽 경계선과 시에라네바다 산맥의 남쪽 끝자락에 걸쳐 서 있는 셈이었다. 시에라네바다 산맥은 북쪽으로는 라센 화산 국립공원까지 640킬로미터가량 뻗어 있는 방대한 산맥으로, 그 공원은 또 캐스케이드 산맥과 이어져 있었다. 캘리포니아 북부에서 시작되는 캐스케이드 산맥은 오리건과 워싱턴 주를 통과해 캐나다 국경 너머까지 뻗어 있다. 이 두 산맥이 앞으로 3개월간 내가 지낼 세상이었고 그 꼭대기는 내 집이 될 것이었다. 개천 너머에 있는 울타리 기둥 위에 손바닥 크기만 한 금속 표지판의 모습이 얼핏 눈에 들어왔다. 거기에는 이렇게 쓰여 있었다. 퍼시픽 크레스트 트레일The Pacific Crest Trail.

내가 이곳에 왔다. 드디어 시작된 것이었다.

지금이야말로 사진 한 장을 찍기에 최고의 순간이라는 생각이 언뜻 들었지만, 사진기를 꺼내려면 줄줄이 짐을 풀어야 했다. 지금은 감히 그런 시도조차 하고 싶지 않았다. 게다가 혼자서 사진을 찍으려면 적당한 곳을 찾아 사진기를 올려놓고 타이머를 맞춘 뒤 내가 사진을 찍기 원하는 곳으로 달려가야 하는데 그런 적당한 장소가 하나도 보이지 않았다. 심지어 표지판이 붙어 있는 기둥조차도 힘이 없고 부실해 보였다. 사진을 찍는 대신 나는 배낭 앞 땅바닥 위에 앉아 모텔 방에서 했던 것과 마찬가지로 배낭을 어깨에 짊어지고 손과 무릎에 힘을 준 뒤 죽을 힘을 다해 자리에서 일어섰다. 똑바로 선 자세와는 한참 거리가 멀긴 하지만 구부정한 자세로 벨트를 채우고 배낭끈을 졸라맨 뒤 비틀거리며 첫걸음을 내디뎠다.

눈앞에 또 다른 기둥이 하나 보이고 거기에는 갈색의 금속 상자 하나가 매달려 있었다. 뚜껑을 여니 공책 한 권과 볼펜 한 자루가 들어 있었다. 여행 방명록이었다. 여행 안내서에서 방명록에 대해 읽은 적이 있었다. 나는 내 이름과 날짜를 기록하고 나보다 몇 주 앞서 이곳을 지나간 사람들의 이름과 신상 내역을 살펴보았다. 대부분은 남자들이었고, 대부분 짝으로 움직였다. 나처럼 여자 혼자 여행하는 경우는 하나도 없었다. 나는 좀처럼 그 자리를 떠나지 못하고 거기에 한참 서 있었다. 문득 감정이 북받쳐 올랐다. 그리고 나는 전진하는 것 말고는 할 수 있는 일이 없다는 사실을 깨달았다. 그래서 그렇게 했다.

길은 동쪽을 향해 뻗어 있었고 얼마간 고속도로와 나란히 나 있었다. 그러다가 바위투성이 틈으로 파고들었다가 다시 솟아나기도 했다. 드디어 나도 도보여행을 하고 있다! 나는 그렇게 생각했다. 그것도 PCT를 걷고 있었다. 이건 실제 상황이었다. 이번 여행은 정말 그럴 만한 가치가 있다고 마음속에 새겨온 바로 그 믿음의 여행이었다. 그런데 그냥 걷는 것과 이런 도보여행의 차이점은 뭘까?

내가 진정한 배낭여행을 떠나본 적 없다고 지적했던 폴과 이 문제에 대해서도 다툰 적 있다. 걷기는 나의 일상이었다. 나는 식당 일이 끝나면 몇 시간이고 걷곤 했다. 나는 내가 살았거나 혹은 가봤던 도시에서 하염없이 주변을 걸으며 돌아다녔다. 때로는 그냥 재미로, 때로는 그럴 이유가 있어서였다. 이는 모두 실제로 경험한 것들이다. 그러나 본격적으로 PCT를 15분가량을 걷고 나니 나는 6월 초순에 이런 황량한 산길을 걸어본 적이 없을뿐더러 등에 이런 엄청난 짐을 지고 걸어본 적은 더더군다나 한 번도 없었다는 사실이 분명해졌다.

이건 그냥 걷는 일과는 완전히 차원이 달랐다. 지옥을 걷는 일의 아래 단계 정도라고 할까. 나는 얼마 지나지 않아 숨을 헐떡이며 땀을 비가 오듯 쏟아내기 시작했다. 북쪽으로 향하자 먼지가 등산화와 종아리에 쌓이기 시작했고 이제는 그저 험난한 지형이 아니라 등산하는 산에 가까워졌다. 더 높이 그리고 더 높이 올라갈 때마다 한 걸음 한 걸음이 투쟁이었고 짧은 내리막길이 나타날 때만 겨우 숨을 돌릴 수 있었다. 그렇지만 그 역시 대단한 휴식이라기보다는 또 다른 형태의 지옥으로 둔갑을 했다. 몸이 앞으로 쏠리면서 한 걸음 내디딜 때마다 넘어지지 않기 위해 온몸에 힘을 단단히 주고 버텨야만 했다. 내가 짊어지고 있는 감당할 수 없는 엄청난 무게가 나를 앞으로 밀어 쓰러트리려는 것만 같았다. 두 다리 위에 올려놓은 몸뚱이가 무너져내리면서 저 황무지 속으로 허물어지는 기분이었다.

40분이 지나고 목소리 하나가 내 머릿속에서 비명을 질러대기 시작했다.

내가 지금 무슨 짓을 하고 있는 거야?

나는 걷기를 계속하며 노래를 흥얼거리면서 그 비명을 무시하려고 애를 썼다. 그러나 금방 깨달았다. 고통 속에 숨을 헐떡거리고 신음하는 와중에 노래를 부르기란 정말 어려운 짓이라는 것을.

그래서 이번에는 내 귀에 들리는 소리에만 집중하려고 노력해보았다. 내 발이 메마른 바위투성이 길을 내딛는 소리, 뜨거운 바람을 가르며 지나갈 때마다 들리는 낮게 자란 덤불의 나뭇잎과 가지들이 부스럭대는 소리, 그리고 '내가 지금 무슨 짓을 하고 있는 거야?' 하는 비명까지. 그 비명은 엄청나게 컸고 도무지 사라질 것 같지 않았다. 거기에 신경을 쓰지 않을 유일한 방법은 방울뱀을 피하고자 온 신경을 집중하는 것뿐이었다. 나는 길이 바뀔 때마다 주의를 기울이며 발로 걷어찰 준비를 했다. 눈에 보이는 풍경이 온통 내가 조심해야 하는 것들로만 만들어져 있는 기분이었다. 방울뱀에 퓨마, 그리고 황무지와 어디에 숨어 있을지도 모를 연쇄 살인범들까지.

그러나 그런 생각을 하지 않으려 했다.

지난 몇 개월 동안 스스로 다짐했던 가장 중요한 문제는 바로 혼자서 이 여행을 하겠다는 것이었다. 그렇기에 두려움에 휩싸이기 시작하면 이 여행은 암울해질 것이 분명했다. 두려움이나 공포는 대개 우리 자신이 만들어내는 이야기이다. 그래서 나는 다른 이야기를 스스로 들려주는 것을 선택했다.

나는 안전하다. 나는 강하고 용감하다. 그 어떤 것도 나를 무너뜨릴 수 없다. 나는 이런 이야기를 반복하며 마인드 컨트롤을 했다. 대부분의 경우 효과가 있었다. 알 수 없는 소리를 듣거나 상상력이 빚어낸 끔찍한 기분에 사로잡힐 때, 그런 것들을 몰아낼 수 있었다. 나는 내가 두려움에 빠지지 않도록 만들었다. 두려움은 또 다른 두려움을 만들어낼 뿐이지만 의지는 또 다른 의지를 낳는다. 나는 내가 스스로 강한 의지를 만들어내도록 했다. 그리고 내가 두려움을 실제로 극복하게 되기까지 그리 오랜 시간이 걸리지 않았다.

나는 너무 열심히 걸어 두려울 새도 없었다.

나는 한 걸음, 그리고 또 한 걸음을 내디뎠다. 거의 기어가는 것과 마찬가지였다. PCT 여행이 쉬울 것이라고는 단 한 번도 생각해보지 않았다. 그 길에 익숙해지려면 어느 정도 시간이 필요하다는 사실도 이미 알고 있었다. 그렇지만 막상 직접 이 길을 걸어보니 내가 과연 이 길에 익숙해질 수 있을지 확신이 들지 않았다. PCT를 걷는 일은 내가 상상했던 것과 확연히 달랐다. 그리고 지금의 내 모습 역시 내 상상과 달랐다. 심지어 6개월 전, 즉 작년 12월에 내가 어떤 모습을 상상했는지조차 잘 기억이 나지 않았다. 내가 처음 이 여행을 하기로 결심한 그때 말이다.

*

사우스다코타 주에 있는 수 폴스 동쪽으로 나 있는 고속도로를 달릴 때, 나는 처음 이 여행에 대해 생각했었다. 그 전날 나는 친구 에이미와 함께 내 트럭을 고치기 위해 미니애폴리스에서 수 폴스로 왔었다. 다른 친구가 빌려 갔다가 고장이 나 일주일가량을 그대로 세워두었던 트럭이었다. 그러나 수 폴스에 도착했을 때 이미 트럭은 견인되어 쇠사슬 울타리가 둘러쳐진 주차장에 가 있었고 며칠 전 불어닥친 눈보라로 눈에 파묻힌 상태였다. 그래서 REI로 가서 삽 한 자루를 샀다. 계산하려고 기다리는 동안 PCT에 대한 여행 안내서가 눈에 들어왔다. 책을 집어 표지를 살펴보다가 제자리에 돌려놓았다.

그렇게 트럭 주변에 쌓인 눈을 치워내고 트럭에 올라타 시동을 걸어보았다. 나는 트럭이 그저 털털거리는 소리만 내고 시동이 걸리지 않을 것이라고 생각했다. 그런데 놀랍게도 시동이 바로 걸렸고 우리는 곧장 미네소타로 돌아갈 수 있게 되었다. 하지만 그곳 모텔에서 하룻밤을 보내기로 했다. 우리는 멕시코 식당으로 가서 이른 저녁을 먹었고 예상과 달리 일이 수월하게 풀린 덕에 기분도 들떠 있었다. 살사소스에 토르티야 칩을 찍어 먹고 테킬라 칵테일까지 몇 잔 마시고 나니 문득 기묘한 느낌이 배 속에서 꿈틀거렸다.

"칩을 통째로 삼킨 기분이야." 에이미에게 말했다.

"못 씹고 삼킨 것들이 배 속에서 계속 돌아다니면서 쿡쿡 찌르는 것 같아."

전에는 한 번도 경험해보지 않은, 뭔가 따끔거리는 것이 속으로 내려가는 듯한 기분이었다. "임신이라도 한 거 아냐?" 나는 농담을 던졌다. 그러나 그 말을 뱉은 순간 그게 더는 농담이 아니라는 사실을 깨달았다.

"정말?" 에이미가 물었다.

"어, 그런 것 같아." 순간 두려움이 엄습했다. 나는 몇 주 전 조라는 남자와 섹스를 했다. 내 문제들을 털어버리려고 포틀랜드로 친구 리사를 찾아갔다가 그곳의 술집에서 그를 만났다. 술집에서 그는 내게로 걸어오더니 내 손목에 자기 손을 얹고 말했다. "멋진데?" 그러고는 손가락으로 내 가느다란 팔찌의 날카로운 끝을 더듬었다.

조의 머리는 인디언처럼 윗부분만 남기고 아랫부분은 쳐낸 펑크 록 스타일이었고 팔의 절반은 화려한 타투가 덮고 있었다. 그러나 얼굴은 겉모습과는 완전히 반대였다. 고집이 세 보이면서도 부드러운, 마치 우유를 달라고 가르릉거리는 고양이 같은 얼굴이었다. 그는 스물넷이었고 나는 스물다섯이었다. 나는 폴과 헤어진 후 다른 사람하고 잠자리를 하지 않았고 그렇게 지낸 지 3개월이 넘었다.

그날 밤 우리는 그의 딱딱한 침대 위에서 사랑을 나눴다. 그리고 동이 틀 때까지 자지 않고 서로 이야기했다. 대부분 그에 관한 이야기였다. 똑똑한 어머니와 알코올 중독에 빠진 아버지, 1년 전 졸업한 좋았지만 엄격했던 대학 시절에 대해 들려주었다.

"마약 해봤어요?" 아침이 되자 그가 물었다. 나는 고개를 흔들고 바보처럼 웃었다.

"그럼 해볼래요?"

나는 제안을 거절할 수 있었다. 조 역시 그때 당시 마약에 막 손을 댄 상태였다. 깔끔하게 무시하고 지나갈 수 있었다. 그러나 무언가가 나를 주저하게 했다. 나는 외로웠고 도무지 뭘 어찌해야 할지 몰라 하던 상태였다. 그 유치함과 괴로움이 스스로를 파괴하는 상황으로 몰아간 것이다. 결국 나는 대답하는 대신 양손을 벌려 그것을 받아들였다. 처음으로 마약을 한 뒤 나는 그의 더러운 소파 위에서 조를 힘껏 끌어안았다.

조와 만난 지 일주일 뒤, 우리는 번갈아가며 알루미늄 호일로 만든 대롱으로 마약을 태워 흡입했다. 리사를 만나 슬픔을 털어내기 위해 왔던 포틀랜드에서 나는 조와의 사랑과 마약에 빠져 시간을 보냈다. 나는 버려진 가게 건물 위에 있는 그의 셋방으로 옮겨 갔고 그곳에서 마약과 섹스를 마음껏 즐기며 그해 여름을 보냈다.

처음에는 일주일에 두세 차례였으나 나중에는 매일 했다. 처음에는 연기만 들이마시다가 그다음에는 아예 코로 직접 흡입을 했다. 그렇지만 그래도 절대로 직접 주사까지 놓지는 말자. 우리는 그렇게 말했다. 절대 그런 일은 하지 말자고.

그리고 우리는 마약을 혈관에 직접 주사했다.

기분이 좋았다. 이 세상에 존재하는 말로는 표현할 수 없는 아름다운 세상이 펼쳐지는 것 같았다. 마치 한 번도 가보지 못한 또 다른 행성을 발견한 그런 기분이었다. 그 별에서는 고통도 없고, 엄마의 죽음 같은 건 그저 재수 없는 일일 뿐 아무것도 아닌 일이었다. 생물학적 친아버지가 내 인생에 존재하지 않았던 일도, 우리 가족이 무너져내린 일도, 또 내가 사랑하는 남자와의 결혼생활을 지켜내지 못했던 일도 모두 아무것도 아니었다.

마약에 취해 있을 때만큼은 그런 기분이었다.

하지만 아침에 눈을 뜨면 모든 고통이 수천 배로 늘어나 나를 엄습했다. 아침에 내가 본 것은 단지 인생의 슬픈 사실들뿐 아니라 이제는 나 자체가 인간쓰레기가 되어버렸다는 비참한 사실이었다. 나는 온갖 하잘것없는 것들이 널브러져 있는 조의 더러운 셋방에서 눈을 떴다. 탁자와 전등, 반쯤 펼쳐진 채 여기저기 굴러다니는 책들, 마구 구겨진 얇은 종잇장들. 나는 욕실로 가서 얼굴을 씻고 두 손으로 얼굴을 감싸고 숨을 들썩거리며 흐느꼈다. 그러다가 식당 시간에 맞춰 일을 하러 가야 했다.

그때마다 나는 생각했다. 이건 내가 아니야. 이건 내가 사는 방식이 아니야. 그만둬. 더는 안 돼. 그렇지만 오후가 되면 나는 손에 쥐고 있던 현금으로 다시 마약을 사서 집으로 돌아왔다. 나는 이걸 해야 해. 나는 내 인생을 낭비해야 해. 나는 쓰레기가 되어야 해.

하지만 그렇게 되지는 않았다. 어느 날 리사가 내게 전화를 걸어 나를 만나고 싶다고 했다. 나는 아직 리사와 연락을 하고 있었고 리사의 집에서 긴 오후를 보내며 내 생활에 대해 대강 이야기하곤 했다. 그러나 이번에는 뭔가 분위기가 달랐다.

"자, 이제 마약 이야기를 털어놔봐." 리사가 다짜고짜 말했다.

"마약?" 나는 아무렇지 않은 듯 대꾸했다. 이 상황에서 내가 뭐라고 말할 수 있을까. 도무지 나도 왜 그런지 설명할 길조차 없는 것을.

"네가 걱정하는 것처럼 그런 인간쓰레기는 안 될 거야." 나는 변명했다. 나는 주방 싱크대에 몸을 기대고 리사가 마룻바닥을 닦는 것을 지켜보았다.

"내가 걱정하고 있는 게 바로 그거야." 리사가 단호하게 말했다. "아니, 안 그런다니까." 내가 다시 말했다. 나는 최선을 다해 아무렇지 않게 차분히 리사에게 설명해주었다. 마약을 시작한 지 불과 몇 개월밖에는 되지 않았고, 우리는 곧 그 일을 그만둘 것이라고. 조와 나는 그저 재미를 좀 보고 있는 것뿐이라고 말했다. 그리고 소리를 질렀다.

"지금은 여름이잖아! 여기 좀 쉬러 오라고 한 게 바로 너잖아. 기억 안 나? 난 좀 쉬고 있는 거라고."

나는 웃었다. 그렇지만 리사는 웃지 않았다. 리사는 내가 전에는 한 번도 마약 같은 걸 하지 않았음을 상기시켰다. 술도 늘 적당히 마시지 않았냐고. 나는 내가 실험주의자고 예술가라고 항변했다. 안 된다고 하는 대신 뭐든 해보는 그런 진취적인 여성이 아니냐고.

리사는 내 말을 조목조목 반박했다. 그리고 일일이 토를 달았다. 그는 대화가 논쟁으로 번져나가는 동안 바닥을 닦고, 닦고 또 닦았다. 그러다가 결국 나에게 화를 버럭 내고 들고 있던 빗자루로 나를 후려쳤다.

나는 조의 집으로 돌아갔고 우리는 리사가 우리를 이해하지 못하는 것에 관해 이야기를 나누었다.

그리고 2주 뒤, 폴에게 전화가 왔다.

그는 나를 보고 싶다고 말했다. 그것도 지금 당장. 리사가 조와 마약에 대해 말한 것이었다. 그리고 그는 그 즉시 미네소타에서 2,700킬로미터가 넘는 거리를 달려 나에게 왔다. 나는 한 시간 뒤 리사의 아파트에서 폴을 만났다. 9월 하순, 따뜻하고 화창한 날이었다. 일주일 전 나는 스물여섯 살 생일을 맞았고 조는 내 생일 같은 건 기억하지 못했다. 살면서 처음으로 단 한 사람도 생일을 축하해주지 않은, 그런 생일이었다.

"늦었지만 생일 축하해." 내가 문가로 들어서자 폴이 말했다. "고마워." 나는 형식적으로 대꾸했다.

"전화하려고 했는데 번호를 몰라서. 그러니까…… 그 조라는 사람 집 번호를 말이야."

나는 고개를 끄덕였다. 폴을 만나니 이상했다. 내 남편. 내 진짜 삶에서 찾아온 환각이 아닌 내가 알고 있는 진짜 사람. 우리는 식탁에 마주 앉았다. 눈앞의 창문에는 무화과 나뭇가지가 테이프로 붙어 있었고 리사가 나를 후려쳤던 빗자루는 벽에 기대어 서 있었다. 폴이 입을 열었다.

"당신, 좀 다른 사람 같아. 뭘…… 어떻게 설명해야 하지? 살아 있는 사람처럼 안 보여."

나는 그가 말하는 뜻을 알아들었다. 그가 바라보는 눈빛이 내게 모든 것을 다 말해주고 있었다. 리사에게 듣기를 거부했던 그 모든 것을. 나는 달라졌고 나는 껍데기만 남아 있었다. 마약이 나를 그렇게 만들었다. 그리고도 마약을 끊겠다는 생각은 불가능에 가까워 보였다. 폴의 얼굴을 똑바로 바라보자 나는 생각조차 제대로 할 수 없다는 사실을 깨달았다.

"도대체 왜 여기서 이러고 있는지 설명해봐." 그가 요구했다. 그의 두 눈은 부드러웠고 얼굴은 내게는 너무나 익숙했다. 그는 식탁 너머로 손을 뻗어 내 손을 잡았다. 우리는 그렇게 서로의 눈을 바라보며 손을 맞잡고 있었다. 내 눈에서 먼저 눈물이 흘러내렸다. 그리고 그도 눈물을 흘렸다. 그는 내게 같이 집으로 돌아가자고 말했다. 그렇게 말하는 그의 말투는 아무렇지 않은 듯 평온했다. 다시 합치자는 것이 아니라 도망치자는 것이었다. 조가 아니라 바로 마약에서 도망치자는 뜻이었다.

나는 폴에게 생각할 시간을 좀 달라고 했다. 나는 조의 셋방으로 돌아가 조가 건물 밖 인도에 내놓은 햇빛 아래 야외용 의자에 앉았다. 마약이 나를 바보로 만들고 나를 전혀 다른 사람으로 만들었다. 생각들이 떠올랐다가 이내 사라져버렸다. 나는 내 마음을 도무지 주체할 수가 없었다. 심지어 마약에 취해 있지 않을 때도 말이다. 내가 그러고 의자에 앉아 있으니 한 남자가 나에게 걸어와 자신을 팀이라고 소개했다. 그리고 내 손을 잡고 흔들더니 자신을 믿어달라고 말했다. 그는 기저귀를 사게 3달러만 얻을 수 있는지, 그리고 방으로 올라가 우리 집 전화를 쓸 수 있는지 물었다. 그러다가 5달러를 바꿀 잔돈이 있는지 물어보더니 도무지 알아들을 수 없는 질문을 해댔다. 나를 혼란스럽게 하는 구질구질한 변명들을 도무지 견디지 못하고 자리에서 일어나 청바지 주머니에서 내 마지막 10달러를 꺼내고 말았다.

남자는 돈을 보자마자 셔츠에서 칼 한 자루를 꺼내더니 조심스레 내 가슴 쪽을 겨누고는 쉭쉭거렸다. "그 돈 내놔, 아가씨."

나는 얼마 안 되는 내 짐을 꾸리고 조에게 쪽지 하나를 적어 욕실 거울에 붙여두었다. 그리고 폴에게 전화했다. 그가 차를 몰고 길모퉁이에 나타나자, 나는 그의 차에 올라탔다.

폴은 차를 몰고 시골길을 가로질렀고 나는 조수석에 앉아 내 진짜 인생이 다시 나타났지만 회복할 수는 없을 것 같은 그런 기분을 느꼈다. 폴과 나는 분노에 가득 차서 서로 싸우고 울부짖고 타고 있던 차를 흔들어댔다. 우리는 서로의 잔인한 모습을 드러내며 괴물이 되어갔다. 그런 이후 그런 서로의 모습에, 그리고 자신의 모습에 충격을 받고 다시 조용하게 이야기를 계속했다. 우리는 이혼을 하자고 했다가 다시 그러지 말자고 말했다. 나는 그를 증오했고 또 사랑했다. 그와 함께 있으면 나는 마치 그의 딸처럼 갇힌 느낌, 잡혀서 묶인 느낌, 그리고 사랑받는 그런 느낌이 들었다.

"내가 언제 당신한테 와서 날 구해달라고 했어?" 나는 여러 말다툼 중 한 가지를 놓고 이야기를 하다가 이렇게 소리치고 말았다. "당신 멋대로 온 거잖아. 영웅이라도 된 것처럼 잘난 척이나 하려고!"

"그래, 그럴지도 모르지." 그가 말했다.

"도대체 나를 왜 데리러 온 거야?" 나는 서글픔으로 숨을 헐떡이며 폴에게 물었다.

"왜냐하면." 그가 운전대를 움켜쥐고 차 창문을 통해 보이는 별이 총총한 밤하늘을 바라보며 말했.

"왜냐하면 그냥 그렇게 하고 싶어서."

*

나는 몇 개월 후 조를 다시 만났다. 그가 미니애폴리스로 나를 찾아온 것이다. 우리는 이제 사랑하는 사이가 아니었지만 만나자마자 즉시 예전 생활로 되돌아갔다. 그가 있는 일주일 동안 매일 마약에 취하고 몇 번이고 잠자리를 같이했다. 그러나 그가 떠나고 나자 나도 끝이 났다. 그와 함께 마약도 같이 끝난 것이다. 나는 에이미와 함께 수 폴스에 앉아 있게 되기 전까지는 그 일에 대해 아무런 다른 생각을 하지 않았다. 그리고 나는 소화되지 않은 토르티야 칩이 그 날카로운 끝으로 내 배 속을 마구 찌르는 듯한 기분을 느끼게 된 것이었다.

우리는 멕시코 식당을 나와 임신 테스트기를 사기 위해 대형 슈퍼마켓으로 향했다. 불이 환하게 밝혀진 상점 안으로 들어가면서 나는 말 없이 임신이 아닐 이유를 생각하기 시작했다. 나는 지금까지 아주 여러 번 임신 위기를 피해왔다. 아무짝에도 소용이 없는 걱정과 근심을 하며 임신 증상에 대해 너무 생생하게 상상을 했고 그래서 임신 주기가 다가오면 엄청나게 몸을 사리곤 했다. 그렇지만 이제 나는 스물여섯이고, 섹스에 대해서도 알 만큼 알았다. 나는 또 다른 걱정거리 같은 건 떠안지 않을 참이었다.

모텔로 돌아온 나는 욕실에 들어가 문을 잠그고 테스트 막대에 소변을 묻혔다. 그동안 에이미는 바깥 침대에 앉아 있었다. 잠시 뒤 테스트 막대의 작은 확인 부분 위로 선명한 푸른색 줄이 두 개 나타났다.

"나 임신했어." 밖으로 나와 이렇게 말했다. 두 눈에는 눈물이 가득 고였다. 에이미와 나는 침대 위에 비스듬히 누워 한 시간가량 이 문제에 관해 이야기를 나누었다. 사실은 그렇게 할 이야기도 그리 많지 않았다. 이미 낙태를 할 것이 너무나 자명해 보이는 상황에서 이리저리 말을 늘어놓는다는 것 자체가 참 부질없어 보였다.

수 폴스에서 미니애폴리스까지는 차로 여러 시간이 걸렸다. 에이미는 혹시 내가 모는 트럭이 다시 망가지지나 않을까 싶어 다음 날 아침까지 자기 차를 타고 나를 뒤쫓아왔다. 나는 라디오도 듣지 않고 내 임신에 대해서만 생각하며 차를 몰았다. 고작해야 쌀알만 한 크기겠지만 나는 그것이 내 가장 깊은 곳에 있는 가장 중요한 부분임을 절감할 수 있었다. 나를 주저앉히고 나를 일깨우며 내 몸 전체를 울리는 그것, 임신. 미네소타의 남서부 농장지대의 어느 곳에서 나는 참았던 눈물을 터트렸다. 어찌나 심하게 울었던지 운전을 제대로 하기가 힘들 정도였다. 단지 내가 원치 않은 임신을 해서가 아니었다. 나는 모든 것이 다 서러워 울었다. 엄마가 죽고 난 뒤 나를 망쳐버린 이 더러운 시궁창이 싫어서 울고, 바보 같은 내 몰골이 싫어서 울었다. 나는 이렇게 되고 싶지 않았다. 이런 식으로, 이렇게 처참하게 망가진 모습으로 살려고 했던 것이 아니었다.

그러다 문득 나는 REI의 진열대에서 내가 살펴보았던 그 여행 안내서가 기억났다. 바로 며칠 전 삽을 사려고 기다리다가 봤던 그 책이었다. 표지에 있던, 푸른 하늘을 배경으로 거대한 바윗돌들이 둘러싸고 있는 호수의 사진이 떠오르자 주먹으로 얼굴을 강타한 듯 무엇인가가 확 깨어나는 그런 기분이 들었다. 나는 내가 계산을 기다리며 줄에 서서 그 책을 집어 들었을 때는 그저 시간을 죽이기 위해 그렇게 했다고 생각했다. 그렇지만 지금은 그 이끌림이 어떤 징조처럼 여겨졌다. 내가 할 수 있는 일이 아니라 바로 내가 해야만 하는 일이었다.

미네소타에 도착하자 나는 에이미에게 이제 돌아가라고 손을 흔들었다. 그러나 나는 집으로 돌아가지 않았다. 대신 차를 REI 쪽으로 돌려 『PCT 제1권: 캘리포니아』를 사들고는 집으로 돌아와 밤새도록 그 책을 읽었다. 나는 그 후 몇 개월 동안 열두 번도 더 넘게 그 책을 읽었다. 나는 그사이 낙태 수술을 했고 참치를 말려 보관하는 법, 그리고 칠면조 고기 육포를 만드는 법을 배웠다. 그리고 기본적인 구급처치 방법을 속성으로 이수하고 우리 집 부엌 싱크대에서 휴대용 정수기 사용법을 연습했다.

나는 변해야만 했다. 나는 변해야만 한다는 생각이 그 계획을 세우는 몇 개월 동안 나를 밀어붙이는 힘이 되었다. 완전히 다른 사람으로 변신하겠다는 뜻이 아니라 내 예전 모습을 되찾겠다는 뜻이었다. 강한 의지와 책임감을 지닌, 눈이 맑고 의욕이 넘치고 윤리를 거스르지 않는 그냥 보통의 좋은 사람. PCT는 나를 그렇게 만들어줄 것이었다. 그곳을 걸으면서 나는 내 인생에 대해 전체적으로 다시 생각해볼 참이었다. 내 인생을 이처럼 우스꽝스럽게 만들어버린 모든 것으로부터 아주 멀리 떨어진 채 내 의지와 힘을 다시 찾을 생각이었다.

그러나 여기 이렇게 PCT에 서고 보니 그 우스꽝스러운 모습이 다시 돌아온 것만 같았다. 비록 조금 다른 형태이긴 했지만. 첫날부터 이렇게 똑바로 서지도 못하고 엉거주춤하게 웅크린 채 걷고 있는 모습이라니.

　세 시간 후, 나는 좀처럼 보기 드문 장소에 도착했다. 조슈아나무, 용설란, 노간주나무가 한데 모여 있는 곳 근처였다. 정말 구세주라도 만난 기분이었다. 그곳에는 널찍한 바윗돌이 있었고 나는 그 위에 앉아 모하비에서 얻어 탄 미니밴에서처럼 배낭을 내렸다. 그 무게에서 벗어난 환희에 젖어 이리저리 몸을 움직였다. 그러다가 그만 조슈아나무 한 그루에 몸을 부딪치는 바람에 거기에 달린 날카로운 가시들에 팔을 찔렸다. 팔에 난 세 군데 상처에서 피가 뿜어져 나왔다. 배낭을 뒤져 급히 구급상자를 꺼냈지만 바람이 너무 강하게 불어 반창고들이 몽땅 다 날아갔다. 평평한 들판을 가로질러 쫓아가 봤지만 쓸모없는 짓이었다. 저 산 아래 손이 닿지 않는 곳으로 모두 다 사라지고 없었다. 나는 바닥에 주저앉아 티셔츠 소매로 팔에 난 상처를 누르고 물통을 꺼내 물을 몇 모금 마셨다.

　평생토록 이렇게까지 지친 것은 처음이었다. 처음 하는 도보여행과 고도에 적응하려고 애쓴 탓도 있었다. 지금 나는 대략 해발 1,500미터 정도의 높이에 와 있었다. 처음 출발했던 곳인 테하차피 패스보다 365미터쯤 더 올라온 것이었다. 그렇지만 역시 나를 이렇게 지치게 만든 주된 원인은 바로 그 엄청난 무게의 배낭이었다. 나는 절망적인 눈길로 내 배낭을 바라보았다. 내가 짊어지고 가야 할 짐. 모두 다 내가 만들어낸 우스꽝스러운 모습이다. 도대체 저걸 어떻게 지고 가야 할지 아직도 좋은 생각이 전혀 떠오르지 않았다. 나는 여행 안내서를 펼쳐 들고는 찬찬히 살펴보았다. 강한 바람에 책장이 날리지 않도록 움켜쥐고서 나의 이 걱정과 근심을 일거에 날려버릴 해결책이나 길이 나타나기를 고대하면서 말이다. 부드럽게 조화를 이루는 네 사람의 글은 나도 이 여행을 할 수 있다는 확신을 심어주었다. 저자의 사진은 한 장도 없었지만 나는 내 마음의 눈으로 그들을 볼 수 있었다. 제프리 P. 샤퍼, 토마스 윈넷, 벤 쉬프린, 그리고 루비 젠킨스. 이 네 사람은 친절하고도 사리 분별이 정확했으며 지혜로우면서 모든 것을 다 알고 있었다. 그들이 나를 잘 안내해줄 터였다. 아니, 반드시 그렇게 해야만 했다.

REI에 있던 많은 사람은 내게 자신들의 배낭여행 경험담을 들려주긴 했지만 그중 PCT 여행을 해본 사람은 아무도 없었다. 그리고 그 일을 해본 사람을 만날 기회도 없었다. 당시는 1995년이었고 인터넷은 이제 막 석기시대를 면한 정도의 수준이었다. 지금이야 수십 개가 넘는 PCT 여행 관련 사이트들이 생겨나고 귀하고 수준 높은 정보와 최신 자료들을 쉽게 찾아볼 수 있지만, 당시 나에게는 『PCT 제1권: 캘리포니아』만 있을 뿐이었다. 내 생명줄이자 PCT 여행에 대해 읽어본 유일한 책.

그렇지만 실제로 이렇게 길을 나선 후 처음으로 자리를 잡고 앉아 그 책을 다시 펼치니 기대했던 것보다 나를 안심시켜주지는 않았다. 지금 와서 살펴보니 내가 모르고 그냥 지나친 부분들이 있었다. 예를 들어 네 명의 저자 외에 찰스 롱이라는 사람은 6쪽에서 이런 말을 했다.

"사람이 준비해야만 하는 심리학적 요소들을 책 한 권으로 어떻게 다 설명할 수 있을까? 절망감과 외로움, 걱정, 근심……. 특히 고통은 육체적, 정신적 측면 모두에서 여행자의 의지의 중심 자체를 난도질해 들어간다. 이것이야말로 이 여행에서 중요하게 준비해야 할 문제가 아닐까? 그 어떤 말로도 이러한 요소들을 제대로 전달할 수는 없다……."

나는 정말 그 어떤 말로도 이러한 요소들을 제대로 전달할 수는 없다는 사실을 갑자기 깨닫고는 눈을 크게 치켜떴다. 이제는 사실 말이 필요 없었다. 나는 그게 무슨 뜻인지 정확히 알 수 있었다. 폭스바겐 비틀 같은 배낭을 짊어지고 황량한 산길을 5킬로미터가량 걸은 후에야 그 사실을 배우게 된 것이다. 나는 계속 책을 읽어 내려갔다. 출발하기 전에 자신의 신체적 능력을 키우는 것이 현명하다는 이야기를 곱씹었고 특히 여행을 위한 훈련이 따로 필요하다는 점에도 아, 그런가, 했다. 그리고 물론 배낭 무게에 대해 주의할 점도 적혀 있었다. 이렇게 여행 안내서 한 권을 그대로 들고 오는 것도 피하라는 것이었다. 너무 무거울뿐더러 어쨌든 해당 구간이 지나면 곧 쓸모없어지기 때문이다. 그저 필요한 부분만 복사하든지 내용별로 분리해서 다음 보급품을 전달받을 때 함께 받으면 되는 것이었다. 나는 그만 책을 덮어버렸다.

왜 나는 그런 생각을 하지 못했을까? 책을 필요한 부분별로 분철한다는 생각을?

왜냐하면 난 낯짝만 두꺼운 바보 멍청이였기 때문이다. 나는 내가 하려는 일이 무엇인지조차 정확히 알지 못했다. 그게 이유였다. 그리고 나는 지금 저 거대한 배낭을 짊어지고 여전히 해결책을 찾으려 골몰하면서 이 황무지에 홀로 서 있었다.

나는 양팔로 다리를 감싸 안고 얼굴을 벌거벗은 무릎 사이에 파묻고 두 눈을 감았다. 그렇게 몸을 둥글게 말고 있으려니, 어깨 정도까지 기른 머리카락이 바람에 미친 듯이 휘날렸다.

몇 분 뒤 눈을 뜨자 옆에 있는 들풀이 눈에 들어왔다. 세이지였다. 엄마가 텃밭에서 키우던 것보다는 조금 시들어 보였지만 모양과 향기는 똑같았다. 나는 손을 뻗어 세이지 잎을 한 움큼 뜯어 손바닥 사이에 넣고 비볐다. 그리고 얼굴을 대고 깊숙이 들이마셨다. 엄마가 내게 가르쳐준 방법 그대로. 엄마는 세이지 잎 향기를 들이마시면 힘이 솟는다고 항상 말했다. 우리가 살 집을 짓느라 온종일 일하고 난 뒤 몸과 마음이 모두 지쳐 널브러져 있을 때면 엄마는 우리 삼 남매에게 당신을 따라 해보라고 간곡하게 말하곤 했다.

지금 이 사막의 세이지에선 엄마와 함께 들이마셨던 세이지만큼 강렬하고 소박한 내음은 나지 않았다. 나는 푸른 하늘을 올려다보았다. 어떤 기운이 확연하게 느껴지기는 했다. 내가 생생하게 느낀 건 어떠한 힘이 아니라 엄마의 존재였다. 엄마는 내가 이 여행을 해낼 수 있다고 생각한 이유였다. 이 여정을 두려워할 필요 없다는 확신, 잘 해낼 수 있다는 확신을 준 모든 이유 중에서 엄마의 죽음은 내가 안전할 것이라고 깊이 믿게 만든 가장 중요한 이유였다. 엄마가 죽고 난 후 나에겐 그보다 더 나쁜 일이 일어나지 않을 것이라고 생각했다. 가장 최악의 일은 이미 벌어졌으니까.

나는 일어나 손안의 세이지 잎들이 바람에 날아가도록 내버려

두었다. 그리고 내가 자리 잡고 있던 평평한 땅 끄트머리 쪽으로 걸어갔다. 저 너머 땅이 아래쪽 헐벗은 바위 땅 쪽으로 이어졌다. 나는 나를 둘러싸고 있는 수 킬로미터 길이의 산맥을 바라보았다. 넓고 황량한 계곡으로 부드럽게 이어지는 경사면이 보였다. 저 멀리 산등성이를 따라 흰색의 뼈대만 보이는 풍력 발전용 날개 탑이 줄지어 서 있는데, 여행 안내서에 의하면 그 발전기들이 저 아래 도시와 마을 주민들에게 전기를 공급한다고 했다. 그렇지만 지금 나는 그 도시나 마을들과는 너무 멀리 떨어져 있었다. 전기도 캘리포니아도 나랑은 거리가 멀어 보였다. 하지만 나는 캘리포니아의 한 가운데 와 있었다. 혹독한 바람과 조슈아나무와 어딘가에 숨어 있을 위험한 방울뱀들과 함께 진짜 캘리포니아에.

그렇게 서 있다 보니 오늘 일정은 여기서 끝났다는 것을 깨달았다. 앞으로 더 가려고 잠시 쉬려 했던 것뿐이었는데 말이다. 너무 피곤해서 휴대용 스토브에 불을 붙일 힘도 없었고 너무 지쳐 배가 고프다는 느낌도 없었다. 아직 오후 4시밖에 되지 않았지만 나는 텐트부터 펼쳤다. 배낭에서 필요한 물건들을 꺼내 바람에 날아가지 않도록 텐트 안으로 던져 넣었다. 그런 다음 배낭도 집어넣고 나도 기어들어 갔다. 좁아터진 초록색 나일론 동굴에 불과하지만, 그 안에 들어가자마자 말할 수 없는 편안함이 몰려왔다. 나는 작은 캠핑용 의자를 펼치고 텐트 입구에 앉았다. 그리고 책 한 권을 찾기 위해 짐을 샅샅이 뒤졌다. 내일을 대비하기 위해 읽어둬야 할 『PCT 제1권: 캘리포니아』도 아니고, 이 여행을 떠나기 전에 미리 읽어둬야 했던 나침반 설명서도 아니었다. 내가 찾는 책은 에이드리언 리치의 시집인『공통 언어를 향한 꿈』이었다.

이 책의 무게가 만만치 않다는 사실은 나도 잘 알고 있었다. 『PCT 제1권: 캘리포니아』의 저자들이 그건 안 된다며 고개를 절레절레 흔드는 모습이 그려졌다. 나는 심지어 굉장히 두꺼운 윌리엄 포크너의 소설책도 한 권 갖고 왔다. 아직 읽지 않은 책이라 심심할 때 좋은 여흥거리가 될 것이라고 생각해서였다. 그러나『공통 언어를 향한 꿈』은 달랐다. 솔직히 말하면 외울 수도 있을 정도로 아주 여러 번 읽은 책이다. 지난 몇 년 동안 이 시집의 구절들은 나에게는 주문과 같았다. 슬픔과 혼란 속에서 내가 나에게 불러주는 노래였다. 이 책은 나에게 위안을 주는 오랜 친구였다. PCT 여행의 첫날 이 책을 손에 쥐고 있으니 책을 가져온 것에 대한 손톱만큼의 후회도 들지 않았다. 비록 그 무게에 내가 짓눌려 더 엉거주춤한 자세가 되다 하더라도,『PCT 제1권: 캘리포니아』가 내 성경책이라면『공통 언어를 향한 꿈』은 사실상 나의 종교나 마찬가지였다.

나는 책을 펼치고 첫 번째 시를 큰소리로 읽기 시작했다. 내 목소리가 내 텐트의 벽을 때리는 바람 소리 위로 높이 울려 퍼졌다. 나는 그 시를 읽고, 읽고, 또 읽었다.

그 시의 제목은 바로「힘^{Power}」이었다.

고통에 가려진 고통

나는 PCT보다 15일 더 일찍 태어났다. 나는 1968년 9월 17일에 태어났고 PCT가 공식적으로 의회의 승인을 받은 것은 1968년 10월 2일이다. 이 길은 그 이전부터 아주 오랫동안 여러 모습으로 존재하고 있었다. 1930년대 이후 길의 각 부분이 하나로 합쳐지기 시작했고 도보여행자들과 야외 활동을 좋아하는 사람들이 멕시코에서 캐나다를 연결하는 길을 만드는 일에 먼저 관심을 갖기 시작했다.

그렇지만 1968년까지 PCT는 공식적으로 인정되지 않다가 1993년이 되어서야 비로소 완전한 여행길이 완성되었다. 내 팔을 찔렀던 조슈아나무들 사이에서 잠을 깬 첫날로부터 2년 전에야 비로소 공식적으로 모든 길이 확정된 것이다. PCT가 정확하게 두 살배기라는 사실도 실감 나지 않았고, 그렇다고 내 또래라는 사실도 와 닿지 않았다. 그보다 훨씬 더 오래된 길처럼 느껴졌다. 그리고 그 길은 완전히, 그리고 근본적으로 내게 관심이 없어 보였다.

나는 새벽녘에 깼지만 한 시간가량 몸을 제대로 가눌 수가 없었다. 12시간이나 잠을 잤건만 여전히 잠이 덜 깬 채로 여행 안내서를 뒤적거리며 슬리핑백 안에서 꼼지락대고 있었다. 어쩌면 잠을 잔 것이 아니라 12시간 동안 몸만 기대고 있었는지도 모르겠다. 바람은 무지막지한 기세로 내 텐트를 후려치면서 밤새 나를 계속 깨워댔다. 해가 뜨기 겨우 몇 시간 전에야 바람이 잦아들었다. 그러나 이번에는 또 다른 것이 나를 잠 못 들게 했다. 바로 고요함이었다. 그것은 내가 이곳에 홀로 있다는 사실을 일깨워주는 피할 수 없는 증거였다.

나는 텐트에서 기어 나와 천천히 몸을 일으켰다. 온몸의 근육들이 어제의 중노동으로 뻣뻣하게 굳었다. 그리고 내 발은 이런 길을 걷기에 아직 너무 부드러웠다. 여전히 배고픔은 느껴지지 않았지만 억지로라도 아침을 먹어야 했다. '우유보다 더 좋아요'라는 이름의 단백질 가루를 두 숟가락 정도 냄비에 털어 넣고는 그래놀라를 넣기 전에 물을 붓고 저었다. 나에게는 '우유보다 더 좋은' 맛은 아니었다. 아니, 오히려 더 고약했다. 차라리 풀을 뜯어 먹는 게 더 낫지 않을까 하는 생각조차 들 정도였다. 내가 미각을 잃어버린 건 아닌가 하는 생각도 들었다. 어쨌든 꾸역꾸역 입에 숟가락을 가져갔다. 앞으로 긴 하루를 견디려면 영양분이 필요했다.

나는 물통에 든 마지막 한 모금의 물까지 다 마시고 서툰 동작으로 손안에서 묵직하게 출렁거리는 드로미더리 백에서 다시 물을 채웠다.『PCT 제1권: 캘리포니아』에 따르면 나는 첫 번째로 물을 채울 수 있는 골든 오크 스프링스에서 약 20킬로미터 정도 떨어져 있었다. 어제의 그 형편없는 걷기 실력에도 불구하고 오늘 하루가 끝날 때쯤이면 그곳에 도착할 수 있지 않을까 예상했다.

나는 그 전날 모텔 방에서 했던 것처럼 배낭을 다시 꾸렸다. 더는 아무것도 들어갈 수 없을 때까지 물건들을 구겨 넣고 쑤셔 박았다. 남은 것들은 예의 그 고무줄로 배낭 바깥쪽에 둘둘 묶었다. 이렇게 텐트와 짐을 정리하고 떠날 준비를 하는 데 한 시간 가까이 걸렸다. 짐을 지고 한 발을 내딛자마자 나는 짐승의 작은 똥 덩어리를 밟았다. 그 똥은 내가 텐트를 치고 잠을 잤던 곳에서 불과 몇 미터 밖에 있었다. 석탄처럼 검은색이었다. 코요테일까? 아니면 퓨마? 나는 잠시 주변을 둘러보았지만 아무것도 보이지 않았다. 나는 먼 앞쪽을 응시했다. 덤불과 바위틈 사이에서 커다란 고양이 얼굴이라도 나타나지 않을까 마음을 졸이면서.

나는 전날과는 전혀 다른 기분을 느끼면서 걷기 시작했다. 방금 똥 덩어리를 발견했음에도 한 걸음 한 걸음에 어제보다 마음이 풀어졌고 배낭을 짊어진 어깨에는 더 힘이 들어갔다. 그러나 그 힘은 15분도 지나지 않아 전부 허물어졌다. 나는 조금씩, 조금씩 더 높은 곳으로 올라가고 있었다. 험준한 바위산을 이리저리 갈지자걸음으로 들어가게 되었다. 한 걸음을 내디딜 때마다 무게 때문에 밑으로 당겨지는 탓인지 배낭 프레임이 삐걱거리는 소리를 냈다. 어깨와 등의 근육들은 긴장으로 팽팽해지고 단단하게 뭉치기 시작했다. 이따금 나는 걸음을 멈추고 손을 무릎에 대기 위해 몸을 구부렸다. 그리고 몸의 균형을 잃고 비틀거리기 전에 잠시 틈을 가지고 어깨에만 몰려 있던 배낭의 무게를 조정했다.

정오가 되자 나는 1,230미터 고지에 올라섰다. 공기는 차가워졌고 태양은 갑자기 구름 뒤로 숨어버렸다. 어제만 해도 사막의 뜨거움 속에 있었던 나는 이제는 벌벌 떨게 되었다. 점심으로 단백질 바와 말린 살구를 먹고 있는 사이 티셔츠를 흠뻑 적시고 있던 땀이 갑자기 등부터 차갑게 식기 시작한 것이다. 옷 가방을 뒤져 허둥지둥 플리스 파카를 찾아 입었다. 그런 다음 방수포를 깔고 누워 잠시 쉬기 시작했다. 그리고 정말 그럴 생각이 아니었는데 그만 깜빡 잠이 들고 말았다.

얼굴에 떨어지는 빗방울을 느껴 잠에서 깼다. 시계를 보니 거의 두 시간이나 잔 뒤였다. 꿈도 꾸지 않았고 심지어 내가 자고 있다는 의식도 전혀 없었다. 마치 누군가 내 뒤로 다가와 돌처럼 의식 없이 곯아떨어져 있던 나를 두들겨 깨운 것만 같았다. 자리에서 일어나 주변을 살펴보니 나는 안개 속에 휩싸여 있었다. 안개가 너무 두터워 몇 미터 앞도 제대로 살펴볼 수 없었다. 나는 배낭끈을 힘껏 졸라매고 가벼운 빗방울을 맞으며 다시 걷기 시작했다. 한 걸음 걸을 때마다 내 몸 전체가 마치 깊은 물 속으로 걸어 들어가는 것 같았다. 나는 티셔츠며 반바지를 끌어모아 배낭이 움직일 때마다 살이 쓸리는 엉덩이와 등, 그리고 어깨에 쿠션 삼아 갖다 대었다. 그렇지만 오히려 상황은 더 악화될 뿐이었다.

계속해서 올라갔다. 늦은 오후가 지나 저녁이 되니 바로 내 눈앞에 있는 것 말고는 아무것도 볼 수 없을 때까지 올라와 있었다. 나는 어제까지 걱정하던 뱀 따위는 생각도 나지 않았다. 나는 아무 생각도 하지 않았다. 내가 정말 PCT를 걷고 있는 건가? 심지어 지금 스스로를 어떤 일에 밀어 넣고 있는지조차 생각하지 않았다. 머릿속에 있는 유일한 생각은 그저 전진하는 것뿐이었다. 내 정신은 오직 한 가지 생각만 담고 있는 티 없이 맑은 수정 유리병이었다. 그러나 내 육체는 그와는 정반대였다. 그냥 박살 난 유리잔 같았다. 움직일 때마다 몸이 아팠다. 나는 그 고통을 떨쳐버리고 다른 생각을 하기 위해 발걸음 수를 세기 시작했다. 머릿속으로 조용히 헤아리는 그 숫자가 100번이 되면 처음부터 다시 세기 시작했다. 그렇게 쌓여가는 숫자들은 어느새 이 고행을 견딜 만한 것으로 만들어주었다. 마치 그 100걸음이 마지막이라도 되는 것처럼 나는 그렇게 100번째 걸음을 향해 전진해야만 했다.

그렇게 올라갈수록 나는 내가 산이 정확히 어떤 것인지 이해하지 못하고 있다는 사실을 깨달았다. 이렇게 산 하나를, 아니 한 곳에 모여 있는 산맥을 따라 올라가고 있는데도 말이다. 나는 산 근처에서 자라지 않았다. 물론 산 몇 군데를 가본 적은 있지만, 고작해야 잘 다져진 길을 따라 걷는 당일치기 여행이었다. 게다가 그건 산이 아니라 커다란 언덕과 다름없었다. 그렇지만 진짜 산은 그런 것이 아니었다. 진짜 산은 복잡하게 겹쳐진, 도저히 이해할 수 없는 수수께끼였다. 산이나 산맥의 꼭대기라고 생각한 곳에 올라설 때마다, 내가 틀렸다는 사실을 깨달았다. 여전히 올라가야 할 곳이 또 있었다. 작은 비탈길이라도 나타나면 그 길은 사람을 희롱이라도 하듯 아래로 이어졌다. 그렇게 해서 결국 나는 진짜 꼭대기에 닿을 때까지 오르고 또 올랐다. 그 위에 있는 눈을 보고 나는 그곳이 꼭대기인지 비로소 알 수 있었다. 눈은 땅 위에 쌓여 있는 것이 아니라 그냥 하늘에서 떨어지고 있었다. 작은 눈송이들이 바람을 따라 미친 듯이 제멋대로 흩날리고 있었다.

사막에서 비를 기대하지 않았던 것처럼 나는 당연히 눈도 기대하지 않았다. 내가 자란 곳에는 산은 물론이고 사막과 비슷한 곳도 없었다. 물론 짧은 여행으로 사막 몇 군데를 가보기는 했었지만 산과 마찬가지로 사막이 어떤 곳인지 전혀 이해하고 있지 않았다. 나는 사막이 건조하고 뜨거우며 뱀과 전갈, 그리고 선인장으로 가득 차 있는 모래밭이라고만 생각했다. 사막은 그런 곳이 아니었다. 사막에는 그런 것들 외에도 또 다른 것들이 있었다. 내가 지금 깨닫고 보니 진짜 사막이란 마치 산과 마찬가지로 복잡하게 겹쳐진, 도저히 이해할 수 없는 수수께끼였다. 여행 이틀째에 접어들면서 나는 내가 경험하고 있는 새로운 존재들이 표현의 한계를 넘어섰다는 사실을 깨달았다.

나는 완전히 새로운 영역에 들어선 것이었다.

내가 예상치 못한 문제는 이런 것들만이 아니었다. 나는 엉덩이와 꼬리뼈 근처, 그리고 어깨 앞부분의 살에서 피가 나게 될 줄은 전혀 생각도 하지 못했다. 게다가 내가 평균 한 시간에 1.6킬로미터도 못 걸으리라고는 예상하지 못했다. 그 거리는 자세하게 설명된 여행 안내서의 도움으로 내가 계산한, 지금까지 내가 걸어온 거리와 속도였다. 이리저리 게으름을 피우고 쉬면서 내가 실제로 걸어온 거리였다. 처음 이 PCT 여행을 머릿속으로만 생각하고 있었을 때, 나는 하루에 22킬로미터 이상은 걷겠다는 계획을 세웠었다. 심지어 실제로 그보다 더 많이 걸어야 한다고 생각했다. 1~2주마다 내가 전혀 걷지 않고 휴식을 취하는 날을 계산에 넣어 평균적으로 그만큼을 걸어야 했기 때문이었다. 그렇지만 나는 내 육체적 나약함이나 이 길의 진면목은 전혀 계산에 넣지 않았다. 그리고 실제로 여기에 와서야 그런 사실들을 깨닫게 되었다.

하늘에서 내리던 눈이 안개로 바뀌고 그 안개가 걷혀 나를 둘러싼 산맥의 고요한 초록색과 갈색의 선명한 모습이 드러날 때까지 잠시 가벼운 공황상태에 빠졌다. 번갈아 모습을 드러내는 산의 비탈길과 톱니 같은 옆모습은 창백한 하늘과 놀라울 정도로 선명하게 대비되었다. 계속 걸음을 재촉하자 들리는 소리라고는 등산화가 자갈길에 부딪히는 소리와 배낭 프레임에서 들려오는 삐걱대는 소리뿐이었다. 그리고 그 소리는 나를 서서히 미치게 했다.

나는 가던 길을 멈추고 배낭을 풀어 내던진 후 립밤을 소리가 난다고 생각되는 부분에 문질러 발랐다. 다시 걷기 시작하자 그건 아무 쓸모없는 짓이었다는 것을 곧 깨달았다. 나는 생각을 다른 곳으로 돌리기 위해 뜻 모를 몇 마디 소리를 내질렀다. 나를 PCT 입구까지 태워준 아버지와 아들에게 작별 인사를 한 지 고작 48시간 남짓 흘렀을 뿐이지만 내게는 그 시간이 마치 일주일 같았고 입 밖으로 터져 나오는 내 목소리는 혼자만의 이상한 소리가 되어 공기 중에 울려 퍼졌다. 나는 머지않아 다른 여행자와 만날 줄 알았다. 외로운 것이 때로는 참 편리하구나 하고 생각한 지 한 시간도 채 지나지 않았건만 나는 다른 사람을 전혀 볼 수 없다는 사실에 놀라고 있었다.

한 시간 전, 나는 급하게 큰 볼일이 보고 싶어졌다. 물론 여기에 화장실이 있을 리는 만무했고 직접 구덩이를 파고 위태로운 자세로 쭈그리고 앉아 볼일을 해결해야 하는 상황이었지만 어쨌든 사람이 아무도 없다는 건 그럴 때는 편리한 일이었다. 곁에 '유-딕-잇'이라는 상표의 야외용 소형 삽을 배낭의 허리끈에 매달고 있는 건 다 그런 때를 위해서였다. 물론 그 자리에서 땅을 파지는 않았다. 하지만 그게 바로 도보여행자의 방법이었고 다른 방도가 없었다.

나는 길에서 몇 걸음 떨어진 적당해 보이는 장소가 나타날 때까지 계속 걸었다. 그리고 배낭을 내려놓고 세이지 덤불 뒤쪽에 자리를 잡아 삽으로 땅을 파기 시작했다. 땅은 암석지대였고 불그스름한 베이지색에 아주 단단해 보였다. 그 위에 구덩이를 파는 일은 화강암으로 된 주방 카운터를 모래와 자갈을 끼얹어 구멍을 뚫으려는 짓과 같았다. 공사할 때 쓰는 바위 뚫는 기계라도 있어야 땅을 팔 수 있지 않을까 싶었다. 아니면 내 작은 삽으로 허리가 부러질 때까지 삽질을 해야 하지 않을까 하는 두려운 생각이 스쳐 지나갔다. 나는 아무 표도 나지 않는 삽질을 계속했다. 내 몸은 차갑게 흐르는 땀으로 번들거렸다. 나는 결국 몸을 일으켰다. 바지에 볼일을 보지 않으려면 어쩔 수 없었다. 바지를 벗어 던지는 것 외에는 다른 방법이 없었다. 그리고 속옷도 완전히 벗어버려야 했다. 걸치고 있어 봐야 지금 내 상처 난 엉덩이 살에 전혀 도움이 되지 못했다. 나는 웅크리고 앉아 볼일을 봤다. 일을 치르고 나자 안도감 때문에 갑자기 현기증이라도 났는지 나는 내가 방금 싼 김이 무럭무럭 나는 똥 무더기 위로 하마터면 자빠질 뻔했다.

그런 후 나는 주변을 돌아다니며 돌멩이들을 모아 다시 길을 떠나기 전에 내가 남긴 증거물 위에 쌓아 올려 묻어버렸다.

나는 내가 골든 오크 스프링스를 향해 가고 있다고 믿었다. 그렇지만 7시가 다 되어 가는데도 그곳이 보이지 않았다. 어쨌거나 난 상관없었다. 너무 지쳐 배고픈 것도 잊었다. 지난밤에 이어 나는 다시 저녁을 건너뛰기로 했다. 그러면 저녁밥 짓는 데 필요한 물도 절약할 수 있을 터였다. 그리고 텐트를 칠 만한 평평한 땅을 찾았다. 배낭 옆에 대롱대롱 매달려 있는 작은 온도계가 섭씨 5도를 가리켰다. 나는 텐트 속으로 들어가기 전에 땀에 젖은 옷들을 벗어버리고 덤불 위에 곱게 펼쳐 말렸다. 그리고 아침이 되니 그 옷들은 밤새 얼어 널빤지처럼 단단해져 있었다.

여행을 떠난 지 3일째 되는 날에 접어들어 몇 시간이 지나지 않아 나는 골든 오크 스프링스에 도착했다. 콘크리트로 만든 사각형 물탱크의 모습이 눈에 들어오자 기분도 한껏 들떠 올랐다. 단순히 거기 물이 있어서가 아니라 바로 사람의 손으로 만든 것이 분명한 구조물이 있었기 때문이었다. 나는 물에 두 손을 담그고 수면 위에 떠다니는 벌레들을 휘휘 저어 쫓아버렸다. 그리고 정수기를 꺼내 물을 빨아들이는 튜브 한쪽 끝을 물탱크에 담그고는 미니애폴리스에 있는 우리 집 싱크대에서 연습한 대로 펌프질을 하기 시작했다. 내가 기억하는 것보다 더 힘이 들었다. 내가 연습할 때는 펌프질을 몇 번만 하고 그쳤기 때문일 테다. 하지만 물을 채우려면 좀 더 힘을 써야 했다. 그리고 펌프질을 하다 보면 튜브가 수면으로 떠 올라 물이 아닌 공기만 빨아들이기도 했다. 나는 온 힘을 다해 펌프질을 하고 또 했다. 그리고 잠깐 쉬었다가 다시 펌프질을 해 마침내 물통 두 개와 드로미더리 백에 물을 가득 채울 수 있었다. 그 일을 하는 데만 거의 한 시간 가까이 걸렸다. 그렇지만 어쨌든 끝냈다. 다음에 물을 채울 수 있는 곳은 무려 30킬로미터나 떨어진 곳에 있었다.

나는 그날 계속 걸어갈 생각이었으나 물탱크 옆 캠핑용 의자를 가져다놓고 그 위에 앉았다. 마침내 몸이 따뜻해졌다. 햇빛이 내 벗은 팔과 다리를 비췄다. 나는 셔츠를 벗고 반바지는 아래로 끌어 내렸다. 그러고는 두 눈을 감고 몸을 기댔다. 태양이 내 몸의 상처들을 부드럽게 어루만져주기를 바라면서. 저 배낭 때문에 살이 쓸려 상반신에 상처가 많았다.

내가 눈을 뜨자 작은 도마뱀 한 마리가 근처 바위에 올라와 있는 모습이 눈에 들어왔다. 도마뱀은 마치 팔굽혀펴기라도 하고 있는 듯한 자세였다. "안녕, 도마뱀아." 도마뱀은 갑자기 하던 일을 멈추고 햇빛 속으로 사라지기 전에 완벽하게 정지된 자세로 멈춰 서 있었다.

나는 빨리 서둘러야 했다. 이미 내가 계획한 시간표보다 크게 뒤처졌다. 그렇지만 골든 오크 스프링스를 둘러싸고 있는 떡갈나무들이 만들어준 작은 신록의 쉼터에서 몸을 일으키기 쉽지 않았다. 몸의 상처뿐만 아니라 온몸의 근육과 뼈들이 욱신욱신 쑤셨고 발은 늘어나는 물집으로 가득 찼다. 나는 땅바닥에 앉아 물집들을 살펴보았다. 이 물집들의 상태가 더 나빠지는 것을 막을 방법이 없다는 것을 나는 잘 알고 있었다. 나는 손가락을 뻗어 조심스레 물집들을 매만졌다. 그리고 발목 주위에 생긴 동전만 한 검푸른 색 멍도 살펴보았다. 이 여행이 준 영광의 상처가 아니었다. PCT 이전의 내가 한 바보짓의 결과였다.

바로 이 멍 때문에 나는 모하비 사막의 그 모텔에서 느꼈던 절절한 외로움 속에서도 폴에게 전화를 걸 수 없었다. 나는 내 목소리 속에 숨어 있는 이 멍에 대한 이야기를 그가 들을 수 있다는 사실을 알고 있었다. 나는 LA로 가는 비행기를 잡아타기 전 포틀랜드에서 이틀을 보내며 조로부터 멀리 떨어져 있으려고 했다. 그렇지만 나는 결국 그렇게 하지 못했다. 6개월 전 조가 미니애폴리스에 있는 나를 찾아온 이후로는 손도 대지 않았던 마약에 또다시 그와 함께 빠져들고 말았다.

"이제 내 차례야." 나는 포틀랜드에서 그가 마약을 주사하는 것을 보고 다급하게 쉰 목소리로 속삭였다. 그 순간 PCT는 내 미래에서 멀어졌다. 비록 48시간 동안뿐이었지만.

"발목을 내밀어봐." 조가 내 팔에서 혈관을 찾아낼 수 없자 이렇게 말했다.

*

나는 골든 오크 스프링스에서 한 손에 나침반을 들고 '정확한 길 찾기' 설명서를 읽으며 그날을 보냈다. 나는 북쪽, 남쪽, 동쪽, 서쪽을 찾았다. 나는 배낭을 물탱크 쪽으로 이어진 길에 내려놓고는 눈에 들어오는 것들을 바라보며 활기차게 걸어 다녔다. 배낭 없이 걷는 기분은 흡사 날아갈 것만 같았다. 그때만큼은 내 발의 상태도 근육의 고통도 아무렇지 않았다. 그냥 똑바로 서는 것이 아니라 붕붕 뜨는 기분이었다. 마치 두 개의 고무줄이 내 어깨에 매달려 한 걸음을 내디딜 때마다 저 하늘 높이 가볍게 날아오르는 느낌이었다.

산 아래를 내려다볼 만한 곳에 이르자 나는 발걸음을 멈추고 저 광활한 땅 너머를 바라보았다. 눈에 보이는 건 그저 황량한 산맥이 아니었다. 아름답고도 냉혹했고, 예의 그 하얀색 풍력 발전용 날개들도 저 멀리 더 많이 보였다. 나는 텐트를 친 자리로 돌아왔다. 야외용 스토브를 설치하고 뜨거운 식사를 만들려고 했다. 여행을 떠난 뒤 처음 하는 일이었지만 아무리 애를 써도 도무지 제대로 불길을 유지할 수가 없었다. 나는 설명서를 펼쳐 들고 작동이 안 될 때의 대처방법을 읽었다. 그리고 내가 스토브에 맞지 않는 엉뚱한 연료를 연료통에 채워왔다는 사실을 알게 되었다. 나는 스토브용 특수 연료 대신 자동차에나 사용하는 무연 휘발유를 채워온 것이다. 이제 내 헛수고로 연료 주입구는 막혔고 거기에 딸린 작은 판은 검댕으로 시커멓게 그을려버렸다.

어쨌든 나는 배가 고프지 않았다. 배고프다는 감각 자체가 마비된 것처럼 속이 쓰리지도 않았다. 나는 말린 참치 한주먹을 먹고 다음 날 아침 6시 15분까지 잠을 잤다.

4일째 여정을 시작하기 전에 상처들부터 치료했다. REI의 직원들은 나에게 스카겔 흉터 치료용 연고와 특수 반창고를 사라고 추천했었다. 원래는 화상 치료제이지만 물집에도 탁월한 효과가 있다고 했다. 나는 피가 나고 멍이 든 곳, 살이 쓸려 상처가 난 온몸 곳곳에 약을 발랐다. 발가락 끝, 발뒤꿈치, 엉덩이뼈 근처, 어깨 앞부분, 등까지 약을 다 바르고 난 후 양말을 쥐고 비벼댔다. 신기 전에 조금이라도 부드럽게 만들기 위해서였다. 양말 두 켤레를 챙겨왔는데 이미 둘 다 흙먼지와 말라버린 땀으로 딱딱하게 굳었다. 모직이 아니라 마치 마분지로 만든 것 같았다. 몇 시간마다 양말을 번갈아 신으며 안 신는 양말은 배낭에 매달아 바람에 말렸지만 아무 소용이 없었다.

4일째 아침, 물탱크를 떠나면서 12리터가량의 물을 다시 가득 채웠다. 나는 내가 기이하고 추상적이며 과거를 떠올리는 듯한 즐거움을 만끽하고 있음을 깨달았다. 내가 품고 있는 여러 불안감에도 나를 둘러싼 아름다움을 알아볼 수 있었다. 길가에 피어난 사막의 꽃 한 송이가 나를 간질이는가 하면 저 산들 너머로는 희미해지는 태양과 함께 장대한 하늘이 펼쳐져 있었다.

백일몽 같은 안개 속에 빠져든 나는 그만 자갈길 위를 미끄러져 넘어졌다. 단단한 땅 위에 강하게 엎어져 순간 숨이 멎는 것만 같았다. 나는 꽤 오랫동안 몸을 움직이지 못하고 누워 있었다. 다리에는 심한 통증이 있었고 거대한 배낭의 무게가 나를 짓눌렀다. 이 두 가지가 나를 땅 위에 단단히 못 박은 것이다. 배낭 아래에서 간신히 기어 나와 상처를 살펴보니 정강이에 깊은 상처가 나 있었다. 꽤 많은 피가 흘러나오고 있었고, 상처 아래로는 이미 살이 주먹만큼 퉁퉁 부어오르고 있었다. 나는 귀중한 물을 그 위에 아주 조금 부었다. 그렇게 상처에 박혀 있는 흙과 돌들을 할 수 있는 한 털어내고 피가 잦아들 때까지 붕대를 대고 상처를 눌렀다. 그리고 나는 비틀거리며 자리에서 일어섰다.

그날 오후, 나머지 길을 걷는 내내 나는 눈앞만 뚫어지게 바라보며 걸었다. 다시 균형을 잃고 넘어질까 봐 두려웠다. 그러면서 지난 며칠 동안 내가 찾고 있던 흔적을 발견했다. 바로 산에 사는 야생 퓨마의 자취였다. 그 흔적은 내가 가는 길과 같은 방향으로 나보다 조금 먼저 이 길을 따라 앞서 나 있었다. 퓨마의 발자국이 몇백 미터가량 아주 선명하게 찍혀 있었다. 나는 몇 분마다 발걸음을 멈추고 주변을 둘러보았다. 얼마 되지 않는 초록색 땅 옆으로 보이는 풍경은 대부분 퓨마의 색과 같은 갈색과 금색이 뒤섞여 있었다.

나는 계속 걸었다. 걸으면서 최근에 읽었던 신문 기사를 떠올렸다. 캘리포니아에서 지난 1년 동안 세 명의 여성이 각각 다른 계절에 퓨마에게 살해당했다는 기사였다. 그리고 어린 시절 보았던 온갖 자연 다큐멘터리 프로그램들이 떠올랐다. 야생의 잔인한 포식자들이 가장 약하다고 판단한 희생자를 골라 따라가는 그런 내용이었다. 물론 이곳에서는 내가 그 타깃이라는 것에는 의심의 여지가 없었다. 상처를 입고 절뚝거리며 걷고 있는 여자 인간. 나는 그때 머릿속에 떠오른 짧은 노래를 큰 소리로 부르기 시작했다. 「반짝반짝 작은 별」 같은 동요와 존 덴버의 「시골길을 따라 나를 고향으로 데려다주오 Take Me Home, Country Roads」 같은 노래였다. 겁에 질린 내 목소리를 듣고 퓨마가 놀라 멀리 도망 갔으면 했다. 그러면서 동시에 이 노래가 퓨마에게 내 존재를 알리지는 않을까 두렵기도 했다. 사실 피가 묻은 다리의 상처와 며칠 묵은 체취만으로도 짐승을 자극하기에 충분하지 않았을까.

그렇게 주변을 자세히 살피며 걷던 나는 문득 내가 꽤 멀리 지나왔고 주변 풍광이 변하고 있다는 사실을 깨달았다. 나를 둘러싸고 있는 땅들은 여전히 건조했고 지금까지 본 것처럼 이 지역 특유의 덤불들이 이어져 있었지만 이제 모하비 사막의 특징이었던 죠수아나무는 점점 드물어졌다. 이따금 풀이 무성한 그늘진 풀밭 옆을 지나갈 때도 있었다. 그 풀밭과 꽤 커 보이는 나무들은 나를 안심하게 해주었다. 생명과 물이 있다는 뜻이었기 때문이다. 그 사실은 내가 계속 나아갈 수 있다고 넌지시 힘을 실어주는 것만 같았다.

그러다가 나무 한 그루가 앞길을 가로막았다. 길을 가로질러 쓰러져 있는 그 나무는 가지들로 인해 몸통이 땅 위로 조금 들려 있었다. 하지만 내가 지나갈 만큼 그 틈이 높진 않았다. 그렇다고 그 위를 타고 넘기에는 불가능할 정도로 높아 보였다. 특히나 이렇게 무거운 배낭을 지고서는 말이다. 쓰러진 나무 주위를 빙빙 둘러봐도 답은 없어 보였다. 길 한쪽 옆은 너무 가팔랐고 또 다른 쪽은 덤불이 너무 빽빽하게 들어차 있었다. 나는 그 나무를 지나갈 방법을 궁리하며 꽤 오랫동안 그렇게 서 있었다. 아무리 불가능해 보여도 난 반드시 이 나무를 지나가야 했다. 나무를 지나가든지 아니면 걸음을 돌려 모하비 사막의 모텔로 돌아가든지 둘 중 하나였다. 나는 그 작은 18달러짜리 방을 생각했다. 그러자 기절할 것만 같은 깊은 욕망이 끓어올랐다. 간절히 돌아가고 싶다는 마음이 내 몸을 가득 채웠다.

  나는 나무 쪽으로 다가갔다. 그리고 배낭을 풀어 어떻게든 거친 나무 너머로 넘기려고 했다. 그러면서 반대편 땅바닥에 배낭이 그냥 떨어지지 않도록 최선을 다했다. 배낭이 굴러떨어져 그 안의 물주머니가 그 충격으로 터지는 일은 막아야 했으니까. 그런 다음 나무 위로 기어 올라갔다. 거친 나무 표면은 이미 아까 넘어졌을 때부터 상처가 난 손을 다시 한번 할퀴었다. 그다음 1~2킬로미터 남짓한 길에서도 나는 땅에 쓰러진 나무를 세 번이나 더 만났다. 그때마다 나는 나무들을 넘어가야 했고 정강이의 상처가 다시 벌어져 피가 흐르기 시작했다.

  5일째 오후, 좁고 가파른 길을 따라 걸어가고 있을 때였다. 거대한 갈색 뿔이 달린 짐승 한 마리가 나를 향해 돌진해오는 것을 보았다.

  "무스(Moose, 북미산 큰 사슴—옮긴이)다!" 나는 소리쳤다. 나는 그 짐승이 무스가 아니라는 사실을 알고 있었지만, 그 순간 공포에 질린 나는 내가 보고 있는 게 정확히 무엇인지 알 수 없었고 그냥 가장 닮은 짐승이 무스밖에는 생각이 나지 않았다. "무스다!" 나는 그 짐승이 가까이 다가오자 더 필사적으로 그렇게 외쳤다. 나는 길 경계선에 있는 관목 숲과 졸참나무들 사이로 사력을 다해 기어갔다. 어떻게든 그 날카로운 가지들 사이를 뚫고 몸을 숨기려 했지만, 배낭의 무게 때문에 그것조차 여의치 않았다. 그러는 동안 그 짐승은 내게 더 가까이 다가왔고 나는 그제야 내가 텍사스 긴

뿔소의 습격을 받았다는 사실을 깨닫게 되었다.

"무우우우우우스다!" 나는 더 크게 소리를 지르며 배낭 옆에 매달려 있던 세상에서 가장 소리가 크다는 그 호루라기를 움켜쥐었다. 나는 호루라기를 찾자마자 입에 물고는 두 눈을 질끈 감고 온 힘을 다해 숨을 내쉴 수 없을 때까지 불어재꼈다.

그런 후 감았던 두 눈을 뜨고 나니 소는 가고 없었다. 내가 놀라서 광분한 결과, 오른손 집게손가락 끝의 살점은 졸참나무의 거친 가지에 긁혀 모두 떨어져 나갔다.

PCT 도보여행, 그해 여름 나를 그토록 사로잡았던 그 일은 내 인생의 다른 대부분의 일처럼 아주아주 간단했다. 나에게는 선택의 여지가 거의 없었고 내가 해야만 하는 일은 종종 내가 가장 하고 싶지 않은 일이었다. 어쩜 이렇게도 빠져나가거나 피할 방도가 전혀 없을까. 술 한 잔을 들이켜고 잊어버릴 수 있는 일도 아니었고 덮어버리고 모른 체할 수도 없는 일이었다. 그렇게 관목 숲 사이에 매달려 있던 그날, 피가 뚝뚝 흐르는 손가락을 감싸 쥐고 혹시나 소가 다시 돌아올까 들리는 모든 소리마다 겁에 질려 있던 그날, 나에게 주어진 선택지를 생각해봤다. 지금까지 온 길을 되짚어 돌아가는 것 또는 가려는 길을 향해 나아가는 것, 두 가지뿐이었다. 이 두 선택지는 근본적으로는 결국 같은 것이었다. 나는 냉정하게 판단했다. 그 소는 어느 쪽에나 있을 수 있었다. 중요한 순간에 눈을 감느라 그 소가 어느 쪽으로 사라졌는지 확인하지 못했기 때문이다. 내가 택할 수 있는 길이라고는 뒤에 있는 소와 앞에 있는 소, 둘 중에 하나였다.

그래서 나는 계속해서 전진했다.

나는 하루에 14킬로미터 이상을 걸어야만 했다. 그런데 하루에 14킬로미터를 걷는다는 건 내가 지금까지 해온 그 어떤 육체 활동의 한계도 뛰어넘는 일이었다. 내 몸은 심장만 빼놓고는 온통 상처투성이였다. 사람이라고는 한 명도 보이지 않았지만, 이상하게도 나는 사람이 전혀 그립지 않았다. 내가 간절히 바라는 건 오직 음식과 물과 그리고 배낭을 내려놓는 일이었다. 어쨌든 나는 계속해서 배낭을 짊어지고 걸었다. 건조한 산악지대를 오르락내리락하면서 제프리소나무와 검은색 떡갈나무가 줄지어 자라난 길을 따라 걸었고 커다란 트럭이 지나갈 수 있도록 만들어진 산에 난 찻길을 가로질렀다. 그렇지만 사람은 아무도 눈에 보이지 않았다.

8일째 아침, 나는 배가 고팠다. 가지고 있던 식량 모두를 땅바닥에 쏟아놓고 지금 상황을 계산해봤다. 뜨거운 음식을 먹고 싶다는 욕망이 거칠게 불타올랐다. 지금까지는 지쳐버린 육체가 입맛까지 버리게 만들어 대부분 조리하지 않아도 되는 그래놀라, 견과류, 말린 과일, 육포, 단백질 바, 초콜릿, 우유보다 낫다는 단백질 가루 같은 식량만 먹어치웠다. 이제 남은 식량은 대부분 조리해야 하는 것들뿐이었지만 음식을 만들 스토브는 말을 듣지 않았다. 케네디 메도우즈에 도착하기 전에는 나를 기다리고 있는 보급품을 받을 수 없었다. 그리고 그곳은 200킬로미터나 더 넘게 떨어져 있었다. 경험이 풍부한 도보여행자라면, 내가 지금껏 길에서 보낸 시간 동안 200킬로미터쯤은 쉽게 넘어섰을 것이다. 하지만 나는 그 절반밖에 미치지 못하는 속도였다. 지금 있는 식량만으로 케네디 메도우즈에 도착할 수 있다고 해도, 내게는 여전히 고쳐야 할 스토브가 남아 있었고 거기에 맞는 연료를 구해 채워야만 했다. 게다가 그곳은 마을이라기보다는 고지대에 있는 베이스캠프로 사냥꾼, 여행자, 낚시꾼들이 찾는 곳이었다. 그런 곳에서 스토브를 고치고 연료를 구할 수 있을 리 없었다. 땅바닥에 그렇게 앉아 있으니, 주변에는 조리할 수 없는 건조식품들을 담은 지퍼락 봉지만이 여기저기 흩어져 있었다. 나는 일단 다른 길로 접어들기로 했다. 내가 앉아 있던 곳에서 그리 멀지 않은 곳에 PCT가 여러 방향으로 뻗어 있는 산속 교차로가 있었다.

나는 걸어 내려가며 궁리하기 시작했다. 대략 30킬로미터만 더 가면 이 길과 나란히 나 있는 고속도로 비슷한 것을 만나게 되고 그러면 어쨌든 사람들이 사는 곳을 찾을 수 있으리라. 나는 정확하게 내가 어떤 길을 찾아가고 있는지 모르는 상태에서 걸어가고 있었다. 그저 뭐라도 찾을 수 있겠거니 하는 믿음뿐이었다.

밝고 뜨거운 태양 아래로 걷고 또 걸었다. 움직일 때마다 나는 내게서 나는 냄새를 맡을 수 있었다. 아침마다 눈을 뜨면 데오드란트를 겨드랑이에 발랐지만 이젠 아무 소용이 없었다. 나는 일주일 이상 몸을 씻지 못했다. 내 온몸은 피와 흙먼지로 뒤덮여 있었고 쓰고 있던 모자 아래 머리카락은 먼지와 말라붙은 땀으로 완전히 엉겨 붙은 상태로 굳어 있었다. 그러면서도 나는 몸의 근육들이 점점 강해지고 있음을 느꼈다. 동시에 힘줄과 관절들이 어느 정도 무너지고 있다는 사실도 알 수 있었다. 발은 안쪽 바깥쪽 할 것 없이 상처투성이였고, 물집 때문에 살은 너덜너덜하게 다 쓸려 있었다. 그동안 발의 뼈와 근육에 쌓인 피로도 장난이 아니었다. 길은 더없이 만족스러울 정도로 평탄하거나 혹은 경사가 급하지 않은 내리막길이었다. 냉혹할 정도로 힘든 길만 오르내리던 나에게는 꿀맛 같은 휴식이었다. 그렇지만 여전히 고통은 있었다. 오랫동안 나는 발이 없다는 상상을 하려고 애썼다. 내 두 다리가 아픔을 전혀 느끼지 못하고 뭐든지 견딜 수 있는 나무 그루터기라고 상상했다.

4시간이 흐르자 나는 내 결정을 후회하기 시작했다. 나는 배고픔을 못 이기고 그곳에서 쓰러져 죽거나 희생자를 찾아 헤매는 긴 뿔소에게 밟혀 죽게 될 것 같았다. 그렇지만 적어도 PCT에서라면 나는 내가 어디 있는지는 알 수 있었다.

나는 내 여행 안내서를 다시 읽었다. 그런데 지금은 심지어 책에서 조잡하게 설명한 그 길들 중 하나에 있는지조차 확실치 않았다. 나는 내 지도와 나침반을 한 시간 간격으로 꺼내 들고 내가 지금 서 있는 위치를 확인하고 또 확인해봤다. 나는 지도와 나침반 사용법을 정확히 알아내기 위해 '정확한 길 찾기' 설명서를 꺼내 다시 읽어보았다. 태양의 위치를 확인했다.

그러다가 울타리 근처에서 자유롭게 돌아다니는 암소 무리와 마주쳤다. 나는 너무 놀라 심장이 쿵쾅거렸다. 사실 그중 어느 한 마리도 내 쪽으로는 움직이지도 않았다. 암소들은 그저 풀을 뜯어 먹는 일을 멈추고 고개를 쳐들고는 내가 조심스럽게 "소들아, 착하지. 그래 잘한다"라고 읊조리며 지나가는 모습을 지켜보았다.

이제 땅은 이전까지 지나온 건조하고 바위투성이인 곳과 달리

놀랍게도 푸른 초목으로 뒤덮여 있었다. 그리고 조용하면서도 기괴한 모습으로 길가에 멈춰 서 있는 트랙터도 두 번이나 지나쳤다. 나는 호기심 가득 찬 마음으로 아름답고 적요한 길을 따라 걸었다. 늦은 오후가 되자, 다시 걱정스러운 마음이 목구멍으로 치솟아 올랐다.

나는 길 위에 있었다. 그렇지만 8일 동안 사람이라고는 단 한 명도 마주치지 못했다. 마음대로 방목된 암소들과 버려진 듯 보이는 트랙터 두 대를 제외하고는 그저 눈앞의 길이 있을 뿐이었다. 무슨 표지판 같은 것도 하나도 없었다. 나는 마치 내가 공상과학영화라도 보고 있는 듯한 착각마저 들기 시작했다. 이 지구상에 홀로 남겨진 그런 기분이었다.

나는 갑자기 울고 싶어졌다. 나는 숨을 한 번 깊이 몰아쉬며 눈물을 참았다. 그리고 짐을 다시 추스르기 위해 배낭을 바닥에 내려놓았다. 저 앞에 길이 굽어지는 곳으로 간 나는 주변을 둘러보며 어떻게 해야 할지 생각했다.

그때, 노란색 픽업트럭을 타고 있는 세 남자의 모습이 내 눈에 들어왔다. 한 사람은 백인, 한 사람은 흑인, 나머지 한 사람은 라틴계였다.

그들이 있는 곳으로 걸어가는 데 적어도 1분 이상은 걸린 것 같다. 세 남자는 모두 똑같은 표정으로 나를 바라보았다. 내가 그 전날 긴뿔소를 보며 지었던 표정과 같았으리라. 당장이라도 내가 했던 것처럼 소리를 지를 것 같았다. 그들을 봤을 때 느꼈던 그 안도했던 마음은 이루 말할 수 없었다. 그들을 향해 걸어가려니 내 온몸이 부들부들 떨려왔다. 나는 사람들이 전멸한 행성에서 혼자 살아남은 영화 속 주인공이 아니다. 이제 나는 전혀 다른 영화 속에 들어와 있었다. 나는 의도와 정체와 태생을 전혀 알 수 없는 세 명의 남자들과 함께 있는 유일한 여성이었다. 그리고 그 세 남자는 노란색 트럭에서 나를 바라보고 있었다.

나는 열려 있는 운전석 쪽 창문을 통해 내가 지금 처해 있는 상황을 설명했고 그들은 말없이 나를 바라보았다. 그들의 눈빛은 놀라움에서 경이로, 그리고 조소로 바뀌더니 급기야 모두 웃음을 터뜨렸다.

"아가씨, 지금 어디로 걸어 들어가고 있는지 알아요?" 백인 남자가 정신을 차린 듯 물었다. 나는 고개를 저었다. 그와 흑인 남자는 예순 살쯤으로 보였고 라틴계 남자는 기껏해야 열 몇 살쯤이나 되었을까.

"저기 산 보여요?" 그가 운전석에서 창밖으로 손을 뻗어 바로 저 앞을 가리키며 물었다. "우리는 지금 저 산을 날려버리려고 준비하고 있다고." 그의 설명을 들어보니 바로 이 근처에서 땅을 파헤치는 작업이 진행되고 있고 자신들은 마당을 장식할 그럴듯한 돌들을 찾는 사람들을 위해 일을 하고 있다고 말했다.

"내 이름은 프랭크요." 그가 쓰고 있던 카우보이모자 챙을 살짝 숙여 보이며 자기를 소개했다.

"정확하게 말하면 아가씨는 길을 잘못 들어 무단 침입을 한 거지만, 뭐 그렇다고 우리가 뭐라 말할 건 아니고." 그는 나를 보며 한쪽 눈을 찡긋해 보였다. "우리는 그냥 일꾼들이니까. 우리가 여기 땅 주인도 아니고 지나가는 아가씨를 무단 침입죄로 총으로 쏠 일도 없을 거고 말이요." 그는 다시 웃음을 터뜨리더니 가운데 앉아 있던 라틴계 남자를 가리키며 이름이 카를로스라고 소개했다.

"내 이름은 월터예요." 가장 끝에 앉아 있던 흑인 남자가 자기소개를 했다.

세 남자는 일주일도 더 전에 콜로라도 주 번호판을 탄 미니밴을 몰아 나를 태워주었던 아버지와 아들 이후 내가 처음 만난 사람들이었다. 내가 입을 열자 내게는 내 목소리가 우스꽝스럽게 들렸다. 본래 기억하던 목소리보다 더 높고 빠르게 들렸다. 마치 내가 자신을 어떻게 잘 통제하지 못하는 것처럼 말 한마디 한마디가 멋대로 날아가는 새들 같았다. 그들은 나보고 트럭 짐칸에 타라고 했고 우리는 배낭을 챙기기 위해 내가 걸어왔던 길을 다시 돌아갔다. 프랭크가 트럭을 세웠고 모두 다 차에서 내렸다. 월터가 내 배낭을 들어보더니 그 무게에 깜짝 놀란 듯했다.

"한국에서 군 복무를 했을 때에도 이렇게까지 무거운 짐은 들어본 적이 없어. 아, 어쩌면 한두 번은 그런 일이 있었는지도 모르겠네. 하지만 그건 분명 무슨 벌을 받을 때였을 거야." 그가 내 배낭을 트럭 짐칸에 올리기 위해 용을 쓰며 말했다.

내가 뭐라고 말을 하기도 전에 나는 프랭크와 함께 그의 집으로 가는 것으로 결정되었다. 거기 가서 그의 부인이 만들어주는 저녁을 먹고 목욕을 한 뒤 침대 위에서 자라는 것이었다. 그리고 아침이 되면 프랭크는 스토브를 고칠 만한 곳으로 나를 데려다주기로 했다.

"자, 그러면 어떻게 된 건지 다시 설명해주겠소?" 프랭크는 몇 번이고 이렇게 물어왔고 그러면 그때마다 세 남자는 고개를 갸우뚱거리면서도 열심히 이야기에 귀를 기울여 주었다. 그들은 아마도 PCT에서 한 30킬로미터 남짓한 곳에 사는 모양이었지만 그 길에 대해 들어본 사람은 아무도 없었다. 그리고 왜 여자 혼자서 여행을 하는지도 도통 이해하지 못하겠다는 표정들이었다. 프랭크와 월터는 자기들의 생각을 아주 재미있다는 듯, 그러면서도 예의 바르게 말해주었다.

"그런데 내 생각에는 아주 멋진 일 같은데요." 얼마쯤 시간이 흐른 뒤 카를로스가 이렇게 말했다. 하는 말을 들어보니 이제 나이는 열여덟 살이었고 얼마 안 있어 군대에 지원할 계획이라고 했다.

"군대 가는 대신에 나처럼 여행하는 게 어때요?" 내가 이렇게 넌지시 물었다. "허, 글쎄요." 카를로스가 코웃음을 쳤다.

세 남자는 다시 트럭에 올라탔고 나는 짐칸에 올라탄 채 몇 킬로미터 정도를 달렸다. 우리는 월터가 자신의 트럭을 주차해둔 곳에 도착했다. 월터와 카를로스는 나와 프랭크를 남겨둔 채 차를 몰고 떠났다. 프랭크는 아직 한 시간 정도 할 일이 더 남아 있었다.

나는 노란색 트럭 안에 앉아 프랭크가 트랙터를 몰고 땅을 고르며 왔다 갔다 하는 모습을 지켜보았다. 그는 지나갈 때마다 내게 손을 흔들었고 그가 사라지면 나는 슬며시 트럭 안을 둘러보았다. 앞 좌석 사물함에는 휴대용 금속 수통에 위스키가 들어 있었다. 나는 위스키를 한 모금 마시고 재빨리 제 자리에 넣어두었다. 내 입술이 뜨겁게 타올랐다. 나는 좌석 아래를 뒤져 검은색의 작은 상자 하나를 찾아 꺼냈다. 열어보니 위스키 수통과 똑같은 은색 권총 한 자루가 들어 있었다. 나는 상자 뚜껑을 닫아 재빨리 제자리에 돌려놓았다. 트럭 열쇠는 점화장치에 그대로 꽂혀서 대롱거리고 있었는데 나는 문득 지금 시동을 걸고 달아나면 어떻게 될까 하는 쓸데없는 생각을 하기도 했다. 나는 등산화를 벗고 발을 문질렀다. 포틀랜드에서 마약을 하느라 생겼던 발목의 멍이 아직 그대로 남아 있었다. 다만 이제는 그 색깔이 희미하고 우중충한 노란색으로 바뀌어 있었다. 나는 손가락으로 멍을 어루만졌다. 그 한가운데는 내 어리석음을 비웃기라도 하는 듯 여전히 작은 주사 자국이 선명했다. 나는 그 모습을 더는 보지 않기 위해 서둘러 양말을 다시 신었다.

*

일을 다 끝마친 프랭크가 돌아와 트럭에 올라타며 이렇게 물었다. "당신은 어떤 사람이요?"

"어떤 사람이냐고요?" 나는 되물었다. 우리의 눈이 마주쳤다. 그리고 그의 두 눈에서는 어떤 모습이 드러나는 듯했다. 나는 눈길을 돌렸다.

"그러니까 제인 같은 여자인가? 타잔하고 밀림에서 같이 사는 여자?"

"네, 그런 것 같네요." 나는 웃으며 대답했다. 하지만 왠지 섬뜩하고 불안한 기분이 들었다. 나는 프랭크가 빨리 시동을 걸고 트럭을 출발시키기를 원했다. 그는 덩치가 컸고 팔다리가 길었으며 얼굴은 날카롭고 검게 그을렸다. 그는 돌 캐는 일을 한다고 했지만 내게는 카우보이처럼 보였다. 그의 두 손은 내가 자라면서 보아온 남자들의 손을 연상시켰다. 먹고살기 위해 육체노동을 해온 사람들의 손이었다. 아무리 박박 문질러 닦아도 절대로 깨끗해지지 않을 그런 손. 프랭크 옆에 앉아 있으려니 어떤 상황에서 어떤 남자들과 함께 있을 때 항상 느꼈던 그런 기분이 들기 시작했다. 어떤 일이라도 일어날 수 있을 것 같았다. 프랭크는 예의 바르고 친절하게 그냥 가던 일을 갈 수도 있었고 갑자기 완전히 돌변해서 나에게 덤벼들 수도 있었다. 프랭크의 트럭 안에서 나는 그의 손과 그의 모든 행동을 주시했다. 내 몸의 모든 세포가 위험 신호를 보내고 있었지만, 나는 마치 금방 낮잠에서 깨어나기라도 한 사람처럼 아무렇지 않게 편안한 척을 했다.

"여기 우리가 즐길 만한 게 있지." 그가 이렇게 말하며 사물함에서 예의 그 위스키 통을 꺼냈다. "온종일 고된 일을 했으니 나도 상을 좀 받아야지?" 그는 뚜껑을 비틀어 열고는 내게 수통을 내밀었다. "자, 숙녀 분 먼저."

나는 통을 받아들고 입술에 대고 위스키로 입술을 적셨다.

"오케이. 그러니까 정말 잘 어울리는군. 아까 말한 것처럼 아가씨는 제인이라니까." 그는 다시 내게서 통을 건네받아 길게 한 모금을 마셨다.

"아시겠지만 완전히 혼자 여행하는 건 아니에요." 나는 불쑥 이렇게 말했다. 그러면서 머릿속으로 거짓말을 만들어냈다. "우리 남편이, 그러니까 남편 폴도 같이 여행하고 있어요. 남편은 케네디 메도우즈에서 출발했는데, 거기가 어딘지 혹시 아세요? 그이는 남쪽에서, 그리고 나는 북쪽에서 출발해서 걷고 있어요. 우리 둘 다 혼자서 여행을 해보고 싶었거든요. 그렇게 중간쯤에서 만나서 그다음부터는 여름 동안 함께 걸을 거예요."

프랭크는 고개를 끄덕이더니 다시 위스키를 한 모금 마셨다. "흠, 그 양반도 당신 못지않게 제정신이 아닌 모양이군." 그는 잠시 생각하는 것 같더니 이렇게 말했다. "당신이 지금 하는 일은 제정신이 아닌 여자나 할 수 있는 짓이야. 근데 더 정신 나간 짓이 있다면 자기 마누라를 이렇게 혼자 걷게 내버려 두는 일이겠지."

"그렇죠." 그 말이 맞기라도 하듯 나는 그렇게 대답했다. "그래도 어쨌든 뭐, 한 며칠 뒤면 다시 만날 거니까요." 나는 자신감 있게 말했다. 마치 스스로도 그 말이 사실이라고 믿고 있는 것처럼, 그 순간 폴이 정말로 나를 향해 오고 있는 것처럼 말이다. 우리 두 사람은 두 달 전 눈 내리는 4월의 어느 날 이혼소송을 제기하지 않았고, 폴은 나를 향해 오고 있다······. 아니면 만일 내가 여기서 무슨 일이라도 생긴다면 곧 그 사실을 알게 될 것이다. 나의 실종이 알려지는 건 시간문제겠지······.

그렇지만 이건 모두 나의 상상일 뿐 사실은 정반대였다. 내가 살면서 알고 지낸 사람들은 이 여행의 첫날 사막의 바람에 날려 사라진 반창고들 같았다. 사람들은 이리저리 흩어지더니 그렇게들 홀연히 사라졌다. 심지어 내가 첫 번째 기착지에서 연락할 거라고 기대하는 사람도 없었다. 두 번째나 세 번째도 마찬가지일 터였다.

프랭크는 좌석 등받이에 몸을 기대더니 커다란 혁대 버클을 고쳐 맸다. "하루 일을 끝내고 나면 나에게 주는 상이 위스키 말고 또 하나 있어." 그가 이렇게 말했다.

"그게 뭐죠?" 나는 애매하게 웃으며 물었다. 가슴이 심하게 두방망이질 쳤다. 무릎 위의 손은 주먹을 꼭 쥐었다. 나는 내 배낭이 있는 곳을 정확하게 알고 있었다. 내 손이 닿지 않는 곳 저 멀리 트럭의 짐칸에 있는 배낭. 나는 여차하면 배낭은 버려둔 채 그냥 트럭 문을 열고 도망치기로 했다.

프랭크는 아까 내가 본 권총이 든 상자가 있는 좌석 밑으로 손을 뻗었다. 그리고 작은 비닐봉지를 꺼냈다. 거기에는 길고 가는 줄처럼 생긴 붉은색 감초가 실타래처럼 얽혀 있었다. 그는 그중 한 가닥을 뽑아내더니 내게 내밀며 물었다.

"먹어볼래, 제인?"

불안을 둘러싼 아름다움

나는 프랭크가 운전하는 동안 그가 내민 감초를 게걸스럽게 먹어치웠다. 더 있었더라면 그것도 다 먹어치웠을 것이다.

"여기 잠깐 기다려 봐." 프랭크는 그의 집 옆을 따라 뻗어 있는 작은 갓길에 차를 세우더니 내게 이렇게 말했다. 사막의 덤불 사이로 이동식 트레일러 주택들이 모이는 야영지에 트레일러가 한 대 서 있었는데 그게 바로 그의 집이었다. "내가 먼저 들어가서 우리 마누라한테 이야기를 좀 할 테니까 말이야."

잠시 뒤 두 사람이 함께 트레일러에서 나왔다. 부푼 회색 머리칼의 애니타의 얼굴에는 환영과 의심의 빛이 함께 어려 있었다. "그게 가지고 온 짐 전부인가요?" 프랭크가 트럭에서 끌어 내리는 배낭을 보더니, 애니타가 뭐라고 툴툴거리는 것 같았다. 나는 두 사람을 따라 트레일러 안으로 들어갔다. 프랭크는 곧장 욕실로 사라졌다.

"당신 집처럼 편히 있어요." 애니타가 이렇게 말했다. 내 생각에 그 말은 주방의 경계선 역할을 하는 식탁에 앉아 만들어주는 음식을 기다리라는 뜻으로 들렸다. 요란한 소리를 내는 작은 텔레비전이 식탁 저 끝 위에 있었다. 소리가 너무 커서 뭐라고 그러는지 하나도 들리지 않았다. 가만히 들어보니 O.J. 심슨의 재판 이야기인 것 같았다. 나는 애니타가 내 앞에 음식을 차려줄 때까지 텔레비전을 보았다. 애니타가 곧 텔레비전을 껐다.

"요즘은 온통 저 이야기뿐이에요. O.J. 심슨이 이랬다. O.J. 심슨이 저랬다. 아니, 아프리카에서는 아이들이 굶고 있다는 이야기 못 들었나? 식기 전에 빨리 들어요, 어서." 애니타는 이렇게 말하며 어서 먹으라는 듯 음식을 가리키며 손짓을 했다.

"기다렸다 다 같이 먹어요." 나는 필사적으로 배고픔을 참고 아무렇지 않은 듯한 목소리로 이렇게 말했다. 나는 내 접시를 내려다보았다. 갈비구이에 통조림 옥수수, 감자 샐러드가 잔뜩 쌓여 있었다. 나는 자리에서 일어나 손이라도 씻으러 갈까 하고 생각했다. 그렇지만 그러다가 식사가 더 늦어질까 나는 두려웠다. 그리고 사실 손 같은 건 문제도 아니었다. 식사 전에는 반드시 손을 씻어야 한다는 규칙 따위는 저 텔레비전의 O.J. 심슨의 뉴스만큼이나 나랑 먼 이야기가 되어버렸으니까.

"어서 먹어요!" 애니타가 명령이라도 하듯 말했다. 그러면서 체리 맛 음료수 한 잔을 또 내 앞에 가져다 놓았다.

나는 포크를 들고 감자 샐러드를 가득 떠서 입안으로 밀어 넣었다. 의자 아래로 몸이 꺼져 내리는 것만큼이나 기분이 좋았다.

"대학생?"

"네." 이런 더럽고 냄새나는 몰골을 하고도 상대방에게 그렇게 보인다니 나는 묘한 칭찬이라도 받는 기분이었다. "아, 예전에요. 사실은 졸업한 지 4년이 됐으니까요." 나는 그렇게 말하면서 다시 음식을 한입 가득 퍼먹었다. 아, 사실은 이것도 거짓말이구나, 라고 생각하면서.

엄마가 돌아가시기 전 대학교는 반드시 졸업하겠다고 약속했지만 난 그렇게 하지 못했다. 엄마는 봄방학 중 월요일에 눈을 감았고 나는 그다음 주 월요일에 학교로 돌아갔다. 나는 슬픔에 반쯤 눈이 먼 채 마지막 학기 남은 수업들을 꾸역꾸역 다 들으며 버텼지만 학사 학위를 받지 못했다. 중급 영어 과목의 5쪽짜리 과제물을 제출하지 않았기 때문이다. 그 정도쯤이야 식은 죽 먹기였지만 과제를 시작하려던 나는 그저 멍하니 텅 빈 컴퓨터 모니터만 응시하고 있을 뿐이었다. 나는 노란색 학사모와 졸업 가운을 걸치고 연단 앞으로 걸어 나가 돌돌 말린 작은 서류 한 장을 받았다. 그걸 굳이 펼쳐보지 않아도 거기에 무슨 말이 적혀 있는지는 이미 알고 있었다. 내가 그 과제물을 제출할 때까지는 학사 학위를 받을 수 없었다. 내게 남은 것이라곤 학자금 대출금뿐이었다. 계산해보니 마흔네 살까지 갚아나가야 할 액수였다.

*

다음 날 아침이 되자 프랭크는 나를 고속도로 편의점 앞에 데려다주었다. 거기서 차를 얻어 타고 리지크레스트라는 마을로 가 보라고 했다. 나는 편의점 입구 앞에 앉아 기다렸다. 그러자 한 남자가 걸어와 먹고 있던 과자를 권하기에 차를 좀 얻어 탈 수 있겠느냐고 물어보자 그러라고 대답했다. 사실 이렇게 지나가는 사람을 태워주는 건 회사의 규정 위반이라고 했다. 그의 커다란 트럭에 올라타니 그는 자기 이름이 트로이라고 소개를 했다. 그는 캘리포니아 남부를 일주일에 닷새 동안 돌며 온갖 종류의 과자를 배달한다고 했다. 열일곱 살 때 고등학교 첫사랑과 결혼했고 그렇게 결혼한 지 벌써 17년이 흘렀다는 이야기도 들려주었다.

"뭐, 17년간 내 멋대로 살다가 17년간 잡혀 산 거죠." 그가 농담을 던졌다. 그렇지만 그 목소리에는 후회의 감정이 묻어났다. "당신이랑 처지를 바꿀 수 있다면 뭐든지 다 할 수 있을 것 같아요." 그는 트럭을 몰며 이렇게 말했다. "나는 자유로운 영혼인데, 그런 자유를 한 번도 누려보지 못했네요."

그는 나를 '토드 야외 용품 전문점'에 내려주었다. 그곳에서 가게 주인 토드가 직접 내 스토브를 청소해주고 새 필터로 교환해주었다. 그리고 내 스토브에 맞는 연료도 살 수 있었다. 꼼꼼한 그는 나에게 스토브에 불을 붙이는 연습까지 시켰다.

나는 배관용 테이프와 상처에 바를 약을 좀 더 사고 근처 식당으로 가서 어제저녁에 먹은 식사와 비슷한 초콜릿 셰이크, 치즈버거, 감자튀김을 시켰다. 그리고 한입 먹을 때마다 그 황홀한 맛에 몸을 떨었다. 밥을 다 먹은 뒤에는 차들이 쌩하고 지나가는 마을 거리를 걸어갔다. 나를 바라보는 운전자와 행인들의 얼굴에는 차가운 호기심이 묻어났다. 나는 간이음식점과 자동차 대리점을 지나며 어디쯤에서 차를 얻어 타야 할지, 아니면 아예 여기 리지크레스트에서 하룻밤을 보내고 다음 날 다시 PCT로 돌아가야 할지 생각을 해보았다. 그때 꾀죄죄한 몰골의 한 사내가 자전거를 타고 지나가다가 멈춰 섰다. 그는 구깃구깃한 종이봉투를 하나 들고 있었다.

"마을로 가는 거요?" 그가 물었다.

"글쎄요." 나는 대꾸했다. 자전거는 그 남자 몸집에 비해 참 작아 보였다. 성인용이 아닌 아동용에 더 가까운 자전거 옆에는 화려한 불꽃 무늬가 그려져 있었다.

"그러면 어느 쪽으로 가는 거요?" 그가 다시 물었다. 그 남자 몸에서 나는 체취가 너무 지독해 재채기를 할 뻔했다. 하긴 지금 내 몸에서 나는 냄새도 못지않으리라. 지난밤에 프랭크와 애니타의 집에서 저녁을 얻어먹고 목욕을 하긴 했지만 더러운 옷은 그대로였다.

"모텔에서 하룻밤 묵을까 해서요." 내가 남자에게 말했다.

"안 돼요!" 그가 갑자기 이렇게 소리쳤다. "내가 모텔에 갔더니 사람들이 유치장에 처넣었다고요."

저 남자는 지금 나를 자기와 비슷한 떠돌이 범죄자로 생각하고 있구나. 대학생도 아니고 그렇다고 '전' 대학생도 아니고 말이지. 나는 PCT에 대한 설명은 굳이 하지 않기로 했다.

"이거라도 받아요." 그는 이렇게 말하면서 들고 있던 종이봉투를 내밀었다. "빵이랑 햄이에요. 그거면 샌드위치라도 만들어 먹을 수 있을 거요."

"아, 괜찮습니다." 나는 그런 그에게 혐오감과 고마움을 동시에 느끼며 결국 이렇게 대답했다.

"그런데 어디서 왔어요?" 그가 갈 길을 가지 않고 물었다.

"미네소타요."

"와!" 그가 소리쳤다. 그의 더러운 얼굴에 웃음이 번져나갔다. "그러면 내 동생이나 마찬가지네. 난 일리노이 출신인데. 일리노이랑 미네소타는 이웃사촌이니까."

"글쎄, 뭐 거의 그렇겠네요. 중간에 위스콘신이 있기는 하지만." 나는 이렇게 말하고는 금세 후회했다. 그의 기분을 상하게 할 생각은 아니었다.

"그래도 이웃은 이웃이지." 그는 이렇게 말하며 손바닥을 펼쳐 하이파이브라도 하기를 바라듯 그렇게 내밀었다. 나도 손바닥을 펼쳐 그의 손바닥과 마주쳤다.

"조심히 가세요." 나는 자전거 페달을 밟고 사라지는 그를 보며 이렇게 인사했다.

나는 식료품 가게에 가서 아무것도 건드리지 않고 우선 선반 위아래를 보기만 했다. 엄청난 식료품 더미에 압도당하는 느낌이었다. 나는 음식을 조리하지 못하는 대신 그동안 먹어치운 다른 식량 주머니를 채울 식품 몇 가지를 샀다. 그리고 혼잡한 도로를 따라 마을에서 가장 싼 모텔이 보일 때까지 걸었다.

내가 빈방이 있느냐고 물어보자 카운터 뒤의 남자가 자신을 버드라고 소개하며 방을 내주었다. 그는 골초처럼 기침을 해대는 처량한 표정의 사내였다. 햇볕에 그을린 두툼한 턱이 주름진 얼굴 양옆에 늘어져 있었다. 내가 버드에게 PCT 여행에 대해 이야기를 꺼내자 그는 먼저 내 옷부터 세탁하라고 말했다. 내가 괜찮다고 거절하자 그가 말했다.

"이불이랑 수건이랑 같이 세탁기에 던져 넣으면 그만이요. 별일도 아니지."

나는 내가 묵을 방으로 가서 옷을 벗고 방수 바지와 비옷을 입었다. 뜨거운 6월이었지만 어쩔 수 없었다. 그런 다음 다시 카운터로 가서 머뭇거리며 내 더러운 옷 꾸러미를 내밀며 다시 한번 고맙다고 말했다.

"당신 팔찌가 마음에 들어서, 옷도 세탁해주겠다고 한 거요." 버드가 이렇게 말했다. 나는 걸치고 있던 비옷의 소매를 걷어 올렸고 우리 두 사람은 그 팔찌를 바라보았다. 이제는 색이 바랜 은색 팔찌로 전쟁 포로나 실종된 병사의 이름을 새겨 기념하고 그들을 잊지 말자는 취지로 만들어진 팔찌였다. 친구 에이미가 몇 주 전 미니애폴리스의 한 거리에서 작별 인사를 나누며 내 팔목에 채워주었다.

"거기 누구 이름이 새겨져 있나 한 번 봅시다." 그가 카운터 너머로 손을 뻗어 내 손목을 잡고 돌려 팔찌에 새겨진 이름을 읽었다. "윌리엄 J. 크로켓." 그는 이름을 소리 내어 읽고는 내 손을 놓아주었다. 에이미는 자료를 찾아본 뒤 내게 윌리엄 J. 크로켓이 누군지 말해주었다. 그는 공군 조종사로 만 스물여섯 살에서 2개월 모자라는 나이에 타고 있던 전투기가 베트남 상공에서 격추되었다. 에이미는 몇 년 동안 그 팔찌를 차고 다니면서 단 한 번도 푼 일이 없었다. 나도 팔찌를 받은 후로는 역시 한 번도 풀지 않았다.

"나도 베트남전에 참전했었으니 이런 걸 보면 그냥 지나칠 수 없지. 그래서 우리 집에서 유일하게 욕조 딸린 방도 준 거요." 버드가 이렇게 말했다.

"나는 1963년에 베트남에 갔었소. 막 열여덟 살이 됐을 땐가. 하지만 지금은 전쟁에 반대하지. 어떤 전쟁이든 말이야. 완전히, 100퍼센트 반대하지. 뭐 물론 예외는 있긴 하겠지만." 버드는 옆의 재떨이 위에 있던 담배를 집어 들었지만 피우지는 않았다.

"자, 그러면 일단 올해는 저 시에라네바다 산맥에 눈이 잔뜩 쌓여 있다는 사실부터 알려줘야 할 것 같은데."

"눈이라고요?" 내가 물었다.

"기록에 남을 만큼 큰 폭설이었어. 완전히 다 묻혀버렸지. 마을에 있는 국토관리국 사무실에 찾아가면 관련 공무원을 만나 필요한 상황을 들을 수 있을 거요." 그는 그렇게 말하고 담배를 입에 물었다.

"그리고 아가씨 옷은 한두 시간이면 입을 수 있을 거요."

나는 내 방으로 돌아와 샤워한 다음 욕조에 몸을 담갔다. 그런 뒤에 침대로 가서 이불 위에 누웠다. 에어컨은 없었지만 어쨌든 기분은 상쾌했다. 평생 이렇게까지 기분이 좋기는 처음이었다. 이제야 비로소 PCT가 내가 어떤 끔찍한 일을 경험할 수 있는지 알려준 것이다. 나는 침대에서 몸을 일으켜 배낭을 뒤져 포크너의 『내가 죽어 누워 있을 때』를 찾아 읽었다. 그렇지만 눈에 대한 버드의 이야기가 머릿속에서 사라지지 않았다.

　나도 눈에 대해 알고 있었다. 겨울이 매섭기로 유명한 미네소타 주 출신이 아닌가. 나는 눈을 직접 치워보기도 했고, 눈 속으로 운전을 해본 적도 있으며, 눈싸움도 자주 했다. 그뿐인가. 며칠 동안 쉬지 않고 눈이 내리는 모습을 창밖으로 구경했었고, 쌓인 눈이 얼어붙어 몇 개월 동안 녹지 않는 모습도 보았다. 그렇지만 이번 눈은 달랐다. 시에라네바다를 덮고 있는 눈의 위력이 얼마나 대단한지 그 산맥의 이름 자체가 그 사실을 알려주고 있지 않은가. 시에라네바다는 스페인어로 '눈 덮인 곳'이라는 뜻이다.

　눈까지 덮인 황량한 산맥을 혼자 걸어서 여행하겠다는 생각이 문득 터무니없이 느껴졌다. PCT에 첫발을 내디딘 순간 이후 내가 걸어서 지나온 곳은 정확하게 말하면 바로 그 시에라네바다 산맥의 한 부분이긴 했다. 그렇지만 그곳은 이른바 '시에라 고지대'는 아니었다. 시에라네바다 산맥의 고지대는 케네디 메도우즈 너머 화강암으로 된 봉우리들과 절벽들이 있는 만만치 않은 지역으로 100년도 더 전에 산악인이자 작가인 존 뮤어가 그 유명한 탐험을 마치며 경탄을 했던 그런 곳이었다. PCT로 오기 전에 시에라네바다에 대한 그의 책을 읽어본 적은 없었다. 그래도 그가 시에라 클럽의 창립자라는 사실 정도는 알고 있었다. 시에라 클럽은 양치기와 광산 개발자들, 여행사들과 현대의 파괴자들로부터 시에라네바다 산맥을 보호하는 단체로, 이 일은 그의 평생의 숙원이기도 했다. 이 산맥이 지금까지 잘 보존될 수 있었던 건 존 뮤어와 그의 이상을 지지해준 사람들 덕분이었다. 그런데 그 야생의 땅이 지금 눈으로 덮여 있다는 것이었다.

나는 사실 그렇게 놀라지는 않았다. 내가 가진 여행 안내서의 저자들은 내가 시에라 고지대에서 만나게 될지도 모를 눈보라에 대해 이미 경고를 했었다. 그리고 나도 나름대로 준비를 하긴 했다. 그 '나름대로'가 이 여행을 시작하기 전에만 충분한 것이었는지 모르지만. 나는 등산용 얼음도끼인 피켈을 구매해 우체국을 통해 부쳤고 케네디 메도우즈에서 받을 계획이었다. 피켈을 처음 살 때만 해도 PCT에서 가장 높은 곳을 지날 때를 제외하고는 사용할 일이 별로 없을 줄 알았다. 일반적으로 내가 여행 중인 6월 하순에서 7월 사이에는 시에라 고지대의 눈도 대부분 녹아 없어진다고 안내서에 나와 있었기 때문이다. 그런데 내가 여행하는 올해가 그 '일반적'인 해에 해당하는지까지 조사할 수는 없는 노릇이었다. 나는 옆 탁자에 있던 전화번호부를 찾아 펼쳐 들었다. 그리고 국토 관리국 지역 사무실 번호를 찾아 전화를 걸었다.

"아, 네. 지금 그곳에는 눈이 엄청나게 많이 쌓여 있어요." 전화를 받은 여자는 세부적인 상황은 모르겠지만 기록적인 폭설인 건 확실하다고 말했다. 그리고 내가 지금 PCT를 여행 중이라고 말하자 내가 원하는 곳까지 차를 태워다 주겠노라고 제안했다. 나는 눈 걱정보다는 낯선 사람의 차를 얻어 탈 필요가 없다는 생각에 더 큰 안도감을 느끼며 전화를 끊었다.

다음 날 오후, 관리국 사무실의 친절한 직원이 나를 PCT와 연결되는 워커 패스라는 곳으로 데려다주었다. 그가 차를 몰고 사라지는 모습을 지켜보면서, 나는 9일 전 이 여행을 시작했을 때보다 왠지 마음이 더 편해지고 자신감도 좀 더 생긴 기분이 들었다. 지금까지 텍사스 긴뿔소에 쫓기고 넘어지고 구르면서 멍이며 상처도 많이 생겼다. 게다가 발파 작업으로 산산조각이 난 산 쪽으로 길을 잘못 들기도 했다. 몇 킬로미터나 되는 사막을 통과했으며 수없이 많은 산을 오르고 내려왔다.

그러는 동안 사람을 한 명도 보지 못하는 날들이 지나갔다. 발은 이리저리 찢기고 등도 피가 날 정도로 살이 벗겨졌다. 게다가 나 혼자서 이 거친 야생의 길을 걸어온 것이 아니라 내 몸무게의 절반 이상은 너끈히 나갈 것 같은 그런 짐을 짊어지고 왔다. 그리고 무엇보다도 나는 혼자였다.

하지만 모두 다 그럴 만한 가치가 있는 일이었다. 그렇지 않은가? 나는 워커 패스 근처의 얼기설기 만들어진 야영지를 통과하며 그런 생각을 했다. 그리고 텐트를 칠 만한 장소를 찾았다. 날은 늦었지만 아직 사방은 밝았다. 6월 하고도 봄철의 마지막 주일이었다. 나는 텐트를 치고 새로 고친 스토브에 불을 지펴 길을 떠난 뒤 처음으로 말린 콩과 쌀을 끓여 따뜻한 식사를 만들어 먹었다. 그리고 산 너머로 태양이 아름다운 빛을 내뿜으며 서서히 사라지는 것을 바라보았다. 세상에서 가장 운이 좋은 사람 같은 기분을 느꼈다. 케네디 메도우즈까지는 이제 82킬로미터쯤 남았다. 내가 처음 물을 채운 곳에서는 이제 25킬로미터쯤 더 온 것이었다.

다음 날 아침이 되자 나는 짐을 다시 꾸리고 물도 다시 가득 채워 넣었다. 그리고 178번 고속도를 가로질렀다. 시에라네바다 산맥을 가로지르는 다음 길은 새들이나 날아 넘을 수 있을 것 같은 고지대를 북쪽으로 240킬로미터쯤 지나가는 길이었다. 나는 뜨거운 아침 햇살을 받으며 바위투성이의 오르막길을 따라 걸었다. 걸으면서 멀고 가까운 곳을 가리지 않고 사방의 산들을 살펴보았다. 가까운 남쪽에는 스코디스 산맥이 있었고, 엘파소 산맥은 저 멀리 동쪽에 있었다. 내가 며칠 안에 도달해야 하는 돔 랜드 윌더니스 Dome Land Wilderness 는 북서쪽이었다. 분명 조금씩 다른 곳들인데도 내게는 모두 다 똑같아 보였다. 나는 산들의 모습을 계속해서 바라보며 걷는 일에 익숙해졌다. 내 시야는 지난 일주일 동안 많이 달라졌다. 끝없이 펼쳐져 있는 드넓은 전경을 바라보는 일에 눈이 적응된 것 같았다. 하늘과 맞닿아 있는 땅을 걷고 있다는 의식이 이제는 낯설지 않게 느껴졌다. 그 길이 바로 PTC였다.

그렇지만 대부분의 경우 위쪽을 바라보며 걷지는 못했다. 한 걸음 한 걸음 내디딜 때마다 내 두 눈은 모래와 자갈로 뒤덮인 땅 위에 고정되어 있었고 올라가거나 방향을 바꿀 때면 발이 미끄러지기도 했다. 등 뒤의 배낭은 걸을 때마다 신경이 거슬릴 정도로 삐걱거렸으며 그 소리가 내 귀에서 고작해야 몇 센티미터밖에 떨어지지 않은 곳에서 들려왔다.

길을 걸으면서 나는 어깨와 등, 발, 엉덩이 등에 난 상처들을 생각하지 않으려고 노력했다. 그렇지만 아주 짧은 시간 동안만 그렇게 할 수 있었을 뿐이다. 내가 젠킨스 산의 동쪽 측면을 통과하고 있을 때, 나는 몇 번이고 멈춰 서서 동쪽 아래에서 펼쳐져 끝이 보이지 않을 때까지 이어지는 사막의 광대한 풍경들을 바라보았다. 점심 무렵에는 이른바 낙석지대라고 부르는 암석들이 미끄러져 떨어져 내린 곳을 만나 걸음을 멈추었다. 나는 산 위쪽을 바라보다가 그 옆을 따라 아래를 쭉 내려다보았다. 그곳에는 주먹만 한 변성암들이 깔린 넓은 땅이 있었다. 한때는 누구나 걸어서 지나갈 수 있었던 50센티미터 너비의 평탄한 길이 있던 자리였다. 그리고 지금의 나는 일반적인 사람의 조건도 되지 못했다. 등에는 끔찍한 무게의 배낭을 짊어지고 있었고 그런 내 몸의 균형을 잡아줄 등산용 지팡이도 없었다. 왜 나는 지팡이를 가져가라는 충고를 무시했을까. 휴대용 톱은 가져왔으면서 말이다. 왜 그랬는지는 나도 알 수 없었다. 지팡이를 대신할 만한 것을 찾는 일은 불가능했다. 지금 눈에 보이는 듬성듬성하게 자란 키 작은 나무들은 아무런 쓸모가 없었다. 결국, 또다시 계속해서 전진하는 것 외에는 아무것도 할 수 있는 일이 없었다.

산의 벽이 깎여나간 낙석지대를 반쯤 웅크린 자세로 걸어가려니 다리가 후들후들 떨려왔다. 그런 자세 때문에 다시 돌들이 왕창 떨어져 내릴까 두려움이 앞섰다. 그러면 떨어져 내리는 돌들과 함께 나도 저 산 아래로 내동댕이쳐질 터였다. 나는 한 번 넘어져서 무릎을 심하게 바닥에 부딪혔다. 다시 몸을 일으킨 나는 훨씬 더 조심하는 자세로 걷기 시작했다. 배낭 속 거대한 물주머니 안에 담겨 있는 물이 걸을 때마다 출렁거렸다. 간신히 험난한 지형을 통과해서 반대편에 도착한 나는 안도의 한숨을 내쉬었다. 무릎이 까져서 피가 나고 아픈 것쯤은 문제도 아니었다. 이제 저런 곳은 다시는 안 만나겠지. 나는 새삼 감사의 마음을 느끼며 이렇게 생각했다. 그렇지만 그건 나의 오산이었다.

이후에도 나는 그런 곳을 그날 오후에만 세 차례나 더 만나야 했다.

나는 그날 밤 젠킨슨 산과 오웬스 산 중간에 있는 산등성이에 야영 준비를 했다. 지금껏 겪은 일들로 내 몸은 큰 충격을 받은 것 같았다. 내가 오늘 걸은 거리는 고작해야 13킬로미터 남짓했다. 나는 더 빨리 움직이지 못한 나를 말 없이 질책했다. 그렇지만 이제 캠핑용 의자에 긴장한 채 앉아 내 두 발 사이에 놓여 있는 뜨거운 냄비에서 저녁밥을 퍼먹고 있었다. 어쨌든 이렇게 여기까지 올 수 있었던 것이 고마울 따름이었다. 나는 지금 해발 2,133미터 높이에 올라와 있었고 주위에는 온통 하늘뿐이었다. 서쪽으로는 태양이 주황색과 분홍색 배경 아래 놓인 물결치는 땅 위로 사라지는 모습이 보였고, 동쪽으로는 끝없는 사막의 계곡이 끝없이 펼쳐져 있었다.

시에라네바다 산맥은 지표면 위로 불쑥 솟아나 있는 하나의 구역과 같았다. 서쪽 면이 전체 면적의 90%를 차지하며 산봉우리들은 차례차례 기름진 계곡으로 이어 내려져 결국 캘리포니아 해안에 닿는다. 그 해안가의 대부분은 PCT와 대략 320킬로미터쯤 서쪽으로 나란히 나 있다. 시에라네바다 산맥의 동쪽 면은 이런 모습과는 완전히 다르다. 날카로운 경사지가 거대한 사막의 평원으로 바로 이어진다. 그리고 그 평원을 따라가면 네바다 주의 그레이트 베이슨 지역이 나오는 것이다.

나는 전에 시에라네바다 산맥을 본 적 있었다. 뉴욕을 떠난 지 몇 개월 후 폴과 내가 서부를 여행할 때였다. 우리는 데스 벨리에서 야영을 한 뒤 다음 날 차로 몇 시간을 달려 이 지구상에는 존재하지 않을 것 같은 그런 지역을 통과했다. 한낮이 되었을 때 마침내 시에라네바다 산맥이 서쪽 지평선 위로 그 모습을 드러냈다. 난공불락으로 보이는 거대하고 하얀 장벽 하나가 땅에서 솟아난 것이다. 지금 이렇게 높은 산 중간쯤에 자리하고 앉아 있으려니 그때의 그 모습을 그려내는 일은 내게는 거의 불가능했다. 나는 이제 그 산의 뒷면에 서서 바라만 보는 사람이 아니었다. 그 산의 중심부에 와 있었다. 나는 점점 희미해지는 황홀감 속에서 저 너머 땅을 바라보았다. 너무 피곤해서 자리에서 일어나 텐트로 걸어갈 수도 없을 지경인 채로 그렇게 어두운 하늘을 응시했다. 머리 위로는 밝은 달이 떠올랐고 발아래로는 저 멀리 마을들의 불빛들이 반짝거렸다. 침묵은 거대했고 고독감이 엄청난 무게로 내려앉았다. 이것이 내가 바라는 것이었나. 나는 생각했다. 이것이 바로 내가 지금 손에 넣은 것이겠지.

마침내 자리를 털고 일어서 텐트 속 잠자리로 들어가려는데 여행을 시작한 후로 해가 진 뒤로는 플리스 파카를 입어본 적이 없다는 사실이 처음 머릿속에 떠올랐다. 심지어 긴 소매 셔츠도 입어본 적이 없었다. 이렇게 해발 2,000미터가 넘는 고지대에서도 공기는 그다지 차갑지 않았다. 그날 밤 나는 맨살을 드러낸 채 포근하고 따뜻한 기온에 감사했다. 그렇지만 다음 날 아침 10시가 되자 그런 고마운 마음은 금세 사라져버렸다.

도무지 감당할 수 없는 엄청난 열기가 나를 덮친 것이다.

정오가 되자 그 열기는 무자비할 정도로 강렬해졌고 길 전체가 그늘이라고는 없이 완전히 태양 아래 드러나서 나는 솔직히 내가 여기서 살아남기나 할 수 있을지 걱정이었다. 나는 10분 걷고 5분 쉬면서 계속 걷는 수밖에는 없었다. 물통을 꺼내니 끓인 차처럼 뜨거웠다. 나는 걸음을 재촉하며 쉴 새 없이 앓는 소리를 냈다. 마치 그렇게 하면 조금이라도 시원해지는 것처럼. 그렇지만 아무것도 달라지는 것은 없었다. 태양은 여전히 무자비하게 나를 향해 열기를 쏟아부었지만 내가 죽든지 살든지 아무도 상관하지 않을 터였다. 바싹 말라버린 덤불과 뒤틀린 나무들은 여전히 별반 다르지 않은 모습으로 무심하게 서 있었다. 지금까지도 그랬고 앞으로도 영원히 그럴 것처럼.

나는 그늘에서 잠시 쉬었다. 그리고 차가운 물과 관련된 여러 가지 모습을 상상했다. 열기가 너무 강렬해서 그런지 상상을 할 수 있을 만큼 머리가 제대로 돌아가지를 않았고 머리 한가운데에서는 뭔가 비명 같은 것이 날카로운 불협화음이 되어 들려왔다. 지금까지 길을 걸으며 여러 가지 어려운 일들을 겪어냈지만 나는 단 한 번도 이 일을 그만두겠다는 생각은 해본 적이 없었다. 그렇지만 지금은 고작해야 열흘 만에 나는 모든 것을 다 그만두고 싶어졌다.

나는 케네디 메도우즈를 향해 북쪽으로 비틀거리며 걸어갔다. 이런 말도 안 되는 생각을 한 나에게 무척이나 화가 치밀어 올랐다. 어딘가 다른 곳에서는 사람들이 물가에서 놀고 낮잠도 자고 바비큐도 구워 먹으면서 즐겁게 지내고 있겠지. 시원하게 냉방이 되는 방에서 얼음 둥둥 뜬 시원한 음료수를 마시고 있겠지. 나는 그런 사람들을 잘 알고 있었다. 또 그들을 아주 좋아하면서 동시에 그들이 미웠다. 지금 나는 그 사람들과 얼마나 멀리 떨어져 있는가. 사람들이 제대로 들어보지도 못한 이 PCT를 걸으며 거의 다 죽어가고 있는 내 모습을 한 번 보라지.

나는 다 때려치우고 싶었다. 다, 때려, 치우고, 싶다. 나는 비명을 지르고 걸음을 재촉하고 휴식을 취하며 계속 이렇게 중얼거렸다. 10분 걷기, 5분 휴식도 계속되었다. 나는 케네디 메도우즈에 닿기 위해 계속 전진했다. 거기서 내게 배달된 보급품 상자를 찾아들고 그 안에 챙겨 넣어둔 초콜릿 바를 다 먹어치울 생각이었다. 그런 다음에는 지나가는 아무 차나 얻어 타고는 아무 마을이나 가서 내릴 생각이었다. 마을에 가면 버스가 있겠지. 어디로든 나를 데려다줄 버스가.

그래, 알래스카로 가자. 나는 즉흥적으로 이런 결정을 내렸다. 알래스카로 가면 시원한 얼음이 있을 거 아냐?

이 여행을 때려치워야겠다는 생각이 머릿속에 자리를 잡자, 나는 PCT 여행 자체가 터무니없이 어리석은 생각이었다는 자기 합리화를 하기 시작했다. 이 여행길을 통해 내 인생을 다시 반추할 수 있을 줄 알았지. 나를 무너뜨린 모든 것들에 대해 생각을 하고 스스로 다시 새로 태어나는 기회가 될 줄 알았어. 그렇지만 현실은, 최소한 지금까지는 고작해야 바로 눈앞에 놓인 육신의 고통에 급급해하고 있을 뿐이었다. 이 여행을 시작한 이후로 내 인생의 고통들은 해결되기는커녕 마음속을 왔다 갔다 하고만 있을 뿐이었다.

왜, 도대체 왜 선량한 우리 엄마는 죽고 나는 이렇게 멀쩡히 잘 살고 있는 걸까? 한때는 그렇게 가깝고 의지가 되었던 우리 가족은 엄마의 죽음 앞에서 왜 그렇게 속절없이 완전히 무너져내린 걸까? 폴과의 결혼생활이 그 지경이 되도록 나는 도대체 뭘 한 거지? 그렇게 한결같은 마음으로 나를 사랑해준 믿음직스럽고 따뜻했던 남편 폴이었는데. 왜 나는 마약과 조를 비롯해 잘 모르는 남자들과 섹스를 하는 이 슬픈 굴레 안에 자신을 밀어 넣었던 것일까.

나는 PCT 여행을 준비하면서 겨울과 봄 내내 이런 의문들을 마음속에 돌처럼 품고 살았다. 소리치고 울부짖으면서 일기장 속에 고통스럽게 토해놓은 그런 질문들이었다. 나는 그 모든 것을 이 여행을 하면서 해결하겠다는 계획을 세웠다. 나는 해 질 무렵 노을 아래에서나 혹은 청결한 산의 호수들을 바라보며 깊은 자아 성찰을 하는 내 모습을 상상했다. 나는 여행을 하면서 내가 매일매일 자신을 씻어내는 눈물을 흘리고 새롭게 태어나는 기쁨을 만끽할 거라고 생각했다. 하지만 그러기는커녕 내 입에서 나오는 건 비명뿐이었다. 그것도 내면의 고통 때문이 아니었다. 그건 단지 발이 아파서, 등이 아파서, 엉덩이의 상처가 다 아물지 않아서였다. 게다가 여행을 시작한 지 2주째로 접어든 지금은 여름이었다. 몸이 너무나 뜨겁게 달아올랐다. 이러다가는 머리가 폭발이라도 할 것만 같았다.

내가 내 몸의 상태에 대해 제대로 삭히지 못하고 있는 동안 나는 내가 마음속으로 노래를 끝없이 반복해서 부르고 또 부르고 있다는 사실을 깨닫게 되었다. 마치 내 머릿속에 노래만 계속 틀어주는 라디오 방송국이라도 들어 있는 듯했다. 노래가 막히면 두뇌가 내가 살면서 지금까지 들었던 노래들을 아무렇게나 조각조각 뱉어냈다. 내가 정말 좋아했던 노래부터 광고 음악까지 마구잡이로 흘러나왔다. 거의 미칠 지경이었다. 나는 더블민트 껌과 버거킹 광고 노래를 내 머릿속에서 몰아내려고 몇 시간이고 애를 썼다. 그리고 오후가 되어서는 컨트리 밴드인 엉클 투펠로의 노래 가사를 기억해내려고 했다.

창문에서 뛰어내려 낡은 양탄자를 올라타고 떠나는 여행……. 아, 그다음은 가사가 어떻게 되더라. 그다음에는 종일 루신다 윌리엄스의 노래 가사를 제대로 기억해서 하나로 합쳐보느라 시간이 다 갔다. 「우리가 이야기할 때 무슨 일이 생겼는지에 대해서 Something About What Happens When We Talk」라는 노래였다.

발은 불에 댄 듯 아팠고 살은 더 벗겨져 쓰라렸다. 근육과 관절들은 통증이 심했고 소에게 쫓길 때 살점이 떨어져나간 손가락은 세균에 감염이라도 되었는지 욱신거렸다. 머리는 멋대로 흘러나오는 노래 때문에 열이 오르고 몽롱했다.

이 고통스러운 여행의 10일째 되는 날, 그 끝자락에서 나는 사시나무와 버드나무 숲 그늘에 말 그대로 기어서 들어갔다. 그곳은 안내서에서 '스페니시 니들 크리크Spanish Needle Creek'로 표시된 곳이었다. 책의 상당히 많은 지명이 이 크리크, 즉 시냇물이라는 지명을 잘못 사용하고 있는데, 이곳은 정말 말 그대로 시냇물이 맞았다. 최소한 나 한 사람 정도는 충분히 만족시킬 수 있는 정도의 물이 그늘진 땅 위 바위틈 사이에서 조금씩 솟아 나오고 있었다. 거기에 도착하자마자 배낭과 등산화와 옷을 벗어 던지고 벌거벗은 채 자리를 잡고 앉아 그 차가운 물을 얼굴과 머리에 끼얹었다. 지난 열흘 동안 이 길에서 나는 아직 사람이라고는 단 한 명도 마주친 적이 없었고 그래서 다른 사람의 시선 따위는 전혀 걱정하지 않았다. 나는 미친 듯이 정수기 펌프를 움직여 그 차가운 물로 병을 채우고는 마시고 또 마신 뒤 몽롱한 황홀경 속에 퍼져버렸다.

다음 날 아침, 부드럽게 흐르는 시냇물 소리에 눈을 떴다. 망사로 된 천장을 통해 밝은 하늘을 보며 텐트에서 나오지 않고 꼼지락거렸다. 나는 아침 대용으로 에너지 바를 하나 먹고 안내서를 읽었다. 그리고 앞으로 남은 여정에 대해 마음을 가다듬었다. 마침내 몸을 일으킨 나는 시냇물 쪽으로 가서 사치스러울 정도로 쾌적한 기분을 느끼며 마지막으로 몸을 한 번 더 씻었다. 오전 9시밖에 되지 않았는데도 날은 이미 뜨거웠고 나는 이 그늘이 있는 시냇가를 떠나는 것이 두려워졌다. 한 뼘쯤 되는 깊이의 물에 몸을 적시며 나는 케네디 메도우즈로 가지 않기로 했다. 케네디 메도우즈는 지금 내 속도로는 너무 먼 곳이었다. 책을 보니 20킬로미터만 가면 이 길과 도로가 교차하는 곳이 나왔다. 거기에 도착하면 차를 얻어 탈 예정이었다. 이번에는 절대로 돌아오지 않을 생각이었다.

떠날 준비를 마치고 나니 남쪽에서 어떤 소리가 들려왔다. 내가 몸을 돌리자 턱수염을 기른 사내가 배낭을 짊어지고 길에서 나타났다. 그 남자가 들고 있는 등산용 지팡이가 걸을 때마다 땅에 부딪혀 날카로운 소리를 냈다.

"안녕하세요!" 그가 웃으며 내게 인사를 했다. "당신이 셰릴 스트레이든가요?"

"어, 네. 맞아요." 나는 더듬거리며 대답했다. 누군가 다른 사람을 만난 것만으로도 놀랄 일이건만 그 사람 입에서 내 이름을 듣다니!

"방명록에서 당신 이름을 봤어요." 내가 놀라워하자 그가 이렇게 설명했다. "며칠 동안 당신이 간 길을 따라서 왔어요." 여행을 처음 시작할 때 작성하는 방명록은 여름 내내 일종의 소식지 역할을 했다.

"난 그렉이에요." 우리는 악수를 했다. 그는 내 배낭을 손으로 가리켜보았다.

"정말 그런 걸 메고 온 거예요?"

우리 두 사람은 그늘에 앉아 우리가 왔던 길과 앞으로의 계획에 대해 이야기를 나누었다. 그는 마흔 살로 워싱턴 주 타코마에서 회계사로 일하고 있다고 했다. 그러고 보니 그에게서는 어딘지 모르게 딱딱하고 엄격한 모습의 회계사 분위기가 풍겼다. 그는 5월 초에 멕시코 국경에서부터 여행을 시작했다고 했다. 그리고 캐나다까지 계속해서 이렇게 걸어갈 계획이었다. 본래 내가 하려고 했던 계획을 고스란히 실천에 옮기고 있는 사람을 만난 건 이번이 처음이었다. 물론 그의 여정이 나보다 훨씬 더 길기는 했다. 그는 내가 앞으로 어떻게 할지 설명해달라고 하지 않았다. 그는 내 마음을 이해했던 것이다.

이야기를 나누면서 나는 그와 함께 같은 길에 있다는 사실이 으쓱해지면서도 그는 나와는 완전히 다른 부류의 사람이라는 생각이 들어 기분이 가라앉았다. 허술한 나와 비교하면 그의 준비는 완벽했고 그가 훤히 꿰뚫고 있는 문제들에 대해 나는 아예 들어보지도 못한 사실들도 많았다. 그는 이 여행을 4년간 준비하면서 여름철을 골라 PCT 여행을 한 사람들과 연락을 주고받으며 정보를 수집했다고 했다. 그리고 자신이 직접 주최한 이른바 '장거리 여행을 위한 만남'에 꾸준히 참석하기도 했다. 그는 거리와 고도에 대해 줄줄 외울 정도였고 배낭의 내장형 프레임과 외장형 프레임의 차이점에 대해서도 모르는 것이 없었다. 내가 한 번도 들어보지 못한 레이 자딘이라는 사람의 이름을 공손한 태도로 자주 입에 올렸는데 그는 PCT 여행에 대한 모든 것을 알고 있는 전문가이자 최고의 스승이라고 했다. 특히 무거운 짐 없이도 여행하는 방법에 대해서 잘 알고 있다는 것이었다. 그는 내게 휴대용 정수기며 매일 섭취하고 있는 단백질의 양, 그리고 내가 신고 있는 양말의 상표에 대해 물어보았다. 그는 내가 발에 생긴 물집을 어떻게 치료하고 있는지 그리고 하루 평균 몇 킬로미터 정도 걷고 있는지도 알고 싶어 했다. 그렉의 하루 평균 주파 거리는 35킬로미터 정도였다. 그렇다면 그렉은 그날 아침에만 내가 전날 온종일 걸은 거리보다 무려 11킬로미터 이상이나 더 걸었다는 이야기였다.

"생각했던 것보다는 훨씬 더 힘드네요." 나는 결국 이렇게 고백하지 않을 수 없었다. 처음 생각했던 것보다 내가 훨씬 더 멍청한 인간이라는 사실을 깨닫게 되자 문득 가슴이 먹먹해졌다.

"나는 기껏해야 하루에 17에서 20킬로미터 정도 걸어요." 나는 나도 모르게 이렇게 거짓말을 하고 말았다.

"아, 그래요?" 그렉은 별로 놀라지 않은 눈치였다. "그 정도면 내가 출발할 때와 비슷한 속도네요. 속도나 거리 같은 건 신경 쓰지 말아요. 나도 처음엔 운이 좋아야 겨우 20킬로미터 이상을 걸을 수 있었으니까. 그러면서 점점 늘어난 거죠. 그리고 나는 여행 전에 개인적으로 훈련도 했어요. 주말마다 짐을 잔뜩 넣은 배낭을 짊어지고 여행하기를 반복했죠. 실제로 여기 와 있는 건 또 다르지요. 1, 2주만 더 지나면 아마 당신도 먼 거리를 갈 수 있을 만큼 스스로 단련될 거예요."

나는 고개를 끄덕였다. 왠지 큰 위로를 받는 그런 기분이었다. 그리고 위로를 주는 건 그의 이야기가 아니라 그의 존재 자체였다. 그는 월등히 나보다 더 뛰어난 존재였지만 나는 그가 내 가족처럼 느껴졌다. 그도 나에게 같은 느낌을 받았는지는 알 수 없다.

"저녁에는 남은 음식들을 어떻게 보관하세요?" 나는 무슨 대답이 나올지 걱정하며 얌전하게 물었다.

"보통은 그냥 텐트 안에 같이 두는데요."

"나도 그래요."

나는 안도의 한숨을 내쉬었다. 여행을 떠나기 전만 해도 나는 매일 밤 음식들을 나무 높은 곳에 매달아 둘 생각이었다. 현명한 배낭여행자는 반드시 그렇게 한다는 것이었다. 그렇지만 지금까지는 너무 지쳐 아예 그럴 엄두조차 내지 못했다. 대신 나는 식량 주머니를 텐트 속에 넣고 같이 잠을 잤다. 사실은 절대로 그렇게 하지 말라고 하는 장소였다. 나는 식량 주머니를 지친 발을 올려놓는 받침대 대용으로 사용하곤 했다.

"나는 음식을 텐트 안에 넣어둡니다." 그렉이 이렇게 말하자 나는 다시 기운이 났다. "이런 오지를 관리하는 순찰대원들이 그렇게 한다는군요. 하지만 다른 사람한테는 절대로 그렇게 말 안 한대요. 곰이 나타나 음식 때문에 사람들을 해치게 되면 어떻게 하냐고 욕을 먹는다나요. 물론 곰들이 사는 지역으로 들어가면 나도 음식을 바깥쪽 어딘가에 매달아 두어야겠죠. 하지만 그때까지는 음식 가지고 괜한 신경을 쓰고 싶지 않아서요."

나는 힘차게 고개를 끄덕였다. 그러면서 내가 잘못 알고 있는 사실들에 대해 제대로 이야기를 나눠보고도 싶었다. 곰에게 식량을 빼앗기지 않으려면 나무에 어떻게 주머니를 매다는 것이 좋을지와 같은 이야기였다.

"그렇지만 물론 곰이 있는 지역에 들어가는 일 자체가 안 될 거 같군요." 그렉이 이렇게 말했다.

"아예 가지를 못 한다고요?" 나는 얼굴이 확 붉어졌다. 도대체 이 남자는 내가 여행을 그만둘 생각이라는 걸 어떻게 알아차린 거지 하는 터무니없는 생각까지 들었다.

"아, 눈 때문에 말이죠."

"맞아요. 눈. 나도 눈이 내렸다는 이야기는 들었어요." 지금까지 까맣게 잊고 있던 이야기가 비로소 생각이 났다. 모텔 주인 버드와 국도관리국의 직원, 그리고 내게 빵과 햄이 들어 있는 종이봉투를 건네주려던 토드라는 이름의 남자……. 그 모든 일이 지금은 먼 꿈나라 이야기처럼 느껴졌다.

"시에라네바다 산맥 전체가 눈에 뒤덮였답니다." 그렉이 이렇게 말하자 마치 버드의 말이 다시 들려오는 듯했다.

"많은 여행자가 올해 최고의 폭설 탓에 일정 전체를 포기했다고 해요. 그걸 뚫고 나가는 일은 아주 힘들 거예요."

"와." 나는 두려움과 안도감이 뒤섞인 기분으로 이렇게 말했다. 이제 나는 이 여행을 그만두는 것에 대한 변명거리와 이유를 갖게 된 것이었다. 나는 PCT를 계속 걷고 싶었지만 그럴 수가 없었어. 기록적인 폭설 때문에!

"케네디 메도우즈에 가서 계획을 다시 세워야겠어요." 그렉이 말을 이었다. "거기서 며칠 머물면서 다시 정리해야겠지요. 내가 먼저 가 있고 당신이 뒤따라 오면 함께 어떻게 할지 풀어나갈 수 있을 겁니다."

"좋은 생각이에요." 나는 가볍게 대꾸했다. 그가 케네디 메도우즈에 도착할 때쯤에 나는 앵커리지로 가는 버스를 타고 있을 거라는 말을 그에게 하고 싶지는 않았다.

"북쪽에 눈이 내리면 몇백 킬로미터나 되는 길이 눈에 파묻히게 돼요." 그는 자리에서 일어나 배낭을 가볍게 짊어졌다. 그의 털 많은 다리는 미네소타 호수 선착장의 기둥 같았다. "PCT를 여행하기에 좋지 않은 해를 선택했네요."

"네, 그러게 말이에요." 나는 그렇게 대꾸하며 그렉이 방금 했던 것처럼 내 배낭끈에 팔을 아무렇지도 않게 끼우고 가볍게 들어올려보려고 했다. 창피를 당하지 않으려는 순전한 욕심 때문이었는지 나는 갑자기 내가 가진 힘의 두 배를 끌어냈다. 그렇지만 내 배낭은 역시 너무 무거웠고 나는 여전히 배낭을 바닥에서 조금도 들어 올릴 수가 없었다.

그렉이 다가와 나를 도와 배낭을 지고 일어서도록 해주었다. "꽤 무겁네요." 그는 이렇게 말했고 우리 두 사람은 간신히 배낭을 내 등에 올려놓았다. "내 배낭보다 훨씬 더 무거워요."

"만나서 정말 반가웠어요." 간신히 배낭을 짊어지고 일어선 내가 이렇게 인사를 했다. 그 앞에서 흉한 모습을 보이지 않기 위해 나는 몸을 기울이지 않고 똑바로 서 있으려고 애를 썼다. 그렇지만 결국 어쩔 수 없이 나도 모르게 앞으로 몸이 기울어졌다. "지금까지 오면서 여행자는 한 명도 만나지 못했어요. 지나가는 사람들이 더 있을 줄 알았는데."

"실제로 그렇게 많은 사람이 PCT에 오지는 않아요. 더군다나 올해에는 말이죠. 눈이 많이 내리는 걸 보고 많은 사람이 내년까지 일정을 연기해버렸으니까요."

"우리도 그렇게 해야 하는 거 아닐까요?" 내가 물었다. 그가 혹시나 '그것참 좋은 생각입니다' 뭐 이렇게 말해주기를 기대하면서. 그리고 내년에 다시 돌아오자고 말해주기를.

"여기서 만난 사람 중에서 혼자서 여행하는 여자는 당신이 처음이에요. 그리고 내가 방명록을 보고 만나게 된 유일한 여행자이기도 하고요. 생각해보면 참 멋진 일이죠."

나는 대답 대신 희미하게 웃어 보였다.

"자, 이제 갈 준비가 됐나요?" 그가 물었다.

"준비됐어요!" 나는 일부러 더 기운차게 대답을 했다. 나는 그의 지팡이가 바닥에 닿는 소리에 발을 맞추어 할 수 있는 한 빨리 그를 따라 걸어 올라갔다. 15분쯤 뒤 오르막길이 잠시 멈춘 곳에 이르자 나는 물 한 모금을 마시기 위해 걸음을 멈추었다.

"그렉." 나는 계속 가고 있는 그를 불렀다. "오늘 만나서 반가웠어요."

그렉은 걸음을 멈추고 뒤를 돌아보았다. "이제 한 50킬로미터만 가면 케네디 메도우즈예요."

"그래요." 나는 보일 듯 말 듯 고개를 끄덕여 보였다. 내일 아침이면 그는 그곳에 도착하겠지. 내가 계속 이 길을 간다면 사흘은 넘게 걸릴 거리이고.

"거기로 가면 좀 더 시원해질 거예요." 그렉이 말했다. "여기보다 고도가 300미터 이상 높아지니까."

"그거 다행이네요." 나는 기운 없는 목소리로 대답했다.

"셰릴, 아주 잘하고 있어요." 그가 말했다. "너무 잘하려고 애쓰지 말아요. 당신은 초보일지 몰라도 아주 강해요. 여기서는 가장 중요한 게 바로 그거니까요. 지금 당신처럼 할 수 있는 사람은 아무도 없을 거예요."

"고마워요." 나는 말했다. 그의 말이 너무나 고마워 감격했는지 목소리가 제대로 나오지 않았다.

"그러면 저기 케네디 메도우즈에서 다시 만나요." 그는 이렇게 말하며 다시 발걸음을 옮겼다.

"케네디 메도우즈." 나는 떠나는 그의 뒷모습을 바라보며 내가 느끼는 것보다 조금 더 분명하게 그 이름을 되뇌어보았다.

"거기서 눈 덮인 길을 어떻게 피해갈지 같이 생각해봐요." 그가 내 눈앞에서 사라지기 전에 마지막으로 남긴 말이다.

*

나는 새로운 결심을 하고 그날의 열기 속을 걸어갔다. 그렉의 믿음에 어떤 영향을 받아서일까, 나는 여러 가지 다른 생각을 해보았다. 그중에는 보급품 상자에 들어 있을 얼음도끼 피켈에 대한 생각도 있었다. 은색과 검은색이 뒤섞인 아주 무시무시하게 생긴 장비로 대략 60센티미터쯤 되는 금속 칼날 끝에는 더 짧고 날카로운 칼날이 열십자로 달린 것이었다. 그것을 산 것도, 집으로 가져온 것도, 케네디 메도우즈라는 주소를 적어 우편으로 부친 것도 바로 나였다. 내가 케네디 메도우즈에 도착할 때쯤이면 그걸 어떻게 사용할지 알게 될 것이라고 생각했다. 그리고 그때쯤이면 얼음도끼는 어디에 사용할지 애매한 물건이 아닌 전문 산악인용 장비로 바뀌어 있을 터였다.

이제는 나도 더 많은 것을 알게 되었다. PCT는 나에게 겸손을 가르쳐주었다. 전문적인 얼음도끼 사용법 훈련을 받지 않은 이상 산의 경사면에서 미끄러지지 않게 나를 보호하는 대신 내 발등이나 찍게 될 것이라는 건 불을 보듯 자명했다. 잠시 길옆에서 벗어나 37도가 넘는 더위 속에서 휴식을 취하면서 나는 여행 안내서를 훌훌 넘기며 얼음도끼 사용법에 대해 조금이라도 언급된 곳이 있는지 한 번 찾아보았다. 아무것도 없었다. 그렇지만 눈 덮인 산길을 오르기 위해서는 등산화에 착용하는 아이젠과 얼음도끼가 꼭 필요하다는 이야기는 있었다. 또한, 나침반 사용법을 정확하게 알아두는 것이 '눈사태에 대한 적절한 대비'이며 '산에 오르는 사람이라면 당연히 가져야 할 상식'이라는 말도 함께 있었다.

나는 거칠게 책을 덮고는 열기를 뚫고 계속 걸어 돔 랜드 윌더니스에 접어들었다. 그러면서 케네디 메도우즈에서 그렉을 만나 얼음도끼가 필요한 지형에 대해 배우고 싶다는 생각을 했다. 물론 나는 그를 잘 몰랐지만 어느새 그는 내 지침서이자 나를 북쪽으로 안내하는 길잡이별이 되어 있었다.

그렉이 이 일을 할 수 있다면 나도 할 수 있어.

나는 오기가 치밀어 올라 이렇게 생각했다. 그는 나보다 더 강하지 않아. 아니, 누구도 나보다 강하지 못해. 나는 내가 믿지도 않는 말을 스스로 되뇌었다. 나는 이 말을 나의 주문으로 삼았다. 아직 쉴 시간도 되지 않았는데 걸음을 멈추거나 혹은 갑자기 나타난 경사로에서 미끄러져 넘어졌을 때, 발의 살갗이 벗겨져 양말에 피가 흘러 스며들 때, 그리고 밤이면 텐트 안에서 홀로 밤을 지새우며 누워 있을 때, 나는 종종 큰 소리로 이렇게 외쳤다.

"누가 나보다 더 강할 수 있어?"

그 대답은 언제나 똑같았다. 그리고 심지어 나 자신조차도 그건 터무니없는 거짓말이라는 사실을 잘 알고 있었다. 그래도 나는 계속해서 외쳤다. 아무도 나보다 강하지 못하다고.

계속해서 걸어가다 보니 주변은 어느새 조금씩 사막 같은 황량한 모습에서 울창한 숲으로 바뀌었다. 나무들은 이제 키가 더 커지고 잎도 무성해졌으며 말라버린 개울 바닥에도 서서히 물이 고여 갔다. 땅바닥도 들꽃과 잡초로 흙이 안 보일 정도였다. 황무지에도 꽃은 있었지만 풍성하고 화려하다기보다는 그저 조금 이국적인 모습 정도였다. 황무지를 장식해주는 드물지만 강렬한 모습이랄까. 지금껏 본 들꽃들은 거의 꽃다발에 가까울 정도로 양이 많았고 길 가장자리의 그늘진 곳을 감싸 안듯 환하게 자라나고 있었다. 대부분 내가 아는 꽃들로 미네소타의 여름에 만발하던 들꽃들과 같거나 거의 비슷한 종류였다. 그 옆을 지나쳐 가자니 엄마의 모습이 너무나도 선명하게 떠올랐다. 엄마가 바로 그 자리에 서 있는 것 같은 착각마저 들었다. 한 번은 걸음을 멈추고 엄마가 주변에 없는 걸 확인하기 전까지는 발걸음을 떼지 못한 적도 있었다.

그렉을 만난 그날 오후, 나는 처음으로 곰을 보았다. 좀 더 정확하게 말하자면 곰 소리를 들은 것이다. 그 억세게 으르렁거리는 소리는 분명 곰의 소리였고 나는 그 못이라도 박힌 듯 그 자리에 멈춰 서고 말았다. 네 발 달린 냉장고 크기만 한 짐승이 5, 6미터 앞에 서 있는 모습이 눈에 들어왔다. 곰과 나의 눈이 마주치자 우리 둘의 얼굴에는 똑같이 놀라는 표정이 스쳐 지나갔다.

"곰이다!" 나는 소리쳤다. 그리고 곰이 몸을 돌려 달리기 시작하는 순간 손을 뻗어 호루라기를 움켜쥐었다. 내가 미친 듯이 호루라기를 큰 소리로 불어댈 때 곰의 살찐 엉덩이가 태양 아래에서 씰룩거리는 모습이 보였다.

곰을 보고 난 뒤 다시 걸음을 재촉하려는 용기가 나기까지 족히 몇 분이 걸렸다. 설상가상으로 내가 지금 가야 하는 방향은 바로 곰이 달려간 쪽이었다. 나는 아까 그 곰이 흑곰처럼 보이지 않았다는 사실 때문에 더 마음이 심란했다. 나는 전에 흑곰을 많이 봤었다. 미네소타 북쪽의 삼림지대는 흑곰들이 살 수 있을 만큼 울창했다. 나는 어린 시절에 자라던 곳 근처에서 자갈이 깔린 길을 걷거나 뛰다가 흑곰들을 놀라게 하는 경우가 종종 있었다. 그렇지만 그때 내가 본 곰들은 방금 내가 목격한 그 곰과는 확연히 달랐다. 내가 만났던 곰들은 말 그대로 석탄처럼 새카맸다. 가게에서 자루째 사다 정원에 뿌리는 퇴비처럼 시커먼 색이었다. 그러나 이 곰은 전혀 닮은 구석이 없었다. 털가죽 색이 마치 어떻게 보면 금발에 가까운 황갈색이었다.

나는 조심스럽게 걷기 시작했다. 그러면서 내가 본 곰이 흑곰보다 더 무섭다는 회색 그리즐리 곰이나 갈색 곰은 아닐 것이라고 믿으려 했다. 물론 그렇지는 않겠지. 나는 그럴 리가 없을 거라고 생각했다. 캘리포니아에는 회색 곰이나 갈색 곰이 더는 살지 않는다. 오래전 다 멸종되었다. 그런데 왜 아까 내가 본 곰은 아무리 생각해도 검은색과는 그렇게 거리가 먼 거지?

나는 언제든 필요하면 불 수 있게 한 시간가량 호루라기를 손에 쥐고 걸었다. 그러면서 입으로는 작은 목소리로 노래를 불렀다. 아까 본 그 냉장고 크기만 한, 그러니까 어떤 종류이든 곰이 내 앞에 나타나더라도 미리 내 존재를 알려줘서 깜짝 놀라게 하지 않도록 하기 위해서였다. 나는 일전에 퓨마 발자국을 봤을 때 불렀던 노래들을 다시 불렀다. 「반짝반짝 작은 별」, 그리고 「시골길을 따라 나를 고향으로 데려다주오」. 일부러 씩씩한 어조로 노래를 부르며 걷고 있으려니 어제 더위에 지쳐 머릿속에서 제멋대로 반복되던 그런 노래들은 다 사라졌다. 그래서 나는 그냥 내가 좋아하는 노래들만 부를 수 있게 되었다. "물라토, 알비노, 모스키토, 그리고 내 리비도, 만세!"

내가 방울뱀을 밟을 뻔한 건 바로 그 노래 때문이었다. 노래를 부르며 걷는 바람에 방울뱀의 꼬리에서 나는 그 특유의 소리를 제대로 듣지 못한 것이었다. 게다가 그건 그저 그런 뱀이 아니라 그 굵기가 내 팔뚝만 한 그런 놈이었다.

"악!" 나는 불과 몇십 센티미터 앞에서 똬리를 틀고 있는 놈을 보고 비명을 질렀다. 그냥 뛰어넘을 수 있었다면 당연히 그렇게 했을 터였다. 그렇지만 시험 삼아 뛰어보아도 내 힘으로는 길을 벗어날 수 없었다. 대신 공포감에 비명을 질러대며 재빨리 몸을 움직여 놈의 그 작고 흉측한 대가리로부터 몸을 피했다. 간신히 용기를 쥐어짜 멀리 돌아갈 수 있을 때까지 족히 10분은 넘게 걸렸다. 온몸이 부들부들 떨려왔다.

그날은 해가 질 때까지 천천히 움직였다. 내 두 눈은 땅바닥과 앞을 번갈아 보느라 바빴다. 조그만 소리만 들려도 움찔했고 계속해서 혼잣말을 중얼거렸다. 나는 두렵지 않아. 그렇지만 내 몸은 떨고 있었다. 사실 나는 이 땅에 같이 사는 동물들을 만난 것에 감사해야 했다. 나는 마치 이 땅이 내 땅인 것처럼 슬슬 자만하고 있었기 때문이다.

수많은 어려움 속에서도 내 여정의 첫 번째 구간의 끝에 다다르고 있음을 알 수 있었다. 내 안에서 PCT에 대한 애정이 피어나는 것이 느껴지기 시작했다. 배낭은 여전히 무거웠지만 이제는 마치 살아 있는 친구처럼 느껴졌다. 몇 주 전 그 모하비 사막의 모텔 방에서 등에 짊어지려고 끙끙거리고 애를 쓰며 되먹지 못한 폭스바겐 비틀 같다고 생각했던 것도 이젠 옛이야기였다. 이제 내 배낭에 새로운 이름을 붙여줄 차례였다. 바로 '몬스터'가 그 새 이름이었다.

몬스터라는 이름에는 내 애정이 듬뿍 들어가 있다는 사실을 밝혀야겠다. 나는 내가 생존하는 데 필요한 모든 것을 내 등에 지고 다닌다는 사실 자체가 놀라웠다. 그리고 무엇보다 가장 놀라운 일은 내가 그 짐을 지고 걸을 수 있다는 것이었다. 나는 도저히 내가 질 수 없는 짐을 지고 가는 중이었다. 내 육체적, 물질적 삶이 감정적, 정신적 영역까지 연결될 수밖에 없다는 사실을 깨닫는 순간이었다.

내 복잡한 삶이 이렇게 단순해질 수 있다는 사실도 나로서는 경악할 만한 일이었다. 이제는 슬픔을 되새기는 시간이 불필요하다고 생각하게 된 걸까. 아니면 내 육체적 고통에만 신경을 집중하느라 감정적 상처 같은 건 멀리 사라졌을지도. 이 길에 들어서고 두 번째 주가 끝나갈 무렵, 나는 여행을 시작한 뒤로는 눈물을 한 방울도 흘리지 않았다는 사실을 깨달았다.

나는 케네디 메도우즈에 닿기 전날 밤 야영을 할 좁고 평평한 땅을 향해 마지막 몇 킬로미터를 계속 걸어갔다. 지난 12일간 동반자가 되어버린 익숙한 고통도 함께였다. 커다란 나무가 쓰러져 경계선을 이루고 있는 야영지를 보자 안도감이 몰려들었다. 나무는 죽은 지 오래되었는지 몸통이 부드럽게 회색으로 닳아 있었고 껍질도 오래전에 다 벗겨진 듯했다. 마치 높다랗게 솟아 있는 부드러운 벤치 같았다.

그 나무 위에 자리를 잡고 배낭을 내려놓자마자 나는 소파 위에 눕듯이 나무 위에 벌렁 누웠다. 땅으로부터 멀리 떨어져 있는 달콤한 휴식처였다. 나무는 내가 편안히 누울 수 있을 만큼 그 폭이 넓었다. 몸을 이리저리 움직이지 않아도 편안히 쉴 수 있었다. 그 기분은 이루 말할 수 없을 만큼 좋았다. 나는 덥고 목이 마르고 배가 고프고 지쳐 있었다. 그렇지만 그런 모든 것들은 내 등의 상처에서 비롯되는 타는 듯한 고통에 비교한다면 아무것도 아니었다. 나는 안도의 한숨을 내쉬며 두 눈을 감았다.

몇 분 뒤, 나는 다리 쪽에서 뭔가를 이상한 낌새를 느끼고 자리에서 일어났다. 다리를 살펴보니 검은 개미들이 잔뜩 몰려와 있었다. 개미 군단이라고 불러도 될 만큼 많은 놈들이 나무에 난 구멍에서 춤을 추듯 기어 나와 내 몸 위로 모여들고 있었다. 나는 곰이나 방울뱀을 만났을 때보다 더 요란스러운 소리를 질러대며 나무에서 뛰어내렸다. 아무 해도 끼치지 않은 그 개미들을 손으로 후려치고 이해할 수 없는 공포로 숨을 헐떡였다. 그 공포는 눈앞의 개미가 아닌 모든 것을 향한 공포였다. 내가 아무리 주장해도 나는 이 세계의 일원이 아니라는 사실에 대한 공포였다.

나는 저녁을 만들어 먹고 가능한 한 빨리 텐트 속으로 대피했다. 비록 온통 얇은 나일론 천으로 둘러싸인 공간이지만 나는 어쨌든 '안쪽'에 있을 수 있었다. PCT 여행을 시작하기 전에는 나는 비가 올 때만 빼면 텐트를 치지 않고도 잘 수 있을 줄 알았다. 간단한 방수포 하나만 치고 슬리핑백에 들어가 하늘의 별을 보며 잠들 수 있을 거라고 생각했다. 그렇지만 이번에도 내 예상은 빗나갔다. 저녁이 올 때마다 나는 피난처인 텐트를 간절히 바랐다. 그저 어떤 것이 나를 나머지 세상 전부로부터 보호해주고 있다는 아주 작은 느낌만으로도 세상의 광대함 그 자체로부터 나 스스로를 보호하는 기분이 들었다. 나는 텐트 안의 그 침침하고 끈적한 어둠이 좋았다. 매일 밤 나는 몇 가지 되지도 않는 소지품들을 주변에 늘어놓고 아늑한 편안함을 즐겼다.

헤드램프에 불을 밝히고 포크너의 『내가 죽어 누워 있을 때』를 펼쳐 들었다. 그리고 종아리 밑에 음식 주머니를 편안하게 받치고 오늘 본 곰에 대한 짤막한 기도도 드렸다. 그 '흑곰'이 내 텐트를 뚫고 들어와 이 식량 주머니를 앗아가지 않기를.

나는 밤 11시쯤 코요테들의 낑낑거리는 소리에 잠에서 깼다. 헤드램프의 불빛은 희미해지고 있었고 포크너의 소설은 내 가슴 위에 펼쳐져 있었다.

*

아침이 되자 나는 간신히 몸을 추스를 수 있었다. 이날 아침은 그냥 14일째 되는 날 아침이 아니었다. 점점 늘어나는 아픔과 고통으로 텐트 밖으로 나와도 집을 나서는 보통 사람들처럼 서 있거나 걷는 일이 거의 불가능했다. 갑자기 아주 나이를 많이 먹어버린 것처럼 몸을 제대로 가누지 못하고 비틀거렸다. 나는 지금까지 160킬로미터가 넘는 길과 때로는 험한 지형도 마다하지 않고 이 몬스터를 지고 왔다. 그렇지만 매일 새로운 아침이 시작될 때면, 나는 나의 무게조차도 더는 감당하지 못할 지경이었다. 내 발은 전날의 고행으로 부어오르고 물러 터졌고 무릎은 너무 뻣뻣해져 제대로 걸음도 못 걷는 형편이었다.

두 사내가 남쪽 길에서 그 모습을 드러냈을 때 나는 맨발로 텐트 주변을 시험 삼아 걷다가 짐을 꾸려 막 출발하려던 참이었다. 얼마 전 만난 그렉처럼 그 두 사람도 내가 먼저 뭐라고 말도 하기 전에 자기들 이름을 밝히며 인사를 건넸다. 두 남자의 이름은 앨버트와 매트였고 조지아 주에서 온 부자지간이었다. PCT 코스 전체를 여행하고 있다고 했다. 앨버트는 쉰다섯 살, 그리고 아들인 매트는 스물네 살이었다. 두 사람 다 보이스카우트의 최상위 등급인 이글 스카우트 출신이라고 했는데 과연 풍기는 모양새가 그래 보였다. 군더더기 없이 깔끔한 행동과 군인들처럼 정확한 모습이 기르고 있는 회색 수염과 흙먼지로 뒤덮인 다리에서 엿보였다. 물론 몸을 움직일 때마다 몸에서는 고약한 냄새도 함께 풍겨오기는 했지만.

"아이……고." 앨버트가 내 몬스터를 보더니 천천히 이렇게 내뱉었다. "아가씨, 저기 뭐가 들었소? 부엌살림만 빼놓고는 집에 있는 걸 다 들고 온 것처럼 보이는데."

"그냥 배낭이에요." 나는 부끄러움에 얼굴이 붉어지며 이렇게 대답했다. 두 사람이 메고 있는 배낭은 내 몬스터의 절반도 되지 않아 보였다.

"그냥 해본 소리요." 앨버트가 상냥한 말투로 말했다. 우리는 그동안 걸어온 뜨거운 길과 앞으로 거쳐야 할 추운 땅에 대해서 한참 이야기를 나누었다. 그렇게 이야기를 나누고 있으려니 왠지 그렉을 다시 만난 것만 같았다. 그렇게 사람들과 있으니 기분은 들떴다. 물론 그들에 비해 내가 얼마나 엉성하게 준비를 하고 이 여정에 뛰어들었는지 확연히 드러나긴 했다. 나는 나를 향한 그들의 시선을 느낄 수 있었고 그들의 생각이 바뀔 때마다 그 모습을 읽을 수 있었다. 그들은 내 터무니없는 짐과 어설프기 짝이 없는 내 모습을 살펴보았다. 그러면서 동시에 그것이 내가 할 수 있는 최선이라는 사실도 알고 있는 것 같았다. 매트는 미식축구 선수처럼 덩치가 크고 힘이 세 보이는 청년으로 귀 위쪽으로는 갈색 머리카락이 부드럽게 고불거렸고 거대한 다리 위로는 금빛 털이 반짝였다. 나보다 고작해야 두어 살 어릴 뿐이었지만 마치 아이처럼 수줍어하며 나와의 이야기는 아버지에게 몽땅 다 맡겨두고 멀찌감치 떨어져 서 있기만 했다.

"실례되는 질문일지 모르겠는데, 이렇게 더운 날에는 소변을 몇 번이나 보나요?"

"음…… 그런 건 생각 안 해봤는데. 그런 것도 계산해야 하나요?" 나는 야생에서의 내 엉터리 모습이 다시 드러난 기분으로 이렇게 물었다. 그러면서 그들 부자가 어제저녁 내 텐트 근처에서 야영하지 않았기를, 그래서 개미 때문에 내가 지른 비명을 듣지 못했기를 빌었다.

"이상적인 횟수는 일곱 번이요." 앨버트가 명쾌하게 설명했다. "보이스카우트에서 전해 내려오는 규칙이지. 그런데 이 정도의 기온과 물이 부족한 환경이 극단적인 수준의 육체 활동과 겹치면, 하루에 세 번 정도면 상태가 괜찮은 거라오."

"아, 나도 그 정도예요." 지난 24시간 동안 이런 끔찍한 열기 속에서 땀을 많이 흘려서일까. 사실 나는 아직 한 번도 소변을 보지 않았다.

"여기 남쪽에서 곰을 봤어요." 나는 주제를 바꾸기 위해 말을 돌렸다. "갈색 곰이었어요. 물론 흑곰이어야 정상인데 여하튼 털가죽 색이 갈색으로 보이더라고요. 그러니까 내가 본 건 흑곰일 거예요."

"이 근처에는 황갈색 곰들이 있지요." 앨버트가 이렇게 말했다. "캘리포니아 햇살에 털 색깔이 바래서 그래요." 그는 모자챙에 손을 대고 인사를 했다. "그럼 케네디 메도우즈에서 다시 만납시다. 만나서 반가웠어요."

"그렉이라는 이름의 남자가 나보다 먼저 앞서갔어요." 내가 말했다. "이틀 전에 만난 사람인데 그 남자도 케네디 메도우즈로 간다고 했어요." 그의 이름을 입에 올리자 나도 모르게 가슴이 두근거렸다. 특별한 이유는 없었다. 그냥 그는 내가 이 길에서 만난 첫 번째 사람이었으니까.

"적당한 거리로 쫓아가고 있는 셈이군. 그러면 나중에 그 남자를 만나게 되면 아주 반갑겠어요." 앨버트가 말했다. "우리 뒤로도 사람들이 오고 있어요. 아마도 곧 나타날 것 같은데." 그는 이렇게 말하고는 몸을 돌려 우리가 올라온 길 쪽을 내려다보았다. "젊은이 둘인데 이름은 더그와 톰이라고 합니다. 아가씨 나이 또래처럼 보이던데. 당신이랑 떠난 시기도 비슷할 거고. 막 남쪽으로 들어섰을 거요."

나는 떠나는 앨버트와 매트에게 손을 흔들고는 잠시 더그와 톰이라는 남자들에 대해 생각해보았다. 그런 다음 자리에서 일어나 전보다 더 사력을 다해 몇 시간 동안 걸음을 재촉했다. 마음속에는 내가 케네디 메도우즈에 닿기 전까지는 그 두 남자가 나를 따라잡지 못하게 하겠다는 생각뿐이었다. 물론 나는 그 사람들도 만나고 싶어 죽을 지경이었다. 그렇지만 나는 그들에게 따라잡히는 여자가 아닌 앞서가는 여자로 만나고 싶었다. 그렉처럼 앨버트와 매트도 이 여행을 멕시코 국경에서부터 시작해 지금까지 능숙한 솜씨로 하루에 30킬로미터 이상을 걸어온 사람들이다. 그렇지만 더그와 톰은 달랐다. 그들은 나처럼 최근에야 PCT에 들어왔다. 나랑 떠난 시기가 비슷했다고 앨버트는 말했지. 막 남쪽으로 들어섰다고 말이야. 앨버트의 말이 계속해서 마음속에서 빙빙 돌았다. 마치 계속해서 그 사람들에 대한 뭔가 중요한 의미와 특별한 점을 쥐어짜는 것 같았다. 그 두 사람의 속도와 내 속도를 비교하며 평가하는 듯한 그런 기분이었다. 그리고 그 평가가 내가 지금까지 해온 일 중 가장 어려운 이 여정의 성패를 가름하는 열쇠가 될 것만 같았다.

그런 생각이 들자 나는 잠시 걸음을 멈췄다. 과연 이 여행이 평생 해온 일 중 가장 어려운 일일까. 나는 즉시 생각을 고쳐먹었다.

엄마가 죽는 모습을 지켜본 것, 그리고 엄마 없이 살아가는 인생 그 자체가 내게 닥친 가장 어려운 시련이었다. 그리고 단순하지만 도저히 설명할 수 없는 이유로 폴과 헤어지고 결혼생활과 내 인생을 스스로 망쳐버린 것도 그 못지않게 힘든 일이었다. 나는 콕 집어 말할 수 있는 이유도 없이 단지 그렇게 할 수밖에 없다는 감정에 이끌려 모든 것을 끝장내버렸다.

그렇지만 이 여행은 또 다른 방식으로 힘이 들기는 했다. 여기 있으니 다른 어려웠던 일들이 아주 하찮게 여겨지거나 대수롭지 않게 생각되었다. 기묘한 일이었지만 분명한 사실이었다. 그리고 어쩌면 나는 그 사실을 시작할 때부터 어떤 식으로든 알고 있었는지도 모르겠다. 어쩌면 몇 개월 전 PCT에 관한 안내서를 사려고 마음먹었을 때부터 나는 이 길이 내 단절된 인생을 다시 이어줄 새로운 실타래라고 생각했는지도 모른다. 눈 덮인 시에라네바다 산맥의 봉우리들이 눈에 들어오자 잃어버렸던 오래된 실타래가 술술 풀리고 새로운 실이 감기는 기분이었다.

오후에 케네디 메도우즈에 있다는 잡화점에 도착하면 무엇을 할지 생각했다. 사고 싶은 것들, 먹고 마실 것들에 대해 꿈에 부풀어 자세하게 상상을 했다. 평소에는 잘 먹지 않았던 차가운 음료수며 초콜릿 바, 인스턴트 음식 등이었다. 나는 내가 첫 보급품 상자에 손을 뻗는 장면을 마음속에 그려보았다. 기념비적인 이정표가 될 그 순간은 내가 최소한 여기까지 왔다는 분명한 증거가 되어줄 터였다. 그리고 가게에 도착하면 무슨 말부터 먼저 할지도 상상했다. 안녕하세요? 나는 PCT 여행자인데 짐을 찾으러 왔어요. 내 이름은 셰릴 스트레이드예요!

셰릴 스트레이드, 셰릴 스트레이드, 셰릴 스트레이드. 이 두 단어가 계속해서 머뭇거리듯 내 입안에서 마구 맴돌았다. 셰릴은 분명 영원히 내 이름이겠지만 스트레이드는 새로운 성(姓)이었다. 공식적으로는 지난 4월 이후 폴과 내가 이혼에 합의한 후 다시 찾은 성이었다. 폴과 나는 결혼할 때 각자의 성을 그대로 유지하려고 했다. 하지만 그러면 우리의 이름은 4음절의 너무 긴 이름이 되었다. 나는 그게 마음에 들지 않았다. 너무 복잡하고 귀찮았다. 그 이름을 제대로 불러주는 사람도 드물었고 나조차도 이름을 이야기하려면 한참 뜸을 들일 정도였으니까. 내가 잠깐 일했던 곳의 심술궂은 주인은 나를 이렇게 불러댔다. 셰릴, 그러니까 어쩌고. 내 이름이 헷갈렸던 모양인데 별 대응을 할 수는 없었다.

그 불확실하던 시기에 폴과 나는 몇 개월 동안 헤어져 있었지만, 우리가 정말 이혼을 원하는지는 둘 다 확신하지 못했다. 우리는 나란히 앉아 서로의 과실을 따지지 않고 당사자가 직접 작성하는 이혼 서류를 살펴보았다. 전화로 신청해서 받은 그 서류를 손에 쥐고 있으면 우리가 어떻게 할지 결정하는 데 도움이 될 것 같았다. 서류를 넘겨보고 있으려니 이혼 후에 다시 사용할 이름에 대해 물어보는 질문이 나왔다. 그 칸은 완전히 텅 비어 있었다. 놀랍게도 거기에 마음대로 이름을 적어 넣을 수 있었다. 우리는 그걸 보고 웃음을 터뜨렸다. 서로를 위한 새로운 이름이라니 어딘지 모르게 참 부조리해 보였다. 물론 할리우드 스타나 만화 주인공 이름 혹은 이상하게 조합한 단어 같은 건 거기에 해당하는 이름이 아니었겠지만.

그러나 얼마 후 아파트에 혼자 있으려니 그 이름을 적어 넣는 빈칸이 갑자기 가슴을 쳤다. 이제 폴과 이혼하게 된다면 나는 스스로 새 이름을 선택해야 한다. 나는 셰릴과 이어지는 성을 계속 사용할 수 없었다. 또 결혼 전인 고등학교 시절과 아주 어린 시절 사용하던 성으로, 그때의 모습으로 다시 돌아갈 수도 없는 노릇이었다. 그 몇 개월 동안 폴과 나는 어떤 방향으로 나아가야 하는지 알지 못한 채 그냥 결혼이라는 형식에 매여 있는 형국이었다. 나는 내 새로운 성에 대해 깊이 생각했다. 내가 좋아하는 소설책들을 뒤져 셰릴이라는 이름에 어울리는 그럴듯한 성을 찾아보기도 했다. 마음에 드는 성을 찾지 못하고 있던 어느 날 '스트레이드Strayed'라는 단어가 갑자기 머릿속에 떠올랐다. 나는 즉시 사전을 펼쳐 그 뜻을 찾아보았고 내게 어울리는 성이라고 생각했다. 가야 할 길에서 벗어났다는 숨어 있는 정의가 정확히 지금의 내 형편을 가리키고 있었고 동시에 어떤 시적인 운율과도 맞아떨어지는 것 같았다.

제 갈 길을 벗어나 방황함. 바른길에서 일탈했음. 길을 잃어버림. 멋대로 행동함.

엄마나 아빠가 없음. 집이 없음. 무엇인가를 찾아 목표 없이 움직임. 벗어나거나 일탈함.

나는 길에서 벗어났고 정도正道에서 일탈했으며 방황하고 멋대로 행동했다. 그래도 처음에는 그 단어를 새로운 성으로 기꺼이 받아들이기가 어려웠다. 내 상황과 인생의 부정적인 측면을 적나

라하게 보여주었기 때문이었다. 사실 나는 말 그대로 방황도 했었고 일탈이 안내하는 거친 곳을 돌아다니는 방랑자였다. 나는 전에는 전혀 알지 못했던 것들도 알아가고 있었다.

나는 셰릴 스트레이드라는 이름을 일기장에 쓰고 또 써 한 장을 가득 채웠다. 마치 자기가 결혼하고 싶은 소년의 이름을 적는 어린 소녀 같았다. 물론 그 소년은 바로 나 자신이었고 내 공허한 마음의 중심에 이제 뿌리를 내리는 중이었다. 물론 여전히 의구심이 들기는 했다. 사전을 펼쳐 들고 단어 하나를 골라 그게 내 것이라고 선포하는 일은 어쩐지 우스꽝스럽게 느껴졌다. 위선까지는 아니더라도 유치한 엉터리 같았다. 어쨌든 나는 가까운 몇몇 친구들에게 이 사실을 털어놓고 내 이름에 익숙해질 수 있도록 불러달라고 부탁했다. 나는 자동차 여행을 하며 돌아다니면서 방명록을 쓸 일이 있을 때마다 셰릴 스트레이드라는 이름을 적었다. 그럴 때면 내 손이 조금 떨렸다. 이유 없이 죄를 짓는 그런 기분이 들었다. 마치 위조 수표나 가명을 쓰는 그런 사람처럼.

폴과 내가 이혼소장을 제출하게 되었을 땐 새 이름에 충분히 익숙해졌던 터라 서류의 빈칸에 주저 없이 그 이름을 채워 넣었다. 그러다가 다른 항목에서 또 주저하게 되었다. 이혼을 무효화할 수도 있는 항목에 서명하라는 것이었다. 내가 그 항목을 확인하고 서명할 때는 그냥 손이 떨리는 정도가 아니었다. 나는 정말 이혼하고 싶지 않았다. 그러나 한편 나는 정말 이혼하고 싶었다. 폴과 이혼을 하는 것이 올바른 행동이라는 생각과 그렇게 하면 지금까지 내가 했던 최고의 선택을 스스로 무너뜨리는 일이라는 생각이 똑같은 무게로 교차했다. 당시 나의 결혼생활은 마치 여행 중에 앞뒤로 성난 황소를 만난 것처럼 사면초가의 상황이었다. 나는 그저 기적을 바라며 내가 한 번도 가보지 못한 방향을 선택할 수밖에 없었다.

이혼 서류에 서명을 한 날, 미니애폴리스에는 눈이 내렸다. 눈송이가 묵직한 소용돌이와 함께 휘몰아쳐 내리며 도시를 아름답게 수놓았다. 우리는 발이라는 이름의 여인과 탁자를 사이에 두고 마주 앉았다. 그는 우리 이혼의 증인이 되어줄 공증인이었다. 우리는 시내에 있는 그의 사무실 창문으로 쏟아지는 눈을 바라보았다. 그리고 할 수 있는 한 가벼운 농담도 주고받았다. 나는 발을 전에 몇 번 만났었다. 그에 대해 어렴풋이 떠오르는 생각들이 마음속에서 이리저리 요동쳤다. 그는 귀엽고 솔직 당당했으며 우리보다 적어도 열 살은 많아 보였는데 믿기지 않을 정도로 몸집이 작았다. 머리카락 길이는 2~3센티미터 정도였고 금발로 염색을 했는데 조금 길게 길러 눈 위를 덮고 있는 작은 날개 같은 부분의 머리만 분홍색이었다. 귀에는 은색 귀고리가 매달려 있었고 현란한 색의 타투가 양팔을 가득 덮고 있어 마치 소매가 긴 옷을 입고 있는 것 같았다.

어쨌든 그는 시내에 있는 커다란 창문이 딸린 진짜 사무실에서 정식 공증인 면허증을 가지고 실제로 일을 하는 사람이었다. 우리가 이혼 서류 처리를 위해 그의 사무실을 택한 이유는 일을 쉽게 진행하기 위해서였다. 우리는 구질구질하게 일을 질질 끌고 싶지 않았다. 비록 일이 이렇게 되었지만 우리는 서로를 여전히 좋은 사람, 깔끔한 사람으로 믿고 있었다. 지금으로부터 6년 전 우리가 나눴던 모든 이야기는 엄연한 사실이었다. 그때 우리는 무슨 말을 했던가? 우리는 서로에 대해 물어보고 내 아파트 방에서 반쯤 술에 취했으며 바로 그곳에서 모든 것을 함께 헤쳐나가기로 약속을 했었다.

"여기 있어." 나는 종이를 뒤적이다가 우리가 직접 쓴 혼인 서약서 내용을 발견했다. 색이 바랜 종이가 한데 묶여 있었다. 거기에는 우리가 붙인 제목이 있었다. 데이지 꽃이 필 때까지. 나는 코웃음을 쳤고 우리는 함께 배가 아플 정도로 웃었다. 우리가 한때 그랬던 것처럼. 그리고 나는 그 혼인 서약서를 내가 찾은 서류뭉치 가장 위에 다시 끼워 넣었다. 다시는 읽지 못하도록.

우리는 너무 어릴 때 결혼했다. 너무 급하게 내린 결정이었고 심지어 양가 부모님들도 왜 우리가 그런 절차 없이 그냥 살지 못하는지 물어볼 정도였다. 폴은 겨우 스물한 살, 나는 겨우 열아홉 살이었지만 우리는 그냥 그렇게 살 수는 없었다. 우리는 뜨겁게 서로를 사랑했고 그 뜨거운 사랑을 증명하기 위해 무엇인가를 해야만 한다고 믿었다. 그래서 우리는 우리가 생각할 수 있는 가장 파격적인 일을 궁리했고 그래서 정식으로 결혼을 한 것이다. 그렇지만 그렇게 결혼하고 나서도 결혼한 부부라는 사실이 실감이 나지 않았다. 우리는 서로에게 충실했지만 한 군데 정착할 생각은 없었다. 우리는 한 달 뒤 내가 스무 살이 되자 자전거를 챙겨 아일랜드로 날아갔다. 우리는 골웨이에서 차를 한 대 빌린 뒤 마음을 바꿔 더블린으로 가서 식당에서 일자리를 구했다. 폴은 피자 가게에서 그리고 나는 채식주의자 카페에서 일했다. 거기서 넉 달을 보낸 뒤 우리는 런던으로 가 주린 배를 움켜쥐고 어디 떨어진 동전이 없나 길거리를 헤매고 다녔다. 결국 우리는 집으로 돌아왔고 그로부터 얼마 지나지 않아 엄마가 암으로 세상을 떠났다. 그리고 이제 이렇게 모든 것을 청산하고자 발이라는 여자의 사무실에 와서 앉아 있는 것이다.

폴과 나는 탁자 아래로 각자의 손을 꽉 움켜쥐고는 발이 우리가 직접 작성한, 서로에게 책임을 묻지 않는다는 형식의 이혼 서류를 꼼꼼하게 살펴보고 있는 모습을 바라보았다. 그는 모든 걸 제대로 잘 작성했는지 수십 장이나 되는 서류를 한 장 한 장 꼼꼼하게 다 확인했다. 나는 그 모습을 보다가 어떤 뜨거운 마음이 솟구치는 것을 느꼈다. 그가 어떤 반대 의견을 내어놓든 폴과 재결합을 하고 싶었다. 우리는 마치 이혼을 하러 온 것이 아니라 우리의 남은 생을 함께하겠다는 서약을 하러 이곳을 찾은 것만 같았다.

"별문제는 없는 것 같군요." 마침내 발이 이렇게 말했다. 그러면서 우리를 보고 조용히 웃어 보였다. 그런 다음 다시 한번 서류를 빠르게 훑어보고 자신의 거대한 인증 도장을 찍어 누르고는 또 다른 서류들을 탁자 너머 우리에게 내밀며 서명을 하라고 했다.

"나는 폴을 사랑해요."

일이 거의 다 끝나갈 무렵 나는 나도 모르게 이렇게 내뱉고 말았다. 내 두 눈은 눈물로 가득 찼다. 나는 그 증거로 소매를 걷어 올리고 그에게 새로 새긴 말 타투를 덮고 있는 사각형의 반창고를 보여주고 싶었다. 그렇지만 나는 그저 말을 더듬으며 이렇게 중얼거릴 뿐이었다.

"그러니까 내 말은, 지금 일이 이렇게 된 건 우리가 서로 사랑하지 않아서가 아니라는 거예요. 그러니까 아시겠지만 나는 폴을 사랑하고 폴도 나를 사랑해서……."

나는 폴을 올려다보았다. 그도 입을 열어 뭐라고 말을 좀 하기를, 자신의 사랑을 이야기하기를 기대하면서. 그렇지만 폴은 아무런 말도 없었다.

"그러니까 아시겠지만……. 내 말이 무슨 뜻인지 아시겠죠."

"알아요." 발이 대답했다. 그리고 분홍색 앞머리를 쓸어올렸다. 나는 그의 두 눈이 불안정하게 흔들리며 나와 서류를 번갈아가며 살펴보는 모습을 볼 수 있었다.

"그러니 모두 다 내 잘못이에요." 나는 떨리고 흔들리는 목소리로 말했다. "저 사람은 아무 짓도 하지 않았어요. 내가 문제예요. 내가 다 이렇게 만든 거라고요."

폴이 내 쪽으로 손을 뻗어 내 무릎을 움켜쥐며 나를 달랬다. 나는 그의 얼굴을 바라볼 수조차 없었다. 그를 쳐다보면 울음이 터질 것만 같았다. 우리는 이혼에 합의했지만 나는 내가 그에게 모든 것을 다 잊고 돌아가자고 하면 내 말을 따를 것이라는 사실을 알고 있었다. 그렇지만 나는 폴을 보지 않았다. 마치 내 안에 어떤 기계가 움직이는 것처럼 시작은 했지만 멈출 수가 없었다. 나는 손을 뻗어 내 무릎을 쥐고 있는 폴의 손을 맞잡았다.

때때로 사정이 다르게 변했더라면, 거짓이라고 생각했던 어떤 일이 사실로 밝혀지면 어떻게 될지 우리는 함께 궁금해했다. 예컨대 만일 엄마가 돌아가시지 않았더라면, 그래도 나는 계속 폴을 기만하고 속였을까? 아니, 만일 내가 그를 속이지 않았더라면 이번에는 그가 나를 속였을까? 그리고 만일 아무런 일도 일어나지 않았더라면, 엄마도 죽지 않고 아무도 서로를 속이지 않았더라면 그래도 우리는 이혼을 했을까? 너무 일찍 결혼했다는 이유 때문에? 우리는 그 대답을 알 수 없었지만 알고 싶었다. 우리가 서로 함께하고 가까웠던 시절에 우리는 서로의 모든 것을 풀어헤치고 이야기하면서 더욱 가까워졌다. 전에는 절대 오가지 않았을 법한 이야기들이 서로 오갔다. 우리가 서로에게 더 깊이 파고들수록 아름답고 추한 진실 같은 모든 것을 서로 나누었다.

"이제 우리는 이를 통해 영원히 함께하리라." 나는 우리의 가슴이 찢어질 듯한, 그리고 영혼마저 벌거벗겨질 듯한 그런 마지막 절차에 대해 조용히 실감이 나기 시작하자 이렇게 농담을 던졌다. 우리는 어두운 내 아파트 소파 위에 나란히 앉아 있었다. 그리고 오후부터 저녁까지 이야기를 계속했다. 해가 완전히 지고 전등을 켤 무렵까지. 우리는 둘 다 산산조각이 나 있었다.

"당신이 언젠가는 다른 누군가와 다시 시작했으면 좋겠어." 그가 아무 말을 하지 않기에 나는 이렇게 말했다. 그러면서도 누군가에 대한 생각이 내 심장을 꿰뚫었다.

"당신도 그랬으면 좋겠어." 폴이 말했다.

나는 어둠 속에서 그의 옆에 앉아 있었다. 그와 함께 나눴던 그런 사랑을 다시 찾을 수 있다고, 나는 할 수 있다고 믿고 싶었다.

그리고 다음에는 절대로 이렇게 실패하지 않기를 바랐다. 그렇지만 왠지 그런 일은 불가능하게 느껴졌다. 나는 엄마 생각을 했다. 엄마 인생의 마지막에는 얼마나 끔찍한 일들이 일어났던가. 작지만 끔찍했던 일들이. 그리고 엄마의 그 정신 나간 말도 안 되는 헛소리들까지. 늘어진 엄마의 팔 위로 피가 모여 검게 부풀어 올랐다. 엄마가 간절히 바라는 일조차도 엄마에게 자비로운 일이 되지 못했다. 아니, 무슨 일이든 엄마에게 일어나는 일은 자비하고는 거리가 멀었다. 우리는 뭐라고 할 말 자체가 아무것도 없었고 엄마의 마지막 날들은 우리에게도 최악의 날들이었다.

그럼에도 엄마가 죽는 순간에는 그런 날들이라도 다시 돌이킬 수 있다면 무엇이라도 할 수 있었다. 엄마가 죽고 난 뒤 이어진 그 작고 끔찍한, 그리고 화려한 날들. 우리가 이혼을 결정한 그날 밤 그렇게 폴의 곁에 앉아 있으려니 지금 폴과 나 사이에도 같은 일이 벌어지고 있다는 생각이 들었다. 어쩌면 이제 모든 것은 다 끝난 일인지도 모르지만 나는 이런 끔찍한 순간이라도 다시 돌이키고 싶었다.

"무슨 생각해?" 폴이 물었다. 나는 아무 대답도 하지 않았다. 그저 몸을 기울여 전등 스위치를 켰다.

*

공중이 끝난 이혼 서류를 우편으로 부치는 일은 우리 몫이었다. 폴과 나는 사무실을 나와 눈 속을 향해 걸어갔다. 그리고 인도를 따라 내려가며 우체통을 찾았다. 그런 후 우리는 차가운 벽돌 건물에 기대어 서로에게 입을 맞추었다. 마주댄 뺨 사이로 흐르는 우리의 눈물은 후회와 함께 서로 뒤섞였다.

"이제 어떻게 해야 하지?" 폴이 잠시 뒤에 물었다.

"작별 인사를 해야지." 내가 말했다. 나는 폴에게 집으로 함께 가자고 말해볼까도 생각했다. 결혼생활이 삐걱거리는 동안에도 우리는 자주 그렇게 했었다. 함께 침대로 들어가 낮과 밤을 보내는 일. 그렇지만 이번에는 그럴 마음이 없었다.

"잘 가." 그가 말했다.

"잘 가." 나도 말했다.

우리는 얼굴을 마주 보며 가까이 서 있었다. 내 손은 폴의 코트 자락을 쥐고 있었다. 내 옆에 있던 건물의 말없는 무정함이 느껴졌다. 그 반대편에는 잠이 든 거대한 괴수 같은 회색 하늘과 눈으로 뒤덮인 거리가 있었다. 그 사이에 우리가 외롭게 서 있었다. 그의 머리에 내려앉은 눈이 녹아내렸다. 나는 손을 들어 올려 만지고 싶었지만 그러지 않았다. 우리는 아무 말도 하지 않고 그냥 그렇게 서 있었다. 이제 모든 것이 다 끝인 양 서로의 두 눈을 바라보면서.

"셰릴 스트레이드."

한참이 지나서야 그가 입을 열었다. 내 새 이름이 어색하게 들렸다. 나는 고개를 끄덕이고 코트를 쥐고 있던 손을 놓았다.

숲속에 남은 단 한 명의 여자

"셰릴 스트레이드?"

케네디 메도우즈 잡화점의 여자가 무표정하게 물었다. 나는 힘차게 고개를 끄덕였다. 그는 한마디 말도 없이 몸을 돌려 뒤편으로 사라졌다. 나는 주변을 둘러보았다. 포장된 음식과 음료수들의 모습에 정신이 멍했다. 이제부터 내가 사고 사용할 물건들에 대한 기대감과 드디어 무거운 배낭에서 벗어났다는 안도감이 뒤섞였다. 배낭은 가게 입구에 내려놓았다.

드디어 해냈다. 첫 번째 기착지에 도착한 것이다. 마치 기적처럼 느껴졌다. 나는 가게에 오면 혹시나 그렉과 매트, 그리고 앨버트를 보게 되지 않을까 기대했지만 어디에도 그들의 모습은 눈에 들어오지 않았다. 여행 안내서를 보면 야영장은 여기서 다시 4.5 킬로미터를 더 가야 한다고 했다. 거기에 가면 그들을 찾을 수 있겠지. 그리고 더그와 톰도 뒤따라올 것이고. 온갖 노력을 다한 끝에 그들에게 따라 잡히지 않고 여기에 도착할 수 있었다. 케네디 메도우즈는 해발 1,889미터의 사우스 포크 컨 리버$^{\text{South Fork Kern River}}$에 있는 소나무와 초목이 무성한 광활한 지역이었다. 이곳은 마을이라기보다는 몇 킬로미터에 걸쳐 펼쳐져 있는 문명의 전초기지에 가까웠다. 잡화점 하나, 그럼피스라는 이름의 식당 하나, 소박한 야영장 하나뿐이었다.

"여기 있어요." 여자가 내 상자를 가지고 돌아와 카운터 위에 올려놓았다. "여자 이름이 적힌 건 이거 하나뿐이라 금방 알아봤어요." 그가 카운터 너머로 손을 내밀었다. "이것도 함께 왔어요." 그의 손에는 엽서 한 장이 들려 있었다. 나는 엽서를 받아들고 읽기 시작했다. 눈에 익은 글씨체였다.

'이 엽서를 받아 볼 수 있었으면 좋겠군. 언젠가는 당신의 평범한 남자친구가 되고 싶어. 사랑해, 조.'

엽서 뒷면은 오리건 해변의 실비아 비치 호텔 사진이 있었다. 우리 두 사람이 함께 묵었던 그곳을 나는 잠깐 바라보았다. 여러 감정이 물결처럼 몰아쳤다. 아는 누군가에게 이런 엽서를 받았다는 기쁨, 조에 대한 그리움, 그리고 내게 소식을 전한 사람이 오직 한 사람뿐이라는 실망감이 한번에 몰려왔다. 그리고 이유를 알 수 없는 아픔도 있었다. 이걸 보낸 사람은 왜 폴이 아니었을까.

나는 레모네이드 두 병, 특대형 초콜릿 바, 도리토스 칩 한 봉지를 사들고 밖으로 나와 입구 계단에 앉았다. 그리고 방금 사들고 나온 것들을 입속으로 쓸어 넣으며 엽서를 읽고 또 읽었다. 잠시 뒤 나는 저쪽 구석에 있는 상자 하나를 보았다. 거기에는 배낭여행자들이 이용하는 포장 음식들과 여러 가지 물건들이 가득 들어 있었다. 상자 위에는 손으로 쓴 이런 안내장이 붙어 있었다.

'PCT 도보여행자들을 위한 무료 나눔의 상자! 필요 없는 물건은 두고, 필요한 물건은 가져 가세요.'

상자 뒤에는 스키 스틱이 하나 있었다. 마침 꼭 필요한 물건이었다. 공주들이나 들 법한 흰색의 스키 스틱으로 풍선껌을 연상시키는 분홍색 나일론 손목 끈도 달려 있었다. 나는 시험 삼아 스틱을 쥐고 몇 걸음 걸어 보았다. 높이도 딱 적당했다. 이것만 있으면 눈길만 아니라 앞으로 만나게 될 많은 시냇물과 비탈길을 건너가는 데 큰 도움이 될 터였다.

한 시간쯤 지나 나는 스틱을 손에 들고 흙길을 따라 야영장에 도착했다. 6월의 일요일 오후였지만 야영장은 텅 비어 있었다. 나는 낚시 장비를 챙기고 있는 남자와 맥주가 든 아이스박스와 커다란 스테레오 카세트를 앞에 둔 사람들을 지나쳤다. 야영장 안으로 들어서고 보니 셔츠를 벗어젖힌 머리가 센 남자가 거대한 배를 드러내고 피크닉 테이블 앞에 앉아 책을 읽고 있었다. 그는 내가 다가서자 고개를 들어 나를 보며 말했다.

"당신이 그 엄청 큰 배낭을 짊어지고 다닌다는 유명한 셰릴이로군." 나는 웃으며 고개를 끄덕였다. "내 이름은 에드요." 그가 내 쪽으로 걸어와 나와 악수를 했다.

"당신 친구들은 여기에 있어요. 그 친구들은 차를 얻어 타고 가게로 갔는데 길이 엇갈린 모양이군. 어쨌든 당신이 오는지 나보고 좀 봐주라고 합디다. 괜찮으면 바로 저쪽에 텐트를 쳐도 상관없어요. 그렉하고 앨버트와 매트 부자도 이 근처에 있으니까." 그는 자기 주변의 텐트들을 가리켜 보였다.

"우리는 누가 먼저 오나 내기를 걸었지. 당신이랑 당신 바로 뒤를 쫓아오고 있다는 그 두 젊은 친구들 말이오."

"누가 내기에 이겼나요?" 내가 물었다. 에드는 잠시 생각을 하는 듯했다.

"이긴 사람은 아무도 없지." 그가 말했다. 그러고는 큰 소리로 웃어젖혔다. "당신한테 건 사람이 아무도 없었거든."

나는 피크닉 테이블 쪽으로 가서 그 위에 몬스터를 내려놓은 뒤 끈에서 팔을 뺀 다음 몸을 빼냈다. 이렇게 하면 나중에 다시 배낭을 짊어지더라도 땅 위에 놓인 배낭을 들어 올리기 위한 눈물겨운 노력을 할 필요가 없었다.

"누추한 곳이지만 잘 오셨소." 에드가 이렇게 말하며 작은 트레일러를 가리켰다. 방수포 지붕을 펼쳐 공간을 넓힐 수 있도록 만들어진 캠핑용 트레일러였다. 지붕 아래는 임시로 설치한 캠핑용 주방이 있었다. "배고프지 않소?"

야영장에는 몸을 씻을 수 있는 곳이 없었다. 그래서 에드가 나를 위해 점심을 차리는 동안 나는 강으로 가 옷을 입은 채로 할 수 있는 한 깨끗하게 몸을 씻었다. 건조하고 황량한 지역을 거쳐서 오다 보니 처음에는 강을 보고 좀 놀라기도 했다. 게다가 사우스 포크 컨 리버는 그냥 강이 아니었다. 얼음처럼 차가운 물이 힘차게 흘러가는 크고도 깊은 강이었다. 강을 보니 저 산 위에 눈이 잔뜩 쌓여 있다는 사실이 실감이 났다. 발목 깊이만 들어가도 물살이 너무 빨랐다. 그래서 나는 강둑으로 내려가 강가 근처에 물이 고여 있는 곳을 찾아갔다. 차가운 물 속에 발을 담그니 통증이 몰려왔지만 이내 아무런 감각도 없어졌다. 나는 몸을 숙여 엉겨 붙은 머리카락에 물을 적시고 손으로 물을 퍼 옷 안쪽으로 뿌려 몸을 씻어냈다. 설탕처럼 달콤한 기분과 더불어 해냈다는 승리감이 몰려왔다. 앞으로 며칠간은 이야기할 만한 거리가 생긴 셈이었다.

나는 대충 씻고 강둑으로 올라와 널찍한 풀밭을 가로질러 갔다. 축축하고 시원한 기분이 들었다. 저 멀리 에드가 보였고 가까이 다가가니 그는 한창 식사 준비를 하는 참이었다. 음식이 담긴 접시와 겨자와 케첩 병들, 그리고 콜라 등이 피크닉 테이블 위에 차려졌다.

나는 그를 안 지 몇 분 되지 않았지만 예전부터 만났던 사람들처럼 아주 친밀하게 느껴졌다. 마치 뭐든지 믿고 따를 수 있는 그런 사람을 만난 기분이었다. 나는 자리를 잡고 앉아 밥을 먹으며 그의 이야기를 들었다. 그는 쉰 살의 아마추어 시인으로 주기적으로 이렇게 떠돌고 있다고 했다. 자녀는 없는 이혼남이었다. 나는 며칠 전 그렉의 걸음에 내 발걸음을 맞추려고 했던 것처럼 그가 먹는 속도에 맞춰 밥을 먹으려고 애를 썼다. 그가 먹으면 그때 비로소 나도 한 입 먹는 식이었다. 그렇지만 어느 순간부터는 그렇게 할 수 없었다. 너무 배가 고팠던 나는 핫도그 두 개와 산더미처럼 쌓인 통조림 콩 요리, 그리고 감자튀김을 단숨에 먹어치웠다. 그럼에도 배가 차지 않아 뭐라도 좀 더 먹었으면 하는 기분이 들었다. 내가 그러고 있는 동안 에드는 느릿느릿 자기 식대로 점심을 먹으며 일기장을 펼쳐 지난밤에 썼다는 시를 큰 소리로 읽기도 했다. 그는 1년의 대부분을 샌디에이고에서 지내지만 이렇게 여름이 오면 케네디 메도우즈를 찾아와 이곳을 지나가는 PCT 여행자들을 만난다고 했다. PCT 여행자들은 그를 PCT의 천사라고 부른다는데 그때는 그런 사실을 몰랐다. 아니, 여행자들이 쓰는 말이나 따로 부르는 별명이 따로 있다는 사실조차 몰랐다.

"어이, 친구들. 우리 전부 다 내기에서 졌어!" 사람들이 가게에서 돌아오자 에드가 큰소리로 이렇게 말했다.

"난 아니에요!" 그렉이 가까이 다가와 내 어깨를 움켜쥐며 이렇게 대꾸했다. "난 여기 셰릴한테 돈을 걸었다고요." 그는 이렇게 주장했지만 다른 남자들은 그 말을 들은 체도 하지 않았다.

우리는 모두 피크닉 테이블 주위에 둘러앉아 PCT에 대해 이야기를 나누었고 잠시 뒤 모두 흩어져 낮잠을 자러 갔다. 에드는 트레일러 안으로, 그리고 그렉과 앨버트와 매트는 각자 자기들 텐트로 돌아갔다. 나는 그 자리에 남아 있었다. 그냥 잠들기에는 무척이나 흥분되었다.

나는 몇 주 전에 부친 상자의 내용물을 살펴보았다. 상자에서 풍기는 냄새는 이곳과는 너무 멀리 떨어진 곳의 냄새였다. 마치 내가 또 다른 삶을 살았던 것만 같았다. 인도산 나그참파 향은 내 아파트에서 풍기던 향취였다. 지퍼락 봉지에 포장해서 꾸린 음식물 등은 여전히 새것처럼 아무 이상이 없었다. 새 티셔츠에서는 내가 미네소타의 상점에서 구매해 사용했던 라벤더 향 세제 냄새가 풍겼다. 플래너리 오코너의 단편 전집의 아름다운 표지도 구겨진 곳 하나 없이 멀쩡했다.

내가 배낭 속에 넣어 가져온 포크너의 소설이나 다른 책들은 물론 상태가 좋지 못했다. 나는 표지를 찢어버린 뒤 다음 날 아침이면 밤새 읽은 부분들도 찢어내 작은 알루미늄 프라이팬에 넣어 불에 태워버렸다. 그 프라이팬은 혹시 있을지 모르는 충격을 막기 위해 스토브 밑에 받침으로 쓰던 것이었다. 나는 포크너의 이름이 불길 속에 사라지는 것을 보며 신성모독을 하는 기분을 느꼈다. 그렇지만 내가 가는 길을 밝혀주기 위한 희생이었다.『PCT 제1권: 캘리포니아』도 내가 지나온 부분은 똑같이 뜯어서 불태워버렸다. 가슴 아픈 일이었지만 반드시 해야만 하는 일이었다.

이 여행을 시작하기 전 평범하게 살던 무렵부터 나는 책을 아주 사랑했다. 그렇지만 여기 PCT에서 책은 또 다른 중요한 의미를 지니고 있었다. 내가 실제로 속해 있는 세상이 너무 외롭거나 힘들고 견디기가 어려울 때 나는 책 속에서 지금의 상황을 잊고 다른 세상을 찾았다. 저녁이 되면 나는 야영을 준비했다. 급히 텐트를 치고 물을 정수하고 저녁을 만들었다. 그런 다음 텐트 안 보금자리에서 뜨거운 음식이 든 냄비를 무릎 사이에 올려놓고 의자 위에 자리를 잡고 앉았다. 나는 한 손에는 숟가락을, 그리고 다른 한 손에는 책을 들었다. 하늘이 어두워지면 헤드램프 불빛 아래에서 책을 읽었다. 여행을 시작하고 첫 주는 너무 지쳐 겨우 한두 쪽 읽고 곯아떨어지곤 했다. 그렇지만 점점 걷는 일이 익숙해지면서 나는 책도 더 많이 읽게 되었고 그렇게 일상의 지루함에서 벗어날 수 있었다. 그리고 다음 날 아침이면 나는 지난밤 내가 읽은 부분을 불태웠다.

멀쩡한 오코너의 단편집을 손에 들고 있으려니 앨버트가 텐트에서 나왔다.

"보아하니 도움이 필요할 것 같은데, 좀 참견해도 괜찮겠소?"

"그럼요." 나는 애달픈 미소를 지으며 그를 바라보았다. "좀 도와주세요."

"좋아요. 그러면 내 말을 잘 들어요. 지금 당장 바로 길을 떠날 수 있을 정도로 짐들을 잘 꾸려 봐요. 그러면 내가 다시 봐주리다." 그는 그렇게 말하고는 칫솔을 들고 강 쪽으로 걸어갔다. 물론 그 칫솔도 무게를 줄이기 위해 손잡이가 짧게 잘려져 있었다.

나는 새것과 헌것을 뒤섞어 짐을 꾸렸다. 마치 무슨 시험이라도 치르는 듯한 기분이었다. 내가 짐 꾸리는 일을 끝마치자 앨버트가 돌아와 다시 꼼꼼하게 내 짐을 풀어헤쳤다. 그는 물건들을 두 종류로 나누었다. 배낭으로 들어가는 것과 이제는 텅 비어버린 내 보급품 상자 안으로 직행하는 것이었다. 그 상자는 집으로 다시 부칠 수도 있고 아니면 오늘 가게 앞에서 보았던 도보여행자들을 위한 상자에 넣어 다른 사람들이 이용하도록 할 수도 있었다. 앨버트는 상자 속에 휴대용 톱과 소형 쌍안경, 그리고 아직 한 번도 사용하지 않은 사진기용 플래시를 집어넣었다. 또한 내가 효력을 과대평가했던 겨드랑이 방취제와 왠지 다리털과 겨드랑이털을 깎아야 할 것 같아서 가져온 일회용 면도칼을 상자 안에 던져 넣었다. 그리고 구급상자 안에 밀어 넣어두었던 콘돔 뭉치가 나오자 나는 크게 당황하고 말았다.

"이게 정말 필요한 거요?" 앨버트가 콘돔을 들어 올리며 물었다. 조지아 주에서 온 베테랑 보이스카우트 출신인 그의 손가락에서는 결혼 반지가 햇빛 아래 반짝거렸다. 무게 때문에 칫솔 손잡이까지 잘라내는 사람이지만 그의 짐 속에는 분명 작은 성경책 한 권쯤 들어 있으리라. 그는 마치 군인처럼 딱딱하게 굳은 표정으로 나를 바라보았다. 하얀색 비닐 포장에 들어 있는, 윤활유가 따로 필요 없다는 초박형 트로이 콘돔 열두 개들이 한 봉지가 그의 손에서 장식용 리본처럼 펼쳐지며 털럭거리는 소리를 냈다.

"아뇨." 나는 부끄러워서 죽을 것 같았지만 간신히 대답했다. 지금 생각해보니 누군가와 잠자리를 가질 거라는 발상 자체가 터무니없는 일 같았다. 물론 내가 짐을 꾸릴 때는 다들 그럴 만한 이유가 있기는 했다. 돌이켜 보면 PCT 여행으로 내 몸이 어떻게 변하게 될지에 대한 실마리 정도는 가지고 있었는데 말이다.

나는 리지크레스트의 모텔을 떠난 이후 내 모습을 제대로 본 적이 없었다. 그렇지만 아까 남자들이 모두 낮잠을 자러 들어간 후 트레일러에 붙은 거울에 내 얼굴을 비춰볼 기회가 있었다. 방금 강물에서 몸을 씻고 왔건만 거울 속에는 검게 그을린 더러운 얼굴만이 있었다. 나는 살이 조금 빠졌고 머리 색이 조금 옅어졌다. 그리고 말라붙은 땀과 강물과 흙먼지 탓인지 뻣뻣하게 굳은 머리카락이 이리저리 제멋대로 뻗쳐 있었다.

나는 도저히 콘돔이 열 몇 개나 필요한 여자로는 보이지 않았다. 그렇지만 앨버트는 그다지 깊이 생각하지 않았다. 내 성생활에 대한 문제도 그리고 내 꼴에 대해서도 말이다. 그는 하던 일을 계속했다. 배낭을 뒤져 내가 전에 준비할 때는 정말 중요하다고 생각했던 물건들을 치우면서 매번 내게 단호한 어조로 질문을 던졌다. 나는 대부분은 그의 질문에 고개를 끄덕였다. 배낭에 넣을 짐에서 제외하는 데 동의한 것이다. 그렇지만 내가 너무나 아끼는, 아직 찢어낸 부분이 전혀 없는 『공통 언어를 향한 꿈』과 오늘 받은 오코너 전집만은 포기할 수 없었다. 그리고 그 포기할 수 없는 품목에는 이번 여름에 있었던 일을 모두 다 기록한 일기장도 포함되어 있었다. 그리고 나는 앨버트가 보지 않는 사이에 콘돔 봉지를 뜯어 콘돔 한 개를 몰래 꺼내 조심스럽게 입고 있던 반바지 뒷주머니에 쑤셔 넣었다.

"자, 당신은 여기 왜 온 거요?" 하던 일을 다 끝마친 앨버트가 내게 이렇게 물었다. 그는 피크닉 테이블에 딸린 의자에 앉아 그의 큼지막한 손을 움켜쥔 채 앞으로 내밀었다.

"PCT 여행을 하려고요?" 내가 이렇게 되물었다.

그는 고개를 끄덕이고는 내가 가져가도 좋다고 우리가 합의한 물건들을 다시 배낭에 챙기는 모습을 바라보았다.

"자, 내가 한 일에 대해 설명을 해주리다." 그는 내가 미처 뭐라고 하기도 전에 빠르게 말을 이어갔다. "처음 이 길에 대한 이야기를 들었을 때 나는 이 길을 걷는 일이 일생의 꿈이라고 생각했소. '죽어서 하나님을 만나기 전에 드디어 진짜 해보고 싶은 일이 생겼구나' 뭐 이렇게 생각했었지." 그는 손을 펴서 부드럽게 테이블을 짚었다. "자, 그렇다면 아가씨는 어떤가? 나는 모든 사람에겐 다 각자의 이유가 있을 거라고 믿고 있지. 이 길로 들어서게 된 이유

말이요."

"나도 잘 모르겠어요." 나는 마치 항변이라도 하듯 말했다. 나는 내가 왜 3개월간 이 험한 야생의 길을 걷기로 결심했는지 나이 쉰 살이 넘은 보이스카우트 어쩌고 하는 아저씨에게 이야기하고 싶지 않았다. 그가 아무리 상냥하게 웃으며 두 눈을 깜빡거려도 말이다. 내가 이 길로 오게 된 이유는 그에게는 너무 충격적일 것이며 스스로도 정확하지 않았으니까. 그저 이 모든 노력이 얼마나 위태로운 것인지 알려줄 뿐이었다.

"일단은." 내가 말했다. "재미있을 거라고 생각했어요."

"이게 지금 재미있다고?" 앨버트가 되물었고 우리는 둘 다 웃음을 터뜨렸다.

나는 몸을 돌려 몬스터를 향해 몸을 숙이고는 끈에 팔을 밀어 넣었다. "자, 그럼 얼마나 달라졌는지 확인해봐야겠어요." 나는 이렇게 말하고는 배낭을 짊어졌다. 피크닉 테이블 위에 올려놓았던 배낭을 짊어지고 몸을 일으킨 나는 그 가벼운 느낌에 깜짝 놀라고 말았다. 새로 챙긴 얼음도끼에 11일치 식량까지 새로 장만해 채워 넣었는데도 그 무게가 전혀 느껴지지 않았던 것이다. 나는 환하게 웃으며 앨버트를 바라보았다. "고마워요." 그도 머리를 흔들어대며 껄껄대고 웃었다.

나는 기쁨에 가득 차서 배낭을 짊어지고 야영장 외곽 경계선을 이루는 흙길까지 걸어갔다. 내 배낭은 여전히 혼자 여행하는 사람 중에서 가장 커보였지만 여럿이 함께 여행하는 사람들처럼 짐을 나눠서 질 수 없으니 이 모든 것을 다 가져가야만 했다. 그리고 내게는 그렉처럼 짐을 최소한으로 줄여 길을 떠날 수 있는 자신감이나 기술이 없었다. 그래도 앨버트가 도와주기 전에 비해 배낭은 훨씬 더 가벼워졌고 그냥 손으로 들어 올릴 수도 있을 것 같았다. 흙길에 도착한 나는 걸음을 멈추고 배낭을 들어보았다. 땅위에서 겨우 손가락 마디 하나 정도만 들어 올릴 수 있을 뿐이었지만 그래도 최소한 들어 올릴 수는 있었다.

"셰릴?" 그때 누군가 내 이름을 부르는 소리가 들려왔다. 내가 고개를 들어보니 배낭을 맨 잘생긴 젊은 남자 내 쪽으로 걸어왔다.

"더그?" 나는 속으로 내 짐작이 맞겠거니 하고 이렇게 말을 건넸다. 대답 대신 그는 팔을 내저으며 기쁨의 소리를 내질렀다. 그리고 곧장 내게로 걸어와 인사차 살짝 나를 끌어안았.

"방명록에서 당신 이름을 보고 계속 당신 뒤를 따라 왔어요."

"그리고 나는 여기 와 있고요." 나는 그의 열렬한 인사와 잘생긴 얼굴에 조금 당황해하며 더듬거리며 이렇게 말했다. "다른 사람들도 모두 다 여기서 야영을 해요." 나는 내 뒤편을 가리켰다. "여기들 다 모여 있지요. 그런데 당신 친구는 어디 있나요?"

"곧 뒤따라 올 겁니다." 더그가 말했다. 그리고 다시 난데없이 환호성을 질러댔다. 그는 내가 지금까지 살면서 만났던 모든 인기 있는 남자들을 떠올리게 했다. 전통적인 미남형에다 언제나 인기투표 1위를 놓치지 않는 매력적인 자신감. 그리고 다른 것은 아무것도 생각하지 않고 세상을 자기 것으로 생각하는 그 당당함까지. 그의 옆에 나란히 서 있으려니 어느 순간 그와 함께 손을 잡고 낙하산을 타고 뛰어내리는 그런 기분이었다. 그리고 함께 웃으며 부드럽게 지상으로 내려오는 것이었다.

"톰!" 길 아래쪽에 나타난 누군가를 알아본 더그가 큰 소리로 친구의 이름을 불렀다. 우리는 톰을 향해 걸어갔다. 나는 가까이 다가가기도 전에 그 톰이라는 친구가 더그와는 육체적, 정신적으로 정반대임을 알아볼 수 있었다. 그는 마르고 창백하며 안경을 쓰고 있었다. 우리가 함께 다가가자 그의 웃음이 조금 경계를 하는 듯, 그리고 의아스러운 표정으로 바뀌었다.

"안녕하세요." 서로를 알아볼 정도로 가까워지자 그가 내게 인사를 하며 악수를 하기 위해 손을 내밀었다.

얼마 지나지 않아 우리 세 사람은 함께 에디의 트레일러로 갔다. 우리는 서둘러 서로에 대한 정보를 나누었다. 자기소개를 하고 출신 지역도 이야기했다. 톰은 스물네 살이고 더그는 스물한 살이었다. 뉴잉글랜드의 귀족 혈통. 엄마는 그런 부류들을 이렇게 불렀다. 나는 그들이 자기소개를 하기 전에 대강 짐작을 하고 있었다. 다시 말해, 그들은 기본적으로 부잣집 출신이며 오하이오 주 동쪽이나 워싱턴D.C. 북쪽 어딘가에서 온 사람들이었다.

며칠 동안 나는 그들에 대한 모든 것을 알게 되었다. 부모님들은 의사와 정치가, 그리고 기업가였고 두 사람 다 이름만 들어도 다 알 수 있는 그런 유명한 사립 기숙학교 출신이었다. 휴가는 낸터컷이나 메인 주 연안에 있는 집안 소유의 섬에서 보내고 봄방학이 되면 관광지로 유명한 베일 지역으로 갔다. 그렇지만 나는 사실 그들의 삶이 나와는 얼마나 다른지, 그리고 나의 삶 역시 그들에게 얼마나 낯선 것인지는 정확하게 알지는 못했다.

다만 두 사람과 내가 아주 특이하다는 점에서는 서로 무척 닮았다는 사실은 알고 있었다. 두 사람은 바보는 아니었지만 그렇다고 배낭여행 전문가도 아니었고 PCT에 대해 다 알고 있는 척 떠들어대지도 않았다. 그들은 이 여행을 멕시코 국경에서부터 시작하지도 않았고 아주 오랫동안 치밀하게 계획을 세우지도 않았다. 게다가 여기까지 걸어오면서 그들도 나 못지않게 지쳐 있는 것 같았다. 둘이서 함께한 덕분에 나처럼 아무도 만나지 못하고 며칠을 보내는 일만은 면한 모양이지만.

두 사람의 배낭은 그 안에도 접을 수 있는 휴대용 톱이 들어 있지 않을까 하는 생각이 들 정도로 컸다. 그렇지만 더그를 자세히 보니 그런 모든 자신감과 태평한 태도에도 불구하고 어떤 어려운 일들을 거쳐 왔다는 인상을 금방 받을 수 있었다. 그리고 톰과 악수를 할 때 그의 표정을 보니 그는 정확히 이렇게 말하고 있었다.

"이 염병할 등산화를 빨리 벗어 던지고 싶어!"

잠시 후 톰은 에드의 피크닉 테이블 앞 의자에 앉아 등산화를 벗어 던졌다. 우리가 도착하자 사람들이 하나둘 모여들어 서로 자기소개를 했다.

나는 톰이 조심스럽게 더러워진 양말을 벗는 모습을 지켜보았다. 양말이라기보다는 다 닳아빠진 천 뭉치를 벗자 발의 살점도 같이 떨어져 나왔다. 그의 발은 내 발과 상태가 크게 다르지 않았다. 죽은 물고기처럼 창백하고 군데군데 피가 묻어 있었다. 피와 진물이 상처에서 흘러내렸고 방금 떨어져 나온 살점들이 완전히 떨어지지 않은 채 발에 아슬아슬하게 매달려 있었다. 아직 고통스럽게 매달려 있는 살점들은 계속해서 PCT를 걷다 보면 천천히 죽어 떨어지게 될 터였다. 나는 내 배낭을 가져와 주머니 하나를 열어 구급약품을 꺼내 들었다.

"이런 거 안 써봤어요?" 스카겔 특수 반창고를 손에 들고 나는 톰에게 이렇게 물었다. 다행히 보급품 상자에 챙겨 넣은 의약품은 충분했다. "이게 내 구세주였어요. 사실 이게 없었더라면 여기까지 못 왔을지도 몰라요." 톰은 거의 자포자기를 한 표정으로 그저 아무 성의 없이 고개만 끄덕일 뿐이었다. 나는 그의 옆에 앉아 반창고를 옆에 펼쳐 놓았다.

"좀 참으면 금방 괜찮아질 거예요." 이렇게 말하며 반투명의 파란색 반창고 표면을 보니 뒷주머니에 들어 있는 콘돔이 생각났다. 나는 톰도 콘돔을 가지고 있을지 갑자기 궁금해졌다. 더그는 어떨까. 내가 콘돔을 챙겨온 건 정말 결국 아무 쓸데 없는 짓이었을까. 이렇게 톰과 더그와 함께 있으니 나만 너무 바보 같았다는 생각이 조금씩 사라져갔다.

"6시에 다 같이 그럼피스 식당에 같이 가기로 했는데." 에드가 손목시계를 보며 말했다. "아직 한두 시간이 남았군. 내 차로 다 같이 갑시다." 그는 그러면서 톰과 더그를 바라보았다. "그 전에 이 친구들에게 뭐 간단히 먹을 거라도 내가 기꺼이 대접하리다."

톰과 더그는 에드의 피크닉 테이블에 앉아 에드가 가져다준 감자튀김과 차가운 통조림 콩을 먹으며 이번 여행을 위해 짐을 꾸리면서 서로 티격태격한 이야기를 들려주었다. 그러다 누군가 트럼프 카드 한 벌을 가져와 곧 포커 게임판이 펼쳐졌다. 그렉은 내 근처에 앉아 여행 안내서를 훑어봤다. 나는 내 배낭 옆에 서서 줄어든 무게와 모습에 계속 감탄하고 있었다. 주머니까지 꽉 들어차 있던 짐들이 사라지고 이제는 어느 정도 공간에 여유까지 생겼다.

"당신도 이제 전문가가 다 된 것 같구려." 앨버트가 나와 배낭을 번갈아 바라보며 짓궂은 목소리로 말을 걸어왔다.

"당신은 잘 모르겠지만 등산 전문가인 레이 자딘이라는 사람이 한 말이 있지. 들고 가는 짐의 무게에 대해 아주 실제적인 평가를 한 사람이라오."

"나도 전에 그 사람에 대해 말했었잖아요." 그렉도 끼어들었다. 나는 아무것도 생각이 나지 않았지만 그런 티를 안 내려 뻔뻔하게 고개를 끄덕였다.

"그럼 전 저녁 먹기 전에 챙길 일이 좀 있어서요." 나는 그렇게 말하고 야영장 끄트머리 쪽으로 행했다. 나는 텐트를 치고 그 안으로 기어가 슬리핑백을 펼쳤다. 그리고 그 위에 드러누워 초록색 나일론 천장을 바라보았다. 밖에서는 사람들의 떠들어대는 소리와 간간이 터지는 웃음소리가 들려왔다. 이제 곧 남자 여섯 명이랑 저녁식사를 하러 갈 텐데 지금 입고 있는 옷 말고는 달리 입을 게 아무것도 없었다.

갑자기 우울한 현실을 깨달았다. 나에겐 스포츠 브래지어 위에 입은 티셔츠와 반바지가 전부였다. 나는 보급품 상자에 들어 있던 새 티셔츠를 떠올리고는 곧 자리에서 일어나 그 옷을 입어보았다. 모하비 사막에서 지금까지 입고 온 티셔츠는 그동안 폭포수같이 흘린 땀 덕분에 연갈색으로 얼룩져 있었다. 나는 그 티셔츠를 뭉쳐 텐트 구석에 던져버렸다. 나중에 그 가게 앞 상자 안에 던져버려야지. 이제 남은 옷이라곤 추운 날씨를 대비해 준비한 옷들밖에 없었다.

나는 날씨가 더워 빼버린 목걸이가 생각이 났다. 나는 자동차 면허증이며 돈이 들어 있는 지퍼락 봉지에서 목걸이를 찾아내 목에 걸었다. 엄마에게 물려받은 은과 터키석으로 만든 귀고리가 한 쌍 있었는데 한 짝을 잃어버려, 은 사슬을 구해 남은 귀고리와 연결해 목걸이로 만든 것이었다. 엄마의 유품이었기에 나는 그 귀고리로 만든 목걸이를 몸에서 떼어놓지 않았다. 분명 나에게는 중요한 의미가 있는 물건이었지만 지금은 그저 나를 예쁘게 치장할 수 있는 장신구가 있다는 게 기쁠 따름이었다. 나는 손가락과 작은 빗으로 머리를 빗어 올리며 예쁜 모양이 되도록 애를 썼지만 결국 다 포기하고 그냥 귀 뒤로 빗어 넘겼다.

이건 아무것도 아니야. 그냥 밖에 나가 있는 그대로의 내 모습을 보여주면 된다. 내 몸에서 나는 냄새까지도. 결국 나는 에드가 대강 짐작해서 말한 것처럼 이 황량한 숲속에서 남자들에게 둘러싸여 있는 유일한 여자가 아닌가. 이 여정에 나선 나로서는 필요하다면 여기 여행자 대 여행자로 만난 남자들에게 여성이 아닌 중성으로 보여야 하는 것이 아닌가 하는 기분마저 들었다. 그리고 가능하다면 아예 그들 중 하나가 되어야 하는 것이 아닌가.

살면서 이런 경험은 처음이었다. 이런 평온한 무심함 속에서 남자들과 하나가 되어 함께 시간을 보내게 되다니. 남자들이 카드놀이 하는 소리를 들으며 이렇게 텐트 안에 앉아 있으려니 그런 기분이 썩 유쾌한 것만은 아니었다. 어쨌든 나는 여자였고 여자로서 내가 가진 매력에 의존하는 일에 익숙했다. 그런 매력을 제대로 활용을 못 하게 되니 알 수 없는 우울감이 치솟아 올랐다. 남자들과 하나가 된다는 건 남자들 사이에서 특별한 존재가 될 수 있는 여자로서의 모습을 포기한다는 뜻이었다.

이거야말로 오래전 내가 열한 살이 된 이후로 처음 겪어보는 스스로에 대한 새로운 모습이었다. 그리고 나는 다 큰 남자애들이 고개를 돌려 나를 쳐다보거나 내가 들을 수 있을 정도의 큰 소리로 휘파람을 불며 나보고 예쁜 아가씨 어쩌고 하는 소리를 들으면 기운이 솟는 사람이었다. 내가 고등학교 시절 내내 믿었던 건 다이어트로 만든 날씬한 몸매와 귀엽고도 맹한 모습이었다. 덕분에 나는 인기도 얻고 사랑도 받을 수 있었다. 청소년기를 보내며 나는 이런저런 모습으로 변신해보았다. 자연스러운 모습, 반항적인 모습, 타락한 모습, 터프한 모습, 그리고 섹시한 카우걸의 모습까지. 그렇게 멋들어진 구두와 짧은 스커트를 입고 한껏 부풀린 머리 모양 뒤로는 언제나 내 진실한 모습을 비춰줄 수 있는 그런 구석이 조금은 남아 있곤 했다.

이제 PCT에 오니 보여줄 수 있는 모습이라곤 단 하나뿐이었다. 그냥 있는 그대로의 모습을 보여주는 것. 이 세상에서 가장 지저분한 얼굴을 보여줘야 했지만, 다행히 그래도 이번에는 남자가 고작해야 여섯 명뿐이었다.

"셰릴?" 밖에서 부드러운 더그의 목소리가 들려왔다. "거기 안에 있어요?"

"네, 여기 있어요." 내가 대답했다.

"우린 지금 강으로 가요. 같이 갈래요?"

"좋아요." 나는 대답했다. 지금 내 몰골에 상관없이 가슴이 두근거렸다. 자리에서 몸을 일으키자 주머니에 들어 있던 콘돔이 부스럭거리는 소리를 냈다. 나는 콘돔을 꺼내 구급상자 안에 넣어두고 텐트에서 기어 나와 강으로 향했다.

더그와 톰, 그리고 그렉이 내가 몇 시간 전 몸을 씻었던 강의 얕은 지점을 골라 걸어서 건너가고 있었다. 사람들 너머로는 거친 물살이 넘실대며 내 텐트만큼이나 큰 바윗덩이 위로 몰아치고 있었다. 나는 이 여정을 계속하게 된다면 곧 마주치게 될 눈에 대해 생각했다. 그때가 되면 드디어 내 얼음도끼를 써먹을 수 있겠지만 사실 난 여전히 그 얼음도끼를 제대로 쓸 줄도 몰랐고 귀여운 분홍색 손잡이 끈이 달린 하얀색 스키 스틱이 내 유일한 희망이었다. 나는 이제 앞으로 어떤 길을 가게 될지도 잘 몰랐다.

에디는 지난 3주 동안 케네디 메도우즈의 이 야영장에 도착한 PCT 여행자들이 기록적인 폭설 때문에 계획을 중단하고 여기서 멈췄다고 말했다. 그 말을 나는 그저 한 귀로 듣고 고개를 끄덕였다. 앞으로 6~700킬로미터 정도 되는 길이 그 폭설 때문에 지나갈 수 없게 되었다는 것이었다. 에드는 사람들이 차와 버스를 이용해 저 북쪽의 낮은 지점으로 이동해서 다시 합류할 것이라고 말했다. 어떤 사람들은 나중에 다시 돌아와 이번 여름에 걷지 못한 지점을 다시 도전하기도 하고 그냥 지나치는 사람들도 있다고 했다. 그리고 그렉이 전에 내게 말해준 것처럼 올해는 아예 그냥 포기하고 나중에 기록적인 폭설 같은 것이 없는 해에 다시 돌아온다는 기약을 하는 사람들도 있고 말이다. 한편 여전히 앞으로 나가려는 극소수의 사람들도 있었다. 눈 속을 헤치고 나가겠다는 굳은 결심을 한 사람들이었다.

야영할 때 신으려고 산 싸구려 스포츠 샌들을 신고 나는 남자들 쪽으로 이어진 바위들을 넘어 강물 속을 걸어 그쪽으로 걸어갔다. 물이 너무 차가워서 뼈마디가 시릴 정도였다.

"당신에게 줄 게 있어요." 내가 다가가자 더그가 이렇게 말했다. 그가 내미는 손에는 30센티미터쯤 되어 보이는 밝은색 깃털 하나가 들려 있었다. 그 짙은 검은색은 태양 아래서 푸른색으로 빛이 났다.

"이게 뭐죠?" 내가 그것을 받으며 물었다.

"행운의 깃털이죠." 그는 이렇게 말하며 내 팔을 어루만졌다.

그가 손을 거두자 갑자기 세상이 달아오르는 것처럼 느껴졌다. 지난 14일 동안 얼마나 사람의 손길이 그리웠는지, 그리고 얼마나 내가 외로웠는지 절절하게 느껴지는 순간이었다.

"난 눈 생각을 하고 있었어요." 나는 깃털을 손에 쥔 채 이렇게 말했다. 강물 소리 탓에 목소리가 높아졌다. "다른 길로 돌아서 간 사람들이요? 그 사람들은 모두 우리보다 1, 2주 앞서 이곳에 도착했어요. 그동안 대부분의 눈이 녹아내렸지요. 그러니 이제 우리는 아마 문제가 없을 거예요." 나는 그렉을 쳐다보고 다시 손에 쥔 검은색 깃털을 보다가 툭 하고 한 번 건드려보았다.

"6월 1일 빅혼 고원^{Bighorn Plateau}의 적설량이 작년 이맘때의 딱 두 배였대요. 그렇게 생각하면 일주일 정도로는 별반 크게 달라지지 않았을 거예요."

나는 나도 마치 빅혼 고원을 잘 알고 있는 양, 그리고 작년에 비해 적설량이 두 배라는 게 정확히 어떤 의미인지 이해하는 것처럼 고개를 끄덕였다. 나는 이런 대화를 나누면서도 운동선수들이 행운의 마스코트를 믿는 것처럼 어딘지 모르게 내가 엉터리 같다는 기분이 들었다. 마치 저 사람들이야말로 진짜 PCT 여행자들이고 나는 그냥 그 중간에 우연히 끼어든 사람 같았다. 게다가 내 어설픔 때문에, 레이 자딘에 대해서는 한 번도 들어본 적도 읽어본 적도 없다는 사실 때문에, 우스꽝스러울 정도로 느린 속도 때문에, 그리고 접을 수 있는 휴대용 톱이 꼭 필요할 거라고 믿었다는 사실 때문에, 테하차피 패스에서 여기 케네디 메도우즈까지 내 발로 걸어온 것이 아니라 그냥 누군가에 의해 실려서 온 듯한 기분까지 들었다.

그렇지만 나는 분명 이곳까지 내 발로 걸어서 왔고 아직은 시에라 고지대를 보는 일을 포기할 준비도 되어 있지 않았다. 그곳은 PCT에서 내가 가장 기대하는 구간이었다. 인간의 손이 닿지 않은 아름다움에 대해서는 『PCT 제1권: 캘리포니아』의 저자들도 극찬했고 등산가 존 뮤어는 100년 전 쓴 자신의 책을 통해 불멸의 것으로 만들었다. 그는 그곳을 '빛의 길'이라고 불렀다. 시에라 고지대의 3~4,000미터 높이의 봉우리들과 차갑고 투명한 호수들, 그리고 깊은 계곡들은 캘리포니아를 지나가는 PCT의 중심이었다. 게다가 그곳을 우회하는 길은 보급품을 조달하는 일에도 문제가 있었다. 내가 만일 시에라 고지대를 피해야만 한다면 나는 내 계획보다 한 달은 더 빨리 애쉬랜드에 도착해야만 했다.

"갈 수만 있다면 나는 계속 가고 싶어요." 내가 깃털을 이리저리 흔들며 말했다. 이제 발은 더 아프지 않았다. 차가운 물 속에 계속 그러고 있으니 감각이 마비된 모양이었다.

"음, 진짜로 문제가 되는 구간까지는 대략 65킬로미터 정도가 더 남아 있어요. 그러니까 여기서 트레일 패스까지요." 더그가 말했다. "거기 가면 PCT와 교차하는 길이 있고 밑으로 내려가면 야영장이죠. 일단 거기까지 가서 상황을 지켜볼 수 있을 겁니다. 거기서 눈이 얼마나 남아 있는지 살펴보고 앞으로 어떻게 할지 결정을 내리도록 하지요."

"당신은 어떻게 생각해요, 그렉?" 내가 물었다. 그가 뭐라고 대답하든 나는 그의 뒤를 따를 생각이었다.

그렉이 고개를 끄덕였다. "그게 맞는 생각이라고 봅니다."

"그러면 내가 할 일은 결정되었네요." 내가 말했다. "난 괜찮을 거예요. 나도 이제는 얼음도끼가 있으니까요."

그렉이 이렇게 물어왔다. "그거 어떻게 사용하는지는 알고 있어요?"

*

다음 날 아침이 되자 그렉이 내게 얼음도끼 쓰는 법을 가르쳐 주었다.

"여기를 샤프트라고 부르고요." 그가 얼음도끼의 손잡이 부분을 가리키며 말했다. "그리고 여기는 스파이크." 이번에는 날카로운 날이 있는 부분이었다. "반대편은 헤드라고 불러요."

샤프트? 헤드? 그리고 스파이크? 나는 성교육 수업을 받는 초등학생처럼 당황하지 않으려고 애를 썼다. 그렇지만 마냥 편하게 있을 수는 없었다.

"자, 이게 뭐라고요?" 그렉이 얼음도끼를 가리키며 물었다. 그렇지만 나는 그저 고개를 저을 뿐이었다. "여기 날이 두 개 있어요." 그가 설명을 계속했다. "여기 헤드 쪽의 평평한 날을 애즈라고 불러요. 앞쪽의 길을 고를 때 사용해요. 반대쪽 뾰족한 부분은 피크라고 하는데, 눈 비탈에서 미끄러질 때 바로 이게 우리 목숨을 구해주는 거죠." 그는 마치 내가 이미 다 알고 있는 듯한 그런 목소리로 설명했다. 실제로 이 장비를 사용하기 전에 그냥 기본적인 사실을 다시 한번 일러주는 듯한 그런 말투로.

"오케이. 샤프트, 헤드, 스파이크, 피크, 그리고 애드란 말이죠." 내가 말했다.

"애드가 아니라 애즈요." 그가 고쳐주었다. "즈를 붙여야죠." 우리는 강을 따라 나 있는 가파른 둑 위에 서 있었다. 얼어붙은 경사로와 가장 비슷한 곳을 찾아온 것이었다. "자, 이제 당신이 미끄러지고 있다고 가정하면요." 그렉이 직접 시범을 보이면서 말했다. 그는 미끄러지면서 얼음도끼의 피크 부분을 진흙땅 속에 박아 넣었다. "할 수 있는 한 힘껏 피크를 박아 넣고 한 손으로는 샤프트를, 그리고 다른 한 손으로는 헤드를 붙잡아요. 자, 이렇게요.

제2부 / 슬퍼할 새 없이 걷다   217

일단 몸이 더 미끄러지지 않게 되면 그다음에는 발을 걸칠 곳을 찾아요."

나는 그의 모습을 바라보았다. "발 걸칠 곳이 없으면요?"

"음, 그러면 이렇게 손으로 잡고 버텨야죠." 그는 이렇게 대답하며 양손으로 얼음도끼 손잡이를 잡았다. "오랫동안 버틸 수 없으면요? 그러니까 등에는 배낭을 짊어지고 있을 테니까요. 그렇게 버티고 있을 만큼 난 힘이 세지 못해요."

"붙들고 있어야 해요." 그렉이 아무런 감정이 섞이지 않은 목소리로 말했다. "그러지 않으면 산 아래로 미끄러져 떨어지게 되니까요."

나는 연습에 들어갔다. 몇 번이고 되풀이해서 말도 못 하게 미끄러운 진흙 비탈길에 매달렸다. 그곳을 얼어붙은 비탈길이라고 가정하고 계속해서 피크를 진흙 속에 박아 넣었다. 그렉이 그 모습을 지켜보며 이리저리 지시를 내리고 잘못된 점을 지적하기도 했다.

더그와 톰은 근처에서 별로 관심이 없는 척하고 있었다. 앨버트와 매트는 에드의 트레일러 근처 나무 그늘에 쳐놓은 그늘막 아래 누워 있었다. 두 사람은 몸이 너무 아파 계속 화장실만 들락거렸다. 둘 다 한밤중에 아파서 잠에서 깨어났는데 우리는 그 증세가 수인성 기생충인 지아르디아에 감염된 것이 아닌지 의심하고 있었다. 여기에 감염되면 설사와 구토가 일어나고 치료를 위해서 처방을 받은 약이 필요했다. 다시 말해 일주일 이상은 여행을 하지 못하고 치료를 해야 한다는 뜻이었다. 그렇기 때문에 PCT를 오가는 여행자들은 언제나 정수기와 물이 있는 곳에 대해 많이 신경을 쓴다. 이렇게 단 한 번의 실수로 큰 대가를 치르는 경우가 있기 때문이다. 앨버트와 매트가 어떤 경로로 감염되었는지는 몰랐지만 나는 저런 일이 없게 해달라고 기도라도 하고 싶은 심정이었다. 늦은 오후가 되어 우리는 모두 그늘막 아래 창백한 모습으로 늘어져 있는 두 사람 주위로 모였다. 이제는 어쩔 수 없이 리지크 레스트에 있는 병원으로 후송을 해야겠다고 결정을 내린 참이었다. 두 사람은 너무 아픈 나머지 아무 말도 없이 우리가 그들의 짐을 꾸려 에드의 트럭에 싣는 모습을 지켜만 봤다.

"내가 배낭을 다시 꾸리는 걸 도와줘서 정말 감사했어요." 나는 앨버트가 떠나기 전 마침 둘만 있게 되자 그렇게 고맙다는 인사를 전했다. 그는 그늘막 아래 누워 그저 힘없이 나를 바라보기만 했다.

"나 혼자서는 엄두도 못 냈을 거예요." 앨버트는 희미하게 미소를 지으며 고개를 끄덕였다. "그리고……." 내가 말을 이었다.

"왜 내가 여기로 왔는지 이제는 말을 하고 싶네요. 나는 이혼을 했어요. 결혼생활은 아주 짧았죠. 그리고 4년 전에는 엄마가 돌아가셨고요. 겨우 마흔다섯 살이셨어요. 갑자기 덜컥 암에 걸리더니 그냥 손도 못 쓰고 가신 거예요. 모든 게 다 너무 힘들었고 삐뚤어지기 시작했죠. 그래서 난……." 그가 눈을 크게 치켜뜨더니 나를 바라보았다.

"그래서 PCT에 오면 나 자신을 다시 찾을 수 있지 않을까 생각한 거예요. 그래서 왔어요." 말을 마친 나는 마치 울음이라도 터뜨릴 것처럼 두 손으로 얼굴을 가렸다. 그런 말을 털어놓을 수 있다는 사실이 자신도 조금 놀라웠다.

"그러면 이제 당신도 여기 온 충분한 이유가 있는 거지. 안 그렇소?" 그는 이렇게 말하며 몸을 일으켰다. 그의 얼굴은 통증에도 불구하고 밝아 보였다.

앨버트는 자리에서 일어나 천천히 에드의 트럭으로 걸어가 아들 옆에 올라탔다. 나도 힘들게 뒤를 따라 올라탔다. 차에는 두 사람의 배낭과 내게는 더 필요가 없는 물건들을 담은 상자가 같이 있었다. 차가 잡화점 앞에 도착하자 에드가 차를 잠시 세웠다. 나는 상자를 들고 차에서 뛰어내렸고 앨버트와 매트에게 손을 흔들며 두 사람이 무사히 잘 돌아가기를 빌었다.

그들이 떠나는 모습을 지켜보며 나는 온정이 밀려드는 것을 느꼈다. 에드는 몇 시간 후면 돌아오겠지만 나는 어쩌면 다시는 앨버트와 매트를 보지 못할지도 몰랐다. 나는 내일이면 더그와 톰과 함께 시에라 고지대를 향해 출발할 것이고 에드와 그렉에게도 작별을 고할 것이다. 그렉은 케네디 메도우즈에 얼마간 더 머물 계획이었고 그래도 곧 나를 따라잡게 되겠지만 그것도 잠시, 그도 곧 나를 지나쳐 사라지게 될 터였다.

나는 잡화점 입구로 걸어가 휴대용 톱과 사진기용 최신형 플래시, 그리고 소형 쌍안경을 빼고는 몽땅 나눔의 상자 안에 던져 넣었다. 남은 짐들은 다시 내 상자 안에 꾸려 포틀랜드에 있는 리사에게 부쳤다. 그 일을 마치고 나니 에드가 돌아왔다. 나는 여전히 뭔가 허전한 기분을 감출 수가 없었다.

야영장으로 돌아오면서 나는 그 허전한 기분의 정체를 알 수 있었다. 콘돔이었다. 콘돔이 하나도 남김없이 다 사라지고 없었던 것이다.

제3부

눈부시고
아픈 길

화가 나 자신을 주체할 수 없거든 그 화를 넘어서라.
에밀리 디킨슨

텅 빈 곳에서 태어난 행운

사람들은 케네디 메도우즈를 시에라 고지대로 가는 관문이라고 부른다. 그리고 다음 날 아침 일찍, 나는 그 관문을 나섰다. 한 500미터까지 더그와 톰이 함께했지만 나는 걸음을 멈추고 챙겨야 할 짐이 있다고 두 사람에게 먼저 가라고 말했다. 우리는 서로를 끌어안고 무사하기를 기원하며 작별 인사를 나눴다. 15분이나 걸린 긴 작별 인사였지만 그렇게 시간이 흘렀는지는 아무도 알아차리지 못했다. 나는 두 사람이 사라지는 모습을 지켜보며 몬스터의 무게를 지탱하며 바위 옆에 기대섰다.

그들과의 작별은 나를 감상적으로 만들었다. 사실은 두 사람이 나무들 사이로 사라지자 나는 어떤 안도감을 느꼈다. 챙겨야 할 짐 같은 건 없었다. 나는 그저 혼자 있고 싶을 뿐이었다. 혼자 있는 것이 내게는 더 맞는 것 같았다. 외롭다기보다도 오히려 내 진짜 모습을 생각할 수 있는 시간이 생겼기 때문이다.

PCT에서 맛보는 근원적인 고독은 내 안에서 다른 감정을 일깨웠다. 그저 작은 공간에서의 고독을 넘어, 온 세상에서의 고독을 느낄 수 있었다. 나는 전에는 한 번도 가보지 못한 길을 걸으며 온 세상에서 혼자된 기분을 한껏 느낄 수 있었다. 머리 하나 둘 곳 없는 이런 광활한 공간에서 지내다 보니 세상은 이전보다 더 크게도, 그리고 더 작게도 느껴졌다. 예전에는 이 세상의 광대함을 실감하지 못했다. 그러나 지금 이렇게 내 발로 직접 걸어보니 1킬로미터가 어느 정도의 거리인지 실감할 수 있었다. 한편으로는 기묘한 친밀감이 몰려왔다. 전에는 한 번도 마주치거나 건너본 적이 없는 길인데도 오래전부터 알고 있는 듯한 친밀함이 느껴졌다.

나는 새로 얻은 스키 스틱이 바닥에 부딪히는 소리에 맞춰 신선한 아침 속을 걸어갔다. 가벼우면서도 이상하게 여전히 묵직한 느낌의 몬스터가 겨우 제자리를 잡았다. 아침에 길을 나서면서 나는 뭔가 달라진 느낌을 받았다. 걷는 일이 더 쉬워진 것 같았다. 앨버트가 도움을 주기도 했고 건조한 구간이 끝나 물통을 가득 채워서 갈 필요가 없었기에 배낭은 이전보다 더 가벼워졌다. 그러나 한 시간 반쯤 지나자 잊고 있었던 고통과 통증이 슬슬 다시 시작되었다. 동시에 나는 내 육체가 조금 더 강해졌다는 걸 느낄 수 있었다. 그렉이 말했던 일이 실제로 이루어지고 있었다.

여행을 시작한 지 3주째 되는 첫날이자 공식적으로 여름이 시작되는 6월의 마지막 주였다. 계절만 달라진 것이 아니라 지형도 달라졌다. 나는 사우스 시에라 윌더니스$^{\text{South Sierra Wilderness}}$의 고지대로 들어섰다. 케네디 메도우즈와 트레일 패스 사이의 65킬로미터 길에서 나는 해발 1,870미터를 넘어 3,350미터에 도달했다. 오후가 되자 날이 더워지기 시작했지만 조금씩 시원한 바람이 느껴졌고 밤이 되자 확실히 기온이 내려갔다. 두말할 나위도 없이 나는 이제 시에라 산맥에 들어선 것이다. 바로 존 뮤어가 '빛의 길'이라 부르며 사랑했던 그 길이었다.

나는 엄청나게 울창한 나무들이 작은 초목들에게 만들어준 완벽한 그늘을 걷고 들꽃들이 만발한 널찍한 풀밭을 지나쳐갔다. 스키 스틱의 도움을 받아 눈이 녹은 물이 흐르는 시냇물 위의 흔들거리는 돌들을 뛰어넘으며 건너갔다. 지금까지 온 길로 봐서는 시에라네바다도 그럭저럭 해낼 수 있을 것 같았다. 언제라도 한 걸음 더 나아갈 수 있었다. 내 능력에 대해 반신반의한 건 모퉁이를 돌아 처음 눈 덮인 봉우리들이 눈에 들어왔을 때뿐이었다. 그때만큼은 내가 얼마나 더 가야 하는지 생각하다가 저곳에 닿을 수 있다는 믿음이 잠시 흔들리기도 했다.

더그와 톰이 앞서간 자취가 계속 눈에 띄기 시작했다. 그리고 오후 중반에 접어들어 시냇물 근처에 앉아 있는 두 사람을 만날 수 있었다. 내가 나타나자 두 사람의 얼굴에는 놀라는 표정이 떠올랐다. 나는 그 옆에 앉아 물을 정수하며 잠시 수다를 떨었다.

"우리를 따라잡으면 오늘 밤에 같이 야영해요." 다시 길을 떠나기 전 톰이 이렇게 말했다.

"벌써 따라잡았잖아요." 내가 이렇게 대꾸했고 우리는 함께 웃었다.

그날 저녁 나는 두 사람이 텐트를 치고 있는 작은 개간지로 천천히 걸어 들어갔다. 저녁을 먹은 후 더러운 옷을 그대로 걸친 채 흙먼지 속에 앉아 쉬면서 두 사람은 케네디 메도우즈에서 가져온 맥주 두 병을 나눠 마셨고 나도 한 모금 얻어 마셨다. 술을 마시며 나는 내가 몇 주 전에 샀던 초박형 트로이 콘돔 열한 개를 두 사람 중 누가 집어갔는지 문득 궁금해졌다. 분명 둘 중 한 사람인데…….

다음 날, 다시 혼자 걷기 시작한 나는 눈에 덮인 가파른 비탈길이 넓게 펼쳐진 곳을 만났다. 엄청난 크기의 얼음으로 뒤덮여 원래의 길이 잘 보이지 않을 정도였다. 미끄러져 떨어지는 경사면이 전에 만났던 바위들과 비슷했으나 이번에는 바위가 아니라 얼음의 강이 버티고 있었다. 만일 내가 이곳을 건너려다 미끄러진다면 나는 산 아래쪽으로 굴러떨어져 저 멀리 있는 바위틈에서 박살이 날 것이었다. 어쩌면 더 멀리 굴러가 더 험한 꼴을 당하게 될지도 몰랐다. 지금 내 위치에서 볼 때는 그냥 허공으로 날아가 사라질 것만 같았다. 만일 이곳을 건너지 못한다면 다시 케네디 메도우즈로 돌아가야만 했다. 그것도 그리 나쁜 생각은 아니었다. 그러나 어쨌든 나는 여기까지 왔다.

빌어먹을, 이런 빌어먹을. 나는 얼음도끼를 집어 들고 가야 할 길을 확인해보았다. 아무리 살펴봐도 몇 분 동안 온 신경을 집중해서 서 있어야 할 것 같았다. 나는 더그와 톰이 나보다 앞서 지나간 흔적을 눈 위에서 발견할 수 있었다. 나는 그렉이 가르쳐준 대로 얼음도끼를 움켜쥐고 앞서 나 있던 발자국을 따라 한 걸음을 내디뎠다. 두 사람의 흔적은 도움이 되기도 했지만 오히려 가는 길을 더 어렵게 만들기도 했다. 두 남자의 발자국은 불규칙적이었고 오히려 더 미끄러울 때도 있었다. 그리고 너무 깊게 파인 곳도 있어 그곳에 발을 내디디면 다시 발을 빼기가 힘들었다. 그래서 나는 균형을 잃고 넘어지기도 했으며 그럴 때면 손에 들고 있는 얼음도끼는 도움이 되기보다 오히려 짐이 되었다. 잠시 걸음을 멈출 때면 이 비탈길에서 미끄러질 때 얼음도끼를 가지고 어떻게 해야 하는지 계속 머릿속에 그리며 생각했다. 이곳의 눈은 내가 미네소타에서 봤던 눈과는 달랐다. 어떤 곳에서는 눈보다는 얼음에 가까웠다. 너무 단단히 뭉쳐 있어 냉동실에 끼어 있는 성에가 생각날 정도였다. 또 다른 곳에서는 그 반대로 아예 눈이 녹아 질척거리기도 했다.

나는 눈길 반대편에 도달할 때까지 바위들이 늘어서 있는 아래쪽을 내려다보지 않았다. 그리고 마침내 눈이 없는 흙길 위에 서자 온몸이 후들거렸지만 기쁨이 밀려왔다. 지금 내가 건넌 비탈길은 앞으로 내가 겪을 길들의 전초전에 불과하다는 사실을 잘 알고 있었다. 만일 트레일 패스로 가는 길을 포기하고 눈 때문에 길을 우회하는 쪽을 선택한다면 나는 PCT에서 가장 높은 지점인 해발 4,011미터의 포레스터 패스에 빨리 도착해야 했다. 우회하지 않고 그 길을 따라 올라가면서 미끄러지지 않고 갈 수 있다 해도 다음 몇 주 동안은 계속 눈길만 걷게 될 터였다. 그리고 그 눈길은 지금 내가 건넌 길과는 비교도 되지 않을 정도로 훨씬 더 위험한 길일 것이다. 나는 방금 건너온 길만으로도 앞으로 가야 할 길이 무섭도록 실감이 났다.

결국 길을 우회하는 것 말고는 다른 선택의 여지가 없어 보였다. 보통의 조건에서도 PCT를 여행할 만한 적절한 준비를 하지 못했는데, 예년보다 적설량이 두세 배 더 많은 조건에서 홀로 길을 가게 된 것이다. 1983년 이후로는 최고의 적설량이었고 나중에 알게 된 사실이지만 이후 12년 동안에도 그렇게 많은 눈이 내린 적은 없었다고 한다.

게다가 걱정거리는 눈만이 아니었다. 많은 눈이 녹았기 때문에 혼자서 건너야 하는 강이나 개천의 수위가 엄청나게 높아질 것이 뻔했고, 그렇게 몸을 적셔가며 건너게 되면 저체온증이 올 위험도 있었다. 또 길이 온통 눈에 덮이면 나는 상당히 먼 거리를 익숙하지 않은 지도와 나침반에 의지해서 가야 할 것이었다. 나는 장비도 충분치 않았을뿐더러 지식이나 경험도 부족했다. 그리고 혼자였기 때문에 실수를 온전히 감당해낼 여유가 전혀 없었다. 그러나 다른 여행자들처럼 이 길을 포기한다면 나는 시에라 고지대의 영광스러움 모습을 놓치게 되는 것이었다. 그렇다고 계속 이 길을 고집하자니 목숨이 위태로울 지경이었다.

"트레일 패스는 포기해야겠어요."

그날 밤 저녁을 함께 먹으며 더그와 톰에게 말했다. 온종일 25킬로미터라는 아주 놀라운 거리를 걸었지만, 다시 야영 준비를 하는 두 사람을 만나게 되었다. "시에라 시티까지 올라가서 거기서 다시 PCT로 들어가야겠어요."

"우리는 계속 가기로 결정했어요." 더그가 말했다.

"우리 두 사람이 의논을 해봤는데 당신도 우리와 같이 가는 게 어떨까 싶네요." 이번에는 톰이 이렇게 말했다.

"같이 가자고요?" 나는 두툼한 플리스 파카를 뒤집어쓴 채 두 사람을 가만히 응시하며 되물었다. 온도는 영하 가까이 떨어졌고 나는 가지고 있던 옷을 몽땅 다 꺼내 입었다. 나무 아래 우리를 둘러싸고 있는 눈 더미들이 어두운 그림자를 던지고 있었다.

"당신 혼자 가는 건 위험해 보여서요." 더그가 말했다.

"누구라도 혼자 가는 건 안 된다고 생각해요." 톰이 말을 이어받았다.

"그렇지만 이런 눈길이라면 누군들 안 위험하겠어요? 혼자 가든, 같이 가든?"

"그래도 한번 다 같이 노력해보고 싶은데……." 톰이 다시 말했다.

"고마워요. 정말 고마운 제안이지만 그렇게는 안 하려고요."

"왜요?" 더그가 물었다.

"음, 이번 여행의 목적이 나 혼자 모든 일을 해내는 거거든요."

우리는 잠시 침묵에 휩싸여 각자 장갑을 낀 손으로 쌀과 콩 요리가 가득 들어 있는 뜨거운 냄비를 들고 말없이 음식만 욱여넣었다. 나는 두 사람의 제안을 거절한 것이 슬펐다. 시에라 고지대를 우회해야 한다는 것뿐만 아니라 혼자 여행하고 싶다고 이야기한 것도 무척이나 슬픈 일이었다. 그래도 동료가 되자는 말에 나는 큰 위로를 받았다. 그날 밤 톰이랑 더그와 함께 있으니 어둠 속에서 나뭇가지가 부러지는 소리가 들리고 뭔가 엄청난 일이 터질 것처럼 매서운 바람이 몰아쳐도 두렵지 않다고 혼자 외칠 필요가 없었다. 그렇지만 그런 것에 안주하면서 사람들과 어울리고 있을 수는 없었다. 내가 이곳에 온 이유는 눈앞의 공포를 직시하고 내가 홀로 하는 모든 일과 내게 벌어지는 모든 일을 직접 두 눈으로 확인하기 위함이었다. 그런 일들을 다른 사람들과 함께 할 수는 없는 노릇이었다.

저녁을 다 먹은 후 플래너리 오코너의 단편집을 가슴 위에 올려놓고 텐트 안에 누웠다. 오늘은 너무 피곤해서 책에 집중할 수가 없었다. 단지 오늘 여정이 춥고 힘들어서가 아니었다. 이 정도 고도에 올라오면 공기 밀도가 희박해져 잠이 잘 들지 않았다.

그냥 머리가 멍한 상태에서 나는 시에라 고지대를 우회하는 것이 어떤 의미인지 생각해봤다. 그렇게 되면 사실상 모든 계획이 다 수포가 되었다. 내가 지금까지 세워왔던 계획이며 여름 내내 각 지점에 맞춰 우편으로 보내질 보급품 상자들까지도. 이제 나는 내가 걷고자 했던 길의 725킬로미터 지점을 넘어서고 있었다. 이대로라면 9월 중순이 아니라 8월 초면 애쉬랜드에 도착할 수 있을 것 같았다.

"더그?" 나는 어둠 속을 향해 그의 이름을 불렀다. 그의 텐트는 내 텐트에서 팔만 뻗치면 닿을 거리였다.

"네?"

"지금 생각을 해봤는데요. 내가 길을 우회한다면 대신 오리건주 전체를 걸어서 통과해야겠네요." 나는 몸을 굴려 얼굴을 그의 텐트 쪽으로 향했다. 그리고 그도 텐트에 바짝 붙어 나와 가까이 있기를 바라는 마음도 있었다. 그가 아니라 어떤 누구라도. 여행의 첫날 모하비 사막의 그 모텔에서도 이렇게 똑같이 허기지고 공허한 감정을 느꼈었다. 그때도 친구가 되어줄 누군가를 간절히 바랐었지. 사랑을 나눌 사람이 아니라 그저 몸을 맞대고 있을 수 있는 사람이라도.

"오리건을 거치는 길이 얼마나 먼지 혹시 알고 있나요?"

"대략 800킬로미터쯤이요?" 그가 대답했다.

"그렇다면 딱 들어맞네요." 그렇게 대답하고 나니 가슴이 두근거리기 시작했다. 눈을 감고 깊은 잠에 빠져들기 전 떠오른 어떤 생각 때문이었다.

*

다음 날 오후, PCT를 벗어나는 기점인 패스 트레일에 막 도착하기 전에 그렉이 나를 따라잡았다.

"나는 다른 길로 갈 생각이에요." 나는 그에게 주저하며 이렇게 말했다.

"음, 나도 그러려고요." 그가 대답했다.

"당신도 그렇게 한다고요?" 나는 안도감과 기쁨이 교차하는 것을 느끼며 이렇게 되물었다.

"눈이 너무 많이 내려 길을 다 덮었대요." 그는 이렇게 말했고 우리 둘은 길옆 바위틈 사이에서 바람에 뒤틀린 채 자라고 있는 여우꼬리 소나무들을 둘러보았다. 눈부시게 푸른 하늘 아래 산맥과 산등성이들이 몇 킬로미터에 걸쳐 훤히 다 보였다. PCT에서

고도가 가장 높은 지점은 여기서 불과 56킬로미터 정도밖에 떨어져 있지 않았다. 바로 알래스카를 제외한 미국 내에서는 가장 높은 산인 휘트니산 정상으로, PCT를 조금만 우회하면 더 가까웠다.

우리 두 사람은 함께 패스 트레일을 3.2킬로미터 정도 내려가 소풍 구역과 야영장이 있는 호스슈 메도우즈를 찾아갔다. 거기서 더그와 톰을 만난 뒤 그렉과 나는 론 파인으로 들어가는 차를 얻어 탔다. 나는 그곳을 찾아갈 계획은 없었지만 어떤 여행자들은 론 파인으로 보급품을 보내기도 하는 모양이었다. 하지만 나는 북쪽으로 80킬로미터를 더 가야 있는 인디펜던스 마을까지 계속해서 갈 생각이었다. 아직 배낭에는 며칠 분의 식량이 남아 있었지만, 마을에 도착하자 곧장 가게로 달려가 배낭을 가득 채웠다. 일단 길을 돌아서 가기로 한 이상 시에라 시티에서 벨든 타운까지 155킬로미터는 더 갈 수 있을 만큼의 보급품이 필요했다. 그 일을 끝내고 공중전화를 찾아 리사에게 전화를 걸어 자동응답기에 소식을 남겼다. 가능한 한 빨리 내 새로운 계획을 설명하고 보급품 상자의 주소를 벨든 타운으로 바꿔서 즉시 부쳐달라고 부탁했다. 그리고 다른 상자들은 내가 다시 상세한 여행 계획을 알려줄 때까지 보내지 말고 보관해달라고 했다.

전화를 끊고 나니 왠지 모를 혼란스러움과 감상적인 기분이 동시에 느껴졌다. 나는 사람들이 보일 때까지 마을 중심가를 걸어 내려갔다.

"이제 우리는 가야 해요." 더그가 나와 눈을 맞추며 말했다. 나는 두 사람과 작별 인사를 하며 가슴이 답답할 정도로 힘차게 포옹을 했다. 두 사람에 대한 특별한 감정이 있었는지 모르겠지만 가장 먼저 걱정이 되었다.

"정말 눈길을 뚫고 갈 거예요?" 내가 물었다.

"정말 할 수 없을 거라고 생각해요?" 톰이 대꾸했다.

"아직 행운의 깃털을 가지고 있군요." 더그가 이렇게 말하며 그가 케네디 메도우즈에서 내게 건넸던 검은 깃털을 가리켰다. 나는 그 깃털을 오른쪽 어깨 위 배낭 프레임에 꽂아두었다.

"당신을 기억나게 해주니까요." 나는 그렇게 말했고 우리는 같이 웃었다.

두 사람이 떠나고 그렉과 함께 마을의 고속버스 정류장 크기의 두 배는 되어 보이는 편의점으로 갔다. 우리는 올드 웨스트 살롱이라는 간판이 붙은 술집과 창가에 카우보이모자며 야생마를 타고 있는 남자들의 그림을 진열해둔 가게들을 지나쳤다.

"험프리 보가트가 주연한 「하이 시에라High Sierra」라는 영화 본 적이 있어요?" 그렉이 물었다.

나는 고개를 저었다.

"그 영화를 여기서 촬영했다는군요. 그리고 다른 서부영화들도 여기서 많이 찍었대요."

나는 대수롭지 않다는 듯 고개를 끄덕였다. 사실 마을 풍경은 할리우드 영화의 장면과 똑같았다. 덤불로 뒤덮인 평원은 실제보다 더 황량해 보였고 나무는 없고 바위만 있는 풍광이 몇 킬로미터나 계속해서 펼쳐져 있었다. 서쪽으로 보이는 시에라네바다 산맥의 하얀 봉우리들이 푸른 하늘을 향해 멋들어지게 솟아 있어서 나에게는 정말 실제가 아닌 그림처럼 아름다운 모습으로 비쳤다.

"저기서 버스를 타면 되겠네요." 그렉이 우리가 가고 있는 가게의 주차장에 서 있는 커다란 고속버스 한 대를 가리켰다. 그렇지만 그의 짐작이 틀렸다. 여기서는 시에라 시티로 곧장 가는 버스가 한 대도 없었다. 우리는 저녁 버스를 타고 네바다 주 리노까지 일곱 시간을 달린 뒤 다시 다른 버스를 타고 캘리포니아 주 트러키까지 한 시간가량을 더 들어가야 했다. 거기서부터는 버스가 없어 지나가는 차를 얻어 타고 마지막 72킬로미터를 더 가야 비로소 시에라 시티에 도착하게 되는 것이었다.

우리는 버스표와 양팔 가득 먹을거리를 들고 편의점 주차장 끄트머리 따뜻한 인도 위에 앉아 버스가 오기를 기다렸다. 우리는 수다를 떨어가며 과자와 음료수를 해치웠다. 주로 PCT와 배낭여행 장비에 대해 이야기를 나누며 그 기록적이라는 적설량에 대해서도 다시 이야기했다. 레이 자딘과 그 추종자들이 말하는 '초경량으로 짐 꾸리기의 이론과 실제'에 관한 이야기도 빠지지 않았다. 그런 이론과 실제 뒤편의 이면을 설명해줄 사람이 과연 누구일까 하면서.

그러다 마침내 우리 각자에 대해 이야기할 차례가 돌아왔다. 나는 그에게 타코마에서 무슨 일을 하고 어떻게 살고 있는지 물었다. 그는 반려동물도 자식도 없었고 지난 1년 동안 한 명의 여자친구를 사귀었다고 했다. 여자친구도 그렉처럼 아주 열정적인 배낭여행자라고 했다. 그가 사는 방식은 질서정연하고 깔끔했다. 나에게는 지루하기도 하고 놀랍기도 한 이야기였다. 내 이야기는 그에게 어떤 인상을 주었을지 나는 알 수 없었다.

거의 텅 비어 있는 리노행 버스가 도착했고 우리는 버스에 올라탔다. 나는 그렉을 따라 버스 중간으로 가 통로를 사이에 두고 마주 보는 좌석을 골라 앉았다.

"나는 이제 잠을 좀 자야겠어요." 버스가 고속도로에 접어들자 그가 이렇게 말했다.

"나도 졸리네요." 나도 그렇게 말했지만 거짓말이었다. 나는 무척 지쳐 있을 때도 흔들리는 차 안에서는 아무래도 제대로 잠을 잘 수가 없었다. 그리고 지금은 그리 피곤하지도 않았다. 다시 보통 사람들이 사는 세상으로 돌아간다는 것에 꽤 흥분되었다. 나는 그렉이 잠이 든 사이 차창 밖을 바라보았다.

지난 일주일 동안 내가 만났던 사람 중에서 지금 내가 어디로 향하고 있는지 알고 있는 사람은 아무도 없을 것이다. 나는 네바다 주의 리노를 향하고 있었다. 지금껏 단 한 번도 리노를 가보지 못한 나는 문득 궁금한 마음이 생겼다. 지금 이렇게 거리를 헤매는 개처럼 더럽고 지저분한 몰골을 하고 가기에 리노는 너무 터무니없는 곳 같았다. 머리는 마대 자루처럼 떡이 되었고 주머니에 있는 돈을 지폐와 동전 할 것 없이 모두 꺼내 들고 헤드램프 불빛에 비춰보니 총 44달러하고도 75센트가 있었다. 그 보잘것없는 액수를 확인하니 크게 낙담했다. 생각했던 예산보다 훨씬 더 많은 돈을 써버린 것이다. 사실 리지크레스트나 론 파인 같은 곳에 들를 계획은 전혀 없었다. 게다가 트러키 행 버스표까지 구입하다니.

일주일 뒤 벨든 타운에서 다음 보급품 상자를 받아들기 전까지 돈이 나올 구멍이 없었다. 그리고 그때쯤이면 돈은 20달러 남짓 남을 것 같았다. 그렉과 나는 이 긴 여정이 끝나고 시에라 시티에 도착하면 푹 쉬고 원기를 회복하기 위해 모텔에 머물기로 했지만 난 속으로 텐트를 치고 야영을 할 장소를 찾아야 한다고 간절하게 바라고 있었다.

이 문제에 대해서는 더는 어떻게 할 방법이 없었다. 나는 신용카드조차 없었고 현금만으로 이 모든 상황을 헤쳐나가야만 했다. 충분한 돈을 마련해오지 않은 나를 저주했지만 아예 처음부터 그럴 돈 자체가 없었다. 나는 이번 여행 준비를 하느라 가지고 있는 돈을 거의 다 써버렸다. 겨울과 봄 내내 식당에서 받은 팁을 저축했고, 가지고 있던 물건 중 쓸 만한 건 다 팔아치웠다. 그렇게 마련한 돈으로 보급품 상자에 들어갈 물건들을 마련하고 모하비 사막의 모텔 방에 펼쳤던 모든 여행용 장비를 구매했다. 그리고 리사가 보급품 상자들을 제때 부쳐줄 수 있도록 우편요금을 맡겼고 학위도 받지 못했지만 마흔세 살까지 갚아나가야 하는 학자금 대출금 4개월 치를 미리 치르고 왔다. 그리고 남은 돈이 내가 PCT에서 쓸 수 있는 돈 전부였다.

돈을 다시 주머니에 넣고는 헤드램프를 껐다. 그리고 왠지 서글프고 불안한 마음으로 창문을 통해 서쪽을 바라보았다. 고향이 그리웠지만 그게 내가 지금까지 살던 고향인지 아니면 PCT인지 정확히 알 수가 없었다. 나는 달이 떠 있는 하늘을 향해 뻗어 있는 시에라네바다 산맥의 어두운 그림자만 간신히 알아볼 수 있었다.

몇 년 전, 폴과 함께 차를 타고 가며 이 산맥을 처음 봤었다. 그때는 넘을 수 없는 장벽처럼만 보였다. 그러나 이제는 내가 저 산맥을 넘어 그 안으로 들어가 일부가 되는 상상을 했다. 나는 그 길을 한 번에 한 걸음씩 나아가야만 한다는 사실을 알고 있었다. 나는 시에라 시티로부터 멀어지자마자 다시 그곳으로 돌아가게 될 것이다. 시에라 고지대를 우회하게 되면 세쿼이아, 킹스 캐니언, 요세미티 국립공원, 투올러미 메도우즈를 놓치게 되고 존 뮤어와 데설레이션 윌더니스 등 많은 것을 보지 못하겠지. 그렇지만 나는 캐스케이드 산맥에 들어서기 전 시에라네바다 산맥을 넘어 수백 킬로미터를 여전히 계속 걷고 있을 것이다.

새벽 4시에 버스가 리노의 정거장에 멈출 때까지 나는 한숨도 자지 못했다. 그렉과 나는 트러키로 향하는 다음 버스를 타기까지 한 시간 정도 여유시간이 생겼다. 그래서 우리는 여전히 피곤했지만 버스 정거장 근처에 있는 작은 카지노를 돌아보기로 했다. 등에는 무거운 배낭을 짊어진 채였다. 나는 몸은 피곤했지만 신경은 곤두서 있었다. 내가 일회용 컵에 든 뜨거운 홍차를 마시는 동안 그렉은 블랙잭 게임을 해서 3달러를 땄다. 나는 주머니에서 25센트짜리 동전 세 개를 꺼내 들고 몽땅 다 한 슬롯머신에 집어넣었다. 그리고 한 푼도 따지 못했다. 그렉은 그럴 줄 알았다는 듯 예의 그 무표정한 웃음을 지어 보였다.

"그렉, 당신은 짐작도 못 하겠지만 몇 년 전에 라스베이거스에 잠깐 들른 적이 있어요. 그때는 동전 하나로 슬롯머신에서 60달러나 땄다고요." 내 말에도 그렉은 시큰둥했다.

나는 여자 화장실로 갔다. 세면대 위 형광등이 밝혀진 거울 앞에서 이를 닦고 있으려니 한 여자가 다가와 내 배낭 쪽을 가리키며 말을 걸어왔다.

"그 깃털, 마음에 드는데요?"

"고마워요." 우리 눈이 거울 속에서 마주쳤다. 그는 창백한 낯빛에 갈색 눈과 비뚤어진 코, 길게 땋은 머리카락을 등 뒤로 늘어뜨렸다. 몸에 걸친 건 염색으로 무늬를 새긴 티셔츠와 여기저기 잘라내고 기운 청바지, 버켄스탁 샌들이었다.

"내 친구가 준거예요." 나는 치약 거품 때문에 대강 우물거리며 이렇게 말했다. 생각해보니 이렇게 여자랑 이야기해본 것이 언제였던가 싶었다.

"코비드라는 작은 까마귀 종류의 깃털 같네요." 그는 조심스레 한 손가락만으로 깃털을 만지며 말했다. "이 새는 공허함의 상징이지요." 그리고 수수께끼 같은 말투로 이렇게 덧붙였다.

"공허함이라고요?" 나는 어안이 벙벙해서 물었다.

"그건 좋은 거예요." 그가 말했다. "모든 것은 텅 빈 곳에서 태어나니까요. 다 거기서 시작돼요. 우주의 블랙홀이 모든 에너지를 다 받아들인 후 새로운 생명을 만들어낸다고 생각해봐요." 그가 잠시 말을 멈추고 뭔가 깊은 의미가 있는 듯 내 눈을 바라보았다.

"내 전 남자친구가 조류 학자였어요." 그가 이번에는 좀 더 분명한 목소리로 설명했다.

"그 사람이 연구하던 분야가 이 코비드라는 까마귀 종류였어요. 그는 논문을 썼고 나는 영어 관련 석사 학위가 있어서 그 망할 논문을 열 번도 넘게 읽어주고 손을 봐줬죠. 덕분에 필요한 것 이상으로 까마귀들에 대해 알게 됐지만." 그는 거울을 보며 머리를 빗어 넘겼다.

"혹시 레인보우 개더링 행사에 들를 생각 있어요?"

"아니요, 난……."

"한번 와봐요. 정말 멋진 모임이에요. 올해는 섀스타 트리니트 국유림에서 열려요. 토드 레이크 근처에서."

"작년에 한 번 갔었어요. 그때는 와이오밍에서 열렸었죠." 내가 말했다.

"맞아요!" 그는 사람들이 이렇게 찬성하는 말을 할 때면 보여주는 특유의 모습으로 대답을 했다. "멋진 여행 되세요." 그가 이렇게 말하며 손을 뻗어 내 팔을 힘주어 잡았다.

"그리고 깃털도 기운내고!"

그는 격려의 말을 던지고 나와 깃털을 향해 엄지손가락을 불끈 들어 보이고는 출입구 쪽을 향했다.

*

8시가 되자 그렉과 나는 트러키에 도착했다. 11시에 우리는 여전히 뜨거운 도로 한옆에 서서 시에라 시티로 가는 차를 얻어 타기 위해 기다리고 있었다.

"저기요!" 나는 쌩하며 지나치는 폭스바겐 버스를 향해 미친 듯이 소리를 질렀다. 지난 몇 시간 동안 적어도 여섯 대의 차가 우리를 무시하고 그냥 지나갔다. 지금 폭스바겐 버스가 나를 태워주지 않았다고 해서 갑자기 특별히 화가 치민 것은 아니었다.

"빌어먹을 히피들." 내가 투덜거리자 그가 말했다.

"나는 당신도 히피라고 생각하는데."

"나도 그런 부류긴 하죠. 하지만 아주 약간이에요." 나는 자갈이 깔린 도로 가장자리에 앉아 등산화 끈을 다시 고쳐 맸다. 그렇지만 신발 끈을 다 매고도 나는 일어나지 못했다. 너무 지쳐서 그런지 어지러웠다. 나는 꼬박 하루하고도 반나절 동안 잠을 못 잔 상태였다.

"당신이라면 나보다 앞서가고 혼자서도 잘할 수 있었을 거예요." 그렉이 말했다. "당신 혼자였으면 벌써 차를 얻어 타고 떠났을 텐데."

"아니에요." 그의 말이 맞긴 하지만 나는 부정했다. 여자 혼자라면 남자와 여자 둘이 있는 것보다는 사람들은 덜 경계를 하는 법이니까. 사람들은 혼자 있는 여자는 도와주고들 싶어 한다. 어쨌든 우리 둘은 지금 함께였고 그렇게 다시 한 시간 더 흐른 뒤에야 겨우 차를 한 대 얻어 타고 시에라 시티로 향할 수 있었다. 시에라 시티는 해발 1,280미터의 고원에 목조 건물만이 열 몇 채 정도 서 있는 아름다운 마을이었고 노스 유바 리버와 북쪽의 맑고 푸른 하늘을 향해 갈색으로 우뚝 솟아 있는 시에라 뷰트 사이에 끼어 있었다.

우리는 마을 중앙에 있는 잡화점 앞에 내렸다. 예스러운 자취가 남아 있는 곳으로 관광객들이 가게 입구 앞에 삼삼오오 둘러앉아 아이스크림을 먹고 있었다. 독립기념일 휴가를 미리 즐기러 온 사람들과 더불어 마을에는 활기가 넘쳐흘렀다.

"아이스크림 먹을래요?" 그렉이 돈을 꺼내며 물었다.

"아, 아니요, 나중에요." 나는 내 속마음을 감추려고 노력하며 아무렇지 않은 듯 대답했다. 물론 아이스크림이 먹고 싶었다. 그렇지만 모텔 방값을 치를 수 있을까 하는 걱정에 감히 아이스크림 하나도 편히 사먹을 수가 없었다. 우리는 작고 붐비는 가게 안으로 들어갔고 나는 음식이 있는 쪽을 보지 않으려고 애썼다. 나는 대신 카운터 근처에 서서 그렉이 필요한 물건을 사는 동안 관광여행 안내서를 훑어보았다.

"1852년에 눈사태가 일어나 이 마을 전체를 뒤덮었대요." 그렉이 돌아오자 나는 식품 전단지로 부채질을 하며 이렇게 말했다. "눈사태는 고원에서부터 시작되었다는군요." 그는 마치 이미 다 알고 있는 사실이라는 듯 고개를 끄덕이며 초콜릿 아이스크림콘을 핥아 먹었다. 나는 시선을 돌렸다. 그 장면이 마치 고문과 같았다.

"그나저나 난 더 싼 곳을 찾아보려고 해요. 오늘 밤 묵을 곳 말이에요. 당신은 나 신경 쓰지 말고 묵을 곳을 찾았으면 좋겠어요."

더 정확하게 말하면 나는 공짜로 머물 수 있는 곳이 필요했다. 그렇지만 나는 너무 피곤해서 야영까지는 생각하지 못했다. 내가 마지막으로 잠을 잔 건 시에라 고지대의 PCT 여행 중의 일이었다.

"그럼 저긴 어때요?" 그렉이 길 건너 낡은 목조 건물들을 가리키며 말했다. 1층에는 술집과 식당들이 있었고 2층에는 욕실을 공동 사용하는 방을 빌려주는 모양이었다. 시간은 겨우 1시 반이었지만 술집에서 여자가 한 명 나와 우리를 들여보내 주었다. 방값을 내고 나니 내게 남은 돈은 이제 13달러가 전부였다.

"이따가 1층에 내려가서 저녁 같이 먹을까요?" 나란히 붙어 있는 우리가 쓸 방들 앞에 도착하자 그렉이 이렇게 물어왔다.

"그럼요." 나는 조금 얼굴이 붉어졌다. 나는 그에게 끌리지 않았지만, 그는 나에게 끌리길 바랐다. 이게 도대체 무슨 소리람. 어쩌면 내 콘돔을 몽땅 가져간 사람이 그렉이 아닐까. 그런 생각을 하자 갑자기 온몸이 짜릿해졌다.

"괜찮으면 먼저 써요." 그가 공동으로 사용하는 욕실을 가리키며 말했다. 이 복도에 있는 방을 쓰는 사람들이 함께 사용하는 욕실이었다. 지금까지 이곳에 묵고 있는 사람은 현재 그렉과 나, 둘뿐인 것 같았다.

"고마워요." 나는 이렇게 대답하고 방에 들어갔다. 둥근 거울이 달린 오래된 골동품 나무 옷장 하나가 한쪽 벽에 서 있었고 반대편에는 2인용 침대가 있었다. 그 옆에는 역시 낡아빠진 탁자와 의자 하나가 있었다. 천장 한가운데에는 알전구 하나가 달랑 매달려 있었다. 나는 내 몬스터를 내려놓고 침대 위에 앉았다. 침대에 내 몸무게가 실리자 삐걱거리는 비명을 지르며 요란하게 요동을 쳤다. 그렇지만 어쨌든 그 느낌은 끝내줬다. 그냥 침대 위에 앉아 있는 것만으로도 내 몸은 고통에 가까운 쾌감을 느꼈다. 마치 온몸이 다시 살아나는 것 같았다. 텐트 안에서 잘 때 매트 대용으로 쓰던 캠핑용 의자는 이런 편안함을 주지 못한다는 사실을 비로소 알게 되었다. 나는 여행을 하면서 대부분은 깊게 잠이 들었지만 그건 잠자리가 편안해서가 아니라 그저 너무 지쳐 아무 신경도 쓸 수 없었기 때문이었다.

나는 잠을 자고 싶었다. 그렇지만 팔다리가 얼마나 더러운지 흙먼지로 줄이 그려져 있을 정도였고 냄새는 더 말할 것도 없었다. 이런 모습으로 씻으러 가는 것 자체가 무슨 범죄행위처럼 느껴질 정도였다. 나는 거의 2주 전 리지크레스트의 모텔을 떠난 뒤로는 목욕다운 목욕을 거의 해보지 못했다. 나는 욕실로 갔다. 욕실 안에는 샤워기는 없었고 커다란 욕조만이 있을 뿐이었다. 그리고 매달린 선반에는 접힌 수건들이 있었다. 나는 그중 하나를 집어 들어 얼굴에 대고 그 깨끗하고 향긋한 세제 냄새를 한껏 들이마셨다. 그런 다음 옷을 벗고 전신 거울에 비친 내 모습을 바라보았다.

거울 속에 비친 나는 깜짝 놀랄 만한 모습을 하고 있었다. 그 모습은 지난 3주 동안 야생에서 배낭여행을 한 여자의 모습과는 한참 거리가 멀었다. 그것은 마치 범죄와 폭력에 한껏 난행당한 희생자의 모습이었다. 팔과 다리, 그리고 등과 엉덩이에는 마치 막대기로 얻어맞은 듯한 검고 푸른 멍들이 가득했다. 배낭이 맞닿았던 엉덩이와 어깨 부분에는 온통 물집에 살이 쓸린 자국투성이였고 새로 벌겋게 벗겨진 상처와 까맣게 내려앉은 딱지가 여기저기 나 있었다. 상처와 멍, 그리고 흙먼지 아래로는 새로 생겨난 울퉁불퉁한 근육들이 보였다. 여행 전만 해도 부드러웠던 살갗도 팽팽하게 변해 있었다.

나는 욕조에 물을 가득 채우고 그 안에 들어가 비누와 때수건으로 온몸을 박박 문질렀다. 얼마 지나지 않아 욕조의 물은 내 몸에서 씻겨 나온 흙먼지와 피로 인해 구정물로 변했고 나는 욕조를 비우고 다시 한번 물을 가득 채웠다.

두 번째로 물을 채운 욕조에 비스듬히 누워 있으려니 세상 전부를 다 가진 것보다 더한 감사함이 피어올랐다. 잠시 뒤 나는 내 발을 살펴보았다. 여기저기 물집이 생기고 뭉개졌으며 발톱 몇 개는 완전히 검게 변해 있었다. 그중 한 개를 건드려보니 조금만 더 하면 그냥 발가락에서 빠져버릴 정도였다. 그런 발가락은 마치 발가락을 그냥 뽑아낸 것처럼 무섭도록 부어올라 며칠 동안 계속 통증이 있었지만, 지금은 약간만 아플 뿐이었다. 빠지려는 발톱을 슬슬 손으로 당기자 날카로운 고통이 몰려왔다. 발톱이 빠져나간 자리에는 발톱도 피부도 아닌 끈끈한 점액층만이 남았는데, 약간 반짝거리는 반투명 물질로 마치 포장용 랩 같기도 했다.

"발톱이 빠졌어요." 나는 저녁을 먹으며 그렉에게 말했다.

"발톱이 빠졌다고요?" 그가 되물었다.

"아직 한 개뿐이지만요" 나는 우울하게 대꾸했다. 생각해보니 앞으로도 몇 개는 더 빠질 것 같았고 그건 다 내 어리석음에 대한 증거 같았다.

"당신 등산화가 너무 작아서 그럴지도 몰라요." 종업원이 다가와 스파게티 2인분과 마늘 빵을 차려놓자 그가 이렇게 말했다.

나는 더 살펴보고 주문을 할 생각이었다. 오늘 오후 세탁을 하느라 50센트를 더 쓰는 바람에 더욱 그럴 수밖에 없었지만, 일단 이렇게 그렉과 함께하니 모든 일을 그렉에게 맞출 수밖에 없었다. 저녁식사에 럼주와 콜라가 추가되었고 마늘 빵 주문에도 고개를 끄덕였다. 나는 밥을 먹으며 음식값을 계산하지 않으려고 애를 썼다. 그렉은 내가 PCT 여행 준비를 제대로 못 했다는 사실을 이미 알고 있었다. 그런 그에게 내가 정말 멍청한 사람이라는 증거를 또 내보일 필요가 있을까.

그렇지만 역시 나는 바보였다. 식사를 마치고 계산서가 나왔다. 거기에 팁까지 얹어주고 나니 이제 내게 남은 돈은 달랑 65센트뿐이었다.

그렇게 저녁을 먹고 방으로 돌아온 나는 여행 안내서를 펼쳐 들고 내가 가게 될 다음 구간에 대해 읽기 시작했다. 나의 다음 목표인 벨든 타운으로 가면 보급품 상자와 함께 20달러가 나를 기다리고 있을 터였다. 65센트로 벨든 타운까지 갈 수 있을까? 어차피 산길을 지나야 하니, 돈을 쓰고 싶어도 쓸 곳도 없는 셈이지만 그래도 여전히 불안했다. 나는 리사에게 편지를 써 내가 남겨둔 돈으로 PCT의 오리건 주 구간에 대한 여행 안내서 한 권을 사서 보내달라고 했다. 그리고 캘리포니아 주 남은 구간에 보내줄 보급품 상자의 주소도 다시 알려주었다. 나는 남은 일정과 거리, 장소들을 살피고 계획표를 두세 번 들여다보며 내가 제대로 가고 있는지 확인하고 또 확인했다.

불을 끄고 삐걱대는 침대 위에 누워 잠을 청하려 하니 바로 옆방에서 그렉 역시 삐걱거리는 침대 위에서 뒤척이는 소리가 들려왔다. 그가 아주 가까이 있다는 사실이 새삼 실감이 났다. 그 소리를 듣고 있으려니 나는 더 외로워졌다. 할 수만 있다면 비명이라도 지르고 싶은 심정이었다. 도대체 왜 그러는지 나도 알 수가 없었다. 내가 그에게 뭘 바라고 있는 건가 아니면 아무것도 바라는 게 없는 건가? 내가 나가서 그의 방문을 두드린다면 그는 어떤 반응을 보일까? 그가 나를 들어오게 한다면 또 나는 어떻게 해야 하나?

나는 내가 어떻게 할지 잘 알고 있었다. 이전에도 여러 번 했던 일이니까.

"난 성적인 면으로 보면 남자 같아요." 몇 년 전 두세 차례 찾아갔던 치료사에게 나는 이렇게 말했다. 빈스라는 이름의 그 치료사는 미네소타 시내에 있는 커뮤니티 클리닉 센터의 자원봉사자로 10달러를 내면 나 같은 사람이 찾아가 상담을 받을 수 있었다.

"어떤 성향의 남자 말인가요?" 그가 물었다.

"좀 무심하다고 할까요." 내가 대답했다. "어쨌든 남자들이 좀 그렇잖아요. 질척대지 않고. 내가 그런 식이에요. 남녀 관계로 발전할 때 그냥 생각 없이 움직이는 편이죠." 나는 빈스를 바라보았다. 그는 마흔 살쯤으로 보였으며 검은색 머리는 한가운데서 반으로 갈라져 마치 작고 검은 날개처럼 얼굴 양쪽을 덮고 있었다. 나는 그에게 별다른 감정은 없었지만 그가 자리에서 일어나 내게 키스한다면 나도 키스해줄 생각이었다. 나는 무슨 일이든 다 할 수 있었다.

그렇지만 빈스는 자리에서 일어나지 않았다. 그는 그저 아무 말 없이 고개만 끄덕일 뿐이었다. 그의 침묵에서는 신뢰와 회의감이 동시에 다 느껴졌다.

"누가 당신을 그렇게 무심하게 대했나요?"

"나도 잘 모르겠어요."

나는 그렇게 대답하며 내가 불편할 때 나오는 그런 웃음을 지어 보였다. 나는 그를 똑바로 바라보지 않았다. 대신 그의 뒤에 걸려 있는 액자 속 그림을 바라보았다. 검은색 배경에 은하수를 나타내는 하얀색 소용돌이가 보였다. 한가운데 화살표가 있었으며 그 위에는 '지금 우리의 위치'라는 글이 새겨져 있었다. 저 그림은 티셔츠며 포스터 등 어디에서나 흔히 볼 수 있었다. 나는 그 그림을 볼 때 언제나 조금 불편한 기분이 들었다. 저걸 어떻게 받아들여야 할까? 웃어야 하나, 울어야 하나? 우리의 인생이 그만큼 대단하다는 건가, 아니면 아주 하찮은 존재라는 건가?

"나를 버린 남자는 없어요. 물어보는 질문이 그런 거라면요." 나는 대답했다. "언제나 내가 먼저 관계를 끝내곤 했어요." 순간 내 얼굴이 달아올랐다. 나는 지금 내가 팔짱을 끼고 다리를 꼬고 앉아 있다는 사실을 깨달았다. 제멋대로 꼬여버린, 요가의 독수리 자세와 비슷했다. 나는 그냥 편하게 앉아 긴장을 풀려고 해보았지만 그럴 수가 없었다. 나는 주저하며 그의 눈을 바라보았다.

"이제 우리 아버지 이야기를 할 차례인가요?" 나는 이렇게 물어보며 헛웃음을 터트렸다.

언제나 내 마음의 중심에는 우리 엄마가 있었다. 그렇지만 그 방에서 빈스와 함께 있으려니 갑자기 마음속 깊은 곳에서 아버지 생각이 떠올랐다. 마치 집에서 찍은 비디오 영상처럼.

누군가 띄엄띄엄 설명하는 소리가 귀에 들린다. 시간의 흐름에 관계없이 극적이면서도 설명할 수 없는 장면들이 흘러나온다. 어쩌면 내가 여섯 살까지 기억하고 있는 아버지의 여러 가지 모습들일지도 모르겠다. 저녁식사 자리에서 아버지가 화를 내며 음식이 가득 담겨 있는 그릇들을 벽으로 집어 던진다. 아버지가 엄마를 깔고 앉아 엄마의 목을 조르고 머리채를 잡고 벽 쪽으로 내려친다. 어느 날 한밤중에 아버지가 언니와 나를 침대 밖으로 내던진다. 나는 고작 다섯 살이다. 아빠랑 살기 싫다고 말했다는 이유였다. 엄마는 잠들어 있는 갓난아이인 남동생을 품에 끌어안고 피를 흘리며 서 있다. 그러지 말라고 애원한다. 우리는 아무 말도 못하고 울기만 한다. 아버지는 마룻바닥에 머리를 짓찧으며 절망적인 비명을 질러댄다. 나는 이제 우리 모두 여기서 죽게 될 거라고 생각한다.

한번은 아버지가 횡설수설하다가 엄마에게 몽땅 다 발가벗겨서 거리로 내쫓겠다고 위협한다. 우리가 자기 자식이 아니라면서. 이제 우리가 살고 있는 곳은 미네소타로 바뀌었고 계절은 한겨울이다. 나는 이제 모든 것이 또렷하게 이해가 되는 나이이다. 아버지가 정말 그렇게 할 거라는 생각이 든다. 엄마와 우리 삼 남매가 얼어붙은 눈길 위를 벌거벗은 채 떨면서 도망가는 장면이 그려진다.

아버지는 펜실베이니아에 살 때도 종종 그렇게 우리 삼 남매를 밖으로 내쫓았다. 엄마는 일하러 가며 아버지에게 우리를 맡겼다. 아버지는 쉬고 싶어서 우리 보고 마당으로 나가라고 한 뒤 문을 걸어 잠근다. 언니와 나는 이제 막 걸음마를 시작한 남동생의 끈적거리는 손을 움켜쥔다. 우리 삼 남매는 울면서 마당을 헤매다가 이내 다 잊어버리고 소꿉놀이를 시작한다. 시간이 흐른 뒤 짜증도 나고 싫증도 난 우리는 집 뒷문으로 다가가 문을 두드리고 소리를 친다. 나는 그 뒷문이 지금도 똑똑히 기억이 난다. 그리고 거기로 이어진 콘크리트 계단도. 그 위에 올라 발돋움을 하고 서면 창문으로 안이 들여다보인다.

좋은 일은 영상 속에 없다. 영상으로 남겨둘 정도로 좋은 일이 없다. 좋은 일은 시다. 석 줄을 채 넘지 못하는 시다. 아버지가 조니 캐시와 애벌리 브라더스의 노래를 흥얼거린다. 식료품점에 일자리를 얻은 아버지가 집에 과자를 들고 온다. 아버지가 간절히, 그리고 진심으로 미안하다고 말을 한다. 나는 아주 어린 나이지만 아버지의 마음과 서글픔이 느껴진다. 아버지가 찰리 리치의 노래를 부른다. '이봐, 이 세상에서 가장 어여쁜 여인을 본 적 있어?' 그 노래의 주인공은 나와 언니와 우리 엄마다. 우리는 그 순간 이 세상에서 가장 아름다운 여자들이 된다. 그러다 모든 것이 다 끝장이 난다. 아버지가 그런 말을 하는 순간은 엄마에게 돌아오라고 애원할 때뿐이다. 이제 모든 것이 다 달라질 거라고, 다시는 그러지 않겠노라고 엄마에게 약속하고 애원한다.

그리고 아버지는 늘 똑같은 일을 반복한다. 아버지는 거짓말쟁이, 사기꾼, 야만인, 그리고 짐승이다.

엄마는 우리와 함께 아버지를 떠났다가 돌아오기를 반복한다. 아버지를 떠나고 다시 되돌아온다. 우리는 얼마 멀리 가지도 못한다. 사실 우리에게는 갈 곳도 없다. 근처에는 일가친척도 없고 엄마 친구들을 찾아가기엔 엄마는 너무 자존심이 세다. 매 맞는 아내를 위한 센터가 미국에서 처음 문을 연 건 1974년의 일이다. 그해 엄마는 결국 아버지 곁을 영원히 떠나게 된다. 아직 그때가 되지 않은 우리는 밤새도록 차를 타고 달린다. 뒷좌석의 우리 자매는 잠들었다. 낯선 불빛에 다시 잠이 깼다. 남동생 레이프는 앞 좌석에 엄마랑 함께 있다.

아침이면 우리는 다시 집으로 돌아온다. 아버지는 멀쩡한 모습으로 아침을 하며 다시 찰리 리치의 노래를 흥얼거린다.

엄마가 결국 아버지와 이혼을 결심한 건 내가 여섯 살 때 일이다. 우리 가족이 펜실베이니아에서 미네소타로 온 지 1년 뒤의 일이었다. 나는 울면서 엄마에게 매달렸다. 제발 그러지 말라고. 이혼은 내가 알고 있는 가장 나쁜 일이었다. 다른 무엇보다도 나는 아버지를 사랑했다. 이제 엄마가 이혼하게 되면 나는 아버지를 잃게 되는 것이다. 그리고 내 예상이 맞았다.

두 사람이 마침내 이혼하자 우리는 미네소타에 남았고 아버지는 펜실베이니아로 돌아갔다. 연락도 거의 끊어졌다. 1년에 한두 번 우리들에게만 편지가 왔다. 카렌과 레이프, 그리고 나는 편지를 보고 기뻐했지만 그 안에는 엄마에 대한 욕만 잔뜩 쓰여 있었다. 엄마는 헤픈 여자고 멍청하며 거짓말이나 하고 다니는 죽일 년이다. 언젠가 너희들을 데리러 가겠다. 약속하마. 언젠가는 너희들을 행복하게 해주마.

"하지만 약속은 지켜지지 않았어요." 나는 빈스와의 마지막 상담에서 이렇게 말했다. 빈스는 이제 이 일을 그만두게 되었다고 설명했다. 그리고 다른 상담사의 이름과 전화번호를 건네주었다.

"부모님이 이혼한 뒤 아버지는 내 인생에서 사라져버렸어요. 슬프기도 했고 기쁘기도 했지요. 이제는 험한 꼴을 보지 않아도 되었으니까. 그러니까 내 말은, 아버지가 옆에 있었다면 내 인생은 어떻게 되었을까요?"

"다른 아버지들처럼 당신을 사랑해주는 아버지가 곁에 있었다면 어떻게 되었겠느냐 말이죠?" 빈스가 덧붙였다.

나는 그런 일을 상상해보려 애를 썼다. 그렇지만 도저히 그렇게는 되지 않았다. 나는 자세하게 그런 광경을 떠올릴 수가 없었고 사랑이나 안전함, 확신, 혹은 누군가에게 속해 있는 감정 따위도 일어나지 않았다. 다른 아버지들처럼 나를 사랑해주는 아버지라는 건 정말 생각보다 엄청난 일이 아닐까. 아버지란 존재는 저기 빈스 뒤에 붙어 있는 하얀색 소용돌이와 화살표가 있는 그림 같았다. 내게 아버지는 수백만 가지 다른 모습을 담고 있는 불가해한 존재였다. 왜냐하면 나는 그런 아버지를 한 번도 가져본 적이 없었으니까. 그리고 나는 내가 저 소용돌이 속에서 내 모습을, 내 위치를 찾지 못하게 될까 봐 두려웠다.

"당신의 새아버지는 어땠나요?" 빈스가 물었다. 그는 무릎 위에 올려 있는 공책을 흘끗 바라보았다. 나에 대해 생각나는 것들을 끼적거려놓은 단어들이 적혀 있는 공책이었다.

"에디요? 그 사람도 그냥 무심했어요." 내가 별거 아니라는 듯 이렇게 말했다. 마치 나와는 아무 상관 없다는 듯, 그저 웃어넘길 만한 일이었다는 듯.

"그 이야기는 하자면 꽤 길어요." 나는 이렇게 말하며 그 그림 옆에 걸려 있는 시계를 보았다. "그런데 시간이 거의 다 끝나가요."

"그것참 다행이군요." 빈스는 그렇게 말했고 우리는 웃음을 터드렸다.

*

시에라 시티의 허름한 방 안으로 비치는 거리의 불빛으로 내 몬스터의 윤곽이 희미하게 보였다. 더그가 준 깃털도 내가 배낭 프레임에 꽂아둔 채로 그대로 있었다. 나는 그 '까마귀학'에 대해서 생각을 했다. 나는 그 깃털이 정말 어떤 상징인지 아니면 그냥 내가 생각하는 대로 그 의미가 바뀌는 것인지 궁금했다. 나는 어떤 존재를 아주 열정적으로 믿기도 했지만 동시에 아무런 믿음도 없는 사람이기도 했다. 나는 회의적이면서 동시에 무엇인가를 열심히 탐구하는 사람이었다. 나는 어디에 있는 무엇을 믿어야 할지 도무지 알 수 없었다. 내 마음을 둘 곳이 있기나 한 건지, 아니면 도대체 그 믿음이라는 말이 무엇을 의미하는지조차 너무 복잡해서 잘 알 수가 없었다. 모든 것이 다 진짜처럼 보이기도 하고 가짜처럼 보이기도 했다.

"넌 믿음이 있는 아이야." 엄마는 죽기 바로 전 병원에 있는 침대에 누워 내게 그렇게 말했다. "나를 많이 닮았어." 그렇지만 나는 엄마가 정확히 뭘 믿고 따랐는지 알지 못했다. 엄마가 뭘 믿었다고? 내가 엄마에게 미처 묻지 못한 질문이었지만 설사 대답을 들었다 해도 내가 믿지 않았을지도 모를 일이었다. 엄마에게 믿음이란 무엇인지 다시 설명해 달라고 조르고 그런 정신적인 영역이 어떻게 증명될 수 있냐고 따져 물었겠지. 나는 심지어 증명될 수 있는 사실조차도 의심하는 사람이었다. 상담사를 찾아가 봐. 엄마가 죽고 난 뒤 사람들이 내게 다들 그렇게 말했다. 그리고 결국 내 인생의 가장 어두웠던 순간 속에서 허우적대다가 나는 상담사를 찾아갔다. 이 여행을 시작하기 1년 전 일이었다. 그렇지만 나에게는 신뢰나 믿음 같은 건 없었다. 나는 빈스가 알려준 다른 상담사에게 한 번도 연락하지 않았다. 나에게는 그런 사람들이 풀어줄 수 없는 문제가 있었다. 이 방에 남자가 없어서 느껴지는 슬픔쯤은 아무것도 아니었다.

나는 침대에서 일어나 벌거벗은 몸에 수건 한 장만 두르고 맨발로 복도로 나왔다. 그리고 그렉의 방을 지나쳐 욕실로 향했다. 나는 욕실 문을 잠그고 욕조의 수도꼭지를 틀었다. 그리고 욕조 안으로 들어갔다. 뜨거운 물이 마법과도 같은 효력을 발휘했다. 내가 물을 잠글 때까지 물 떨어지는 소리가 천둥소리처럼 욕실을 가득 채웠다. 그리고 이전보다 더한 침묵이 찾아들었다. 나는 완벽하게 각이 진 욕조 안에 기대어 문 두드리는 소리가 들릴 때까지 벽을 바라보았다.

"네?" 내가 대답했다. 그렇지만 아무 소리도 나지 않았다. 그저 복도를 지나가는 발소리만 들려올 뿐이었다. "안에 사람 있어요!" 내가 이렇게 외쳤다. 그거야 당연하지. 내가 있어. 여기 내가 있다니까. 나는 내 안에 있는 나의 모습이 변하지 않고 그대로 있는 것 같은 기분이 들었다. 그 끝을 헤아릴 수 없는 은하수 안에 나의 자리를 차지하고 있는 또 다른 내가.

나는 욕조 옆 선반의 때수건을 집어 들고 이미 깨끗해진 몸을 또 문질렀다. 나는 얼굴과 목과 목구멍, 가슴과 배와 등을 문질렀다. 그리고 엉덩이와 팔과 다리와 발을 문지르고 또 문질렀다.

"너희들이 처음 태어났을 때 내가 가장 먼저 한 일은 너희들 온몸에 입을 맞추는 것이었단다."

엄마는 우리 삼 남매에게 그렇게 말하곤 했다. "그리고 손가락 발가락이 제자리에 다 붙어 있는지 확인했지." 엄마가 말을 이었다. "그다음에는 손을 만지고 더듬어보았단다."

당연히 기억하지 못하는 일이었지만 엄마의 그 말은 결코 잊지 못했다. 그 일은 아버지가 나를 창문 밖으로 던져버리겠다고 위협했던 말만큼이나 내게 강하게 남아 있었다. 아니 어쩌면 그 이상이었는지도 몰랐다.

나는 두 눈을 감고 등을 기댄 뒤 물이 얼굴을 덮을 때까지 머리를 담갔다. 어릴 때의 기분이 되살아났다. 그저 머리를 물속에 담그는 간단한 행동 하나로 익히 알고 있던 욕실이라는 세계가 사라지고 신비스러운 미지의 장소가 새로 나타났다. 귀에 익숙한 소리와 감각이 순간 다 사라지고 먹먹한 상태가 되었다. 다른 소리와 감각은 들리지도 느껴지지도 않았다.

나는 이제 시작일 뿐이었다. 나는 3주간을 걸어왔다. 그렇지만 내 안의 모든 것이 바뀌었다. 나는 할 수 있는 한 숨을 쉬지 않고 참으며 물속에 누워 있었다. 그곳은 나 홀로 존재하는 기이한 신세계였다. 나를 둘러싸고 있는 진짜 세계는 그저 조용히 웅웅거리고 있을 뿐이었다.

잃어버린 길 위의 여우

 나는 길을 우회해서 지나갔다. 이제 위험에서 벗어났다. 나는 눈길을 건너뛰었다. 이제 남아 있는 캘리포니아 구간을 통과하는 일은 일사천리일 거라고 생각했다. 그런 다음에는 오리건에서 워싱턴까지. 내 새로운 목표지점은 컬럼비아 강을 가로지르는 다리다. 컬럼비아 강은 오리건과 워싱턴 두 주의 경계선이기도 했다. 이른바 신들의 다리. 그 다리는 이제 1,622킬로미터 앞에 있었다. 지금까지 나는 겨우 274킬로미터를 왔다. 그렇지만 걷는 속도는 점점 빨라지고 있었다.
 아침이 되자 그렉과 나는 시에라 시티를 떠나 도로 외곽을 따라 1.6킬로미터가량을 걸었다. 이윽고 PCT와의 교차로가 나타나자 우리는 몇 분간을 더 함께 걸은 뒤 잠시 걸음을 멈추고 작별 인사를 했다.
 "저건 마운틴 미저리라고 부르죠." 나는 길 가장자리에 나 있는 키가 작은 덤불을 가리키며 말했다. "여행 안내서에서 본 건데, 미저리라는 이름이 좀 그렇네요. 뭔가 나쁜 일이 안 일어났으면 좋겠는데."

"그럴 거예요." 그렉이 말했다. 그리고 그의 말이 맞았다. 13킬로미터 정도만 가면 높이가 900미터가 넘는 고개를 넘어야 했다. 나는 하루 동안 단단히 여행을 준비했고 몬스터에는 일주일을 버틸 수 있는 식량을 챙겨 넣었다. "행운을 빌어요." 그렉의 갈색 눈동자가 내 두 눈과 마주쳤다.

"당신도요." 우리는 서로를 힘껏 끌어안았다.

"셰릴, 포기하지 말아요." 그가 떠나기 전에 말했다.

"당신도 포기하지 말아요." 나는 그렇게 말했다. 그 말을 하지 않으면 마치 그가 포기라도 할 것처럼.

10분쯤 지나자 그가 시야에서 사라졌다.

나는 다시 여행을 시작한다는 사실에 가슴이 두근거렸다. 이제 내가 있는 곳에서 북쪽으로 724킬로미터를 더 가야 했다. 시에라 고지대의 눈 덮인 봉우리와 화강암 절벽은 이제 눈에 보이지 않았다. 그렇지만 길은 예전과 똑같이 느껴졌다. 여러 가지 면에서 같은 길처럼 보였다. 끝없이 이어진 산들과 황량한 풍경도 눈에 익었고 가장 반가웠던 건 너비가 50센티미터 남짓한 길이었다. 주변을 둘러보는 시야도 이제는 거의 단련이 되었다. 나무뿌리와 가지를 구별하고 돌과 뱀을 알아보았다. 길은 모래밭이다가 때로는 자갈밭이었고 바위와 진흙으로 가득하기도 했다. 또 어떤 때에는 솔잎이 수북이 쌓여 있어 부드럽고 푹신푹신하기도 했다. 그

빛깔은 검은색, 갈색, 회색, 그리고 버터 사탕 같은 금색 등등 다양하게 변했지만 PCT라는 사실은 변함이 없었다. 나는 다시 고향으로 돌아온 기분이었다.

나는 소나무와 떡갈나무, 그리고 향나무 숲 아래를 걸었다. 그리고 갈지자로 이어지는 길을 따라 올라가며 서부에만 자라는 더글러스 소나무 숲 사이를 통과하기도 했다. 화창한 아침에 아무도 눈에 보이지는 않았지만 나는 그렉이 같이 있는 것처럼 느껴졌다. 그렇지만 시간이 지날수록 그런 느낌은 옅어졌다. 나는 그가 점점 더 나를 앞서서 멀어지고 있다고 상상했다. 자신의 평소 속도로 빠르게 걸어가고 있는 그렉의 모습. 그늘진 숲속을 지나 확 트인 산등성이로 나오자 저기 몇 킬로미터 아래쪽으로 협곡이 눈에 들어왔고 머리 위로는 바위로 된 평지가 보였다.

한낮이 되자 나는 해발 2,133미터 고지에 올라섰고 며칠 동안 비도 내리지 않았건만 길은 흙탕길로 변했다. 그리고 마침내 고갯길을 돌아서니 눈 덮인 땅이 보였다. 어쨌든 계속 가다 보면 눈길도 그 끝이 있을 터였다. 나는 가장자리에 서서 그렉의 흔적을 찾아보았지만, 아무것도 보이지 않았다. 눈은 길을 비스듬히 덮은 것이 아니라 듬성듬성 나 있는 숲 사이로 평평하게 쌓여 있었다. 얼음도끼를 더 사용할 필요가 없으니 그건 잘된 일이었다. 나는 그렉과 함께 마을을 돌아다니다가 내 얼음도끼를 시에라 시티 우체국 앞 여행자 나눔의 상자 안에 집어넣었다. 거기 들인 비용을 생각하면 아깝긴 했지만 그걸 다시 리사에게 부쳐줄 돈이 내게는 없었다. 그리고 이제는 쓸 일이 없다고 생각했기 때문에 그걸 굳이 가지고 갈 생각도 없었다.

나는 쥐고 있던 스키 스틱으로 눈 위를 쿡쿡 찔러보았다. 스틱이 얼어붙은 표면 위로 미끄러졌다. 미끄러지지 않기 위해 나는 가끔 묘기도 부려야 했다. 어떤 지점에서는 눈 위를 시원스럽게 지나가기도 했으며 갑자기 발이 푹 빠져 생긴 구멍에 무릎까지 눈에 파묻히기도 했다. 얼마 지나지 않아 등산화 발목까지 눈이 차올랐고 발이 축축해지면서 마치 날이 무딘 칼로 살을 저미는 것 같은 통증이 시작되었다.

그렇지만 그런 아픔도 눈 때문에 길을 제대로 알아볼 수 없다는 문제에 비하면 덜 염려스러웠다. 나는 걸으면서 여행 안내서를 펼쳐보며 제대로 가고 있다고 스스로 자신감을 북돋았다. 그리고 책의 한 글자 한 글자를 열심히 읽어 내려갔다. 한 시간쯤 뒤, 나는 갑자기 겁에 질려 걸음을 멈추었다. 내가 지금 제대로 가고 있는 건가? 그동안 나는 계속해서 다이아몬드 모양의 작은 금속 조각을 찾고 있었다. 보통은 나무에 박혀 있는 PCT 표지판이었다. 그런데 그게 하나도 보이지 않았다. 그렇다고 해서 크게 주의할 필요는 없었다. 사실 그 표지판은 몇 킬로미터 간격마다 보일 때도 있었고 몇 날 며칠이고 하나도 눈에 띄지 않을 때도 있었기 때문이다.

나는 반바지 주머니에서 이 지역의 지형도를 꺼내 들었다. 그런데 지도를 꺼내다가 동전 하나가 딸려 나와 눈 속으로 떨어졌다. 나는 배낭을 짊어진 불안정한 자세로 눈 속을 더듬었지만, 손가락이 동전에 닿자 동전은 더 깊이 눈 속으로 박히더니 이내 사라져버렸다. 나는 눈 속을 막 파헤쳤지만 동전을 찾지 못했다.

이제 내게 남은 돈은 60센트였다.

나는 라스베이거스에서 썼던 동전 생각이 났다. 그 돈으로 슬롯머신에서 60달러를 땄었지. 나는 그 생각을 하며 큰 소리로 웃어젖혔다. 왠지 이유는 알 수 없지만 그 두 개의 동전이 서로 연결된 것 같았다. 이렇게 눈 위에 서서 그런 생각을 하다니 그저 미친 소리라고밖에는 볼 수 없었지만, 어쩌면 오늘 잃어버린 동전이 내게 행운이 되어주지 않을까. 그 검은 깃털이 공허함을 상징한다지만 결국 긍정적인 것을 의미하는 것처럼. 어쩌면 나는 실제로는 내가 정말 피하고 싶은 그런 상황의 중심에 서 있는 게 아닐지도 몰랐다. 어쩌면 다음 모퉁이를 돌고 나면 길이 눈에 확 들어올지도 모를 일이었다.

반바지에 땀에 전 티셔츠를 입고 눈 속에 서 있으려니 몸이 떨려왔다. 그렇지만 상황이 확실해지기 전까지는 움직이지 않을 요량이었다. 나는 『PCT 제1권: 캘리포니아』의 저자들이 이 구간에 대해 뭐라고 썼는지 읽기 시작했다.

"길 가장자리 산등성이에 서면 덤불이 이어져 나 있는 완만한 오르막길이 보인다." 내 생각에 나는 책의 설명에 맞는 곳에 서 있는 것 같았다. "결국, 길은 평평하게 이어져 탁 트인 평평한 삼림지대가 나온다." 나는 사방을 둘러보았다. 이게 탁 트인 평평한 삼림지대인가? 탁 트이고 평평한 건 맞긴 맞았다. 그렇지만 그것뿐이었다. 모든 것이 다 눈에 덮여 알아볼 수 없었으니까.

배낭 옆에 호루라기와 함께 매달려 있는 나침반을 꺼내 들었다. 첫 번째 일주일 이후로는 나침반을 사용해본 적이 없었다. 나는 나침반과 지도를 자세히 비교해본 후 내가 어디 있으며 어디로 향하고 있는지 최선을 다해 짐작해보았다. 막연하게 눈 위를 한 걸음씩 걷자니 미끄러지지 않으면 넘어지기가 일쑤였고 그때마다 정강이와 허벅지도 점점 더 눈에 쓸려 아팠다. 한 시간쯤 지나서야 눈에 덮인 나무에 박혀 있는 금속 표지판을 발견할 수 있었다. 그러자 이제 살았다는 안도감이 몰려왔다. 여전히 내 정확한 위치는 알 수 없었지만 적어도 PCT를 벗어나지는 않은 것이다.

오후 늦게 나는 눈에 깊숙이 파묻힌 분지가 내려다보이는 경계선에 도착했다.

"그렉!" 나는 그가 근처에 있는지 확인하기 위해 큰 소리로 그의 이름을 불러보았다. 온종일 그의 흔적조차 보지 못했지만 그래도 그가 나타날 거라는 기대를 버리지 않았다. 눈이 그의 걸음을 늦춰 내가 그를 따라잡게 되고 그렇게 우리 둘이서 함께 길을 찾아가게 되기를 바랐던 것이다. 그때 희미하게 누군가 외치는 소리가 들려왔다. 그리고 눈 덮인 분지의 반대편 근처 비탈에 있는 세 명의 스키 타는 사람이 눈에 들어왔다. 소리는 들릴 정도의 거리였지만 갈 수는 없는 위치였다. 그들은 나를 향해 힘껏 손을 흔들었고 나도 손을 흔들어주었다. 워낙 멀리 있었고 스키복으로 단단히 무장하고 있어 여자인지 남자인지 알아볼 도리가 없었다.

"지금 여기가 어디예요?" 내가 소리쳐 물었다.

그들이 대답하는 소리가 간신히 들려왔다. "뭐라고요?" 나는 목이 쉴 때까지 다시 같은 말을 반복하고 또 반복했다. 지금 여기가 어디예요? 지금 여기가 어디냐고요? 나는 대강 나의 위치를 짐작하고 있다고 생각했지만 그래도 그 사람들이 뭐라고 말하는지 듣고 싶었다. 확인하고 싶었다. 나는 쉬지 않고 묻고 또 묻다가 마지막으로 한 번만 더 시도해보기로 했다. 마치 말 그대로 나 자신을 저 산 건너편으로 내던지듯 남아 있는 힘을 모두 다 끌어모아 외쳐보기로 한 것이다.

"지금 여기가 어디냐고요!"

잠시 정적이 흘렀다. 보아하니 마침내 내가 하는 말을 알아들은 것 같았다. 그리고 세 사람이 한목소리로 외치는 소리가 들려왔다.

"캘리포니아!" 그러더니 쓰러지듯 주저앉았다. 나는 그들이 웃고 있다는 것을 알았다. "고맙기도 하셔라." 나는 빈정대듯 이렇게 외쳤다. 그렇지만 내 목소리는 바람에 날려 흩어져버렸다.

그들은 다시 뭐라고 떠들어댔지만 제대로 들리지 않았다. 그들은 같은 소리를 계속해서 되풀이했다. 그렇지만 그때마다 말이 뒤엉켜 들리지 않았고 마침내 그들은 단어 하나하나를 따로 외쳤다. 나도 그제야 그 말을 알아들을 수 있었다.

"길,"

"잃어,"

"버렸어요?"

나는 잠시 생각을 했다. 만일 그렇다고 하면 저들은 나를 구하러 올 것이고 그러면 이 여행도 끝이 아닐까?

"아니요!" 나는 소리쳤다. 길을 잃지 않았다고. 그러나 결국 나는 궁지에 빠졌다. 나무들 주변을 둘러보았다. 저물어가는 해가 기울고 있었다. 곧 저녁이 될 것이고 나는 텐트를 칠 장소를 빨리 찾아야만 했다. 눈 속에 텐트를 치고 눈 속에서 깨어나고 다시 눈 속을 걷는 일만은 피하고 싶었다.

계속해서 걷다가 마침내 그럭저럭 편안한 장소를 찾아냈다. 지금 상황에선 나무 아래 눈이 얼어붙어 있는 작은 공간을 보고도 그럭저럭 편안한 장소라고 말할 수밖에 없었다. 가지고 있는 옷을 몽땅 다 껴입고 그 위에 비옷까지 걸친 뒤 슬리핑백 안으로 들어가자 몸은 떨렸지만 견딜 만했다. 나는 물통을 껴안아 물이 얼지 않도록 했다.

*

아침이 되자 텐트가 소용돌이 모양의 성에로 뒤덮여 있었다. 입에서 나온 입김이 밤새 얼어붙은 모양이었다. 나는 잠이 깼지만 그냥 누워 있었다. 아직 나가서 눈을 마주할 준비가 되어 있지 않았다. 그때 이름을 알 수 없는 새들의 노랫소리가 들려왔다. 내가 아는 건 그저 새 소리가 친숙하다는 것 외에는 아무것도 없었다. 자리에서 일어나 텐트 문을 열고 밖을 바라보자 나무 사이로 새들이 날아다니는 모습이 보였다. 우아하고 평화로운, 나하고는 참 다른 모습이었다.

나는 냄비에 물과 단백질 가루를 붓고 저은 다음 그래놀라를 뿌리고는 열려 있는 텐트 입구 앞에 앉아 먹기 시작했다. 아직 내가 길을 벗어나지 않았기를 바랐다. 나는 자리에서 일어나 눈으로 냄비를 닦고 사방을 살펴보았다. 온통 얼어붙은 눈을 뚫고 나온 바위와 나무들뿐이었다. 나는 지금 내가 처한 상황이 불안하기도 했지만 저 광활하고 고독한 아름다움 속에서 경이로움을 느꼈다. 여행을 계속해야 하나 아니면 돌아가야 하나? 대답은 이미 나와 있었지만 그냥 생각해보았다. 이미 그 대답은 마음속에 단단히 박혀 있는 것 같았다. 물론 나는 계속 전진할 것이다. 나는 정말 힘들게 여기까지 왔고 다른 길은 생각하고 싶지 않았다. 돌아가는 것은 논리적으로 합당한 일이었다. 왔던 길을 그대로 따라 내려가 시에라 시티로 가서 다시 차를 얻어 타고 눈을 피해 더 북쪽으로 가면 된다. 안전하고 합리적인 생각이었다. 그렇게 하는 것이 올바른 일처럼 보였다. 그렇지만 그렇게 하고 싶은 생각은 조금도 없었다.

나는 온종일 걸었다. 눈 속에 넘어지고 미끄러지며 터벅터벅 걸었다. 스키 스틱을 너무 힘껏 쥐었는지 손에는 물집이 잡혔다. 다른 손에 쥐었더니 그 손에도 역시 물집이 잡혔다. 모퉁이를 돌아설 때마다, 산등성이를 오를 때마다, 눈 덮인 풀밭을 건너갈 때마다 다음에는 더 이상 눈이 없기를 바랐다. 그렇지만 그때마다 더 많은 눈이 쌓여 있었고 그 중간에 가끔씩 맨땅이 보이는 정도였다. 지금 여기가 PCT가 맞나? 나는 마른 땅을 볼 때마다 그렇게 내게 되물었다. 전혀 알 수가 없었다. 결국 시간만이 해결해줄 문제였다.

나는 땀을 흘렸다. 현재 기온이며 입고 있는 옷에 상관없이 배낭과 맞닿아 있는 등 쪽이 땀에 흠뻑 젖었다. 멈춰 설 때마다 곧 몸이 떨려왔다. 내 젖은 옷이 금방 얼음처럼 차가워졌다. 내 근육들은 마침내 장거리 여행에 알맞게 자리를 잡아가고 있었는데 이제는 상황이 또 달라졌다. 게다가 몸을 계속해서 똑바로 세우는 노력만 필요한 것이 아니었다. 걷고 있는 땅이 경사가 져 있으면 나는 자세를 바로잡기 위해 한 발 한 발 힘을 주어 내디뎌야 했다. 그렇지 않으면 당장에 산 아래로 미끄러져 저 아래 바위와 덤불과 나무들 사이로 충돌할지도 몰랐다. 더 재수가 없으면 아예 낭떠러지로 굴러떨어질지도 모를 일이었다.

나는 신중하게 눈이 덮인 표면을 발로 차보고 한 걸음 한 걸음씩 전진했다. 나는 그렉이 케네디 메도우즈에서 얼음도끼 쓰는 법과 함께 전진하는 법을 가르쳐준 것이 기억 났다. 상황이 이쯤 되자 그 얼음도끼 생각이 거의 병적으로 나기 시작했다. 시에라 시티의 나눔의 상자 안에 하릴없이 들어가 있을 그 모습이 그려졌다. 이렇게 힘들게 전진하는 동안 내 발에는 처음에 생긴 물집들 말고도 이제 새로운 물집들이 또 생겼다. 그리고 엉덩이와 어깨도 여전히 배낭끈에 쓸려 아팠다.

나는 계속 걸었다. 참회라도 하는 심정으로 걸었다. 내 걸음은 짜증이 치밀 정도로 느렸다. 나는 보통 한 시간에 3킬로미터는 걸었는데 눈에서 걷는 것은 상황이 완전히 달랐다. 더 느렸고 불확실했다. 나는 벨든 타운까지 엿새가 걸릴 것으로 생각했다. 그렇지만 내가 배낭에 엿새분 식량을 챙길 때 나는 장차 무슨 일이 벌어질지 전혀 예상하지 못했다. 지금 상황에서는 엿새 일정은 말도 안 되는 소리였다. 그리고 그건 단지 눈 속을 통과한다는 육체적인 어려움 때문만은 아니었다. 한 걸음 한 걸음을 걸을 때마다 어떻게든 길을 벗어나지 않으려는 계산된 노력이 필요했다. 지도와 나침반을 손에 들고 '정확한 길 찾기' 책에서 읽은 내용을 기억해내려고 애를 썼다. 책은 이미 오래전 불태워버린 후였다. 삼각 측량법과 교차방위법, 그리고 협차법 같은 기술은 책을 보면서도 제대로 이해하지 못했던 내용이었다. 지금 그런 기술을 사용할 수 있을 리 없었다.

나는 수학 실력이 형편없었고 간단한 공식이나 숫자도 제대로 외우지 못했다. 수학의 논리성은 내게 어울리지 않았다. 나에게 세상은 그래프나 공식, 혹은 방정식으로 이루어져 있지 않았다. 세상은 그냥 이야기였다. 그래서 나는 이야기 형식으로 풀어쓴 여행 안내서에 크게 의존했던 것이다. 그 책을 읽고 또 읽으며 내가 가진 지도와 비교했고 그 안에 담긴 모든 단어와 어구의 의도와 의미를 파악하려고 노력했다. 마치 엄청나게 어려운 시험 문제를 받아든 그런 기분이었다.

셰릴이 시간당 2.4킬로미터의 속도로 비탈길을 따라 북쪽으로 올라가고 있다. 그가 서 있는 곳에서 서쪽으로는 산등성이가 보이고 동쪽으로는 두 개의 직사각형 호수가 두 개 보인다. 그렇다면 그는 7,503미터 고지의 남쪽 측면에 서 있는 것인가?

나는 내가 사실이라고 믿는 것이 무엇이든 결국 믿고 따르기 전에 생각하고, 생각하고 또 생각했다. 그리고 측정하고 읽고 멈춰 서서 다시 계산하고 확인했다. 천만다행으로 지금 이 구간에는 길을 알아볼 만한 실마리들이 많이 있었다. 절벽과 봉우리, 호수와 연못들이 자주 눈에 띄었다. 여행을 처음 시작했을 때와 여전히 같은 기분이었다. 남쪽 출발선에서 시에라네바다 산맥을 걷기 시작했을 때 나는 마치 온 세상을 내려다볼 수 있는 높은 자리에 올라선 것처럼 산 아래쪽을 내려다보았었다. 나는 쉬지 않고 산에 올라갔다. 태양이 눈을 녹여 마른 땅이 드러난 곳에 도착하자 구원이라도 받은 듯한 기분이 들었다. 그리고 여행 안내서가 설명하는 모습과 일치하는 물줄기나 특이한 바위 형태를 발견하게 되자 기쁨으로 몸이 떨려왔다. 이 순간만큼은 다시 솟아나는 힘과 평온함을 느꼈다.

그러나 다시 얼마간 시간이 지나 다시 멈춰 서서 상황을 점검해보니 내가 엄청나게 바보 같은 짓을 저질렀다는 확신이 들었다. 나는 그렇게 계속해서 전진하지 말았어야 했다. 나는 이상하게 낯이 익은 나무들을 지나쳤다. 마치 한 시간 전에 분명 같은 길을 지나간 것만 같았다. 나는 저 건너편에 펼쳐져 있는 산맥의 모습을 가만히 응시했다. 아, 그 모습은 아까 본 모습과 크게 다르지 않다는 생각이 머리를 후려쳤다. 나는 눈 위의 발자국들을 살펴보았다. 나 말고 다른 사람이 있다는 아주 작은 흔적이라도 확인할 수 있기를 바라면서. 그렇지만 아무것도 없었다. 눈에 들어오는 건 갈지자로 부드럽게 뛰어가는 토끼나 이리저리 마구 달려간 고슴도치나 너구리 같은 작은 동물들의 발자국으로 생각되는 흔적들뿐이었다. 나무 사이로 몰아치는 바람 소리가 생생하게 들리다가 또 갑자기 눈 때문인지 끝없는 깊은 적막감이 몰려들었다. 나만 빼고 모든 것이 다 제자리에 있는 듯한 기분이 들었다. 하늘은 자신이 어디 있는지 궁금하지도 않을 터였다.

"이봐요!" 나는 주기적으로 소리를 쳤다. 그럴 때마다 물론 아무도 대답하지 않으리라는 사실을 알고 있으면서도 무슨 소리가 들리나 귀를 기울였다. 역시 나밖에는 없었다. 그러나 나는 내 목소리가 나를 보호해준다고 믿었다. 자칫 잘못하다가는 눈 덮인 황야에서 영원히 길을 잃게 될 가능성도 무시할 수는 없었다.

이렇게 계속 걷고 있으려니 전에 그랬던 것처럼 머릿속 라디오에서 토막토막 흘러나오는 노랫소리가 머릿속을 채우다가 이따금 폴의 목소리까지 들려왔다. 그는 내가 이런 눈길을 홀로 걸어가다니 얼마나 바보 같은 짓이냐며 질책을 했다. 그는 만일 내가 진짜 돌아가지 않는다면 필요한 어떤 조치라도 할 그런 사람이었다. 우리는 이혼했지만 그는 여전히 나랑 가장 가까운 사람이었다. 아니, 최소한 어떤 책임을 다하기 위한 충분한 능력이 있는 그런 사람이라고나 할까.

우리가 포틀랜드에서 미니애폴리스로 갈 때 그가 나를 몹시 질책하던 일이 기억이 났다. 마약과 조의 손아귀 안에서 나를 끄집어내던 그날이었다.

"그러다가 죽을 수도 있다는 걸 알고 있는 거야?" 그가 정말 경멸이라도 하듯 씩씩거렸다. 마치 정말 내가 죽기라도 해서 자신의 말이 맞는다는 걸 증명이라도 해주기를 바라는 것 같았다.

"그렇게 마약을 하는 건 권총을 들고 러시안룰렛을 하는 거랑 마찬가지라고. 머리에 총구멍을 대고 방아쇠를 당기는 짓이랑 뭐가 달라. 총알 하나가 언제 발사될지 어떻게 아냐고!"

나는 아무런 변명도 할 수 없었다. 비록 그때는 몰랐지만 그의 말은 틀리지 않았다.

그렇지만 이 방향이 맞다고 믿으며 눈을 헤치고 걷는 일과 마약을 투약하는 일은 정반대였다. 한 걸음 내디딜 때마다 온몸의 감각은 그 어느 때보다 살아나는 것만 같았다. 확신할 수는 없었지만 나는 내가 제대로 가고 있다는 느낌이 있었다. 이 모든 노력이 반드시 헛되지 않으리라는 믿음이 있었다. 이 믿음은 훼손되지 않은 야생의 아름다움 한가운데 있다는 사실만으로 아무 탈 없이 살아나갈 수 있으리라는 믿음과 이어졌다. 내가 길을 잃었건 혹은 내게 무슨 일이 일어나건 상관없이 말이다. 내가 다른 사람 혹은 스스로에게 저질렀던 후회스러운 행동이나 다른 사람이 내게 저지른 후회스러울 행동들도 다 상관없었다. 나는 모든 것을 의심하는 사람이지만 이것 하나만은 굳게 믿었다. 이 황야의 순수함은 나를 구해줄 것이다.

나는 웃었다가 울었다가 하며 차가운 공기 속을 걸어갔다. 선글라스를 끼고 있었지만 햇살이 나무들 사이로 비춰들어 눈 위로 밝게 반사되는 모습이 보였다. 사방에 눈이 쌓이지 않은 곳이 없었지만 나는 눈이 조금씩 사라지고 있음을 느낄 수 있었다. 어떤 곳을 지나갈 때면 마치 눈 아래로 물이 흐르는 것 같은 졸졸거리는 소리가 들려오기도 했다. 그리고 나뭇가지에서는 커다란 눈덩이가 녹아서 떨어졌다.

시에라 시티를 출발한 지 사흘째 되는 날, 나는 입구를 열어놓은 텐트의 앞에 앉아 물집이 잡힌 발을 살펴보고 있었다. 생각해

보니 바로 전날이 7월 4일, 미국의 독립기념일이었다. 내 친구들뿐만 아니라 많은 미국인이 나 없이 독립기념일을 축하하는 모습이 생생하게 떠올랐고 훨씬 더 세상과 멀리 떨어져 있는 기분이 들었다. 모두 분명 기념 파티에 행진에, 일광욕도 즐기고 불꽃놀이도 했겠지. 나는 여기 이렇게 홀로 추위에 떨고 있는데 말이야. 저 멀리에서 나를 보면 초록색과 하얀색이 뒤섞인 거대한 땅 위에 있는 작은 점 같을 거야. 저 나무의 이름 없는 새보다도 못한 그런 존재로 생각되겠지. 지금이 7월 4일인가 아니면 12월 10일인가. 산은 날짜 같은 건 헤아리지 않았다.

다음 날 아침이 되자 나는 눈 속을 몇 시간 걸어 큰 나무 한 그루가 쓰러져 있는 개간지에 도착했다. 나무는 가지도 눈도 없었다. 나는 배낭을 내려놓고 거친 나무껍질을 밟고 나무 위로 올라갔다. 나는 배낭에서 소고기 육포를 몇 개 꺼내 들고는 자리에 앉아서 먹고 물도 몇 모금 마셨다. 얼마 지나지 않아 오른쪽으로 뭔가 불그스름한 것이 보였다. 여우 한 마리가 개간지로 걸어오고 있었다. 눈 위를 걸어오는 여우의 발걸음에는 소리가 없었다. 여우는 나에게는 눈길도 주지 않고 정면만을 바라보았다. 어쩌면 그럴 리야 없겠지만 내가 여기 있다는 사실도 모르고 있는 것 같았다. 여우가 바로 내 앞까지 왔다. 고작해야 3미터쯤 될까. 여우는 걸음을 멈추더니 머리를 돌려 무심한 듯 내 쪽을 바라보았다. 놈이 쿵쿵거리느라 우리의 두 눈은 정확하게 마주치지는 않았다. 얼굴은 고양이와 개의 중간이었고 작고 뾰족했으며 몸은 날쌔 보였다.

가슴이 두근거리기 시작했지만 나는 손 하나 까딱하지 않았다. 마음속으로는 당장이라도 몸을 일으켜 나무 뒤로 숨고 싶었지만 참아야 했다. 여우가 다음에 어떤 행동을 할지 알 수 없었다. 그렇지만 여우가 그 자리에 있다는 것만으로도 두려움이 느껴졌다. 키는 대강 내 무릎 정도였지만 그 힘은 감당할 수 없을 게 뻔했다. 그 깨끗해 보이는 털 아래로 눈부신 아름다움과 나를 능가하는 위력이 뚜렷하게 느껴졌다. 여우는 단숨에 내게 달려들 수 있었다. 이곳은 놈의 홈그라운드였고 놈의 존재는 저 하늘만큼이나 분명했다.

"여우야." 나는 할 수 있는 한 가장 부드러운 소리로 이렇게 속삭였다. 그렇게 이름을 부르면 나를 지킬 수도 있고 놈과 더 가까워질 수 있을 것 같았다. 여우는 불그스름한 머리를 들어올린 채 몇 초간 나를 살피더니 아무 신호도 없이 재빠르게 몸을 돌렸다.

"돌아와!" 나는 처음에는 조용히 말하다가 이내 갑자기 큰 소리를 질렀다.

"엄마! 엄마! 엄마! 엄마!"

나는 내 입 밖으로 이 말이 나올 때까지 내가 무슨 소리를 하는지 알지 못했다.

그러고는 갑자기 조용히 입을 다물었다.

*

다음 날 아침, 나는 도로 하나를 만났다. 그 전에는 눈에 파묻혀 있는 좁고 거친 차량용 산길을 건넜다. 그렇지만 오늘 아침의

도로처럼 넓고 분명하게 나 있지는 않았다. 나는 그 모습을 보고 그만 무릎을 꿇을 뻔했다. 눈 덮인 산은 물론 아름다웠다. 그렇지만 저 길은 사람이 닦은 것이었다. 만일 저 길이 내가 믿고 있는 그 길이라면 저기에는 승리가 있을 터였다. 나는 PCT를 제대로 놓치지 않고 따라왔다. 그리고 저 길을 따라 어느 방향으로든 몇 킬로미터만 가면 사람들이 사는 마을이 있다. 왼쪽이든 오른쪽이든 가기만 하면 된다. 그리고 비로소 7월 초순에 접어들었다는 사실도 실감이 났다.

나는 배낭을 내려놓고 눈이 쌓인 거친 언덕 위에 걸터앉아 앞으로 어떻게 해야 할지 곰곰 생각해보았다. 만일 내가 지금 짐작하는 위치에 있는 것이 맞다면 나는 시에라 시티를 떠난 지 나흘 동안 68킬로미터가량을 걸어온 셈이었다. 그보다는 더 가야 했지만 지도와 나침반을 보는 신통치 않은 내 실력 탓이리라. 벨든 타운을 가려면 다시 눈 덮인 길을 88킬로미터가량 더 걸어가야 했다. 이건 더 생각해볼 여지가 없는 일이었다. 이제 내 배낭 안에는 며칠 분밖에 먹을 것이 남아 있지 않았다. 계속 길을 가다간 아무것도 남아나지 않을 것이었다. 나는 자리에서 일어나 몬스터를 짊어졌다. 그리고 밑으로 걸어 내려가 퀸시라는 마을 쪽으로 방향을 잡았다.

길은 내가 지난 며칠 동안 걸으며 지나쳤던 황야와 다를 바가 없었다. 눈으로 덮여 조용했다. 다만 이제는 몇 분마다 멈춰 서서 내가 어디로 가고 있는 확인할 필요가 없었다. 나는 그냥 눈이 녹아 흙탕길로 바뀐 길을 따라 내려갔다. 안내서에는 퀸시 마을이 얼마나 멀리 떨어져 있는지는 나와 있지 않았다. 그저 '하루는 족히 걸어야 하는 길'이라고 쓰여 있을 뿐이었다. 나는 저녁까지 그곳에 닿기 위해 발걸음을 빨리했다. 마을에 닿는다고 해도 지금 내 주머니에는 60센트뿐이었지만.

11시가 되자 나는 모퉁이 하나를 돌아섰고 길가에 초록색 SUV 한 대가 서 있는 모습을 보았다.

"안녕하세요?" 내가 말을 걸었다. 산에서 혼자서 같은 말을 외쳤을 때보다 훨씬 더 조심스러웠다. 아무 대답도 없었다. 나는 차로 다가가 안쪽을 들여다보았다. 후드 티 하나가 앞 좌석에 던져져 있었고 옆에는 종이컵에 든 커피 한 잔이 있었다. 내 이전 생활을 떠올리게 하는 온갖 잡다한 물건들을 보자 가슴이 두근거렸다. 나는 계속해서 30분가량을 더 걸었다. 그러나 뒤에서 차가 오는 소리를 듣고 돌아보았다.

아까 그 초록색 SUV였다. 잠시 뒤 차가 옆에 멈춰 섰다. 한 남자가 운전대를 잡고 있었고 옆에는 여자가 앉아 있었다.

"우리는 패커 레이크 로지Packer Lake Lodge로 가는데 같은 방향이면 타세요." 여자가 창문을 내리더니 이렇게 말했다. 나는 고맙다고 말하고 뒷자리에 올라탔지만 가슴이 덜컹 내려앉았다. 나는 며칠 전 여행 안내서에서 패커 레이크 로지에 대한 부분을 읽었다. 시에라 시티에서 옆길을 택하면 하루면 갈 수 있는 곳이었지만 계속 PCT를 따라가기로 결정하면서 그냥 지나치려고 했던 곳이었다. 차를 타고 가면서 나는 내 북쪽으로의 행군이 말짱 헛일이 되었다고 생각했다. 내가 그렇게 애써서 걸었던 길을 한 시간도 안 되어

제자리로 돌아가게 된 것이다. 그렇지만 그래도 이렇게 차를 얻어 타고 보니 천국이 따로 없었다. 나는 김이 서린 차 창문을 닦아내고 휙 하고 지나가는 나무들을 바라보았다. 구불구불한 도로 때문에 우리가 탄 차의 최고 속도는 시속 30킬로미터 남짓했다. 그렇지만 그것조차도 나에게는 우리가 말할 수조차 없을 정도로 빠르게 움직이는 것처럼 느껴졌다. 눈에 보이는 땅은 특별하다기보다는 평범해 보였고 더 이상 나와 한몸이 아니라 그저 저기 조용히 서 있는 것 같았다.

나는 여우에 대해 생각했다 그 여우가 다시 쓰러진 나무 옆으로 돌아와 내가 어디로 갔는지 궁금해하고 있지 않을까. 나는 여우가 숲속으로 사라졌을 때 내가 엄마를 목 놓아 불렀던 일이 기억이 났다. 고요한 침묵 속에서 그런 작은 소동이 있었지. 그렇게 깊은 침묵은 모든 것을 다 품고 있는 것 같았다. 새들의 노랫소리와 나무가 삐걱대는 소리까지. 눈이 녹는 소리와 보이지 않게 물이 흘러가는 소리. 태양의 희미한 빛과 변치 않는 하늘. 러시안룰렛에 사용되는 총알이 하나만 장전된 총. 그리고 엄마. 우리 엄마.

다시는 내게 돌아오지 않을 사람.

레이디, 레이디, 레이디

패커 레이크 로지의 소박한 풍경도 내게는 충격이었다. 그곳에는 식당이 있었다. 음식이 있었다. 나는 독일산 셰퍼드처럼 변해 차에서 내리자마자 냄새를 맡았다. 나는 태워다준 남녀에게 고맙다고 인사하고 어쨌든 그 작은 건물을 향해 걸어갔다. 건물 입구에 몬스터를 내려놓고 들어갔더니 안은 관광객들로 붐비고 있었다. 그들 대부분은 식당을 둘러싸고 있는 통나무집을 빌려 지내고 있는 사람들이었다. 그들은 내가 카운터를 향해 가면서 자신들의 접시를 쳐다보아도 별로 개의치 않는 것 같았다. 접시 위에는 팬케이크 더미 옆에 베이컨과 달걀 요리가 기가 막힌 모습으로 쌓아 올려져 있었다. 가장 고통스러웠던 건 수북이 쌓인 감자튀김 사이에 묻혀 있는 치즈버거를 발견했을 때였다. 그 모습에 난 넋을 잃고 말았다.

"저기 북쪽의 적설량이 어떤지 혹시 아세요?" 나는 카운터에서 일하는 여자에게 이렇게 물어보았다. 커피 주전자를 손에 들고 홀을 오가는 종업원이 움직이는 모습을 살펴보는 눈길을 보니 그가 이곳의 우두머리 같았다. 한 번도 만나 본 적이 없는 사람이었지만 그런 사람 밑에서 수없이 일해본 경험이 있었다. 문득 PCT 여행을 중단하고 여기서 여름 동안 일을 해볼까 하는 생각이 들기도 했다.

"지금 저 위쪽은 온통 눈으로 가득 덮여 있다네요." 그가 이렇게 대꾸했다. "그곳을 통과하려던 여행자들이 올해는 모두 일정을 포기했어요. 대신 모두 골드 레이크 하이웨이$^{Gold\ Lake\ Highway}$를 따라 걷고 있지요."

"골드 레이크 하이웨이요?" 내가 어리둥절해서 물었다. "혹시 며칠 전에 이곳을 지나간 남자 한 사람을 모르시나요? 이름은 그렉이라고 하는데. 한 마흔 살쯤? 머리랑 턱수염이 갈색이고요."

그는 고개를 저었다. 그런데 아까 그 종업원이 끼어들어 그렇게 생긴 PCT 여행자와 이야기를 나눈 적이 있다고 했다. 그렇지만 여행자의 이름은 모른다고 했다.

"뭐 먹을 생각이면 자리를 잡고 앉으세요." 카운터의 여자가 말했다.

카운터에 메뉴판이 있길래 그걸 집어 들고 한 번 훑어보았다. "혹시 60센트 아래로 먹을 수 있는 게 있나요?" 나는 농담이라도 하듯 물었다. 주변이 온통 소란스러워 작은 내 목소리가 간신히 전달되는 것 같았다.

"75센트면 커피 한 잔을 마실 수 있어요. 리필은 되고요."

"사실은 배낭에 먹을 게 있어요." 나는 이렇게 말하고 입구 쪽을 향했다. 남겨진 음식들이 놓인 접시를 외면하려 애를 썼다. 곰이나 너구리, 그리고 지금의 나라면 충분히 먹을 수 있는, 아니 정말 먹고 싶은 그런 음식들이었다. 건물 밖으로 나가 몬스터 옆에 앉았다. 주머니에 남아 있는 60센트를 꺼내 들고 손바닥 안의 동전들을 힘주어 노려보았다. 그렇게 하면 돈이 불어나기라도 할 것처럼. 나는 벨든 타운에서 20달러의 돈과 함께 나를 기다리고 있는 보급품 상자를 떠올렸다. 나는 배가 고팠고 배낭에 먹을 것이 들어 있는 것도 사실이었다. 하지만 너무 기운이 빠져 식욕이 전혀 들지 않았다. 나는 대신 여행 안내서를 꺼내 들고 새로운 계획을 짜보려고 했다.

"안에서 당신이 PCT에 대해 이야기하는 것을 들었어요." 한 여자가 말을 걸어왔다. 중년의 날씬해 보이는 여성으로 거의 흰색으로 보이는 금발은 멋스럽게 단발로 다듬어져 있었다. 양쪽 귀에는 다이아몬드 귀걸이가 반짝였다.

"네, 몇 개월 계획으로 여행을 하고 있어요." 내가 말했다.

"참 멋진 일 같군요." 그가 웃어 보였다. "그런 일을 하는 사람은 과연 어떤 사람들일까 항상 궁금했는데. 나도 그 길이 저기 위쪽에 있다는 건 알고 있어요." 그가 손으로 서쪽을 가리키며 말했다. "그렇지만 한 번도 가본 적 없어요."

중년 여성은 내게로 가까이 다가왔다. 나는 순간 나를 끌어안기라도 할 줄 알았다. 그렇지만 그저 내 팔을 토닥거릴 뿐이었다.

"설마 당신, 혼자예요?" 내가 고개를 끄덕이자 그는 웃으며 손을 거둬들였다.

"혼자라니, 아니 엄마가 뭐라고 안 하시던가요?"

"엄마는 돌아가셨어요." 나는 늘 그렇듯 오히려 내가 미안하다는 듯 그렇게 부드럽게 말했다. 물론 너무 기운이 빠지고 배가 고픈 탓도 있었다.

"아, 세상에나." 안경테에 반짝이는 파스텔 톤의 구슬장식 끈이 달린 선글라스가 그의 가슴께에서 대롱거렸다. 그는 손을 뻗어 안경을 썼다. 그의 이름은 크리스틴으로 남편과 10대의 두 딸과 함께 근처 통나무집에서 머물고 있다고 했다. "괜찮으면 같이 가서 몸이라도 좀 씻을래요?"

크리스틴의 남편 제프는 내가 샤워하는 동안 샌드위치를 만들어주었다. 내가 욕실에서 나오자 접시 위에 삼각형으로 썬 샌드위치가 있었다. 그리고 옥수수 토르티야 칩과 피클도.

"만일 고기가 좀 더 필요하거든 마음껏 덜어 먹어요." 제프가 이렇게 말하며 식탁 건너편에서 샌드위치용의 차가운 칠면조 고기가 담긴 커다란 접시를 내밀었다. 그는 잘생기고 덩치가 컸다. 그의 검은색 머리는 부드럽게 물결쳤고 관자놀이 부근은 희게 세어 있었다. 식당에서 그들 가족이 묵고 있는 통나무집까지 걸어오는 동안 크리스틴은 제프의 직업이 변호사라고 이야기해주었다. 그들은 샌프란시스코에 살고 있었지만 매년 7월 첫 주면 휴가차 이곳으로 온다고 했다.

"네, 조금만 더 먹을게요. 감사합니다." 나는 이렇게 말하고 아무렇지 않은 듯 접시를 받아들었다.

"유기농인데. 혹시 괜찮다면 말이에요." 크리스틴이 말했다. "그리고 최대한 인도적으로 기른 가축이에요. 우리는 가능한 한 그런 점을 기억하고 살려고 해요. 참, 여보. 치즈가 있어야죠." 그는 남편을 가볍게 나무라며 냉장고로 가서 치즈를 꺼내왔다. "세릴, 딜이 들어간 덴마크 치즈 어때요?"

"아, 전 괜찮아요. 고맙습니다." 내가 예의를 차리며 말했다. 그렇지만 크리스틴은 치즈를 몇 조각 잘라 내게 내밀었다. 내가 재빨리 치즈를 다 먹어치우자 그는 아무 말 없이 다시 몇 조각을 잘랐다. 그는 칩 봉지를 가져와 내 접시에 다시 가득 덜어주었다. 그리고 음료수 캔 하나를 따서 내 앞에 놓아주었다. 그가 그렇게 계속해서 음식을 꺼내와도 난 하나도 남김없이 다 먹어치울 수 있을 것 같았다. 그렇게 음식을 내줄 때마다 나는 고맙다는 말을 연발했다.

주방 너머로 유리 미닫이문을 통해 제프와 크리스틴의 두 딸이 보였다. 아이들은 집 밖 야외용 의자에 나란히 앉아 머리에는 헤드폰을 쓴 채 잡지를 뒤적이고 있었다.

"몇 살이에요?" 내가 아이들이 있는 쪽을 가리키며 물었다.

"작은아이는 열여섯 살, 큰아이는 이제 열여덟 살이 돼요." 크리스틴이 대답했다. "이제 고등학교 2학년, 3학년이 되죠."

아이들은 우리가 보는 것을 알아차렸는지 우리를 돌아보았다. 나는 손을 흔들었다. 그러자 아이들도 수줍게 손을 흔들고 다시 잡지로 눈을 돌렸다.

"저 아이들이 당신처럼 할 수 있다면 정말 좋겠어요. 당신처럼 용감하고 강하게 자라준다면요." 크리스틴이 이렇게 말했다. "그렇지만 어쩌면 어려울지도 모르겠네요. 쟤들 중 한 명이 당신처럼 그런 여행을 한다면 난 몹시 걱정하겠죠. 당신은 그렇게 혼자 여행하면 겁이 나지 않나요?"

"가끔은요." 내가 말했다. "그렇지만 당신이 생각하는 만큼은 아니에요." 내 젖은 머리카락이 더러운 셔츠를 입고 있는 내 어깨 위를 덮었다. 샤워한 뒤라 몸은 그 어느 때보다도 깨끗해졌지만 나는 내 옷에서 풍기는 냄새가 느껴졌다. 옷을 갈아입지도 못하고 며칠 동안 추위 속에서 떨다가 땀에 흠뻑 젖기도 한 나로서는 이 집에서의 샤워가 정말 천국의 은총 같았다. 뜨거운 물과 비누가 내 몸을 아주 깨끗하게 만들어줬다. 나는 식탁 끄트머리에 놓여 있는 책 몇 권을 눈여겨 보았다. 노먼 러시의 『짝짓기』, 제인 스마일리의 『천 에이커의 땅에서』, 그리고 애니 프루의 『시핑 뉴스』까지. 모두 다 한 번씩은 읽어보았고 내가 좋아하는 책들이었다. 낯익은 표지의 책들을 바라보기만 했는데 마치 집에 돌아온 것 같은 기분이었다. 어쩌면 제프와 크리스틴이 나를 이곳에 잠시 머물게 해주지는 않을까. 나는 잠시 그런 터무니없는 생각을 해보았다. 나도 그들의 딸이 되어 잡지를 읽고 집 밖 의자에 앉아 일광욕을 하고 싶었다. 그들이 그러겠느냐고 물어보기만 한다면 나는 냉큼 그러겠다고 대답하겠지.

"책 읽는 거 좋아해요?" 크리스틴이 물었다. "여기서 우리가 주로 하는 일이에요. 우리만의 휴식 방법이죠."

"저도 그날 일정을 마치면 책 읽는 걸 그날의 보상으로 생각해요." 내가 대답했다. "지금 가지고 있는 책은 플래너리 오코너의 단편집이에요." 그 책은 아직 상한 곳 하나 없이 내 배낭 안에 들어 있었다. 눈길을 걸으며 앞으로의 일정이 언제 어떻게 될지, 다음 보급품을 받을 때까지 얼마나 걸릴지 몰랐기에 책을 찢어 불태우지 않았다. 나는 이미 그 책을 한 번 다 읽었고 지난밤부터는 처음부터 다시 읽기 시작했다.

"괜찮다면 한번 읽어봐요." 제프가 이렇게 말하며 『짝짓기』를 손에 들고 자리에서 일어섰다. "우리는 이미 다 읽었으니까. 재미없을 것 같으면 다른 책도 있어요." 그는 주방을 나가 침실 쪽으로 사라지더니 잠시 뒤 제임스 미치너의 두툼한 책 한 권을 들고 와 이제는 텅 비어버린 내 접시 옆에 책을 놓았다. 책을 살펴보았다. 제목이 『소설』이었다. 제임스 미치너는 엄마가 가장 좋아했던 작가였지만 나는 처음 보는 책이었다.

대학생 시절, 무슨 책을 읽었느냐는 교수의 질문에 제임스 미치너의 책 『대중을 위한 즐거움 An entertainer for the masses』이라고 대답했더니 교수는 비웃듯이 이렇게 말했다. 앞으로 정말 진지한 작가가 될 생각이 있다면 제임스 미치너의 책 같은 건 신경 쓸 필요가 없다고. 나는 갑자기 바보가 되어버린 기분이었다. 10대 시절 내내 나는 미치너의 책들에 흠뻑 빠져 지냈기 때문이다. 그렇지만 대학에 입학한 그 첫 달에 나는 어떤 작가가 중요하고 또 어떤 작가가 그렇지 않은지 금방 배우게 되었다.

"엄마는 그게 진짜 책이 아니라는 것도 몰라?" 그해 크리스마스에 누군가 엄마에게 미치너의 『텍사스 Texas』를 선물하자 나는 조롱이라도 하듯 그렇게 말했다.

"진짜 책이라니?" 엄마가 나를 재미있기도 하고 우습기도 하다는 표정으로 바라보았다.

"그러니까 의미 있는 책이 아니라고. 그럴 시간이 있으면 진짜 문학을 좀 읽어." 내가 대꾸했다.

"글쎄, 내 시간이라는 게 그렇게나 가치가 있는 건지 모르겠네. 난 최저 임금 이상은 받아본 적도 없고 그 이하로 받으며 일한 적도 부지기수야. 그냥 돈도 못 받고 노예처럼 일한 적도 많고." 엄마는 가볍게 웃으며 손으로 내 팔을 찰싹 때리고는 내 불평에서 슬며시 비켜나갔다. 엄마가 늘 하는 방식이었다.

엄마가 죽고 나자 에디와 결혼한 여자가 우리 집으로 들어왔다. 나는 엄마의 책장에서 내가 좋아하는 책을 모두 챙겨왔다. 우리가 산 땅으로 처음 이사를 왔던 1980년대 초에 엄마가 사들였던 책들이었다. 유기농에 대한 책부터 요가, 야생화, 제빵, 퀼트, 식물 치료 등 다양한 책이 가득 있었다. 그리고 어린 시절 엄마가 한 장 한 장 읽어주었던 책들도 찾아냈다. 아동용 축약판이 아닌 완전판 『아기사슴 밤비』와 『초원의 집』 같은 책들이었다. 그다음은 엄마가 죽기 전 대학을 다니며 읽던 책들이었다. 그렇지만 나는 제임스 미치너의 책은 챙기지 않았다. 엄마가 가장 사랑했던 책들이었건만.

"감사합니다." 나는 『소설』을 들고 있는 제프에게 인사했다. "괜찮으면 그 플래너리 오코너의 책과 바꿔가고 싶네요. 이것도 아주 훌륭한 책이거든요." 나는 만일 그가 안 된다고 하면 책을 태워버리게 될 거라는 말을 해야 할까 잠시 생각했다.

"그야 얼마든지요." 제프가 웃으며 대답했다. "그렇지만 내가 훨씬 더 이득인 거 같은데."

점심이 끝난 후 크리스틴이 나를 퀸시의 삼림 순찰대 기지까지 태워다 주었다. 그렇지만 그곳에 도착해서 만난 순찰대원은 PCT에 대해 잘 알지 못했다. 올해는 아직 쌓여 있는 눈 때문에 그쪽으로 가보지 않았다고 했다. 그 대원은 내가 그 길을 뚫고 왔다고 하자 놀라는 표정을 지었다. 나는 크리스틴의 차로 돌아와 다음 계획을 짜기 위해 여행 안내서를 뒤적였다. 다시 PCT로 돌아가는 현실적인 방법은 지금 있는 곳에서 서쪽으로 22킬로미터쯤 가 도로와 교차하는 지점을 찾아가는 것이었다.

"저 여자들이 뭘 좀 알 거 같은데요." 크리스틴이 그렇게 말하며 주차장 건너편 주유소를 가리켰다. 거기에는 캠프 이름이 박힌 밴 한 대가 서 있었고 젊은 여자 두 명이 있었다.

나는 그들에게 다가가 내 소개를 했다. 그리고 몇 분 뒤 나는 크리스틴과 작별의 포옹을 나누고 여자들의 밴에 올라탔다. 여자들은 대학생들로 여름 캠프에서 일하며 PCT와 도로가 교차하는 지점을 바로 지나간다고 했다. 그들은 자기들이 볼일을 보는 시간을 기다릴 수만 있다면 기꺼이 나를 태워주겠다고 했다. 나는 두 사람을 기다리며 잡화점 주차장의 커다란 밴 안에 앉아 『소설』을 읽었다.

뜨겁고 습기 많은 여름날이었다. 눈 내린 산 속에서 맞이하던 아침과는 확연히 달랐다. 책을 읽고 있으려니 엄마의 존재감은 너무나 뚜렷하게 그리고 엄마의 부재는 너무나 깊숙이 느껴져 책에 집중할 수가 없었다. 나는 왜 그때 제임스 미치너의 책을 읽는다고 엄마를 비웃었을까? 사실은 나도 그의 책을 무척이나 좋아했으면서. 열다섯 살에는 『떠돌이들』을 네 번이나 읽었던 나다.

스물두 살, 이른 나이에 엄마를 잃어 괴로운 일 중 하나는 후회되는 일이 너무 많다는 것이었다. 작고 사소했던 일들이 이제는 칼처럼 나를 찔러댔다. 엄마의 따뜻함에 대해 나는 항상 눈을 이리저리 굴리거나 엄마의 손길이 닿을 때 몸을 움츠리는 식으로 빈정대고 비웃었다. "내가 지금 스물한 살이 되어 얼마나 더 똑똑해지고 교양 있어졌는지 보면 놀랍지 않아요? 엄마 스물한 살 때랑은 차원이 다르다고!" 이따위 이야기들. 철없던 시절의 그런 짓거리들이 떠올라 나는 구역질이 치밀었다. 나는 시건방진 쓰레기였고 내가 그러는 동안 엄마는 죽었다.

그래. 나는 언제나 사랑받는 딸이었어. 필요할 때는 엄마 곁에 있었지. 그렇지만 엄마에게 더 잘해야만 했어. 엄마에게 '세상에서 제일가는 내 딸'이라는 소리를 그렇게 듣고 싶어 했다면 엄마에게 훨씬 더 잘해야만 했었다고.

나는 책을 덮고 여자들이 물건들을 사서 돌아올 때까지 이런 후회 때문에 몸이 마비되어 그냥 있었다. 우리는 힘을 합쳐 사온 물건들을 차에 실었다. 그들은 나보다 너덧 살은 어려 보였고 머리카락과 얼굴은 깨끗하고 환했다. 반바지에 민소매 티셔츠를 입고 손목과 발목에는 형형색색의 띠를 두르고 있었다.

"그렇게 혼자 도보여행을 다니다니 정말 대단하다고 우리끼리 이야기했어요." 짐을 다 싣고 나자 한 여자가 이렇게 말했다.

"부모님은 뭐라고 그러세요?" 다른 한 사람이 물었다.

"아무 말도요. 아, 그러니까 부모님이 안 계세요. 엄마는 돌아가셨고 아버지는 원래 없었고. 물론 친아버지가 있었지만 나하고는 상관없는 사람이고요." 그렇게 말을 하며 차에 올라탄 나는 배낭에 책을 집어넣고 있었기에 두 사람의 환한 표정에 스쳐가는 불편함을 마주 볼 필요가 없었다.

"아." 한 명이 말했다.

"그렇군요." 다른 한 명이 말했다.

"산에 있으면 자유로워요. 뭐든 원하는 대로 할 수 있으니까."

"그렇군요." '아'라고 했던 쪽이 말했다.

"아." '그렇군요'라고 했던 쪽이 말했다.

두 사람이 앞자리에 타고 차가 출발했다. 나는 창문 쪽을 바라보았다. 휙 하고 지나가는 높다란 나무들을 보며 나는 에디 생각을 했다. 여자들이 내 부모에 대해 물어보았을 때 에디 이야기를 하지 않은 것이 조금 미안했다. 그는 내가 알던 그대로의 에디일 텐데. 나는 에디를 여전히 사랑했다. 내가 열 살 때, 그를 처음 만났던 그날 밤부터 그를 사랑했다.

에디는 엄마가 아버지랑 이혼하고 난 뒤 만나던 남자들과는 완전히 다른 사람이었다. 엄마의 다른 남자들은 그저 잘해야 몇 주 동안 불안하게 머물다 가는 사람들임을 나는 재빨리 깨달았다. 그 남자들은 중간에 엄마가 있어야만 비로소 나와 카렌, 그리고 레이프에게도 눈길을 주었다. 그렇지만 에디는 처음부터 우리 네

식구 모두를 사랑했다. 그는 본래 목수였지만 자동차 부품 공장에서도 일했다. 푸른 눈과 갈색 머리, 그리고 날카로운 코를 가진 에디는 등 중간에 닿을 정도로 머리를 길러 묶고 다녔다.

그를 만난 첫날 에디는 우리가 살고 있던 트리 로프트라는 아파트 단지로 찾아와 저녁식사를 함께했다. 엄마가 이혼한 후 세 번째로 옮겨온 아파트였다. 우리가 살던 아파트들은 모두 미니애폴리스에서 한 시간가량 떨어진 외곽의 차스카라는 마을의 7~800미터 반경 안에 있었다. 우리는 더 싼 집이 나올 때마다 이사했다. 에디가 찾아왔을 때 엄마는 저녁식사를 준비 중이었고 그는 우리 삼 남매와 함께 밖으로 나가 아파트 앞 작은 잔디밭에서 놀아주었다. 에디는 우리를 쫓아와 번쩍 안아 들고는 위아래로 우리를 흔들어대며 우리 주머니에서 동전이라도 떨어지지 않는지 살펴보는 척했다. 정말 동전이 떨어지면 그는 그걸 집어 들고 도망을 쳤고 우리는 그 뒤를 쫓아갔다. 살면서 한 번도 느껴보지 못했던 특별한 즐거움이었다. 우리는 그동안 제대로 된 남자에게 한 번도 이런 사랑을 받아 본 적이 없었다. 에디는 우리를 간질이기도 하고 우리가 춤을 추고 재주를 넘는 모습을 지켜보기도 했다. 그는 우리 코와 귀를 잡아당기다가 손가락 사이로 자기 엄지손가락을 감추고 없어진 척을 했고 우리가 웃으면 다시 손가락을 내보였다. 그때 엄마가 저녁을 먹으러 오라고 우리를 불렀다. 에디와 함께 있는 것이 너무 즐거워서 나는 배가 고픈 줄도 몰랐다.

우리가 살고 있던 아파트에는 제대로 식사를 차릴 만한 공간이 없었다. 방이 두 개, 욕실이 하나, 그리고 구석에 작은 공간이 딸린 거실이 있어 그곳에 조리대와 스토브, 냉장고, 그리고 벽장들이 있었다. 거실 한 가운데에는 크고 둥근 탁자가 하나 있기는 했지만 다리가 잘려나가 무릎 높이밖에 되지 않았다. 엄마는 전에 살던 사람에게 10달러를 주고 그 탁자를 사들였다. 우리는 그 탁자 앞에 둘러앉아 밥을 먹었다.

트리 로프트 아파트에서는 동물을 기르지 못하게 했지만, 우리에게는 키지라는 이름의 개 한 마리와 어느 날 아파트로 날아들어온 카나리아 한 마리가 있었다. 우리는 그 새를 그냥 카나리아라고 불렀다. 카나리아는 얌전한 새였다. 카나리아는 방 한구석에 마련해둔 오물통 신문지 위에만 볼일을 봤다. 엄마가 훈련을 시켜서 그런 건지 아니면 처음부터 그랬는지 알 수 없었다.

하루는 우리가 저녁이 차려진 탁자 주변에 모여 앉자 카나리아가 날아와 에디의 머리 위에 앉았다. 보통은 잠시 그러고 있다가 날아가건만 그날은 에디 머리 위에서 꼼짝하지 않았다. 우리는 그 모습을 보고 킬킬대고 웃었다. 에디는 우리가 웃는 모습을 보더니 뭐가 잘못되었느냐고 물어보았다.

"카나리아가 아저씨 머리 위에 앉았어요." 우리가 대답했다.

"뭐라고?" 그는 깜짝 놀란 시늉을 하며 주변을 둘러보았다.

"새가 아저씨 머리 위에 앉았다고요" 우리가 다시 합창이라도 하듯 외쳤다.

"어디에 앉았다고?" 그가 다시 물었다.

"아저씨 머리 위에 앉았다니까요!" 우리는 너무 재미있다는 듯 다시 큰 소리로 외쳤다.

머리 위의 카나리아는 거짓말처럼 저녁식사가 끝날 때까지 그대로 있었다. 그러더니 거기에 둥지를 틀고 잠이 들어버렸다.

에디도 그렇게 우리를 떠나지 않았다. 카나리아처럼.

에디는 엄마가 죽을 때까지 우리와 함께 있었다. 엄마의 병으로 우리 두 사람은 이전보다 훨씬 더 가까워졌었다. 엄마가 투병 생활을 하던 그 몇 주 동안 우리는 서로 동지가 되어 병원에서 교대로 엄마를 돌보고 치료에 대한 결정이 필요할 때는 함께 의논도 했다. 엄마의 마지막이 멀지 않았음을 알게 되었을 때는 같이 눈물을 흘렸고 결국 엄마가 그렇게 떠나고 난 뒤에는 장례절차도 함께 준비했다.

그렇지만 얼마 뒤 에디는 나와 우리 남매들을 떠났다. 그는 마치 우리의 새아버지가 아니라 친구처럼 행동했다. 그는 곧 다른 여자와 사랑에 빠졌고, 그 여자는 자신의 아이들을 데리고 우리 집으로 옮겨왔다. 엄마의 1주기가 가까워지자 카렌과 레이프, 그리고 나는 본래의 우리 모습으로 돌아가게 되었다. 엄마 짐 대부분은 상자에 꾸려 창고에 넣어두었다. 에디는 우리를 사랑한다고 말했다. 그는 여전히 자기가 우리의 아버지라고 주장했지만, 아버지 노릇을 하나도 하지 않았다. 나는 현실을 부정하면서도 현실을 받아들이는 것 외에 별다른 도리가 없었다. 이제 우리는 더 이상 가족이 아니었다.

'안 되는 일을 억지로 할 수는 없는 노릇이지. 그렇게 사람을 몰아붙이면 안 돼.'

엄마는 종종 그렇게 말했다. 우리가 탄 밴이 좁은 고속도로 갓

길에 멈춰 섰다. 길가에 늘어서 있는 키 큰 나무들은 지는 해를 완전히 가렸다. 나는 태워줘서 고맙다고 인사를 하고 그들이 사라지는 모습을 바라보았다.

나는 산림청 표지판 옆에 섰다. 표지판에는 화이트호스 야영장이라고 쓰여 있었다. PCT는 그 너머에 있다고 차를 태워주었던 여자 중 한 명이 내게 알려주었다. 나는 차를 타고 오며 일부러 지도를 자세히 살펴보지 않았다. 끊임없이 신경을 곤두세우고 며칠을 지냈더니 지도며 안내서를 확인하고 또 확인하는 일에 지쳐버렸던 것이다. 나는 차가 달리는 것을 즐기며 자신들이 가는 곳이 어딘지 확실히 알고 있는 여자들에게 나를 맡겼었다.

나는 야영장으로 향하는 포장도로 위를 걸으며 필요 없는 부분을 다 뜯어낸 안내서의 새로운 부분을 읽었다. 희미한 불빛 아래서 책을 보는데 마음이 긴장되었다. 마침내 책에 화이트호스 야영장이라는 단어가 나오자 나는 안도했지만 거기서부터 PCT까지 다시 거의 3킬로미터 정도를 더 가야 한다는 설명을 읽고 조금 낙심했다. 차에서 들었던 '그 너머'라는 여자들의 말은 실제와는 아주 달랐다.

마침내 도착한 야영장 표지판에는 수돗가와 갈색의 야외 화장실들과 야영장을 이용하려는 사람은 봉투에 사용료를 넣어 나무상자 구멍에 넣으라고 쓰여 있었다. 몇 대의 RV 차량들과 여기저기 흩어져 있는 텐트들을 제외하면 야영장은 무시무시할 정도로 텅 비어 보였다. 나는 어떻게 해야 할지 궁리하며 포장도로 주변을 어슬렁거렸다. 나에게는 야영장 이용료가 없었고 지금은 날이 너무 어두워서 숲속으로 들어갈 수도 없었다. 나는 야영장 가장 끄트머리에 있는 야영지로 갔다. 사용료를 내라는 표지판과 가장 멀리 떨어져 있는 곳이었다. 누가 나를 본 사람은 없겠지?

나는 텐트를 치고 피크닉 테이블에 저녁을 차려 편안하게 먹었다. 불빛이라고는 내 헤드램프뿐이었지만 야외 화장실에서 시원하게 볼일까지 마치고 텐트로 들어가 제임스 미치너의 책을 폈다. 한 세 장쯤 읽었을까, 갑자기 텐트 쪽으로 불빛이 쏟아졌다. 나는 텐트 문을 열고 밖으로 나와 나이 든 남녀에게 인사를 했다. 두 사람은 픽업트럭의 전조등 불빛을 등지고 서 있었다.

"안녕하세요?" 나는 좀 애매한 태도로 인사를 했다.

"여기서 지내려면 사용료를 내야 해요." 여자가 툴툴거리며 말했다.

"돈을 내야 한다고요?" 나는 짐짓 아무것도 모르고 깜짝 놀란 듯 이렇게 말했다. "나는 차를 타고 온 사람만 돈을 내야 하는 줄 알았는데요. 나는 걸어서 왔거든요. 나하고 배낭뿐이라서요." 두 사람은 말없이 내 이야기를 들었다. 주름진 얼굴이 화가 난 듯 씰룩거렸다. "그리고 아침이면 바로 떠날 거예요. 늦어도 6시면요."

"여기서 자려면 돈을 내야 해요." 여자가 같은 소리를 반복했다.

"하룻밤에 12달러요." 남자가 걸걸대는 목소리로 덧붙였다.

"사실은 지금 제가 현금이 하나도 없어서요. 지금 장거리 여행 중이라, PCT 아시죠? 그런데 지금 저 산에 눈이 잔뜩 쌓여서, 기록적인 폭설이라네요. 그러니까, 그래서 제가 가던 길을 벗어나서요. 여기는 올 계획이 아니었는데 중간에 차를 태워준 사람들이 잘 모르고 나를 여기다가 내려줘서, 그러니까……."

"아가씨, 무슨 말을 해도 사용료를 내야 한다는 사실에는 변함이 없소." 남자가 깜짝 놀랄 정도로 강한 말투로 으르렁거렸다. 무슨 경보라도 울리는 듯한 그의 목소리 덕분에 나는 입을 다물고 말았다.

"돈이 없으면 당장 짐을 싸서 여기를 나가요." 여자가 말했다.

"여기는 사람도 전혀 없잖아요! 게다가 한밤중에! 만일 무슨 일이라도 생긴다면……."

"규칙은 규칙이요." 남자가 씩씩거렸다. 그는 이제 나하고 볼일은 다 끝났다는 듯 몸을 돌려 차로 돌아갔다.

"우리도 미안해요. 하지만 어쩌겠어. 우리는 여기 야영장을 지키는 사람들이고 여기 오는 사람이면 누구나 규정대로 처리하는 게 우리 일이라고." 여자의 얼굴이 잠시 미안한 듯 부드러워졌다가 이내 입술을 오므리더니 이렇게 덧붙였다. "이런 일로 경찰까지 부르기는 우리도 정말 싫으니까."

나는 눈을 내리깔고 여자의 스웨터에 그려진 너구리들을 바라보았다. "나는 그냥…… 내가 무슨 여기 해가 되는 것도 아니고요……. 그래서 여길 보니 나 말고는 아무도 안 보이고 해서요." 나는 여자 대 여자로 마지막으로 조용히 호소했다.

"우리가 지금 무조건 나가라고 하는 게 아니잖아요!" 여자가 소리를 질렀다. 마치 기르던 개새끼를 나무라는 것 같은 말투였다. "여기 있으려면 그냥 사용료를 내라고."

"그럴 돈이 없어요."

"PCT로 이어지는 길은 저기 화장실만 지나가면 있어요." 여자가 자기 뒤편을 가리키며 이렇게 말했다. "아니면 도로를 따라 걸어가든가. 한 1~2킬로미터만 가면 될 거예요. 내 생각엔 도로를 따라가는 편이 더 나을 것도 같네. 짐을 다시 싸는 동안 우리가 불을 비춰 줄 테니, 어서." 여자는 말을 마치고 차로 돌아가 남편 옆에 앉았다. 차의 전조등 불빛 때문에 그들의 얼굴은 이제 보이지 않았다.

나는 정신없이 텐트로 돌아갔다. 여행하면서 낯선 사람들을 만났지만 사람들은 보통은 다 친절했었다. 나는 텐트 안으로 들어가 떨리는 손으로 헤드램프를 켜고 꺼내 놓았던 짐들을 평소에 정리하던 방식이고 뭐고 그냥 다 배낭 속에 쓸어 담았다. 뭘 어떻게 해야 할지 알 수 없었다. 밖은 이제 완전히 어두워졌고 하늘에는 조각달이 떠 있을 뿐이었다. 한밤중에 낯선 산길을 걷는 것보다 더 두려운 일이 있다면 그건 한밤중에 낯선 도로를 따라 걷는 일일 것이다. 나는 몬스터를 짊어지고 트럭에 탄 부부에게 손을 흔들었다. 그들도 손을 흔들었는지는 알아볼 수가 없었다.

나는 헤드램프를 손에 들고 걷기 시작했다. 그 불빛으로는 바로 앞만 겨우 비출 수 있을 뿐이었다. 설상가상으로 건전지도 다 떨어진 모양이었다. 나는 포장도로를 따라 화장실로 가서 아까 그 여자가 알려준 쪽을 바라보았다. 나는 조심스럽게 몇 걸음을 걸어 보았다. 이제 나에겐 숲속에서 지내는 일은 익숙했다. 밤새도록 있어도 안전한 기분이 들었다. 그렇지만 이렇게 한밤중에 텐트에서 나와 숲속을 걸어가는 일은 완전히 다른 문제였다. 일단 아무것도 제대로 볼 수가 없었다. 나는 밤에 돌아다니는 짐승들과 마주치기도 하고, 나무뿌리에 걸려 넘어지기도 했다. 몇 번이고 길을 놓쳐 엉뚱한 길로도 계속 들어섰다. 나는 긴장한 채 천천히 걸었다. 마치 여행 첫날 방울뱀이라도 만날까 벌벌 떨며 걸어가던 그때의 모습 같았다.

얼마간 시간이 흐르자 주변의 윤곽이 희미하게 눈에 들어오기 시작했다. 나는 키 큰 소나무와 전나무 숲속에 들어와 있었다. 잔가지가 거의 없이 곧게 뻗어 있는 나무는 내 키를 훌쩍 뛰어넘는 꼭대기쯤에 가서야 빽빽하게 가지가 나 있었다. 왼쪽에서는 시냇물이 흐르는 소리가 들려왔고 등산화 밑으로는 부드럽게 쌓인 마른 솔잎들이 발에 밟혀 부서지는 느낌이 났다. 나는 전에 없이 아주 완벽히 집중해서 걸었다. 그리고 그 덕분에 마치 맨발과 맨몸으로 걷는 것처럼 신경이 곤두서 온몸으로 길을 느낄 수 있었다. 그러자 어릴 때 말 타는 법을 처음 배우던 때 생각이 났다. 엄마는 내게 엄마의 말인 레이디를 어떻게 타는지 가르쳐주었다. 엄마는 레이디의 재갈에 달린 고삐를 움켜쥐고 서서 나를 안장 위에 태웠고, 나는 레이디의 갈기를 손으로 움켜쥐었다. 말이 걷기 시작하자 겁에 질렸지만 이내 기분이 편해졌다. 엄마는 내게 눈을 감으라고 했다. 나는 내 몸 아래로 말이 움직이는 것을, 그리고 내 몸이 말과 함께 움직이는 것을 느낄 수 있었다. 나는 나중에 팔을 활짝 벌린 채 말을 타고 돌고 또 돌았다. 내 몸은 레이디와 하나가 되었고 우리는 함께 움직였다.

나는 20분가량을 걸어 숲이 확 트여 있는 곳으로 나올 수 있었다. 나는 배낭을 내려놓고 헤드램프를 켠 채 땅에 엎드려 손과 무릎으로 더듬으며 어디 잠을 잘만 한 곳이 있나 찾고는 텐트를 치고 안으로 들어가 슬리핑백 안에서 잠을 청했다. 그렇지만 나는 예상치도 못하게 쫓겨난데다 한밤중에 걷기까지 한 탓에 피곤하지도 졸리지도 않았다.

나는 다시 제임스 미치너의 『소설』을 펼쳐 들었다. 그렇지만 헤드램프가 깜빡거리더니 이내 불빛이 희미해졌다. 그래서 헤드램프를 끄고 어둠 속에 그냥 누워 있었다. 나는 손으로 팔을 쓰다듬고 나를 감싸 안았다. 오른쪽 손가락 아래 새겨진 타투가 느껴졌다. 아직 말 모양을 유지하고 있는 타투였다. 타투를 새겨준 여자는 몇 주 정도만 남아 있을 거라고 말했지만 몇 개월이 지났는데도 아직 타투는 남아 있었다. 마치 말이 그냥 잉크가 아니라 진짜로 내 피부 속에 박힌 것 같았다. 그건 그냥 말이 아니었다. 그건 레이디였다. 엄마가 병원에서 의사에게 타고 싶다고 했던 엄마의 말이었다. 그때 의사는 엄마에게 불치병에 걸렸다는 말을 전하러 왔었지.

레이디는 사실 그 말의 진짜 이름이 아니었다. 그건 그냥 엄마가 부르는 이름이었고, 정식으로 등록된 품종은 아메리칸 새들브래드였다. 종축가협회에서 수여한 증명서에는 그 거창한 이름이 자랑스럽게 새겨져 있었다. '스톤월스 하이랜드 낸시. 스톤월 센세이션의 씨를 받아 맥스 골든 퀸이 낳았음.' 엄마는 아버지와 마침내 영원히 이별을 했던 그 끔찍했던 겨울, 도무지 말도 안 되는 일이었지만 그 말을 사려고 했다. 엄마는 종업원으로 일하던 식당에서 한 부부를 만났다. 두 사람은 열두 살 먹은 순종 암말을 싸게 팔고 싶어 했고 아무리 그 값이 싸도 감당할 여력이 되지 않았던 엄마는 말을 보러 갔다가 앞으로 6개월 안에 말값으로 300달러를 치르겠다는 약속을 덜컥 해버렸다. 그리고 근처에 마구간을 가지고 있는 부부를 찾아가 이번에 산 말을 그 집 마구간에 두는 대신 일을 해주겠다고 또 약속을 해버렸다.

"정말 멋진 말이야." 엄마는 레이디에 대해서 이야기할 때마다 이렇게 말했다. 엄마의 말이 맞았다. 키는 1.6미터가량에 길고 가는 다리, 경쾌한 발놀림, 그리고 여왕 같은 우아함까지. 레이디는 이마에 하얀색 별이 박혀 있었지만 다른 곳은 내가 눈 속에 보았던 여우처럼 온통 불그스름한 색이었다.

엄마가 레이디를 샀을 때 나는 여섯 살이었고 엄마는 아버지를 완전히 떠났다. 우리는 바바리 크놀이라는 아파트 단지의 지하층에서 살고 있었다. 먹고살 돈도 빠듯했지만, 엄마는 말을 사야만 했다. 어린 내가 보기에도 엄마의 인생을 구원해준 건 바로 레이디라는 사실을 본능적으로 알 수 있었다. 레이디 덕분에 엄마는 아버지를 떠날 수 있었을 뿐만 아니라 완전히 독립할 수 있었다. 말은 엄마의 종교나 마찬가지였다. 말이 있어서 엄마는 마치 어린 아이처럼 하루하루가 일요일이었으면 하고 바랐다. 그리고 새 옷을 차려입고 미사를 보러 가듯 말을 보러 갔다. 엄마는 말을 타기 위해 무슨 일이든 다 했다. 마구간을 청소하고 마구를 반질반질 윤이 나게 닦았으며 먹이를 나르고 마구간 바닥에는 짚을 갈았다. 그렇게 해서 가장 가까이 있는 마구간의 일을 돕고 다른 사람의 말을 얻어 탈 수 있었다.

말을 타고 행복해하던 엄마의 모습이 간혹 그렇게 머릿속에 떠올랐다. 딱 그 순간에 정지한 것처럼 마치 책이라도 읽듯이 간결하고 또렷하게 그려졌다. 엄마는 외할아버지와 함께 뉴멕시코에서 밤을 새워 시골길을 달리기도 했다. 위험한 로데오 기술을 연습하고 친구들이랑 직접 시범을 보이기도 했다. 열여섯 살이 되자 엄마는 자기 말을 갖게 되었다. 팔이라는 이름의 미국 남서부산 말이었다. 엄마는 그 말을 타고 콜로라도에서 열리는 로데오 대회에도 출전했다. 엄마는 죽을 때까지 그때 받은 리본들을 간직하고 있었다. 그 리본들은 다른 짐들과 함께 리사의 집 지하실에 있다.

레이디가 우리 말이 되고 마구간에 처음 들어와 살게 되자 엄마는 어린 시절 했던 일과 똑같은 일을 하게 되었다. 청소하고 외바퀴 수레를 끌며 먹이로 쓸 건초를 날랐다. 엄마는 종종 카렌과 레이프, 그리고 나를 함께 데려갔다. 엄마가 그런 허드렛일을 하는 동안 우리는 창고 안에서 놀았다. 그런 다음에 엄마가 말을 타고 목장을 도는 모습을 바라보며 엄마가 한 바퀴 돌 때마다 우리도 엄마를 따라 돌았다.

미네소타 북쪽에 우리 땅을 사서 옮겨가게 되었을 때 우리는 두 번째 말을 갖게 되었다. 로저라는 잡종 거세마로 내 마음에 쏙 들었고, 말 주인이 싼값에 주었기 때문에 엄마는 그 말을 샀다. 우리는 말들을 더 북쪽에 있는 빌려온 트레일러에 살도록 했다.

엄마가 세상을 떠난 뒤 3년 가까이 지난 12월 초 어느 날, 에디를 만나기 위해 집을 찾았던 나는 그동안 레이디가 여위고 약해진 모습에 큰 충격을 받았다. 레이디는 서른 살 넘은 늙은 말이었고 다시 건강해지도록 돌보는 일이 가능하다 하더라도 주변에는 그런 일을 할 만한 사람이 아무도 없었다. 에디와 그의 새 여자친구는 내가 자라난 우리 집과 트윈 시티 외곽 작은 마을에 있는 트레일러를 오가며 생활하고 있었고 엄마가 죽을 때까지 키우고 있던 개 두 마리와 고양이 두 마리, 그리고 암탉 네 마리도 이제는 이미 죽거나 다른 사람들에게 줬다. 남은 건 로저와 레이디뿐이었고 이따금 에디가 먹이를 챙겨달라고 부탁한 이웃 사람이 와서 무성의하게 살펴볼 뿐이었다.

그 12월에 나는 에디에게 레이디의 상태에 대해 물었다. 그는 처음에는 사뭇 공격적인 태도로 왜 자기가 말 걱정을 해야 하는지 모르겠다고 말했다. 나는 에디와 그런 문제로 말다툼을 벌이고 싶지는 않았다. 에디는 엄마의 전남편으로 엄마의 말들에 대한 책임이 있었다. 나는 레이디 이야기만 꺼내 대책을 세워야 한다고 고집을 부렸다. 얼마간 시간이 흐르자 그의 태도도 부드러워졌고 우리는 레이디를 포기하기로 결심했다. 레이디는 늙고 쇠약해졌다. 몸무게는 걱정스러울 정도로 줄어들었고 눈에 생기도 사라져갔다. 나는 이미 수의사와 이 문제에 대한 상의를 끝냈다고 에디에게 말했다. 필요하다면 수의사가 찾아와 주사로 안락사를 시킬 것이라고. 아니면 우리가 직접 할 수도 있었다.

에디는 나중에 우리가 직접 하는 쪽으로 생각했다. 사실 우리는 둘 다 돈이 거의 없었다. 말들은 몇 대에 걸쳐 그런 식으로 처리가 되었고 이상한 이야기지만 우리는 오히려 그게 더 인도적인 방법이 아닌가 생각했다. 믿고 따르던 주인의 손에 죽는 것이 낯선 수의사보다는 낫지 않을까. 에디는 나와 폴이 크리스마스를 맞아 돌아오기 전에 자신이 직접 처리하겠다고 말했다. 그러나 사실 우리는 이제 가족끼리 모이는 일 같은 건 없었다. 폴과 나는 집에서 단둘이 지냈고 에디는 크리스마스가 오면 여자친구의 아이들과 함께 지낼 계획을 세우고 있었다. 카렌과 레이프도 각자의 크리스마스 계획을 하고 있었다. 레이프는 세인트 폴에서 자신의 여자친구와 그 가족과 함께 시간을 보낸다고 했으며 카렌은 바로 몇 주 전 만나 결혼을 한 남편과 함께 있을 터였다.

몇 주 뒤 크리스마스이브에 폴과 함께 고속도로를 달리던 나는 마음이 편치 못했다. 계속해서 목초지 위에 로저만 혼자 덩그러니 있는 모습이 머릿속에 떠올랐다. 그렇지만 차에서 내리니 레이디는 아직 죽지 않고 있었다. 더욱 야윈 모습으로 마구간에서 떨며 서 있었다. 그 모습을 보는 것만으로도 가슴이 저렸다. 날씨는 갑자기 매섭도록 추워져 영하 25도라는 기록적인 한파가 찾아왔다. 거기에 바람까지 강하게 불어 체감온도는 더욱 낮아졌다.

나는 에디에게 왜 우리가 결정한 대로 하지 않았냐고 묻는 대신 앨라배마에 사는 외할아버지에게 전화를 걸었다. 외할아버지는 평생 말과 함께 지내온 분이었다. 우리는 레이디 문제에 대해 한 시간가량 통화했다. 그는 내게 계속해서 질문을 던졌고 통화가 끝날 무렵에는 안락사를 시킬 수밖에 없다고 강하게 말했다. 나는 그만 자러 가야겠다고 말했다. 그리고 다음 날 아침 동이 트자마자 전화기가 울려댔다.

외할아버지였다. 크리스마스를 축하한다는 전화인 동시에 지금 당장 그 일을 하라는 전화였다. 레이디를 그냥 그렇게 내버려 두는 일은 잔인하고 몰인정한 짓이라는 게 외할아버지의 주장이었고 그 말이 옳다고 생각했다. 또한 이 일에 대한 결정권이 모두 나에게 달려 있다는 사실도 잘 알고 있었다. 나에게는 수의사를 불러 주사를 놓아 안락사를 시키게 할 만한 돈이 없었다. 설사 그렇게 할 수 있다 해도 크리스마스 아침에 찾아올 수의사가 있을지도 의심스러웠다. 외할아버지는 말을 총으로 쏴 죽이는 방법에 대해 자세하게 알려주었다. 내가 진저리를 치자 이미 몇 년 전에 했어야 하는 일이라고 힘을 주어 말했다. 나는 일이 끝난 뒤에 레이디의 시체를 처리하는 일도 걱정스러웠다. 땅은 단단히 얼어붙었고 그래서 파묻는다는 건 불가능에 가까운 일이었다.

"그냥 내버려두려무나." 외할아버지의 조언이었다. "그러면 들짐승들이 와서 알아서 처리할 거다."

"이제 어떻게 해야 해?" 전화를 끊고 나서 나는 폴에게 울부짖었다. 우리는 어쩔 줄을 모르고 그냥 있었다. 게다가 그때의 크리스마스는 우리가 함께 지내는 마지막 크리스마스였다. 몇 개월 뒤 나는 내 불륜 사실을 그에게 고백하고 폴은 나를 떠나게 된다. 그리고 다시 크리스마스가 돌아왔을 때는 우리는 이혼을 준비하고 있었다.

"그냥 당신이 옳다고 생각하는 일을 해."

우리는 식탁을 마주하고 앉았다. 식탁 곳곳에 새겨진 흠이며 상처는 내게 아주 익숙한 모습이었지만 나는 집에서 아주 멀리 떨어져 홀로 빙하를 헤매는 기분이었다.

"뭐가 옳은지 모르겠어."

거짓말이었다. 나는 내가 해야 할 일이 무엇인지 정확하게 알고 있었다. 지금까지 여러 번 해야만 했던 일이었다. 끔찍한 일 두 가지 중에서 나은 한 가지 일을 선택하는 것. 그렇지만 이번에는 레이프 없이는 할 수 있는 일이 아니었다. 폴과 나에게는 엽총이 있었고 레이프가 우리 두 사람에게 지난겨울 그 사용법을 가르쳐주었지만 둘 다 엽총을 정확하게 다룰 줄 몰랐다. 물론 레이프도 전문 사냥꾼은 아니었지만 그래도 최소한 자주 총을 다뤄보았고 어떻게 해야 하는지 정도는 충분히 알고 있었다. 내가 전화를 걸자 레이프는 저녁까지 집으로 오겠다고 했다.

다음 날 아침, 우리는 어떻게 해야 할지 자세하게 의논을 했다. 나는 외할아버지가 전화로 알려준 것들을 남김없이 다 이야기해주었다.

"알았어." 그가 말했다. "말이나 준비시켜."

집 밖으로 나오니 태양은 환하게 빛나고 하늘은 수정처럼 맑았다. 11시가 되자 영하 17도쯤으로 날이 좀 풀리기 시작했다. 우리는 옷을 겹겹이 껴 입었다. 날이 너무 추워서 나무들도 얼어 쪼개지는 소리가 들렸다. 지난밤에는 그렇게 얼어붙고 부서지는 소리가 침실까지 너무 크게 들려와 나는 잠을 제대로 이루지 못했다.

나는 레이디의 고삐를 잡고 마구간 밖으로 끌고 나오며 이렇게 속삭였다. 내가 널 얼마나 사랑하는지 알고 있지? 폴이 우리 뒤에서 마구간 문을 닫고 로저가 따라 나오지 못하게 했다. 나는 얼어붙은 눈길 위로 레이디를 끌고 갔다. 그리고 고개를 돌려 마지막으로 걷는 모습을 지켜보았다. 레이디는 여전히 정말 우아하고 기품 있게 그 길쭉한 다리를 움직이며 나를 따라왔다. 볼 때마다 엄마를 감탄하게 만들었던 바로 그 모습이었다. 나는 레이디를 폴과 내가 그 전날 오후 골라 둔 자작나무 한 그루가 서 있는 곳까지 데리고 와 거기에 고삐를 묶었다. 그 자작나무는 우리 목초지 거의 끝자락에 있었고 그 너머로는 본격적으로 깊은 숲이 시작되고 있었다. 집으로부터 충분히 멀리 떨어진 곳으로 나는 밤이 오면 코요테 같은 들짐승들이 몰려와 레이디의 시체를 처리해주기를 바랐다. 나는 레이디의 몸을 쓰다듬으며 사랑과 슬픔을 더듬거리며 이야기하고 용서와 이해를 구했다.

내가 고개를 들자 동생 레이프가 엽총을 들고 거기 서 있었다. 폴이 내 팔을 잡았고 우리 둘은 함께 눈길을 헤치고 가 레이프 뒤에 섰다. 레이디로부터 불과 1~2미터 남짓한 거리였다. 레이디가 뿜어대는 뜨거운 입김은 마치 비단 구름 같았다. 얼어붙은 눈덩이에 우리 둘 다 발이 걸렸고 순간 우리 두 사람은 엎어져 무릎을 꿇었다.

"정확하게 두 눈 사이를 겨냥해야 해." 나는 외할아버지가 해준 말을 다시 레이프에게 전했다. 그렇게만 하면 한 방에 고통 없이 레이디를 보내줄 수 있다는 것이었다.

레이프가 몸을 웅크리더니 한쪽 무릎을 꿇었다. 레이디가 앞발굽으로 눈 덮인 땅 위를 껑충거리더니 머리를 숙여 우리를 바라보았다. 레이프가 총을 쏘는 순간 나는 헉, 하고 숨을 들이켰다. 총알이 레이디의 두 눈 사이를 정확하게 맞췄다. 그 하얀색 별 같은 점 한가운데. 우리가 바라던 바로 그 자리였다. 레이디가 격하게 몸을 뒤흔들었고 가죽 고삐는 끊어져 얼굴에서 떨어져 나갔다. 그리고 잠시 그렇게 서 있던 레이디는 깜짝 놀란 표정으로 우리를 바라보았다.

"한 번 더 쏴!" 내가 숨을 헐떡이며 이렇게 말했고 레이프는 지체 없이 연속해서 세 발을 더 레이디의 머리에 박아 넣었다. 레이디는 비틀거리며 몸이 뒤로 젖혀졌다. 그렇지만 아직 땅에 쓰러지지도 달아나지도 않았다. 나무에 묶여 있던 고삐 따위는 이미 사라진 지 오래였는데도. 레이디는 우리가 한 일에 크게 놀란 듯 두 눈을 크게 뜨고 우리를 바라봤다. 레이디의 얼굴에 더는 피가 흐르지 않는 구멍들이 별자리처럼 새겨졌다. 그 순간 우리가 매우 큰 잘못을 저질렀다는 사실을 깨달았다.

레이디를 죽이는 것은 잘못이 아니었다. 그러나 이 일을 우리가 직접 해서는 안 되었다. 이 일은 에디가 하도록 해야 했다. 아니면 돈을 주고서라도 수의사를 불렀어야 했다. 나는 동물을 죽이는 일에 대해 완전히 잘못 생각하고 있었다. 한 방에 깨끗하게 고통을 없애는 일 따위는 처음부터 있을 수 없는 일이었다.

"쏴! 레이디를 쏘라고!" 나는 도저히 내 목소리라고는 생각할 수 없는 목구멍에서 끓어오르는 듯한 목소리로 이렇게 외쳤다.

"총알이 다 떨어졌어!" 레이프가 소리쳤다.

"레이디!" 내가 날카롭게 비명을 지르자 폴이 내 어깨를 움켜쥐고 자기 쪽으로 끌어당겼다. 나는 그를 뿌리치고 마치 누군가 나를 죽도록 때리기라도 하는 것처럼 울먹이며 숨을 헐떡였다.

레이디는 한 번 더 발길질하더니 앞 무릎이 꺾이며 쓰러졌다. 레이디의 몸은 마치 거대한 선박이 천천히 바닷속으로 침몰을 하듯 그렇게 끔찍한 모습으로 앞으로 기울어졌고 머리가 흔들리며 깊은 한숨이 새어나왔다. 부드러운 콧구멍에서는 갑자기 피가 뿜어졌다. 그 피의 격류가 눈 위에 뿌려지고 뜨거운 김이 피어올랐다. 레이디는 계속해서 기침했고 그때마다 엄청난 피가 흘러나왔다. 뒷다리는 몸에 깔려 천천히 고통스럽게 뒤틀려갔다. 레이디는 마침내 옆으로 완전히 쓰러지기 전에 안간힘을 쓰며 괴기스러울 정도로 그렇게 버티고 있었다. 이리저리 발길질하며 다리를 마구 흔들다가 목이 뒤틀리면서도 다시 일어나려고 온 힘을 다했다.

"레이디!" 내가 울부짖었다. "레이디!"

레이프가 나를 붙잡았다. "그쪽을 보지 마!" 그가 우리에게 소리쳤고 우리는 함께 고개를 돌렸다. 잠시 후 레이프가 중얼거렸다. "이제 가서 레이디를 살펴보자." 눈물이 그의 얼굴을 적셨다.

내가 뒤를 돌아보자 레이디는 마지막으로 고개를 땅에 처박았다. 옆구리는 여전히 들썩이고 있었고 다리도 아직 움찔거렸다. 우리 세 사람은 함께 비틀거리며 나아갔다. 눈덩이에 발이 걸려 계속 넘어지고 무릎까지 눈에 파묻히기도 했다. 우리는 레이디가 천천히 크게 숨을 몰아쉬다가 결국 한숨을 내쉬고 움직이지 않는 모습을 지켜보았다.

엄마의 말, 레이디. 스톤월스 하이랜드 낸시는 그렇게 죽었다.

일이 그렇게 되는 데 5분이 걸렸는지 한 시간이 걸렸는지 알 수 없었다. 벙어리장갑과 모자가 떨어졌지만 나는 그것들을 다시 주울 힘도 없었다. 속눈썹은 얼어붙었고 눈물 콧물로 범벅이 된 머리카락은 얼굴에 들러붙어 고드름으로 변해 내가 움직일 때마다 버석거렸다. 나는 추위조차 느끼지 못한 채 그냥 얼굴을 문질러댔다. 나는 레이디의 배 옆에 무릎을 꿇고 앉아 손을 뻗어 그 피에 물든 레이디의 몸을 마지막으로 쓰다듬었다. 레이디는 아직 따뜻했다. 마치 엄마의 임종을 지키지 못했던 그날, 병원으로 돌아와 마주했던 엄마의 그 죽은 몸처럼. 나는 레이프도 그 일을 기억하고 있을까 생각하며 그를 돌아보았다. 나는 레이디의 머리 쪽으로 기어가 벨벳처럼 부드러운 차가운 귀를 어루만졌다. 나는 그 하얀색 점 위를 뚫고 지나간 검은 총알 자국 쪽으로 손을 뻗어보았다. 눈 위를 달궜던 그 깊은 피 구멍은 이미 차갑게 얼어붙기 시작했다.

폴과 나는 레이프가 칼을 꺼내 들고 붉은색과 금색이 섞인 레이디의 갈기를 잘라내는 것을 보았다.

"엄마도 이제 편히 저세상으로 가실 수 있겠지." 레이프는 그렇게 말하며 마치 이 세상에 우리 남매밖에는 없는 듯 내 눈을 바라보았다. "인디언들이 그렇게 믿고 있대. 위대한 전사가 죽으면 타던 말을 죽여야 저승으로 가는 강을 편하게 건너갈 수 있다고. 그게 존경의 표시라고 했어. 엄마는 이제 저세상에서도 레이디를 타고 함께할 수 있을 거야."

엄마가 레이디의 단단한 등에 올라타고 거대한 강을 건너는 장면을 상상해보았다. 엄마가 떠난 뒤 거의 3년이 지나고서야 비로소 엄마는 우리 곁을 완전히 떠난 것이었다. 나는 레이프의 말이 사실이기를 바랐다. 내게 빌고 싶은 소원이 있다면 바로 그것이었으리라. 내가 바라는 건 엄마가 다시 말을 타고 살아 돌아오는 것이 아니라 레이디와 함께 저 멀리 떠나는 것이었다. 그럼에도 레이디를 안락사시킨 일은 내가 했던 가장 최악의 행동이었다.

*

화이트 호스 야영장에서 멀리 떨어진 숲속 어딘가에서 밤을 보낸 그날, 나는 마침내 잠을 잘 수 있었다. 그리고 눈에 대한 꿈을 꾸었다. 남동생과 내가 레이디를 죽인 날 보았던 그 눈이 아니라 내가 넘어온 산에 있는 눈이었다. 그 기억은 실제 경험보다 오히려 더 끔찍했다. 나는 밤새도록 내게 일어날 뻔했던, 그렇지만 결국 일어나지 않았던 일들에 대한 꿈을 꾸었다. 위험천만한 경사로로 미끄러져 내려가 절벽 끝으로 떨어지거나 그 아래 바위에 부딪히는 꿈이며 길을 잘못 들어 다시는 돌아오지 못하고 숲을 헤매다 굶어 죽는 꿈들을.

다음 날 아침, 나는 아침을 먹으며 안내서를 열심히 살펴보았다. 만일 내가 계획대로 PCT를 따라 올라간다면 나는 더 많은 눈 속을 헤치고 가야 할 터였다. 그건 생각만으로도 으스스한 일이었다. 그리고 다시 지도를 살펴보니 굳이 그렇게 하지는 않아도 될 거 같았다. 나는 화이트 호스 야영장으로 되돌아가 서쪽으로 더

간 다음 벅스 레이크로 갈 수 있었다. 거기서부터 차량용 산길을 따라 북쪽으로 천천히 가서 스리 레이크스$^{\text{Three Lakes}}$라는 곳에서 PCT 쪽으로 방향을 잡으면 될 거 같았다. 이렇게 하면 내가 걸어야 하는 길의 거리도 대략 25킬로미터쯤으로 크게 달라지지 않았다. 그렇지만 고도가 낮아서 눈을 만날 확률이 낮았다. 나는 텐트를 접고 짐을 꾸렸다. 그리고 지난밤 왔던 길을 되돌아 곧장 화이트 호스 야영장으로 향했다.

오전 내내 나는 서쪽으로 길을 잡고 벅스 레이크로 향했다. 그리고 북쪽, 다시 서쪽으로 방향을 잡아 PCT로 되돌아갈 수 있도록 나를 안내할 거친 차량용 산길이 나올 때까지 걸었다. 그러면서 벨든 타운에서 나를 기다리고 있을 보급품 상자에 대해 생각을 했다. 사실 다른 것보다 그 안에 들어 있는 20달러짜리 지폐가, 그리고 그 돈으로 살 수 있는 음식이며 음료수가 더 간절했다. 나는 반쯤은 몽롱한 상태로, 그리고 반쯤은 그 기분에 고문과도 같은 흥분 상태를 더해 케이크며 치즈버거, 초콜릿과 바나나, 사과, 그리고 신선한 샐러드를 꿈꾸며 몇 시간을 보냈다. 그리고 무엇보다도 스내플 레모네이드 생각이 가장 간절했다. 그건 참 기묘한 일이었다. 나는 PCT 여행을 하기 전에는 스내플 레모네이드를 많이 마시지도 않았고, 좋아하기는 했지만 그렇다고 특별히 죽고 못 살지도 않았다. 그런데 지금은 내가 즐겨 마시는 음료수도 아닌 스내플 레모네이드 한 잔이 너무나 간절했다. 분홍색이든 노란색이든 뭐든 상관없었다. 어떤 날은 내가 그러다가 완전히 미쳐버릴 것 같아서 아예 생각을 하지 않도록 막기도 했다.

나는 스리 레이크스로 가는 길이 최근에야 겨우 눈이 녹았다는 사실을 알 수 있었다. 눈이 녹은 틈으로 마른 땅이 보이고 그 옆으로는 눈 녹은 물이 시냇물이 되어 널찍한 도랑을 만들며 콸콸 흘러가고 있었다. 나는 그 길을 따라 나뭇가지가 울창한 나무들 아래를 걸어갔다. 사람은 아무도 눈에 띄지 않았다.

오후가 되자 갑자기 아랫배에서 익숙한 통증이 느껴졌다. 마침내 그날이 왔다. 여행을 시작하고 첫 생리가 시작된 것이다. 나는 생리에 대해서는 거의 까맣게 잊고 있었다. 여행을 시작하고 새로운 환경에 몸이 적응하느라 이전의 감각들에 대해 무뎌져 있었던 모양이었다. 이제는 내가 예전보다 살이 쪘는지 말랐는지 같은 그런 사소한 문제에 대해서는 예민하고 복잡하게 생각하지도 않았다. 그런데 이렇게 난감한 일이 벌어지다니. 배에서 보내는 아주 작은 신호 같은 건 내가 항상 느끼는 발과 어깨와 등 근육의 직접적인 고통 때문에 그만 묻혀버린 것 같았다. 몸의 바깥 부분이 느끼는 고통이 너무 강하고 힘들어서 나는 한 시간에 몇 번이고 걸음을 멈추고 잠시나마 그 고통을 달래기 위해 몸을 이리저리 움직여야만 했다.

배낭을 내려놓고 안을 뒤져 구급상자를 꺼냈다. 그리고 여행을 시작하기 전에 지퍼락 봉지에 넣어둔 해면 스펀지 한 움큼을 꺼내 들었다. PCT로 떠나기 전에 몇 번 정도 시험 삼아 그 스펀지를 사용해본 적이 있었다. 미니애폴리스에서 생각할 때는 그 스펀지가 이런 일을 대처하기 위한 아주 그럴듯한 수단이 될 것이라고 생각했다. 그렇지만 막상 이렇게 손에 꺼내 들고 보니 장담을 할 수 없었다. 나는 일단 물통의 물로 손을 씻고 스펀지에 물을 적신 뒤 물을 짜냈다. 그리고 반바지를 내리고 길 위에 웅크리고 앉아 그 스펀지를 가능한 한 적당한 자리에 끼워 넣었다.

다시 바지를 올리고 나니 어디선가 이쪽으로 다가오는 엔진 소리가 들려왔다. 그리고 잠시 뒤 뒷면을 개조하고 대형 타이어를 단 빨간색 픽업트럭이 고개를 돌아 올라왔다. 운전자는 나를 보자 차를 멈췄다. 깜짝 놀란 것 같았다. 나도 역시 깜짝 놀랐지만 바지를 벗고 가랑이에 손을 집어넣은 채로 마주치지 않아서 그나마 천만다행이라고 생각했다. 나는 급하게 손을 흔들었고 트럭이 내 옆으로 와서 멈춰 섰다.

"안녕하세요." 한 남자가 열린 차 창문 너머로 손을 내밀며 인사를 했다. 나는 그 남자의 손을 잡고 흔들었다. 그러면서 조금 전까지 내 손이 어디에 있었는지 생각했다. 픽업트럭 안에는 성인 남자 둘이 더 있었는데 한 명은 앞자리에, 그리고 다른 한 명은 뒷자리에 사내아이 둘을 데리고 앉아 있었다. 남자들은 대략 서른 살쯤, 사내아이들은 일고여덟 살쯤 되어 보였다.

"스리 레이크스로 가는 길입니까?" 남자가 물었다.

"아, 네." 남자는 깔끔하고 잘생긴 백인이었고 뒷좌석의 남자와 아이들도 그랬다. 또 다른 남자는 머리를 길게 기른 라틴계였는데 단단하고 둥근 배가 불룩 솟아 있었다.

"우리도 그쪽으로 낚시를 하러 가요. 태워주고 싶은데 짐이 가득 차서……." 그가 가리키는 쪽을 보니 야영 장비가 잔뜩 실려 있었다.

"괜찮아요. 걸어갈 수 있어요."

"아, 오늘 밤에 하와이안 스크루드라이버 칵테일을 만들어 한 잔씩 할 텐데, 사양 말고 들러요."

"고맙습니다." 나는 그렇게 말하고 그들이 사라지는 모습을 지켜보았다.

나는 남은 오후 내내 길을 걸으며 그 하와이안 스크루드라이버에 대해 곰곰 생각했다. 그게 뭔지는 정확히는 잘 몰랐지만 나에게는 스내플 레모네이드랑은 아주 다른 걸로 들렸다. 도로 꼭대기에 도착하자 아까 그 빨간색 픽업트럭과 남자들의 텐트가 눈에 들어왔다. 스리 레이크스의 가장 서쪽 끝이었다. PCT는 바로 그 너머에 있었다. 나는 호숫가를 따라 좁은 동쪽 길을 걸었다. 그리고 호수 주변에 바위들이 흩어져 있는 사이로 어느 한적한 장소를 찾아냈다.

나는 텐트를 치고 숲속으로 들어가 스펀지를 꺼내 짜내고 다시 끼워 넣었다. 나는 호숫가로 내려와 물을 정수하고 손과 얼굴을 씻었다. 생각 같아서는 뛰어들어 목욕이라도 하고 싶었지만 물은 얼음처럼 차가웠고 산 공기 때문에 이미 몸에는 한기가 들었다. PCT에 오기 전까지는 나도 강과 호수, 그리고 시냇물에서 마음껏 멱을 감는 일을 상상했다. 그렇지만 실상은 고작해야 몸을 담그는 정도였다. 해가 저물 때면 피곤해서 몸도 아프고 열이 나서 떨리는 일이 종종 있었지만 다행히 그냥 지치고 땀이 마르며 냉기가 들었기 때문인 경우가 많았다. 여행하면서 내가 할 수 있는 최선은 대개 얼굴에 물을 끼얹고 땀에 전 티셔츠와 반바지를 벗은 다음 플리스 파카와 레깅스로 몸을 둘둘 말고 밤을 지내는 것이었다.

나는 등산화를 벗고 발에 붙인 밴드와 테이프를 떼어내고 얼음같이 차가운 물에 깊이 발을 담갔다. 물속에서 발을 비벼대자 까맣게 죽은 발톱이 또 하나 빠져버렸다. 지금까지 두 개째 발톱이 빠진 것이었다. 호수는 맑고 고요했으며 주변에는 키 큰 나무가 둘러싸고 있었고 바위틈으로는 무성한 덤불이 자라고 있었다. 나는 진흙 틈 사이로 밝은 녹색 도마뱀 한 마리를 보았다. 도마뱀은 잠시 움직이지 않고 있다가 눈 깜빡할 사이에 재빨리 사라져버렸다. 아까 본 사람들의 야영지는 호숫가를 따라 그리 멀지 않은 곳에 있었지만 내가 있는 쪽을 발견하지는 못한 것 같았다. 그쪽으로 찾아가 보기 전에 나는 이를 닦고 입술 연고를 바르고 머리를 정성 들여 빗었다.

"저기 아까 그 여자가 오네!" 내가 천천히 걸어가자 조수석에 앉아 있던 남자가 소리쳤다. "그것도 딱 맞춰 왔네요." 그는 노란색 음료수가 가득 들어 있는 빨간색 플라스틱 컵을 내밀었다. 아마도 그게 그 하와이안 스크루드라이버인가 하는 것 같았다. 거기에는 얼음과 보드카, 파인애플 주스가 섞여 있었다. 한 모금 머금자 나는 정신을 잃을 것 같았다. 그냥 알코올 기운 때문이 아니라 단맛과 술맛의 환상적인 조합 때문이었다.

두 백인 남자는 소방관이었고 라틴계 남자는 열정이 넘치는 화가였지만 지금은 목수로 일하고 있다고 했다. 그의 이름은 프란시스코였지만 다들 파코라고 부른다고 했다. 그는 백인 남자 중

한 명의 사촌으로 멕시코에서 놀러 왔다고 했으며 세 남자는 새크라멘토의 같은 동네에서 함께 자랐고 두 백인 소방관은 지금도 거기 살고 있다고 했다.

파코는 10년 전에 멕시코에 살고 있는 증조할머니를 찾아갔다가 거기서 멕시코 여자와 사랑에 빠져 그냥 그곳에 머무르게 되었다고 말했다. 소방관들의 아이들이 우리를 휙 스치고 지나갔다. 아직 불을 붙이지 않고 통나무만 모아놓은 모닥불 터에 우리가 둘러앉아 있으니, 아이들은 가져온 장난감 권총으로 전쟁놀이를 했다. 요란스럽게 소리를 지르고 뛰기도 하며 바위 뒤에서 서로 총을 겨누었다.

"농담하는 거 아니죠? 와, 진짜 대단한데!" 그 사람들에게 내가 지금 하고 있는 일을 설명해주고 엉망이 된 발과 여덟 개밖에 남지 않는 발톱을 보여주자 소방관들은 이렇게 탄성을 내질렀다. 두 사람은 놀라서 손을 내저으며 내게 끊임없이 질문을 던졌고 부지런히 하와이안 스크루드라이버와 토르티야 칩을 권했다.

"배짱 한번 대단한 여자군요." 파코가 멕시코 샐러드를 만들면서 말했다. "우리는 남자들만 그런 줄 알았는데 우리가 틀렸어요." 그의 머리카락이 뱀처럼 등 뒤로 늘어졌다. 길고 풍성한 머리는 평범한 고무줄로 묶여 있었다. 모닥불이 지펴지고 우리는 남자들이 호수에서 낚아 올린 송어와 지난겨울 사냥했다는 사슴고기로 만든 스튜를 먹었다. 다 먹고 나니 불가에 남은 건 파코와 나뿐이었다. 다른 남자들은 텐트에서 아들들에게 책을 읽어주고 있었다.

"한 대 같이 피울래요?" 파코가 이렇게 내게 물어보더니 셔츠

주머니에서 마리화나 한 대를 꺼내 불을 붙였다. 그는 한 모금 빨더니 내게 내밀었다. " 그러니까 여기가 시에라네바다라는 거군요, 맞죠?" 그는 이렇게 말하며 어두운 호수를 바라보았다. "자라면서 한 번도 가본 적이 없네요."

"빛의 길이라고 불러요." 마리화나를 그에게 돌려주며 말했다. "존 뮤어라는 사람이 그렇게 말했대요. 나도 왜 그런 말을 했는지 이제 알 것 같아요. 여기 말고 저런 빛을 한 번도 본 적이 없어요. 저 산을 배경으로 해가 뜨고 지는 모습을요."

"당신은 그럼 영적인 길을 걷고 있는 건가요?" 파코가 모닥불을 바라보며 이렇게 말했다. "나도 잘 모르겠어요. 당신이 그렇다면 그런 거겠죠." 내가 말했다.

"내 말이 맞을 거예요." 그는 이렇게 말하며 뜨거운 눈길로 나를 바라보았다. 그가 자리에서 일어섰다. "당신에게 주고 싶은 게 있는데." 그는 트럭 뒤편으로 갔다가 티셔츠 하나를 들고 다시 돌아왔다. 그가 옷을 내밀었고 나는 그것을 받아 펼쳐보았다. 앞에는 자메이카 가수 밥 말리의 커다란 초상화가 그려져 있었다. 그의 레게 스타일로 땋은 머리카락과 전기기타, 고대 남미의 조각상까지. 뒷면에는 에티오피아 황제였던 하일레 셀라시에의 사진이 있었다. 붉은색과 초록색, 금색의 원에 둘러싸여 있는 신으로 추앙받았던 남자.

"이건 신성한 셔츠에요." 내가 셔츠를 불빛에 비춰보고 있으려니 파코가 이렇게 말했다. "당신을 보니 그냥 걷는 게 아니고 들짐승들의 영과 땅과 하늘의 기운이 함께하는 것 같아요. 그래서 당신이 이 셔츠를 가졌으면 해요."

나는 고개를 끄덕였다. 감정이 격해져 말을 못 하고 거기에 반쯤 술에 취해 있다 보니 정말 그 셔츠에 신성한 힘이 있다고 철석같이 믿게 되었다. "고마워요."

텐트로 돌아와서 잠자리에 들기 전에 셔츠를 손에 들고 밤하늘의 별들을 바라보았다. 파코와 헤어져 차가운 공기 속에 있으려니 술은 다 깼었다. 나는 영적인 것과 함께 걷는다는 것이 어떤 건지 생각해보았다. 도대체 그게 무슨 소리일까? 내가 지금까지 영혼과 함께 걸었다는 말일까? 우리 엄마하고 같이? 엄마는 죽은 다음에 어디로 갔을까? 그리고 레이디는? 엄마는 정말 레이디를 타고 그 강을 건너 저세상으로 갔을까?

이성은 내게 죽으면 모든 것은 다 끝이라고 말했다. 그렇지만 둘은 계속해서 내 꿈속에 나타났다. 레이디에 대한 꿈은 엄마에 대한 꿈과 반대였다. 엄마는 꿈속에서 자신을 죽여 달라고 계속해서 말하고 또 말했다. 그렇지만 레이디가 나오는 꿈에서 나는 아무도 죽일 필요가 없었다. 나는 그저 레이디가 입에 물고 온 엄청나게 커다랗고 눈부시게 화려한 꽃다발을 받아들기만 하면 되었다. 레이디는 내가 꽃다발을 받아들 때까지 코로 나를 밀었고 나는 그걸 보고 내가 용서받았다는 사실을 알았다. 그렇지만 그게 정말일까? 정말 레이디의 영혼이 나타난 것일까? 아니면 그냥 내 잠재의식의 발로일 뿐인 것일까?

다음 날 아침, 나는 파코에게 받아 온 셔츠를 입고 PCT로 다시 돌아가 벨든 타운으로 향했다. 가면서 라센 피크를 흘끗 바라보았다. 라센 피크는 북쪽으로 90킬로미터가량 더 가면 닿을 수 있는 눈 덮인 화산으로 그 높이는 3,187미터에 달했다. 그 크기와 위용 때문만이 아니라 벨든 타운 북쪽으로 들어가는 캐스케이드 레인지를 지나면서 만나는 첫 번째 봉우리였기 때문에 나로서는 기억할 만한 장소가 되었다. 라센의 북쪽으로부터는 캐스케이즈 고지대의 산들이 수백 개나 들쭉날쭉 줄을 지어 늘어서 있었다. 유명하거나 험준한 산들은 아니었지만 앞으로 내가 넘고 정복해야 하는 산들이었다. 마음의 눈으로 보면 각각의 봉우리들은 어린 시절 매달려 놀던 정글짐 같았다. 가로지른 막대 하나를 잡고 매달릴 때마다 다음 막대는 손이 닿지 않는 곳에 있는 놀이터의 그 정글짐 말이다.

라센 피크에서부터 섀스타 산, 맥러플린 산, 틸센 산, 세 자매 산, 워싱턴 산 등 신들의 다리에 닿기 전까지 나는 이 산들을 넘어 90킬로미터 이상을 가로질러야 할 터였다. 그 산들은 모두 화산들이었고 높이는 해발 2,438미터에서 4,267미터까지 다양했다. 모두 환태평양 화산대에 속해 있다. 이 화산대는 4만 킬로미터 길이로 칠레에서부터 말발굽 모양으로 태평양을 둘러싸고 있는 화산과 해구들이 이어져 있다. 위로는 중앙아메리카와 북아메리카의 서쪽 끝에 닿아 있고 바다 건너로는 러시아와 일본으로 연결되며 그 아래로는 남극 대륙에 닿기 전까지 인도네시아와 뉴질랜드를 아우른다.

시에라네바다 산맥을 걸어가는 마지막 하루는 계속해서 내려가고, 내려가고 또 내려가는 길이었다. 거리로는 스리 레이크스에서 벨든 타운까지 11킬로미터 남짓했지만, 그중에서 내리막길은 무려 1,220미터에 달했다. 벨든 타운에 도착하니 내 발에는 또 완전히 새로운 상처들이 생겨났다. 발가락 끝에는 물집이 잡혔고 한 걸음 내디딜 때마다 앞으로 밀리더니 등산화 안에서 무자비하게 짓눌러버렸다. 그날은 좀 편한 날이 될 거라고 생각했지만 나는 고통 속에 절뚝거리며 몸을 질질 끌다시피 해서 벨든 타운으로 들어섰다. 그리고 가만 살펴보니 사실 그건 마을도 뭣도 아니었다. 그저 엉성하게 세운 건물 하나가 철길 근처에 서 있는 것뿐이었다. 그 건물 안에는 술집과 우체국을 겸한 작은 가게, 그리고 역시 작은 무인 세탁소, 그리고 샤워장이 있었다. 나는 가게 입구에서 등산화를 벗고 샌들로 갈아 신은 뒤 다시 절뚝거리며 가게 안으로 들어가 보급품 상자를 찾았다. 그 안에는 미리 넣어 두었던 20달러가 들어 있었고 돈을 확인하는 순간 나는 뭐라 말할 수 없는 안도감에 발가락의 아픔 같은 건 잠시 잊을 수 있었다. 나는 스내플 레모네이드를 두 병 사서 가게를 나와 두 병을 차례로 다 마셔버렸다.

"셔츠 멋지네요." 한 여자가 말을 걸어왔다. 짧은 회색 곱슬머리를 한 여자로 옆에는 하얀색 큰 개가 한 마리 있었다. "애 이름은 오딘이에요." 여자는 몸을 굽혀 개의 목덜미를 긁어주고 몸을 일으켜 쓰고 있던 작고 둥근 안경을 코끝에 다시 걸치고는 나를 흥미롭다는 듯 바라보았다. "당신도 PCT 여행 중인가요?"

여자의 이름은 트리나라고 했다. 콜로라도에서 온 쉰 살의 고등학교 영어 선생으로 여행을 시작한 지 며칠밖에 되지 않았으며,

벨든 타운을 떠나 북쪽으로 향했지만 길을 덮은 엄청난 눈을 만나 다시 돌아왔다고 했다. 그 이야기를 들으니 기분이 아주 우울해졌다. 도대체 어떻게 해야 눈에서 벗어날 수 있는 건가? 둘이서 이야기를 나누고 있으려니 또 다른 여자가 이쪽으로 걸어 올라왔다. 그의 이름은 스테이시로 바로 어제부터 여행을 시작했으며 내가 스리 레이크스를 찾아온 길을 똑같이 따라 올라왔다고 했다.

마침내 나는 PCT를 여행하는 다른 여자들을 만난 것이다. 우리는 서로 놀라워하며 이야기를 자세히 나눴다. 나는 안도감에 말이 다 안 나올 지경이었다. 트리나는 주말이면 배낭여행을 떠나는 열성적인 배낭족이었고, 스테이시는 지난여름에 친구와 함께 멕시코에서 벨든 타운까지 PCT를 따라 여행한 경험이 있었다. 스테이시와 나는 우리가 함께 들렀던 곳들에 대해 이야기를 나누었다. 케네디 메도우즈의 에드 이야기를 하자 스테이시도 지난여름에 그를 만났었다고 말했다. 그리고 남부 캘리포니아의 조용한 마을에 사는 자신의 생활에 관해서도 이야기했다. 그곳에서 아버지 회사의 회계 담당 사원으로 일하면서 여름이면 휴가를 내어 이렇게 여행을 한다고 했다. 나이는 서른 살로 아일랜드 대가족 출신이며 머리카락은 검은색이었다.

"우리 같이 야영하면서 계획을 세워봐요." 트리나가 이렇게 말했다. "저기 풀밭 위로 적당한 곳이 있어요." 그리고 가게 앞에서도 보이는 한 지점을 가리켰다. 우리는 그곳으로 함께 가서 텐트를 쳤다. 트리나와 스테이시가 풀밭 위에 앉아 이야기를 나누는 동안 나는 보급품 상자를 열어 정리했다. 하나하나 물건들을 꺼낼

때마다 나도 모르게 코에 대고 냄새를 맡으며 즐거움을 만끽했다. 저녁으로 먹을 국수와 콩, 쌀, 그리고 아직도 새것처럼 포장이 반짝반짝 빛나는 초콜릿 바와 말린 과일과 견과류가 들어 있는 지퍼락 봉지 등. 나는 좋아서 죽을 지경이었다. 그렇게 깨끗한 새 물건들을 보고 있으려니 내 안의 어떤 것들도 다시 회복되는 그런 느낌이었다. 상자 안에는 파코에게 얻은 밥 말리 티셔츠 덕분에 이제는 필요 없을 것 같은 새 티셔츠와 모직 양말 두 켤레, 그리고 영국 작가 마가렛 드레블이 쓴 『여름 새장 $^{A\ Summer\ Birdcage}$』이 들어 있었다. 파코의 모닥불 앞에서 제임스 미치너의 책을 아직 반밖에는 불태우지 못했기에 나로서는 아직 이 책을 읽을 준비가 안 되어 있는 셈이었다. 그리고 가장 중요한 새 반창고도 들어 있었다.

나는 등산화를 벗고 자리에 앉아 엉망이 된 발을 자세히 살펴보았다. 트리나의 개가 짖기 시작하기에 고개를 들어보니 한 젊은 남자가 있었다. 금발에 푸른색 눈을 한 호리호리한 남자였다. 나는 그의 걸음걸이를 보고 단박에 그 사람도 PCT 여행자라는 사실을 알아챘다. 그가 브렌트라고 자기소개를 하자 나는 한 번도 본 적이 없는 그에게 마치 오랜 친구처럼 인사를 했다. 나는 케네디 메도우즈에서 그에 대한 이야기를 들었다. 그렉과 앨버트, 매트가 말해준 바에 따르면, 브렌트는 몬태나 주의 한 작은 마을에서 자랐고 캘리포니아 남부에 있는 PCT와 가까운 어느 마을에서 한 식품점에 들어가 로스트비프 1킬로그램이 든 샌드위치를 주문해 단 여섯 입 만에 다 먹어치웠다고 했다. 내가 그 이야기를 하자 그는 웃으며 자기 배낭을 내려놓고 웅크리고 앉아 내 발을 자세히 살펴보았다.

"당신 등산화가 너무 작아요." 그는 시에라 시티에서 그렉이 내게 했던 말과 같은 이야기를 했다. 나는 어안이 벙벙해 그를 바라보았다. 내 등산화가 그렇게 작을 리가 없었다. 게다가 이건 내가 가진 유일한 등산화였다.

"스리 레이크스에서 내리막길만 따라와서 그런가 봐요." 내가 말했다.

"그게 바로 문제예요." 브렌트가 대꾸했다. "크기가 맞는 등산화였다면 발이 이렇게 상하는 일 없이 잘 내려올 수 있었을 겁니다. 그게 등산화가 할 일이죠. 별 탈 없이 길을 따라 내려올 수 있게 하는 거 말이에요."

나는 REI의 친절했던 사람들을 생각했다. 그리고 가게 안의 좁은 나무 경사로를 오르락내리락하게 했던 사람도 기억이 났다. 등산화를 신었을 때 내리막길에서는 발가락이 등산화 끝에 부딪혀 뭉개지지 않고 오르막길에서는 발뒤꿈치가 까지지 않는지 확인하기 위해서 말이다. 가게 안에서는 아무 문제가 없었다. 그렇다면 내가 틀렸거나 아니면 그동안 내 발이 커졌다는 말인가. 그것도 아니라면 이 등산화를 계속 신고 있는 한 나는 계속 지옥과도 같은 일을 겪을 수밖에 없다는 사실이 분명해졌다.

그렇지만 해결책은 아무것도 없었다. 나는 새 등산화를 살 만한 돈이 없었고, 돈이 있다 해도 등산화 가게가 없었다. 나는 샌들을 신고 가게까지 걸어갔다. 거기서 1달러를 주고 샤워를 한 뒤, 비옷을 걸치고는 동전 세탁기에 옷을 넣어 빨고 건조기에 말렸다.

세탁기와 건조기가 돌아가는 동안 나는 리사에게 전화를 걸었고 전화가 연결되자 무척이나 기뻤다. 우리는 서로 그동안 지낸 이야기들을 나눴다. 그리고 함께 내 새로운 일정에 대해 검토를 했다. 전화를 끊고 난 뒤 나는 PCT 여행자 방명록에 내 이름을 적고 그렉이 이곳을 지나갔는지 확인해보았다. 그의 이름은 방명록에 없었다. 그가 나보다 뒤처진다는 건 있을 수 없는 일인데.

"그렉에 대해 뭐 들은 소식이 있나요?" 새로 빤 옷을 입고 돌아와 브렌트에게 물었다.

"그렉은 눈 때문에 여행을 포기했어요."

나는 놀라서 브렌트를 바라보았다. "그게 정말이에요?"

"나도 오스트레일리아 사람들에게 들은 이야긴데. 그 사람들 못 만났어요?"

나는 고개를 흔들었다.

"신혼여행 온 부부라는데, 그 사람들도 PCT 여행을 포기하기로 결정했거든요. 대신 AT 쪽으로 가기로 했대요."

PCT로 가기로 결정을 내린 후 AT, 그러니까 애팔래치아 트레일$_{\text{Appalachian Trail}}$에 대해서는 딱 한 번 들어본 적 있었다. PCT와 비슷하지만 훨씬 더 유명하고 길이 더 잘 닦인 곳이라고 했다. 두 길 모두 1968년에 미국 국립 자연경관 탐방로로 지정이 되었다. AT는 3,480킬로미터로 PCT보다는 대략 800킬로미터 정도가 더 짧았다. 그리고 조지아 주에서 애팔래치아 산맥을 따라 메인 주까지 이어지는 길이었다.

"그렉도 그쪽으로 갔나요?" 내가 간신히 이렇게 물었다.

"그렉은 그렇게 길을 돌아가고 다른 방향을 찾느라 제대로 PCT를 걷지 못하는 게 싫어서 일단 돌아갔다가 내년에 다시 올 예정이래요. 어쨌든 나는 그렇게 들었어요."

그렉은 내가 이 여행을 포기하려는 순간 그를 만난 그때부터 내게는 어떤 부적과도 같은 존재였다. 그는 자신이 이 여행을 끝마칠 수 있다면 나도 그렇게 할 수 있다고 믿었다. 그리고 이제 그는 이 길 위에 없었다. 그리고 내가 한 번도 만나본 적이 없는 그 오스트레일리아에서 온 부부도.

"그럼 당신도 이 길 말고 AT 쪽으로 갈 건가요?" 나는 그가 그렇다고 대답할까 봐 걱정하며 이렇게 물었다. 브렌트는 잠시 생각했다.

"너무 복잡하네요." 그는 이렇게 말하며 내 가슴에 크게 새겨져 있는 밥 말리를 바라보았다. 마치 뭐라도 더 할 말이 있는 것 같았다. "그나저나 참 멋진 티셔츠군요."

나는 AT에 발을 들여놓은 적이 한 번도 없었다. 그렇지만 케네디 메도우즈에 있을 때 사람들에게 이야기는 귀에 못이 박히도록 많이 들었다. PCT와 가장 비슷한 여행길이면서도 여러 가지 면에서 다르다고 했다. 매년 약 2,000여 명의 사람들이 AT 여행에 도전하지만 완주를 하는 사람들은 수백여 명에 불과하다. 그래도 PCT에 도전하고 성공하는 사람들에 비하면 꽤 많은 숫자다. AT를 여행하는 사람들은 길을 따라 준비된 야영장이나 근처 대피소에서 밤을 보낼 수 있으며 보급품을 받을 수 있는 마을이나 우체국들도 서로 멀리 떨어져 있지 않다. 그리고 대부분 사람들이 많이 사는 진짜 마을이다. PCT에서는 이름만 마을이지 달랑 우체국이나 가게 하나만 있는 곳도 허다하다. 나는 지금쯤 AT를 걷고 있을 그 오스트레일리아인 부부의 모습을 상상해보았다. 길에서 멀리 떨어져 있지 않은 가게에 들러 치즈버거와 맥주를 즐기고 있는 모습을. 그리고 밤이 오면 나무지붕 아래서 잠을 청할 것이다. 어쩌면 다른 여행자들이 두 사람에게 AT 여행길에 어울리는 새로운 별명을 지어주었을지도 모르지. 그것 역시도 PCT보다는 AT에서 훨씬 더 흔한 일이기는 했다. 물론 우리도 서로 별명을 부를 때가 있었다. 그렉과 매트, 그리고 앨버트는 사실 나보다 몇 살 어리지도 않은 브렌트에 대해 이야기할 때 대부분 '그 녀석'이라는 표현을 썼다. 그렉은 종종 '숫자 박사'라고 불렀다. 직업이 회계사이기도 했지만 PCT에 대한 정보나 통계수치를 굉장히 많이 알고 있었기 때문이었다. 매트와 앨버트는 '보이스카우트 부자', 그리고 더그와 톰은 '도련님들'이었다. 나에게도 무슨 별명이 있었는지는 모르겠다. 그렇지만 설사 있다 해도, 다른 사람들이 나를 뭐라고 부르는지는 별로 알고 싶지 않다는 생각이 들었다.

트리나와 스테이시, 그리고 브렌트와 나는 그날 저녁 벨든 스토어 근처 술집에서 저녁을 먹었다. 샤워하고 옷을 세탁하고, 음료수와 군것질거리를 사고, 그리고 그밖에 예상치 못한 지출까지 하고 나니 내게 남은 돈은 14달러쯤이었다. 나는 메뉴판에서 값이 저렴하면서도 깊은 갈망을 만족시켜줄 샐러드와 감자튀김 한 접시를 시켰다. 최근 내 소망은 갓 튀긴 튀김 쪽으로 방향이 좀 바뀌었다. 값은 둘이 합쳐 5달러였고 이제 다음 보급품을 찾을 때까지 내가 쓸 수 있는 돈은 9달러였다.

다음 기착지는 이곳에서 215킬로미터 떨어진 맥아더-버니 폴스 메모리얼 주립공원이었다. 그곳에 가면 PCT 여행자들이 보급품을 받아볼 수 있게 우체국 대신 편의를 봐주는 가게가 하나 있었다. 나는 다른 사람들이 맥주를 마시는 동안 씁쓸한 기분으로 얼음물을 마셨다. 밥을 다 먹고 우리는 다음 구간에 대해 이야기를 나누었다. 지금까지 들었던 이야기들을 모두 종합해보면, 길 대부분이 눈에 파묻혀 있다는 것이었다. 잘생긴 바텐더가 어깨너머로 우리가 하는 이야기를 듣고 있더니 옆으로 다가와서 라센 화산 국립공원은 지금도 2미터가 넘는 눈이 쌓여 있다는 소문을 전해주었다. 그 눈이 길을 가로막아 올해는 아주 짧은 관광 성수기에만 개방을 할 수 있다는 것이었다.

"한 잔 드실래요?" 그가 내 눈을 바라보며 물었다. "물론 서비스입니다." 내가 주저하자 이렇게 덧붙였다.

그는 내게 차가운 피노그리 와인 한 잔을 넘칠 만큼 가득 따라서 가져다주었다. 한 모금 맛을 보니 얼마 전 하와이안 스크루드라이브를 마셨을 때처럼 정신이 혼미할 정도로 황홀한 맛이었다. 자리에서 일어나 계산할 때쯤 되어 우리는 아침에 벨든을 떠나게 되면 저지대에 있는 차량용 산길과 PCT를 번갈아가며 80킬로미터쯤 걸어가기로 결정했다. 차를 얻어 타고 눈에 덮여 있다는 라센 화산 국립공원 구간의 PCT를 우회한 뒤 올드 스테이션이라는 곳에서 다시 PCT로 들어가기로 했다.

야영장으로 돌아온 뒤 나는 의자에 앉아 일기장에서 종이 한 장 뜯어내 조에게 편지를 썼다. 조의 생일이 다가오고 있었고 아까 마신 와인 한 잔 덕분인지 그에 대한 그리움이 밀려들었다. 나는 1년 전 어느 날 밤 속옷도 입지 않고 미니스커트 한 장만 걸친 채 그와 길을 걷다가 어느 공원의 외진 구석에서 돌담에 몸을 기대고 사랑을 나눴던 일이 기억이 났다. 그리고 함께 마약을 할 때면 항상 느꼈던 그 아찔했던 기분과 그의 머리에서 배어 나온 염색약이 내 베개를 파란색으로 물들였던 일도 기억이 났다. 그렇지만 그런 이야기들을 편지에 쓸 수는 없었다. 나는 볼펜을 손에 들고 그저 생각만 하다가 내가 PCT에서 겪은 시간 중에서 편지에 쓸 만한 게 뭐가 있을까 또 생각해보았다. 포틀랜드에서 그를 만난 후 일어난 모든 일을 그가 이해해주길 바라는 건 불가능에 가깝지 않을까. 지난여름 내가 겪었던 일들이 이렇게 낯설듯 지금 내가 하는 일들에 관한 이야기도 그에게는 낯선 이야기가 아닐까. 그래서 나는 내 이야기를 적는 대신 대부분 그에 관해 물어보는 내용으로 편지를 채웠다. 지금 어떻게 지내고 있는지, 무슨 일을 하고 있는지, 지금은 어떤 사람과 함께 살고 있는지. 그리고 케네디 메도우즈에서 받은 엽서에서 그가 짐짓 흘린 내용처럼 그런 생활을 청산하고 새롭게 살고 있는지도. 나는 그가 그렇게 살고 있기를 바랐다. 나를 위해서가 아니라 바로 조 자신을 위해서. 나는 편지를 접어 트리나에게 얻은 봉투에 집어넣었다. 나는 풀밭에서 꺾은 들꽃 몇 송이를 잘 눌러 편지와 같이 넣은 뒤 봉투를 봉했다.

"편지 좀 부치고 올게요." 나는 다른 사람들에게 이렇게 말하고 헤드램프 불에 의지해 풀밭을 지나 흙길을 따라 걸어가 문 닫힌 가게 밖 우체통으로 향했다.

"거기 이쁜 아가씨." 편지를 집어넣고 나니 어디선가 남자의 목소리가 들려왔다. 어두운 현관 쪽에서 보이는 건 불붙은 담배 끝뿐이었다.

"네?" 나는 어정쩡한 태도로 이렇게 대답했다.

"나예요, 아까 그 바텐더." 남자가 희미한 불빛 속으로 걸어 나왔고 나는 그제야 그의 얼굴을 알아볼 수 있었다. "아까 대접한 와인 맛은 괜찮았나요?" 그가 물었다.

"아, 네. 안녕하세요. 그럼요, 아까 잘 마셨어요. 감사합니다."

"아직 일하는 중인데 좀 있으면 끝날 거예요. 내 트레일러가 길 건너편에 있어요. 괜찮으면 와서 같이 한잔할래요? 아까 마신 와인 정도는 병째로 가져올 수 있는데." 그가 담뱃재를 화분에 털며 이렇게 말했다.

"고마워요. 하지만 내일 아침 일찍 길을 떠나야 해서요."

그는 담배 한 모금을 깊이 빨았다. 담배 끝이 밝게 타올랐다. 한 서른 살쯤 되었을까. 청바지가 잘 어울리는 남자였다. 저 남자를 따라가면 안 될 이유라도 있을까?

"그래요? 그래도 마음이 바뀔지 모르니 한번 생각해봐요."

"내일은 30킬로미터를 걸어야 해요." 나는 그 일이 마치 그에게 어떤 의미가 있는 듯이 대답했다.

"내 트레일러로 가서 자도 되는데. 필요하면 내 침대 써요. 난 소파에서 자도 되니까. 밖에서만 잤을 테니 침대에서 자면 기분이 확 달라질걸요."

"이미 잘 준비를 다 해뒀어서요." 나는 풀밭 너머를 가리켰다.

나는 왠지 찜찜한 기분으로 텐트로 돌아왔다. 아까 그 바텐더의 관심이 당혹스럽기도 하고 기분이 좋기도 했다. 갑자기 마음속에서 대담한 욕정이 일어났다. 돌아와 보니 여자들은 각자의 텐트 속에서 잠이 든 모양이었지만 브렌트는 아직 자지 않고 어둠 속에 서서 밤하늘의 별들을 바라보고 있었다.

"별들이 아름답죠?" 내가 슬며시 그의 옆으로 다가가 하늘을 보며 속삭였다. 그렇게 말하고 나니 이번 여행을 시작한 뒤로 한 번도 울지 않았다는 생각이 문득 떠올랐다. 어떻게 그럴 수가 있었을까? 그렇게 울며불며 지냈던 날들을 생각하면 절대로 그럴 수 없는 일인데, 분명한 사실이었다. 그 사실을 깨닫자 눈물이 흘러 나올 뻔했지만 대신 나는 웃음을 터뜨렸다.

"뭐가 그렇게 재미있어요?" 브렌트가 물었다.

"아무것도 아니에요." 나는 시계를 보았다. 10시 15분이었다. "이 시간이면 보통 깊이 잠들어 있었는데."

"나도 그래요." 브렌트가 말했다.

"그렇지만 오늘 밤은 잠이 안 오네요."

"마을에 들어와 있으니 흥분이 돼서 그런 게 아닐까요." 그가 대답했다.

우리는 둘 다 웃음을 터뜨렸다. 나는 온종일 여자들과 즐거운 시간을 보냈다. PCT에 들어선 이후 거의 해보지 못한 그런 이야기들을 나눌 수 있어서 고마운 마음까지 들 정도였다. 그렇지만 브렌트와 있으니 오래전부터 알고 지낸 사람처럼 기묘하게 가까운 사이 같은 기분이 들었다. 그의 옆에 서서 나는 그가 내 남동생을 떠오르게 한다는 사실을 깨달았다. 이렇게나 멀리 떨어져 있지만 나는 누구보다 남동생을 사랑했다.

"같이 소원 빌어요." 내가 말했다.

"별똥별을 볼 때까지 기다리는 게 아니고요?" 그가 물었다.

"보통은 그렇게 하지만 뭐 우리끼리 새로 규칙을 정하면 되죠." 내가 말했다. "나처럼 한번 해봐요. 내 소원은 등산화가 더 이상 내 발을 아프게 하지 않는 것입니다!"

"그렇게 소원을 큰 소리로 말하면 어떻게 해요!" 그가 툴툴거리며 말했다. "생일 때 촛불 끄는 거랑 같은 거 몰라요? 자기 소원을 다른 사람에게 말하면 안 된다고요. 그러면 소원이 안 이루어져요. 이제 당신 발은 끝장이네."

"무슨 그런 말도 안 되는!" 나는 화가 난 듯 말했지만 그가 한 말이 맞는다는 걸 알고 갑자기 머리가 멍해졌다.

"좋아요. 난 내 소원을 마음속으로 말했으니까 이제 당신 차례예요." 그가 말했다.

나는 별을 바라보았다. 그렇지만 이미 소원 같은 건 흥미를 잃어버렸다. "내일 몇 시에 출발할 거예요?" 내가 물었다.

"동이 트자마자요."

"나도 그러려고요." 내가 말했다. 나는 내일 아침 그와 작별하기 싫었다. 트리나와 스테이시, 그리고 나는 앞으로 며칠간 여행을 같이하기로 했다. 그렇지만 브렌트는 당연히 우리보다 걸음이 빨랐고 그러면 혼자 앞서 나가게 될 터였다.

"소원 빌었어요?" 그가 물었다.

"아직 생각 중이에요."

"소원 빌기 좋은 밤이네요. 시에라네바다 산맥에서 보내는 마지막 밤이니까요."

"빛의 길이여, 안녕." 밤하늘을 보며 내가 말했다.

"소원으로 말 한 마리 달라고 비는 게 어때요? 그럼 발 걱정을 더 안 해도 될 텐데."

나는 어둠 속에서 그를 바라보았다. 그렇다. PCT는 동물도 함께할 수 있었다. 그러나 정말 말을 타고 가는 사람은 한 명도 보지 못했다.

"예전에 기르던 말이 있었어요." 그러면서 다시 하늘을 쳐다보았다. "두 마리를 길렀었죠."

"정말 부럽네요. 누구나 말을 길러볼 수 있는 건 아니니까요."

우리는 잠시 말 없이 조용히 서 있었다. 나는 소원을 빌었다.

제4부

뜨거운 야생에서

지붕이 없을 때 나는 담대함을 지붕으로 삼았다
로버트 핀스키,「사무라이의 노래 Samurai Song」

지금, 여기 이곳의 나

　나는 체스터 마을 근처 고속도로 길가에 서 있었다. 거기서 지나가는 차를 얻어 타려고 기다리고 있으려니 어떤 남자가 모는 은색 크라이슬러 르바롱 한 대가 멈춰 섰다. 지난 50여 시간 동안 나는 스테이시, 트리나와 함께 벨든 타운에서 스토버 캠프라는 곳까지 90여 킬로미터를 차를 얻어 타고 같이 왔다. 하지만 바로 10분 전에 혼다 시빅 한 대가 멈춰서 두 사람밖에 탈 자리가 없다고 하자 우리는 서로들 먼저 가라고 자리를 양보했다. 결국 내가 강력하게 주장해 스테이시와 트리나를 차에 태웠고 큰 개 오딘도 간신히 뒷자리에 올라타게 한 뒤 나는 아무 상관 없다고 자신 있게 말하며 그들을 떠나보냈다.
　그래, 나는 괜찮아. 내가 그렇게 생각하고 있을 때 크라이슬러가 내 쪽으로 다가와 자갈이 깔린 갓길에 멈춰 서더니 한 남자가 내렸다. 사실 그때 나는 잠시 저 차가 왜 멈춰 서는지 생각을 하느라 가슴이 조마조마하던 참이었다. 그는 친절해 보이는 남자로 나이는 나보다 한두 살 더 많아 보였다. 나쁜 사람은 아닐 거야. 나는 차의 범퍼를 보고 결국 그렇게 마음을 굳혔다. 거기에는 '세계 평화를 위하여'라는 말을 비튼 '세계 완두콩들을 위하여'라는 초록색 스티커가 붙어 있었다. 완두콩과 평화를 위하는 사람이 무슨 나쁜 마음이야 품고 있으려고.

"안녕하세요." 나는 붙임성 있게 인사를 했다. 그러면서 나도 모르게 한 손으로는 배낭에 대롱대롱 매달려 있는 그 세상에서 가장 소리가 큰 호루라기를 움켜쥐었다. 갈색 곰을 만난 이후로는 한 번도 써보지는 않았지만 나는 그 호루라기가 항상 손닿는 곳에 있는지 의식하고 확인하고 있었다. 사실 그 호루라기는 나와 보이지 않은 끈으로 연결된 것이나 마찬가지였다.

"안녕하세요." 남자는 이렇게 말하며 손을 뻗어 내 손을 잡고 악수를 했다. 갈색 머리가 눈까지 늘어져 있었다. 그는 내게 자기 이름은 지미 카터이며 그 대통령과는 아무 상관도 없고, 태워주고는 싶지만 자리가 없다고 말했다. 차를 들여다보니 거짓말이 아니었다. 운전석을 제외하고는 차 안이 온통 신문이며 책, 옷, 음료수 캔, 온갖 잡다한 물건들이 차창 밖으로 넘칠 정도로 쌓여 있었다. 그는 단지 나와 이야기를 나눌 수 있을까 해서 차를 세운 것이었다. 그는 자신이 《호보 타임스》라는 신문사 기자라고 했다. 이곳저곳을 돌아다니며 호보, 즉 떠돌이 생활을 하는 사람들을 인터뷰한다는 것이었다.

"나는 떠돌이가 아닌데요. 그냥 장거리 여행자예요." 나는 놀라서 이렇게 말했다. 그리고 호루라기를 손에서 놓고 팔을 길 쪽으로 쭉 뻗어 지나가는 다른 차를 향해 엄지손가락을 치켜들었다.

"나는 PCT를 걸어서 여행하는 중이에요." 나는 그를 흘끗 보며 이렇게 설명했다. 그러면서 그 남자가 빨리 가버렸으면 했다. 나는 두 개의 다른 고속도로를 모두 다른 차를 얻어 타고 달려 올드 스테이션까지 가야 했고 이 남자는 전혀 도움이 안 될 것 같았다. 오히려 이 남자가 나타나는 바람에 일이 이상하게 꼬여버렸다. 이러고 있으면 지나가는 차들이 나를 무시하고 그냥 가버릴 수도 있었다. 나는 그렉과 함께 시에라 시티로 가려고 길가에 서 있던 그날 차를 얻어 타는 데 얼마나 어려움을 겪었는지 기억이 났다. 지미 카터가 옆에 있는 한 누구도 차를 세워줄 리가 없었다.

"길에서 생활한 지 얼마나 되었나요?" 그가 바지 뒷주머니에서 볼펜과 기자들이 쓰는 폭이 좁고 길쭉한 공책을 꺼내 이렇게 물어 왔다. 그의 머리카락은 덥수룩하고 더러웠으며 이마를 덮고 있던 머리카락이 바람에 날릴 때마다 갈색 눈동자가 보였다가 안 보였다가 했다. 그는 마치 무슨 대단한 사람이라도 되는 양 나를 몰아붙였다. 자기가 무슨 의식의 역사라든지 담화와 사회의 비교 연구 같은 걸 전공한 박사라도 된다는 듯이.

"말했잖아요. 난 떠돌이 노숙자가 아니라고요." 나는 웃으며 이렇게 말했다. 그러면서 저 차에 얻어 타고 싶다는 생각도 들었다. 지미 카터라는 사람의 길동무가 되면 재미있지 않을까 하는 생각이 문득 들었다. "나는 PCT를 여행하고 있는 거라고요." 나는 같은 말을 반복하며 길 근처 숲을 가리켰다. 사실 진짜 PCT는 여기서 서쪽으로 15킬로미터나 더 가야 했지만.

그는 무슨 말인지 이해하지 못하겠다는 표정으로 멍하니 나를 바라보았다. 시간은 정오가 가까워져 날은 이미 뜨거웠다. 12시가 넘어가면 몹시 더워질 그런 날씨였다. 나는 그가 내 냄새를 맡고 있나 궁금했다. 나는 이미 내 몸에서 나는 냄새를 맡지 못할 정도로 스스로에게 익숙해져 있었다. 나는 한 걸음 뒤로 물러서 차를 잡으려고 들고 있던 손을 어쩔 수 없이 내렸다. 일단 이 남자를 떨쳐버려야 차를 얻어 탈 수 있을 것 같았다.

"국립 자연경관 탐방로 모르세요?" 나는 설명을 하려고 했지만 그는 그저 꾹 참는 표정으로 아무것도 쓰지 못한 공책을 손에 들고 계속해서 나를 바라보고 있을 뿐이었다. 내가 그에게 PCT에 대해, 그리고 내가 무슨 일을 하고 있는지 설명을 하면서 보니 지미 카터의 표정이 그리 불편해 보이지 않았다. 나는 차 안에 뭐 먹을 거라도 있을까 궁금했다.

"그래서 만일 당신이 트레일인지 뭔지를 여행하는 중이라면 여기서는 뭐하고 있는 건가요?" 그가 물었다. 나는 라센 화산 국립공원 쪽 길이 눈에 덮여 길을 돌아가고 있다고 말했다.

"그러면 길을 떠난 지는 얼마나 됐죠?"

"한 달쯤 됐어요." 나는 그렇게 말하며 그가 내 말을 받아 적는 모습을 지켜보았다. 내가 이렇게 길을 돌아가며 남의 차를 얻어 타고 가는 걸 다 이야기하면 어쩌면 진짜 떠돌이처럼 보일지도 몰랐다. 그러니 그런 것까지 다 이야기하는 건 현명하지 못한 일이리라.

"그러면 그동안 실내에서 잠을 잔 적은 몇 번이나 되나요?" 그가 또 물었다.

"세 번이요." 나는 곰곰이 생각하다 대답을 했다. 프랭크와 애니타의 집에서 하룻밤, 그리고 리지크레스트와 시에라 시티의 모텔에서 각각 하룻밤씩.

"가지고 있는 짐은 그것뿐인가요?" 그가 내 배낭과 스키 스틱을 가리키며 물었다.

"아, 그래요. 계속 필요한 물건들을 우편으로 받기는 하지만 지금은 이게 전부에요." 나는 손으로 내 몬스터를 쓰다듬었다. 이제는 친구처럼 느껴지는 배낭이었지만 이렇게 지미 카터라는 사람과 같이 있으니 더욱 그렇게 느껴졌다.

"거봐요. 그러니까 당신은 떠돌이라니까!" 그는 만족스러운 듯 이렇게 말하고 내 이름의 정확한 철자를 물어봤다. 나는 그가 원하는 대로 대답해주면서도 이게 내 이름이 아니었으면 하고 후회했다.

"하, 이런!" 그는 공책에 내가 부르는 대로 받아 적더니 이렇게 소리쳤다. "그게 정말 당신 본명 맞아요?"

"아, 네." 나는 그렇게 대꾸하고 마치 다른 차를 찾아보려는 듯 몸을 돌렸다. 그렇게 해서 내 얼굴에 떠오르는 민망한 표정을 보지 못하게 할 심산이었다. 내 애원하는 듯한 손길을 무시한 통나무를 가득 실은 트럭이 요란한 소리를 내며 그냥 지나칠 때까지 불편한 침묵이 계속되었다.

"그럼 당신은 당신 이름대로 스스로가 방랑자임을 인정하는 건가요?" 지미 카터는 트럭이 지나간 뒤 이렇게 말했다.

"난 그렇게 말한 적 없어요." 나는 말을 더듬으며 이렇게 항변했다. "떠돌이랑 여행자는 하늘과 땅 차이라고요." 나는 손으로 스키 스틱의 분홍색 손잡이 끈을 감아쥐고는 그 끝으로 땅바닥을 긁으며 별 의미도 없는 선을 그었다.

"나는 당신이 생각하는 그런 종류의 여행자가 아니에요. 나는 전문적인 여행가라고요. 하루에 25킬로미터에서 30킬로미터를 넘게 걷고 매일 그렇게 산길을 오르내려요. 사람들이나 포장도로든 뭐든 찾아볼 수 없는 그런 길로 다닌다고요. 인적 하나 없는 산길을 며칠이나 걷는 일도 허다해요. 그러니 엉뚱한 이야기 말고 이런 거나 좀 적으라고요."

그는 공책을 보던 얼굴을 들었다. 그의 머리카락이 바람에 마구 휘날렸다. 그 얼굴에는 내가 알고 있는 많은 사람의 얼굴이 겹쳐 보였다. 내 얼굴도 저 사람에게 그렇게 보일까.

"떠돌이 여성을 만나는 일은 드물어서요." 그가 거의 속삭이듯 이렇게 말했다. 마치 무슨 비밀이라도 털어놓는 듯한 말투였.

"그러니 이런 기회가 얼마나 죽여주는 일인지……."

"나는 떠돌이가 아니라니까!" 이번에는 나도 화를 냈다.

"여자 혼자 떠도는 경우는 찾기가 힘들어서요." 그는 끈질기게 자기주장을 굽히지 않았다. 나는 그게 다 여자들이 살기가 힘들어서 그렇다고 대꾸했다. 밖으로 뛰쳐나가고 싶은 여자들 대부분이 꽥꽥 울어대는 아이들과 집안 어딘가에 틀어박혀 있지 않겠느냐고. 그리고 그런 애들의 아빠들이야말로 제멋대로 길을 떠난 떠돌이들이 아니겠냐고 말이다.

"아, 알겠다. 그러니까 당신도 페미니스트, 뭐 그런 거군요."

"네, 맞아요." 뭔가 고개를 끄덕거릴 이야기를 들으니 그나마 기분이 좋아졌다.

"내가 좋아하는 건……." 그는 이렇게 말하고는 말을 다 끝내지 않고 공책에 뭐라고 끼적거렸다.

"그게 문제가 아니잖아요!" 내가 소리를 질렀다. "난 떠돌이가 아니라니까. 이건 완전히 합법적인 여행이라고요. 나 혼자만 이런 여행하는 게 아니에요. 다른 사람들도 많아요. 애팔래치아 트레일이라고 들어봤어요? 그것도 비슷한 거예요. 좀 더 서쪽에 있기는 하지만." 나는 내가 말한 것 말고 뭘 더 쓰고 있는 것 같은 그의 모습을 바라보았다.

"사진을 좀 찍고 싶은데요." 지미 카터가 말했다. 그는 차로 가서 사진기를 꺼내 들었다. "그런데 셔츠 참 멋지군요. 나도 밥 말리를 좋아해요. 그 팔찌도 마음에 들고. 떠돌이 중에는 베트남전 참전 출신들이 많아서요."

나는 내 팔찌에 새겨진 윌리엄 J. 크로켓의 이름을 바라보았다.

"웃어요, 자 치즈." 그는 이렇게 말하며 사진을 찍었다. 그러면서 그는 마치 내가 정기 구독자라도 되는 듯이 《호보 타임즈》의 가을호에 나올 사진을 기대하라고 했다. "《호보 타임즈》 기사들은 《하퍼스》에도 같이 실린 적이 있어요." 그가 덧붙였다.

"《하퍼스》요?" 나는 놀라서 이렇게 물었다.

"네. 그러니까 잡지 이름인데……."

"나도《하퍼스》가 뭔지 알아요." 나는 쌀쌀맞게 그의 말을 잘랐다. "그리고 나는《하퍼스》같은 데 나오고 싶지 않아요. 아니, 나오고는 싶지만 거기에 떠돌이라고 소개되고 싶지 않다고요."

"난 당신이 떠돌이라고 생각 안 했어요." 그는 이렇게 말하며 차의 트렁크를 열었다.

"그래요. 저는 떠돌이가 아니에요. 그러니까《하퍼스》에 그렇게 소개되는 건 싫다고요. 그러니까 나에 대한 기사 같은 건 쓰지 말아요. 왜냐하면……."

"떠돌이에게 꼭 필요한 생필품들이죠." 그는 그러면서 내게 차가운 버드와이저 맥주 한 캔과 안에 뭔가가 들어 있는 비닐봉지를 내밀었다.

"나는 떠돌이가 아니라고요." 나는 마지막으로 또 말했다. 그렇지만 처음보다는 기운이 많이 빠진 목소리였다. 혹시나 그가 내 말에 생필품이 든 비닐봉지를 도로 가져가지 않을까 하는 걱정이 들어서였다.

"인터뷰해줘서 고마웠어요." 그는 트렁크를 닫았다. "조심해서 잘 가요."

"네, 당신도요." 내가 말했다.

"총이 있을 거 같은데. 최소한 그러기를 바랍니다."

나는 긍정도 부정도 하지 않은 채 어깨를 으쓱했다.

"여기는 남쪽인데 이제 북쪽으로 간다면서요. 그러면 곧 빅풋이 사는 곳으로 들어간다는 뜻인데."

"빅풋이요?"

"네. 알잖아요? 사스콰치라고 불리는 전설의 괴물. 놀라는 척은. 여기서부터 주 경계선까지 이어지는 길이랑 오리건은 전 세계에서 빅풋 목격담이 가장 많이 보도되는 지역이라고요." 그는 마치 누군가 금방이라도 튀어나오는 것처럼 나무들 쪽을 향했다. "그걸 믿는 사람들이 많죠. 떠돌이들, 그러니까 당신처럼 산길을 돌아다니는 사람들도 그들의 존재를 믿고 있고요. 그 사람들은 다 알고 있어요. 나는 매번 빅풋 이야기를 듣는다니까."

"음, 나는 괜찮아요. 최소한 지금까지는 아무 일 없었어요." 나는 그렇게 말하며 웃었다. 그렇지만 속이 조금 뒤틀리는 기분이었다. 몇 주 전 PCT 여행을 준비하며 나는 아무것도 두려워하지 않기로 했다. 그때 내가 생각한 건 곰이나 뱀, 퓨마, 그리고 이상한 사람들이었지 두 발로 걷는다는 털북숭이 인간 비슷한 짐승까지는 생각해본 적이 없었다.

"뭐 아무 일 없겠죠. 난 걱정 안 해요. 혹시 마주치더라도 당신을 그냥 내버려둘 겁니다. 게다가 총까지 들고 있다면요."

"그래요." 나는 고개를 끄덕였다.

"그러면 행운을 빌어요." 그는 차에 올라탔다.

"행운을…… 아니, 다른 떠돌이들을 찾기를 빌어요." 나는 떠나는 그의 차를 보며 손을 흔들어주었다.

나는 잠시 그 자리에 서서 지나가는 차들을 세울 생각도 하지 않고 그냥 보냈다. 순간 이 온 세상에서 그 누구보다도 외롭다는 생각을 했다. 태양은 뜨겁게 내리쬐어 모자를 써도 소용없었다. 나는 스테이시와 트리나가 지금쯤 어디 있을까 궁금했다. 두 사람을 차에 태워준 남자는 동쪽으로 고작해야 20킬로미터 정도까지만 데려다줄 수 있다고 했다. 다시 차를 얻어 타야 하는 다음 고속도로 교차로까지 말이다. 거기서 차를 타고 북쪽으로 간 다음 다시 서쪽에 있는 올드 스테이션으로 향한다. 그러면 우리는 PCT로 다시 들어설 수 있었다. 우리는 고속도로 교차로에서 다시 만나기로 했다. 나는 차가 왔을 때 두 사람을 먼저 태워 보낸 것이 조금 후회가 되었다. 나는 다가오는 차를 보고 엄지손가락을 세웠다가 차가 그냥 지나간 후에야 캔맥주를 들고 서 있는 건 그리 도움이 안 된다는 사실을 깨달았다. 나는 차가운 알루미늄 깡통을 달아오른 이마에 대고 있다가 문득 빨리 맥주를 마셔버리고 싶다는 생각이 들었다. 뭐가 문제겠는가? 배낭 안에 넣어 두어봐야 금방 미지근해질 텐데.

    나는 등에 짊어진 배낭을 추스르고 도랑으로 이어지는 풀밭을 따라 걸어 내려갔다. 그러고는 도랑을 건너 올라가 숲으로 들어섰다. 이제 숲속에만 들어가면 내 집처럼 편안해졌고, 포장된 도로와 마을과 차들이 있는 세상이 아닌 이 세상이 바로 내가 사는 세상 같았다. 나는 쉴 만한 그늘이 있는 곳이 나올 때까지 걸었다. 그러고는 땅바닥에 자리를 잡고 앉아 맥주 캔을 땄다. 사실 나는 맥주를 그다지 좋아하지 않았고 버드와이저는 살면서 끝까지 다 마셔본 적이 없었지만 맛이 좋았다. 맥주를 사랑하는 사람들이 즐길 만한 맛이라고 생각했다. 차갑고 톡 쏘는, 그러면서도 강렬하고 적당한 맛이었다.

    맥주를 마시며 나는 지미 카터가 건네준 비닐봉지 안의 내용

물을 몽땅 다 땅바닥에 쏟아내 하나하나 살펴보았다. 껌 한 통, 일회용 물수건 세 개, 아스피린 두 알, 반투명 금색 포장지에 쌓인 버터스카치 캔디 여섯 개, 종이 성냥 한 갑, 진공 포장된 소시지 한 봉지, 원통형 투명 케이스 안에 든 담배 한 개비, 일회용 면도칼, 그리고 콩 통조림 하나 등등.

나는 마지막 버드와이저를 목구멍으로 넘기며 먼저 소시지부터 먹어치웠다. 그리고 버터스카치 캔디를 집어 들고는 하나하나씩 몽땅 다 먹어치웠다. 그러고도 언제나처럼 배가 채워지지 않아 스위스 다용도 군용칼에 달려 있는 작은 깡통따개로 콩 통조림을 힘들게 땄다. 그런 다음 배낭 속 어딘가에 있을 숟가락을 꺼내기도 귀찮아 그냥 칼로 퍼먹었다. 진짜 떠돌이들처럼.

*

나는 다시 도로로 돌아왔다. 맥주를 마신 탓인지 조금 마음이 느긋해져 있었다. 술 냄새를 지우기 위해 껌을 씹으며 지나가는 모든 차마다 흥겹게 엄지손가락을 치켜세웠다. 몇 분이 지난 뒤 하얀색 구형 매버릭이 한 대 멈춰 섰다. 운전석에는 여자가, 조수석과 뒷좌석에는 남자들이 각각 한 명씩 앉아 있었는데 개도 한 마리 있었다.

"어디까지 가요?" 여자가 물었다.

"올드 스테이션까지요." 내가 대답했다. "아니면 36번과 44번 고속도로가 만나는 교차로까지라도 괜찮아요."

"우리랑 방향이 같네." 여자는 그렇게 말하고는 차에서 내려 뒤로 가 배낭을 넣을 수 있도록 트렁크를 열어주었다. 마흔쯤 되었을까. 금발 파마 머리에 얼굴은 퉁퉁하고 오래된 여드름 자국들이 있었다. 무릎쯤에서 잘린 청바지와 대걸레로 만든 것 같은 우중충한 회색 홀터넥을 입었고 나비 모양 귀고리를 했다. 여자는 배낭이 대단하다며 요란하게 웃었다.

둘이 힘을 합쳐 배낭을 트렁크 안에 욱여넣는 동안 나는 고맙다는 말을 연발했다. 간신히 배낭을 넣고 트렁크 문을 닫은 후에 나는 개와 남자가 있는 뒷좌석에 올라탔다. 개는 푸른 눈을 가진 멋진 시베리안 허스키로 시트 앞 좁은 바닥에 앉아 있었다. 남자는 여자와 비슷한 나이로 보이는 좀 여윈 사람으로 검은 머리를 땋아 늘어뜨렸다. 그는 맨몸에 검은색 가죽조끼를 걸치고 머리에는 바이크를 타는 사람들처럼 빨간색 큰 수건을 둘렀다.

"안녕하세요."

나는 안전벨트를 찾으며 남자 쪽을 향해 우물거렸다. 안전벨트는 좌석 틈 사이에 끼어 빼낼 수가 없어서 무용지물이었다. 나는 남자의 타투들을 곁눈질했다. 한쪽 팔에는 쇠사슬과 그 끝에 달린 못이 튀어나온 공이 새겨져 있었고, 다른 팔에는 반쯤 벌거벗은 여자가 좋은 건지 아픈 건지 몰라도 고개를 젖히고 있는 모습이 새겨져 있었다. 검게 그을린 가슴팍에는 내가 알지 못하는 라틴어가 있었다. 내가 안전벨트 찾는 일을 포기하자 시베리안 허스키가 기묘하게 부드럽고 차가운 혀를 내밀어 열심히 내 무릎을 핥았다.

"저 개새끼는 여자를 더럽게도 좋아하지." 남자가 말했다. "스티비 레이라고 불러요." 남자가 덧붙였다. 갑자기 개가 핥는 일을 멈추더니 갑자기 입을 꽉 다물고는 얼음처럼 차가운 눈을 들어 나를 올려다보았다. 마치 자기를 소개하는 이야기를 듣고 공손하게 구는 것 같았다.

"내 이름은 스파이더요. 루이스는 이미 인사했지? 그냥 루라고 불러요."

"안녕!" 운전석에 앉은 루가 백미러로 눈을 맞추며 소리쳤다.

"그리고 저쪽은 내 남동생 데이브." 루는 조수석의 남자를 가리켰다.

"안녕하세요." 내가 인사를 했다.

"안녕하세요. 그쪽 이름은요?" 데이브가 말을 받았다.

"아, 내 정신 좀 봐. 난 셰릴이에요." 나는 좀 기분이 찜찜했지만 웃으며 이렇게 내 소개를 했다. 이런 기묘한 차를 탄 게 과연 잘한 일일까. 이렇게 일단 차를 타버렸으니 내가 할 수 있는 일은 없었다. 차는 이미 달리고 있었고 뜨거운 바람에 머리카락이 날렸다. 나는 스파이더를 곁눈질하며 스티비 레이를 쓰다듬었다.

"그나저나 태워주셔서 감사합니다." 나는 불편한 마음을 감추려 이렇게 말을 걸었다.

"뭐, 별 일도 아니지." 스파이더가 말했다. 그의 가운뎃손가락에는 네모난 터키석 반지가 끼워져 있었다. "우리도 전에는 길에서 떠돌아다녔어. 우린 모두 그게 어떤 건지 잘 알고 있지. 나는 지난주에 차를 얻어 탔는데 안 그랬으면 큰일 날 뻔했어. 그래서 당신을 보자마자 루 보고 차를 세우라고 한 거요. 운명 같은 거지. 안 그래요?"

"네." 나는 그렇게 대답하고 손으로 머리카락을 귀 뒤로 쓸어 넘겼다. 밀짚처럼 마르고 퍼석퍼석했다.

"그런데 당신은 길에서 뭐 하고 있는 거예요?" 앞자리에서 루가 물었다.

나는 PCT에 대해 장황하게 이야기를 늘어놓기 시작했다. 먼저 PCT에 대해 설명하고 다음에는 기록적인 폭설에 대해, 그리고 올드 스테이션까지 차를 얻어 타고 가는 복잡한 과정도 설명했다. 세 사람은 내 이야기에 귀를 기울였다. 내가 이야기하는 동안 세 사람 모두 담배를 피웠다.

내가 이야기를 마치자 스파이더가 입을 열었다.

"셰릴, 내가 해줄 이야기가 있소. 당신 이야기하고 좀 관련이 있는 것 같은데 말이지. 얼마 전에 동물에 관한 글을 읽었는데 1930년댄지 40년댄지 어느 프랑스 과학자가 말이야. 원숭이 새끼들을 잡아다가 그림을 그리도록 가르쳤다는 거야. 그거 왜 미술관 같은 데 가면 볼 수 있는 심각한 그림들 있잖아. 예술 작품들 말이야. 그래서 그 과학자는 원숭이들에게 계속해서 그런 그림들을 보여준 다음 연필하고 종이를 쥐여줬다지. 그러다가 어느 날 드디어 원숭이 한 마리가 그림을 하나 그리긴 그렸는데 그게 자기가 본 예술 작품이 아니었대. 놈이 그린 건 자기가 갇혀 있는 우리의 쇠창살이었다는 거야. 하! 지가 갇혀 있던 우리라니! 그게 바로 진실이지, 안 그래? 이 이야기랑 당신 이야기랑 연결되는 것 같은데 당신도 그렇게 생각하지?"

"네, 이해가 가요." 나는 진심으로 대답했다.

"우리 다 그런 거 아냐?" 데이브가 말했다. 그는 몸을 돌려 뒤를 바라보자 그와 스파이더는 모터바이크를 타는 사내들이 자기들끼리 하는 손동작을 했다.

"이 개에 대해서 뭐 좀 알아요?" 하던 손동작을 그만둔 스파이더가 이렇게 물었다. "나는 블루스 기타리스트인 스티비 레이 본이 죽던 날 이 개를 얻었지. 그래서 이름을 그렇게 지은 거라오."

"나도 스티비 레이 좋아해요." 내가 말했다.

"그럼 데뷔 앨범인 「텍사스 플러드Texas Flood」도 좋아하고?" 데이브가 물었다.

"아, 그럼요." 내가 희미한 기억을 더듬으며 대답했다.

"지금 그거 있는데." 그는 이렇게 말하더니 CD 한 장을 꺼내 운전석과 조수석 중간에 있는 카세트에 집어넣었다. 잠시 뒤 천상의 전기 기타 소리가 차 안을 가득 채웠다. 음악은 마치 나를 살리는 젖줄처럼 느껴졌다. 음식이나 다른 것들처럼 한때는 그 고마움을 전혀 모르다가 이제는 거의 접할 수 없어 나에게 황홀감의 원천이 된 그런 것들처럼 말이다. 나는 「당신에게 반했어Love Struck Baby」라는 음악 속에 빠르게 지나가는 나무들을 쳐다보았다.

노래가 끝나자 루가 말했다. "우리 모두 반했지 뭐. 나랑 데이브 말이야. 우리 다음 주에 결혼해요."

"어머, 축하해요." 내가 말했다.

"아가씨도 결혼할 거요?" 스파이더가 이렇게 물었다. 순간 그의 손등이 내 허벅지 맨살에 닿았다. 그의 터키석 반지가 나를 강하게 눌렀다.

"그냥 무시해요. 아무나 보고 껄떡거리는 늙은 개자식이니까." 루가 백미러로 나와 눈이 마주치자 이렇게 말하며 웃었다.

아무나 보고 껄떡거리는 개자식. 나라고 뭐가 다른가. 나는 스티비 레이가 규칙적으로 내 무릎을 핥고 또 다른 스티비 레이가 「자존심과 기쁨Pride and Joy」을 담배 연기 속에서 연주하는 동안 그런 생각을 했다. 스파이더가 건드린 다리가 왠지 욱신거리는 것 같았다. 정말 바보 같은 생각이라는 건 알았지만 나는 그가 한 번 더 내 다리를 만져주었으면 했다. 앞자리 백미러를 보니 색 바랜 크리스마스 트리 모양의 방향제 옆에 코팅된 카드 같은 게 매달려 있었다. 카드가 흔들리자 뒷면에 어린 사내아이의 사진이 보였다.

"혹시 아들인가요?" 노래가 끝나자 나는 거울을 가리키며 루에게 물었다.

"아, 우리 귀여운 루크." 루는 손을 뻗어 사진을 툭툭 쳤다.

"아들도 결혼식에 오나요?" 루는 아무런 대답도 하지 않고 그저 음악 소리를 낮췄다. 나는 내가 뭔가 잘못했다는 사실을 깨달았다. 잠시 뒤 루가 말했다.

"루크는 5년 전에 죽었어요. 여덟 살에."

"아, 죄송해요……." 내가 말했다. 나는 몸을 앞으로 숙여 그녀의 어깨를 토닥였다.

"자전거를 타고 가다가 트럭에 치이고 말았지." 루가 무심한 어투로 말했다. "그 자리에서 죽은 게 아니라 병원에서 일주일가량 있었어요. 현장에서 죽지 않은 것만으로도 의사들이 다 놀라워했어요."

"꼬맹이치곤 꽤나 터프한 놈이었어." 스파이더가 말했다.

"정말로." 루가 말했다.

"엄마하고 똑같지 뭐." 데이브가 루의 무릎을 움켜쥐며 말했다.

"정말 미안해요." 나는 다시 사과했다.

"괜찮아요. 그럴 수도 있지." 루는 이렇게 말하고는 다시 음악을 크게 틀었다. 우리는 말 없이 스티비 레이의 전자 기타 소리를 들으며 달렸다. 나는 그냥 그 음악 소리에 몰입했다.

몇 분 뒤, 루가 소리쳤다. "여기가 당신 내릴 교차로예요." 그리고 차를 세우고 엔진을 끈 뒤 데이브 쪽을 바라보았다. "남자들은 개 좀 데리고 나가 오줌이라도 싸게 해주지?"

우리는 모두 차에서 내렸고 내가 트렁크에서 배낭을 꺼내는 동안 모두 둘러서서 담배에 불을 붙였다. 데이브와 스파이더는 길가 옆 나무들 사이로 스티비 레이를 데리고 갔고 루와 나는 내가 배낭을 메는 동안 차 근처 그늘에 서 있었다. 루는 내게 나이는 몇인지, 결혼은 했는지, 했다면 아이는 있는지에 관해 물어보았다.

"나이는 스물여섯, 결혼은 한 번 했었고 아이는 없어요." 나는 이렇게 대답했다.

"아가씨는 예쁘니까 뭘 하든 다 잘될 거야. 사람들이야 다들 나보고 마음씨는 곱다고 하지. 하지만 예쁘다는 소리는 한 번도 들어본 적이 없거든."

"그렇지 않아요." 내가 말했다. "아주 고우신데."

"정말 그렇게 생각해요?" 루가 물었다.

"그럼요." 나는 그렇게 대답하며 예쁘다는 말은 내가 그에 대해 하고 싶은 말과는 또 다른 표현이라고 생각했다.

"정말? 고마워요. 그것참 듣기 좋은 소리네. 그렇게 생각하는 사람은 데이브 혼자일 줄 알았는데."

루는 내 다리를 쳐다보고는 "아이고, 다리털 좀 면도해야겠어!" 하고 소리치더니 내 배낭을 봤을 때처럼 그렇게 요란하게 웃어젖혔다. 그리고 입에서 담배 연기를 내뿜으며 말했다.

"그냥 참견 좀 해봤어요. 자기가 하고 싶은 대로 하는 게 제일 좋겠지. 요즘 젊은 아가씨들은 그렇게 못하거든. 사회가 어떻다는 둥 장래 희망이 어떻다는 둥 다 엿이나 먹으라지. 더 많은 여자들이 하고 싶은 일을 할 수 있다면 우리 사는 형편이 더 나아질 텐데." 그리고 담배를 한 모금 빨더니 후 연기를 뿜어댔다.

"어쨌든 말이야. 우리 아들이 그렇게 된 다음에 일이 어떻게 되었냐 하면, 그냥 나도 같이 죽어버렸어. 내 안의 나는 죽어버렸다고." 루는 담배를 든 손으로 자신의 가슴을 어루만졌.

"세상은 달라지지 않았는데 이 안에 있는 나는 달라진 거지. 그러니까 내 말은 세상은 아무 일 없다는 듯 그렇게 굴러가는데 루크가 죽으면서 내 영혼을 가져간 거야. 나는 그러지 않으려고 했는데 그렇게 돼버렸어. 내 안에서 내가 빠져나가 버린 거지. 그리고 다시는 되돌리지 못하겠더라고. 무슨 말인지 알아듣겠어요?"

"이해해요." 나는 루의 갈색 눈을 바라보았다.

"그럴 거 같았어. 왠지 통할 거 같더라고."

나는 세 사람에게 작별 인사를 하고 교차로를 건넜다. 그리고 올드 스테이션으로 이어지는 길을 따라 걸었다. 더위가 너무 심해 땅에서 아지랑이가 피어오르는 게 눈에 다 보일 정도였다. 그렇게 걸어가고 있으려니 저 멀리서 세 개의 형체 같은 것이 아른거렸다.

"스테이시!" 내가 소리쳤다. "트리나!"

두 사람은 나를 보고 손을 흔들었다. 오딘이 반갑다는 듯 짖어 댔다. 우리는 함께 다시 차를 얻어 타고 올드 스테이션에 도착했다. 역시 번화가라기보다는 건물 몇 채가 모여 있는 작은 마을에 가까웠다. 트리나는 우체국으로 가 집으로 몇 가지 물건들을 부쳤고, 그동안 스테이시와 에어컨이 나오는 카페에서 트리나를 기다리며 음료수를 마시고 다음 여정에 대해 이야기를 나눴다. 우리는 이제 '해트 크리크 림$^{Hat Creek Rim}$'이라고 부르는 모독 고원$^{Modoc Plateau}$ 근처를 지나가야 했다. 쉴 곳도 물도 없어 황량하기로 따지면 전설 중의 전설인 지역으로 유명했다. 가뜩이나 뜨겁고 건조한 곳인데다가 1987년의 대화재로 모든 것이 다 불타버렸다. 『PCT 제1권: 캘리포니아』에 보면 올드 스테이션에서 록 스프링스까지 50킬로미터 정도의 구간 동안 물을 보충할 만한 곳이 없었다. 1989년에 나온 이 책의 설명에 따르면, 다행히 산림청에서 허물어진 예전 화재 감시탑 근처에 물탱크를 설치하려고 한다고 되어 있었다. 대략 올드 스테이션과 록 스프링스의 중간 지점이었다. 책에서는 이 정보에 대해 주의하라는 말을 잊지 않았다. 설사 물탱크가 만들어졌다 하더라도 누군가의 못된 장난으로 못 쓰게 되었을 가능성이 크다는 것이었다.

잔에 남은 얼음을 들이켜며 생각했다. 나는 드로미더리 백을 케네디 메도우즈에 남겨두고 와버렸다. 거기서부터 내가 가는 북쪽으로는 어디서나 물이 충분했기 때문이었다. 해트 크리크 림을 대비하기 위해서는 대형 물통을 하나 사서 배낭에 매달아야 하겠지만 경제적인 이유와 물리적인 이유로 그렇게 할 수는 없을 것 같았다. 남은 돈으로는 물통이 문제가 아니라 먹을 것을 사야 했고 물병을 매달고 수십 킬로미터 거리를 걷는다는 건 처음부터 말이 되지 않았다. 그래서 나는 트리나가 새로운 소식을 들고 우체국에서 돌아오자 기쁨과 안도감에 의자에서 굴러떨어질 뻔했다. 우리와는 반대로 남쪽으로 향하는 여행자가 방명록에 남긴 글을 보니 책에 언급된 물탱크가 완성이 되어 물이 가득 들어 있다는 것이었다.

우리는 희망에 가득 차서 1.5킬로미터가량 떨어진 야영장까지 걸어가 나란히 텐트를 쳤다. 같이 지내는 마지막 밤이었다. 트리나와 스테이시는 내일 바로 떠날 예정이었고 나는 좀 더 있을 생각이었다. 혼자 여행하고 싶기도 했고 우선 발도 좀 치료해야 했다. 내 발은 스리 레이크스의 내리막길에서 생긴 물집이 아직 다 낫지 않은 상태였다.

다음 날 아침, 잠에서 깨어나자 야영장에는 나 혼자였다. 나는 피크닉 테이블에 자리를 잡고 앉아 『소설』의 마지막 부분을 태우며 냄비로 차를 끓여 마셨다. 작가 제임스 미치너를 폄하했던 대학 교수의 말은 어느 면에서는 일리가 있었다. 미치너는 윌리엄 포크너도 아니고 플래너리 오코너도 아니었다. 그렇지만 나는 그의 책에 완전히 빠져들었다. 단지 글 자체에만 매료된 것이 아니라 그 주제가 내 심금을 울렸다.

책에는 많은 내용이 있었지만 그 중심에는 한 권의 소설에 얽힌 인생이 있었다. 작가와 편집자, 그리고 비평가와 독자의 관점으로 소설에 관한 네 가지 이야기를 써내려간 것이 바로 『소설』이었다. 지금까지 내가 살아오면서 했던 모든 일과 내가 살아온 모든 방식에도 불구하고 한 가지 절대로 변하지 않는 사실은 내가 글을 쓰는 사람이라는 것이었다. 언젠가 직접 소설을 쓰고 싶었다. 10년 전 가졌던 꿈대로라면 지금쯤 내 이름으로 첫 책을 출간했어야 했다. 나는 단편소설 몇 편을 완성했고 장편에도 몇 차례 진지하게 도전했지만 뾰족한 성과는 전혀 내지 못했다.

몇 년간의 스산했던 시간을 돌이켜보면 이제 글쓰기는 영원히 불가능할 것처럼 여겨졌지만 여행을 하다 보니 다시 소설을 쓰고 싶다는 의지가 되살아났다. 조각조각 끊어진 노랫말과 광고 음악만 가득 차 있던 마음속에 그런 내면의 목소리가 생겨났다. 야영장 불 옆에 웅크리고 앉아 미치녀의 책을 찢어 불태우던 그날 아침, 나는 다시 시작하기로 결심했다. 지금 내가 할 수 있는 일이라고는 뜨겁고 기나긴 하루를 보내는 일밖에는 없었기에 나는 피크닉 테이블에 앉아 오후 늦게까지 글을 썼다.

고개를 들어보니 다람쥐 한 마리가 텐트의 망사 입구를 갉아 구멍을 만들고 있었다. 구멍을 내고 들어와 음식을 차지하려는 모양이었다. 나는 놈을 쫓아내고 놈이 나무 위로 올라가 나를 보고 찍찍거리는 걸 보고 욕을 했다. 그 무렵이 되자 내 주변의 야영장은 사람들로 가득 차 있었다. 대부분의 피크닉 테이블에는 아이스박스와 야외용 스토브가 자리를 잡았다. 픽업트럭과 캠핑카들도 좁은 주차장을 가득 메웠다. 나는 텐트에서 음식 주머니를 꺼내 어제 오후 트리나와 스테이시와 함께 시간을 보냈던 카페로 갔다. 나는 주머니의 돈을 거의 다 써버린 것을 더 이상 신경 쓰지 않고 햄버거 하나를 주문했다. 다음 보급품 상자는 67킬로미터가량 떨어진 버니 폴스 주립 공원에 있었지만 이틀이면 그곳에 닿을 수 있었다. 이제는 나도 더 멀리, 더 빠르게 걸을 수 있게 된 것이다. 나는 벨든 타운을 나와 30킬로미터씩 두 번이나 걸었다. 지금은 여름 오후 5시로 해는 9시나 10시까지 지지 않았고 가게에는 나 혼자였다. 나는 음식들을 게걸스럽게 먹어치웠다.

식당을 나왔다. 변한 건 내 주머니 사정뿐이었다. 공중전화를 지나쳐 갔다가 다시 돌아와 수화기를 들고 0번을 눌렀다. 두려움과 흥분으로 심장이 두근거렸다. 교환원이 나오자 나는 폴의 번호를 알려주었다.

세 번가량 전화벨이 울리자 폴이 전화를 받았다. 나는 그의 목소리에 너무나 놀란 나머지 간신히 말을 건넬 수 있었다. "셰릴!" 폴이 소리쳤다.

"폴!" 나도 결국 그의 이름을 불렀다. 그리고 나는 내가 지금 어디에 있는지, 그리고 우리가 헤어진 뒤 지금까지 무슨 일들이 있었는지 정신없이 이야기를 늘어놓았다. 우리는 한 시간 가까이 통화를 했고 우리의 대화에는 사랑과 기쁨, 서로에 대한 걱정과 따뜻함이 가득했다. 마치 전 남편이 아닌 가장 친한 친구와 통화를 하는 것 같았다. 전화를 끊고 나서 나는 땅바닥에 내려놓은 내 식량 꾸러미를 내려다보았다. 거의 비어버린 청록색 통으로, 고무 비슷한 소재로 만들어진 것이었다. 나는 그것을 품에 힘껏 끌어안은 채 눈을 감았다.

텐트로 돌아온 나는 오랜 시간 피크닉 테이블 앞에 앉아 있었다. 손에는 『여름 새장』을 들고 있었지만 감정이 북받쳐서인지 제대로 읽을 수가 없었다. 나는 주변에서 저녁을 지어 먹는 사람들을 둘러보고 하늘의 노란색 태양이 분홍색과 주황색으로 변해가다가 가장 옅은 자줏빛으로 바뀌는 모습도 보았다. 나는 폴이 그리웠다. 내 삶이 그리웠다. 그렇지만 나는 어느 쪽으로도 돌아가고 싶지 않았다. 내가 나의 불륜을 고백한 뒤 폴과 내가 함께 부둥켜안고 마룻바닥 위에 허물어졌던 그 끔찍했던 순간이 계속해서 나를 흔들고 괴롭혔다. 그리고 나는 그 고백이 나의 이혼뿐만 아니라 나를 이런 모습으로 이끌었다는 사실을 깨닫게 되었다. 나는 지금 캘리포니아의 올드 스테이션에 있는 피크닉 테이블에 혼자 앉아 이렇게 아름다운 하늘을 바라보고 있다. 행복하지도 슬프지도 않았다. 자랑스러운 기분도 부끄러운 기분도 없었다. 내 모든 잘못에도 불구하고 여기까지 왔고 제대로 된 일을 하고 있다는 사실만 생각했다.

나는 몬스터 쪽으로 가서 지미 카터가 주었던 담배를 꺼내 피크닉 테이블 위에 올려놓았다. 그리고 끝에 불을 붙였다. 여행을 시작한 지 한 달 조금 넘었다. 긴 시간으로 느껴지기도 했고 이제 막 여행을 시작하는 그런 기분도 들었다. 마침내 내가 원했던 무엇인가를 막 밝혀내는 그런 기분이랄까. 내 가슴에는 여전히 구멍 하나가 뻥 뚫려 있었지만, 그 구멍은 이제 알아보지 못할 정도로 작아지고 있었다.

나는 담배 한 모금을 머금었다가 내뿜었다. 지미 카터가 담배를 주고 떠났던 아침, 세상에서 나보다 더 외로운 사람은 없을 거라고 생각했던 게 기억이 났다. 그래, 이 세상에서 나보다 더 외로운 사람은 없을지도 몰라.

하지만 그것도 뭐, 괜찮아.

현실과 현실

나는 동이 틀 때 일어나 꼼꼼하게 짐을 챙겼다. 이제 5분이면 떠날 준비를 다 마칠 수 있었다. 모하비 사막의 모텔에서 감당할 수 없을 정도로 쌓여 있던 물건들은 버리거나 태워버린 것들을 제외하고는 배낭의 안팎에 모두 자리를 잡았고 나는 그것들이 어디 있는지도 정확하게 알고 있었다. 필요한 물건을 찾을 때면 손은 머리의 명령을 받지 않고 본능에 따라 움직였다.

몬스터는 나의 세상이었고 움직이지는 못해도 나의 또 다른 팔다리와 마찬가지였다. 그 무게와 크기는 여전히 나를 힘들게 했지만 내가 감당해야 할 몫이라고 생각하고 받아들일 수 있었다. 한 달 전의 그런 혼란스러운 기분은 더 이상 느끼지 않았다. 이제 역경을 이겨내는 것은 나 혼자가 아니라 몬스터와 나, 우리 둘이었다.

몬스터의 무게를 짊어지는 일 역시 나를 변화시켰다. 다리는 더 튼튼하고 단단해졌으며 근육은 무슨 일이라도 할 수 있을 것처럼 변했다. 얇은 살가죽 아래로 한 번도 느껴보지 못한 근육의 힘이 느껴졌다. 엉덩이와 어깨와 꼬리뼈 근처의 살들은 몬스터에게 시달리며 계속 같은 자리에서 피를 흘리고 딱지가 앉더니 결국 단단하게 굳은살이 박혔다. 나무껍질 혹은 끓는 물에서 털이 뽑혀 죽은 닭의 중간쯤 되는 모습이었다.

내 발은? 글쎄. 여전히 할 말이 없을 정도로, 완전히, 빌어먹을 상태이다.

두 엄지발가락은 스리 레이크스에서 벨든 타운까지 그 무자비한 내리막길에서 얻은 상처에서 하나도 나아지지 못했다. 발톱은 거의 다 죽은 것처럼 보였다. 다른 발가락들도 하도 거칠게 혹사당해 이러다가는 내 발에서 완전히 떨어져나가지 않을까 걱정될 정도였다. 발뒤꿈치에서 발목까지 덮여 있는 물집들도 영원히 사라지지 않을 것처럼 보였다.

그렇지만 올드 스테이션의 그날 아침, 나는 발에 대해 더 생각하고 싶지 않았다. PCT를 걸어갈 수 있는 힘의 원천은 마음을 어떻게 다스리느냐에 달려 있지, 흉측한 내 발에 달려 있지 않았다. 온갖 문제들에도 불구하고 앞으로 나가려는 강한 의지 말이다. 나는 테이프와 특수 반창고로 상처들을 덮어버렸다. 그리고 양말과 등산화를 신고 수돗가까지 절뚝거리며 걸어가 두 물통에 2리터 가까이 물을 채웠다. 이걸 가지고 해트 크리크 림을 지나 25킬로미터를 걸어야 했다.

PCT로 들어가는 곳까지 걸어 나오니 날은 일렀지만 이미 뜨거웠다. 나는 잘 쉬고 기운이 넘쳤으며 걸어갈 준비를 잘 마친 그런 기분이 들었다. 나는 아침 내내 물이 말라버린 개천 바닥과 돌처럼 단단하게 굳은 도랑을 이리저리 헤치며 길을 잡았다. 그리고 가능한 한 물은 적게 마셨다. 오전 중간쯤 되자 나는 폭이 1.5킬로미터쯤 되는 경사면을 걷고 있었다. 잡초와 들꽃들이 손바닥만 한 그늘을 만들고 있는 높고 건조한 땅이었다. 눈에 보이는 몇 그루 되지도 않는 나무들은 모두 예전 그 화재로 다 죽어 있었다. 몸통은 까맣게 그을었거나 아예 하얗게 타 있었으며 가지들은 부러져 불타 있었다. 그런 삭막한 아름다움은 옆을 지나가는 나를 침묵하는 고뇌의 힘으로 압도했다.

하늘은 어디를 봐도 푸르렀다. 태양은 밝게 빛났고 무자비한 열기로 나를 뜨겁게 달궜다. 머리에 쓰고 있는 모자며 땀에 젖은 얼굴과 팔에 덕지덕지 처바른 자외선 차단 크림도 다 소용이 없었다. 나는 몇 킬로미터 밖까지 볼 수 있었다. 남쪽 근처의 눈 덮인 라센 피크에서 저 멀리 북쪽으로 더 높이 더 많은 눈과 함께 솟아 있는 섀스타 산까지.

섀스타 산의 모습을 보니 내 마음이 안도감으로 가득 차는 것 같았다. 내가 그쪽으로 가고 있는 것이다. 나는 저 산을 지나고 넘어 컬럼비아 강까지 갈 것이다. 지금 나는 눈을 피해서 가고 있다. 이제 더 이상 내 길을 막을 수 있는 건 아무것도 없을 것 같았다. 남아 있는 길을 힘차고 시원시원하게 걸어가고 있는 나의 모습이 마음속에 그려졌다. 비록 어질어질한 열기가 곧 그런 모습을 지워버리겠지만, 이제 나도 많은 걸 깨달아가고 있다는 생각이 들었다. 만일 내가 오리건과 워싱턴 주 경계선까지의 이 여정을 해낼 수 있다면 그건 모두 괴물 같은 배낭을 짊어지고 한 걸음 한 걸음 움직였던 수고로 이루어낸 것임을 잘 알고 있었다.

직접 내 발로 걸어 여행하는 건 이전에 내가 해오던 여행과 완전히 달랐다. 멍하니 스쳐 지나듯 길을 걷는 것이 아니라 제멋대로 자란 잡초와 흙더미, 바람에 휘어지는 풀과 꽃들, 그리고 쿵쿵거리며 새된 소리를 내지르는 나무들과 친구가 되었다. 거기에 내 숨소리와 발소리, 그리고 걸을 때마다 쥐고 있는 스키 스틱이 딸각거리는 소리도 함께했다.

PCT는 내게 길이 어떤 의미인지 가르쳐주었다. 나는 어느 길을 만나든 그 앞에서 겸손해졌다. 기온이 올라가면 올라갈수록 더욱더 겸손해졌다. 바람은 고작해야 내 발 쪽으로 흙먼지를 날릴 수 있는 정도밖에 되지 않았지만 그런 바람 속에서 나는 도저히 바람 소리라고 생각할 수 없는 소리를 들었다. 그리고 곧 그것이 방울뱀이 꼬리를 흔들며 내게 경고를 던지는 소리라는 것을 깨달았다. 나는 황급히 뒤로 물러났고 몇 발자국 앞에 있는 뱀을 보았다. 똬리를 튼 몸통 위로 곧추서서 방울뱀 특유의 덜그럭거리는 소리를 내는 꼬리는 마치 나를 꾸짖는 손가락질 같았고 얼굴은 내가 가는 방향을 쏘아보고 있었다. 만일 내가 몇 걸음만 더 나아갔더라면 그 위를 밟을 뻔했다. 이번에 길에서 만난 세 번째 방울뱀이었다. 나는 우스꽝스러울 정도로 길을 한껏 돌아서 계속 걸음을 재촉했다.

한낮이 되어 좁은 그늘을 발견해 앉아 밥을 먹었다. 나는 양말과 등산화를 벗고 지치고 혹사당한 발을 배낭 위에 올린 채 땅바닥에 비스듬히 기대 누웠다. 하늘을 보니 머리 위로 매와 독수리들이 원을 그리며 날고 있는 모습이 보였다. 그렇지만 나는 편히 쉴 수 없었다. 아까 그 방울뱀 때문만은 아니었다. 나무 한 그루 없이 황량하여 먼 곳까지 다 보였지만 왠지 근처에 뭔가가 숨어서 나를 지켜보고 있는 것 같은 꺼림칙한 기분이 들었다. 마치 그렇게 기다리고 있다가 나를 덮치려는 것처럼 말이다. 나는 자리에서 일어나 퓨마의 흔적이 있나 살펴보고 다시 자리에 앉았다. 아무것도 두려워할 필요 없다고 스스로 말했지만, 나뭇가지 부러지는 소리가 들려오는 듯하자 재빨리 자리에서 벌떡 일어났다.

아무것도 아니야. 나는 다시 중얼거렸다. 두려워할 필요 없어. 나는 물통을 찾아 길게 한 모금을 마셨다. 몹시 목이 말랐던 나는 물통이 빌 때까지 다 마시고 새 물통을 가져와 또 마셨다. 멈출 수가 없었다. 배낭 지퍼에 매달려 있는 온도계는 그늘에서도 37도를 넘어서고 있었다.

나는 걸으면서 신나는 노래를 불렀다. 태양의 열기가 나를 후려쳤다. 그냥 뜨거운 정도가 아니라 어떤 실체가 물리적인 힘을 가하는 것 같았다. 땀이 선글라스 주위에 모였다가 눈으로 흘러 들어갔다. 그럴 때마다 눈이 너무 아파 걸음을 멈추고 계속 땀을 닦아냈다. 불과 일주일 전만 해도 매일 아침이면 텐트에 내려앉은 두꺼운 서리를 보고, 내가 가진 옷을 모두 입고도 저 눈 덮인 산을 오르는 건 불가능하다고 생각했었다. 하지만 그때 모습을 정확히 기억할 수가 없었다. 지금 이 뜨거운 한낮은 마치 꿈만 같았다. 여행 5주차를 맞아 내가 지금 뜨거운 열기에 시달리며 비틀비틀 북쪽으로 걸어가고 있는 모습은 2주차 때 나를 거의 포기하게 할 뻔했던 그때의 열기와 아주 똑같았다. 나는 걸음을 멈추고 다시 물을 마셨다. 물이 너무 뜨거워 입이 다 델 정도였다.

산쑥과 억센 들꽃들이 넓은 평원을 이불처럼 덮고 있다. 걷는 동안 이름 모를 풀과 꽃들이 다리를 스쳤다. 그러다 아는 것들을 만나면 마치 죽은 엄마의 목소리를 빌려 자신들이 이름을 직접 내게 이야기하는 것 같았다. 그 이름들이 선명하게 머릿속에 떠오를 때까지는 나도 내가 그 이름들을 알고 있는지 깨닫지 못했다. 야생 당근꽃, 인디언 붓꽃, 부채꽃 등 모두 미네소타에도 자라는 하얗고 노랗고 자줏빛이 나는 꽃들이었다. 차를 몰고 지나갈 때면 엄마는 이따금 차를 멈추고 그런 들꽃들을 꺾어 모으곤 했다.

나는 걸음을 멈추고 하늘을 바라보았다. 아까 그 맹금들도 여전히 날갯짓 한 번 하지 않고 채 유유히 하늘 위를 날고 있었다. 나는 다시는 집에 돌아가지 못할 거야. 나도 모르게 그렇게 단정적으로 생각을 하다가 깜짝 놀라 숨을 몰아쉬었다. 그리고 다시 걷기 시작했다. 마음속은 이제 텅 비어갔고 이 무미건조한 길로 내 육신을 밀어 넣는 노력만 남았을 뿐이었다.

여행을 하는 동안 이런 헛헛함은 계속 찾아왔다. 그럴 때 머릿속에 남은 생각은 육체적인 고통뿐이었다. 그 고통이 한편으로는 헛헛함을 이겨내게 했다. 나는 발걸음을 세며 걸었다. 100번이 되면 다시 처음부터 시작했다. 그렇게 100번을 세고 다시 처음으로 돌아오면 마치 작은 일 하나를 이루어낸 기분이었다. 그러다가

100이라는 숫자도 너무 힘이 들면 그 숫자를 50으로 25로, 그리고 10으로 줄여갔다.

하나, 둘, 셋, 넷, 다섯, 여섯, 일곱, 여덟, 아홉, 열.

걸음을 멈추고 허리를 굽혀 손을 무릎에 대고 잠시 허리를 쉬게 해줬다. 얼굴의 땀이 눈물처럼 물기 없는 땅 위로 떨어졌.

모독 고원은 모하비 사막이 아니었지만, 별반 다르게 느껴지지 않았다. 둘 다 제멋대로 자란 사막 식물들로 가득 차 있고 인간에게는 한없이 불친절하다. 회색과 갈색이 섞인 작은 도마뱀은 길 위에 있다가 내가 다가가면 재빨리 달아나거나 다 지나갈 때까지 꼼짝 않고 가만히 있다. 놈들은 어디서 물을 얻는 걸까? 나는 지금 내가 겪고 있는 더위와 갈증에 대한 생각을 떨쳐버리려고 애를 쓰며 그런 일들에 대해 궁금해했다. 그러는 나는 물을 어디서 구할 수 있을까. 나는 물탱크에서 5킬로미터가량 떨어져 있었다. 그리고 물은 200밀리리터 정도 남아 있었다.

다시 150밀리리터.

다시 100밀리리터.

나는 물탱크가 눈에 들어올 때까지 마지막 남은 물을 마시지 않으려고 버텼다. 마침내 4시 반이 되자 저 멀리 불에 타버리고 남은 화재 감시탑의 받침대 다리가 보였다. 근처에는 금속 탱크 하나가 기둥을 등지고 서 있었다. 탱크를 보자마자 나는 물통을 꺼내 들고 마지막 한 모금까지 물을 다 마셔버렸다. 이제 새로 물을 채워 마시는 건 시간문제 아닌가.

물탱크 쪽으로 다가가니 앞에 나무 기둥 하나가 서 있었고 거기에는 무엇인가 바람에 펄럭이고 있었다. 처음에는 무슨 리본을 여러 개 묶어놓았나 했는데 가까이 가서 보니 찢겨나간 옷처럼 보이기도 했다. 더 가까이 가서야 그것이 기둥에 테이프로 붙여놓은 작은 종이라는 것을 알 수 있었다. 비틀거리며 다가가 종이에 적힌 것을 읽었다. 사실 종이를 자세히 보기 전에 이미 무슨 말이 쓰여 있을지 알 수 있었다. 이런저런 말이 있었지만 뜻하는 바는 단 하나였다.

물 없음.

나는 잠깐 멍하니 서 있었다. 공포로 온몸이 마비된 것 같았다. 정말인지 확인하기 위해 탱크 안을 들여다보았다. 정말 물이 없었다. 나에게는 이제 물이 없다. 단 한 모금의 물도.

물없음물없음물없음물없음물없음물없음.

나는 땅바닥을 걷어차고 풀을 한 움큼 뜯어 내던졌다. 또다시 바보 같은 짓을 한 나에 대한 분노가 치밀었다. 처음 이 길에 발을 들여놓았을 때와 똑같은 그런 바보가 된 기분이었다. 발 크기와 맞지도 않는 등산화를 사고 여름 동안 필요한 돈의 액수를 얕잡아 본, 그리고 이 PCT를 내가 걸어갈 수 있을 거라고 믿은 똑같은 바보가 여기 있었다.

반바지 주머니에서 찢어서 들고 다니던 안내서를 꺼내 다시 읽어보았다. 오늘 아침 무엇인가 나를 노려보고 있다고 생각하며 느꼈던 그런 우스꽝스러운 두려움과는 또 다른 기분이 들었다. 지금 나는 완전히 겁에 질려 있었다. 이건 느낌이 아니라 현실이었다. 기온은 3, 40도가 넘어가는데 물이 없었다. 나는 이제껏 여행을 해오면서 지금이 가장 심각한 상황이라는 것을 알 수 있었다. 미친 듯이 달려드는 황소보다도 더 위협적이며 눈보다도 더 나를 비참하게 만들었다. 나는 물이 필요했다. 그것도 지금 당장. 나는 내 온몸 구석구석이 물을 원하고 있음을 느낄 수 있었다. 앨버트가 처음 만났을 때 하루에 몇 번 소변을 보느냐고 물었던 일이 기억이 났다. 올드 스테이션을 출발한 이후 나는 한 번도 소변을 보지 않았다. 그럴 필요가 없었다. 내 몸이 모든 것을 다 빨아들였고 지금 나는 침조차 뱉을 수 없을 정도로 심하게 목이 말랐다.

『PCT 제1권: 캘리포니아』를 보니 그나마 믿을 수 있는 가장 가까운 물은 25킬로미터 떨어진 록 스프링 크리크에 가야 있었다. 사실 더 가까운 저수지에도 물은 있었지만 안내서에는 그 물을 사람이 마실 수 있는지는 장담할 수 없다며 마시지 말 것을 강력하게 권고하고 있었다. 8킬로미터 더 가면 있는 저수지였다. 물론 그 저수지 역시 말라버렸을지 모른다. 지금까지 걸어온 속도로만 갈 수 있다면 어느 정도 가능할 것 같았다. 물론 지금 내 발의 상태와 배낭의 무게를 고려하면 확실한 보장은 없었다.

그 와중에 해트 크리크 림의 동쪽 끝에서부터 온 세상을 다 볼 수 있다는 기분이 들었다. 저 멀리 내 밑으로는 널찍한 계곡이 펼쳐져 있었고 남쪽과 북쪽 모두 초록색 화산지대로 가로막혀 있었다. 심각한 상황에 처해 있었음에도 나는 그 장엄한 아름다움에 깜짝 놀랄 수밖에 없었다. 그래, 나는 구제 불능 멍청이다. 이러다 탈수증과 탈진으로 죽게 될지도 모르지만 최소한 나는 지금 이처럼 아름다운 풍경 속에 있다. 너무나도 힘들지만 그렇기에 더 사랑할 수 있는 이곳. 그리고 나는 이곳에 오직 혼자만의 힘으로 오지 않았는가. 이렇게 나는 자신을 위로하며 걸었다. 너무 목이 말라 욕지기가 나고 열병이라도 오는 듯했다. 하지만 괜찮을 거라고 스스로 다짐했다.

이제 조금만, 조금만 더 가면 돼.

나는 길모퉁이를 돌고 고개를 오르내리며 끊임없이 이렇게 말했고 해가 지평선에 걸릴 때쯤 드디어 저수지가 눈에 들어왔다.

나는 멈춰 서서 앞을 바라보았다. 저수지는 테니스장만 한 더러운 물이 고여 있는 형편없는 연못이었다. 그렇지만 어쨌든 물이 있었다. 나는 기쁨에 웃음을 터뜨리며 비틀거리며 경사로를 내려가 저수지를 둘러싸고 있는 작은 흙투성이 물가로 향했다. 나는 처음으로 하루에 32킬로미터 가까이 걸은 것이다. 나는 배낭끈을 풀러 몬스터를 내려놓고 물가로 가 손으로 물을 뜨기 위해 몸을 웅크렸다. 회색의 물은 마치 피처럼 미지근했다. 손을 움직이자 수초가 얽혀 있는 바닥에서 뭔가 피어오르더니 물이 검은색으로 변했다.

나는 정수기를 꺼내 그 정체불명의 액체를 정수하여 물통에 담았다. 내 정수기는 골든 오크 스프링스에서 처음 사용했을 때부터 다루기 어려웠지만 이 저수지 물은 불순물이 빽빽하게 들어차 있어 더욱 정수하기가 어려웠고 필터도 말을 듣지 않았다. 물통 하나를 다 채우고 나니 팔이 덜덜 떨릴 정도였다. 나는 구급상자를 열고 요오드 정제를 꺼내 정수된 물속에 두 방울을 떨어트렸다. 오염된 물을 마실 수밖에 없는 상황을 대비하기 위해 가져온 것이었는데 케네디 메도우즈에서 필요 없는 짐을 무자비하게 정리해준 앨버트도 좋은 생각이라고 인정해주었다. 정작 앨버트는 바로 그다음 날 어디선가 오염된 물을 마신 게 원인이 되어 쓰러지고 말았지만.

요오드 정제가 효과를 발휘하려면 다시 30분을 기다려야 했다. 나는 죽을 만큼 목이 말랐지만 애써 그 생각을 멈추려고 다른 물통에도 물을 정수해 채웠다. 물을 채우고 물가에 방수포를 깔고는 그 위에 올라서서 옷을 벗었다. 해는 저물고 바람은 부드러웠다. 그 부드러운 바람이 내 벌거벗은 엉덩이의 달아오른 부분을 시원하게 식혀주었다. 누군가 나타날 거라고는 생각하지도 않았다. 나는 온종일 아무도 보지 못했고 만일 누군가 나타난다고 해도 탈수증과 탈진으로 몸이 마비되어 그런 것에 신경을 쓸 여력 같은 건 없었다.

시계를 보니 요오드 정제를 넣은 지 27분이 지났다. 보통은 저녁 이 시간쯤 되면 배가 고팠지만 지금은 허기 같은 건 아무래도 좋았다. 내가 원하는 건 오직 물을 마시는 것뿐이었다.

나는 드디어 파란색 방수포를 깔고 앉아 물 한 통을 마시고 다른 한 통도 모두 마셔버렸다. 미지근한 물은 쇠와 흙 맛이 났지만 지금까지 그렇게 맛있는 물은 마셔본 적이 없었다. 1리터 들이 물통 두 개를 한꺼번에 비워본 적이 처음이기도 했지만 물이 마치 살아서 내 몸 안으로 흘러 들어가는 것 같았다. 하지만 완전히 회복되지는 않았다. 배도 그다지 고프지 않았다. 여행을 시작했던 날과 비슷한 기분이었다. 처음으로 온몸이 완전히 지쳤을 때 내가 원하던 것이 오직 잠이었다면, 지금은 물이었다. 나는 다시 물통을 채우고 요오드 정제로 물을 정수했다. 그리고 물 두 통을 또 마셨다.

드디어 갈증이 가시자 날은 이미 어두워졌고 보름달이 떠올랐다. 나는 텐트를 칠 기운을 짜낼 수가 없었다. 고작해야 2분이면 될 일도 지금은 엄청난 일처럼 느껴졌다. 텐트 따위는 필요 없었다. 여행을 시작하고 처음 며칠을 빼놓고는 비가 온 적도 한 번도 없었다. 나는 옷을 다시 걸치고 방수포 위에 슬리핑백을 펼쳤다. 하지만 여전히 날이 너무 더워 그냥 그 위에 드러누웠다. 책을 펼칠 기운도 없었고 그냥 달을 바라보는 일조차 조금 힘이 든다고 느껴질 정도였다. 나는 여기 도착한 지 몇 시간 만에 거의 4리터에 가까운 '장담할 수 없는' 저수지 물을 들이켰지만, 여전히 소변 생각은 나지 않았다. 나는 정말 적은 물을 가지고 해트 크리크 림을 가로지르는 계획을 짠 정말 천하의 바보 멍청이였다. 다시는 이렇게 부주의한 짓을 저지르지 않으리라. 나는 잠에 곯아떨어지기 전에 달을 보고 그렇게 맹세했다.

두 시간 뒤 나는 어떤 차가운 손이 부드럽게 나를 어루만지는 듯한 기분 좋은 흥분감 속에 잠에서 깼다. 그 손은 내 벌거벗은 다리와 팔, 그리고 얼굴과 머리를 어루만졌다. 그리고 발과 목과 손도. 나는 그 시원한 손이 티셔츠 안을 파고들어 가슴과 배를 만지는 것을 느낄 수 있었다.

신음을 내며 몸을 뒤틀다가 눈을 떴다. 그러자 내가 지금 처해 있는 현실이 하나둘 차례로 눈에 들어왔다. 그 현실이란 둥근 달이 떠 있다는 것, 지금 방수포 위에서 텐트도 없이 잠을 자고 있다는 것, 작고 시원한 손이 부드럽게 내 몸을 어루만지는 느낌에 잠이 깼다는 것. 그리고 그 느낌은 꿈이 아니었다.

드디어 최후의 진실과 마주할 순간이 왔다. 저 하늘에 떠 있는 달보다도 더 분명한 현실이 눈앞에 펼쳐졌다. 나를 어루만지고 있는 그 작고 시원한 손은 손이 아니었다. 그건 바로 수백 마리의 작고 축축한 참개구리였다. 작고 미끈거리는 축축한 개구리 떼가 온몸을 뒤덮고 있었다.

한 마리의 크기가 감자튀김 정도나 될까. 축축하고 부드러운 피부를 지닌 양서류 군단의 병사들이 물갈퀴 발을 휘두르며 전진을 하는데 바로 내가 그 길목에 있었던 것이다. 저수지를 기어 나와 진흙땅 속으로 이동을 하던 개구리들은 구부러진 다리가 달린 작고 퉁퉁한 몸을 이끌고 나를 이리저리 뛰어넘거나 혹은 몸 위를 기어서 당연히 자신들의 영역이라고 생각하고 있는 물가로 이동을 하고 있었다.

즉시 자리를 박차고 일어났다. 그리고 나도 개구리들 틈에 섞여 이리저리 들고 뛰고 날뛰었다. 내 몸만 흔들고 날뛴 게 아니라 배낭과 방수포와 그 밖에 모든 것을 저 너머 풀숲으로 내던지고 나도 그쪽으로 달려가면서 머리와 티셔츠 안에 엉겨 붙어 있던 개구리들을 떨쳐냈다. 그 와중에 맨발로 개구리 몇 마리를 밟게 된 건 어쩔 수 없는 일이었다.

마침내 개구리들로부터 멀어진 나는 개구리가 올 수 없는 곳에 서서 상황을 지켜보았다. 달빛 아래 우왕좌왕하는 개구리들의 작고 칙칙한 몸뚱이가 보였다. 나는 또 어디 개구리가 있나 하고 반바지 주머니를 살펴보았다. 나는 텐트를 꺼내 칠 수 있을 정도로 평평하고 깨끗한 장소를 찾아 물건들을 들고 그쪽으로 이동했다. 나는 배낭에서 텐트를 꺼냈다. 뭘 보고 자시고 할 것도 없었다. 텐트는 순식간에 쳐졌다.

다음 날 아침, 나는 8시 반에 텐트에서 기어 나왔다. 나로서는 좀 늦은 시간으로, 이전 생활을 생각해보면 12시나 마찬가지였다. 그리고 지금의 이 8시 반도 그때의 12시처럼 느껴졌다. 마치 새벽까지 술을 마시다 들어온 것만 같았다. 나는 반쯤 몸을 일으켜 비틀거리며 밖을 둘러보았다. 여전히 소변은 마렵지 않았다. 나는 짐을 꾸리고 물을 정수해 채운 뒤 뜨거운 햇살을 받으며 북쪽으로 걷기 시작했다. 날은 어제보다 더 뜨거웠다. 한 시간도 채 되지 않아 나는 또 방울뱀을 밟을 뻔했다. 이번에는 친절하게 꼬리를 흔들며 내게 충분히 경고해줬건만.

늦게 출발한 탓에, 맥아더-버니 폴스 메모리얼 주립공원에 해가 질 때까지 도착하겠다는 생각은 완전히 사라져버렸다. 거기다 욱신거리는 물집 잡힌 발과 지독한 열기 때문에 나는 카셀로 가는 짧은 우회로를 택하기로 했다. 안내서에 따르면 그곳에 잡화점이 하나 있다고 했다. 오후 3시쯤 되어 나는 그곳에 도착했다. 나는 더운 열기에 질려 배낭을 내려놓고 가게의 낡아빠진 현관 앞 나무 의자에 앉았다. 가게에 매달려 있는 커다란 온도계는 거의 39도를 가리키고 있었다. 나는 거의 울고 싶은 심정으로 남은 돈을 헤아려보았다. 아무리 가진 돈을 끌어모아도 스내플 레모네이드를 사기에는 충분치 않다는 것을 난 이미 잘 알고 있었다. 내 욕심은 이제 너무 크게 자라 더 이상 그냥 갈망이라는 말 정도로는 표현이 되지 않았다. 마치 배 안에서 손과 발이 자라서 기어 올라오는 것 같았다.

스내플 레모네이드의 가격이 얼마였더라? 99센트? 1달러 5센트? 아니, 1달러 15센트였던가? 정확한 가격도 기억이 나지 않았다. 내가 알고 있는 건 내 주머니에는 76센트뿐이고 그걸로는 아무것도 할 수 없다는 것이었다. 그럼에도 일단 가게 안으로 들어가 바라보기라도 했다.

"PCT를 여행하는 건가요?" 카운터 뒤의 여자가 물었다.

"네." 나는 웃으며 대답했다.

"아, 어디서 왔어요?"

"미네소타요." 나는 그렇게 말하면서 안쪽에 차가운 음료수들이 보기 좋게 진열된 냉장고 유리문 앞을 걸어갔다. 차가운 맥주와 청량음료, 미네랄워터, 주스 병들이 보였다. 나는 스내플이 쌓여 있는 곳 앞에 멈춰 섰다. 나는 손을 뻗어 그 앞 유리문을 만졌다. 노란색과 분홍색 종류가 둘 다 있었다. 그 모습은 마치 다이아몬드나 야한 사진 같았다. 바라볼 수는 있지만 만질 수는 없었다.

"오늘 일정을 다 마친 거면 가게 뒤편에 있는 공터에 텐트를 쳐도 괜찮아요." 여자가 내게 말했다. "이곳을 지나가는 PCT 도보여행자들에게는 항상 쓰게 해줘요."

"고맙습니다. 안 그래도 어떻게 할까 싶었는데." 나는 그렇게 말하면서도 여전히 음료수를 바라보고 있었다. 어쩌면 그냥 만져보는 건 괜찮지 않을까 하는 생각이 들었다. 그저 하나만 살짝 집어 들어 잠깐 이마에 댈 수만 있다면. 나는 유리문을 열고 분홍색 스내플 레모네이드 한 병을 집어 들었다. 그 느낌이 너무 차가워서 마치 손안에서 불타오르는 것 같았다.

"이거 얼마예요?" 결국 나는 참지 못하고 이렇게 묻고 말았다.

"밖에서 돈 세고 있는 거 봤어요. 갖고 있는 돈만 줘요." 여자가 웃으며 말했다.

나는 돈을 다 내어주고 정말 고맙다고 하고는 스내플 레모네이드 한 병을 들고 밖으로 나왔다. 한 모금 마실 때마다 몽롱한 즐거움이 내 몸을 관통했다. 나는 양손으로 병을 쥐고 할 수 있다면 그 냉기까지도 모두 다 빨아들이고 싶다고 생각했다. 차들이 멈춰 서더니 사람들이 내려서 가게 안으로 들어갔다. 그러고는 다시 나와 차를 타고 사라졌다. 나는 스내플을 다 마시고 난 뒤 찾아온 황홀감이 아지랑이처럼 피어오르는 것을 느끼며 한 시간가량 더 사람들을 보며 앉아 있었다. 얼마 뒤, 픽업트럭 한 대가 천천히 가게 앞으로 다가오더니 어떤 남자가 뒤에서 내리고 배낭을 끌어 내렸다. 그리고 다시 떠나는 트럭을 보며 손을 흔들었다. 그는 내가 있는 쪽을 향하더니 내 배낭을 알아보았다.

"안녕!" 그의 불그스름한 건장한 얼굴에 크게 웃음이 번졌다. "PCT를 걷기엔 지독하게 더운 날이에요, 그렇지 않나요?"

그의 이름은 렉스였다. 그는 붉은 머리카락의 덩치가 큰 사근사근하고 유쾌한 서른여덟 살의 사내였다. 그는 언제든 따뜻한 포옹을 나눌 수 있는 그런 친절한 사람처럼 보였다. 렉스는 가게 안으로 들어가더니 캔맥주 세 개를 사들고 나와 내 옆에 앉아 마시며 해가 질 때까지 이런저런 이야기를 나눴다. 그는 피닉스에 살고 있으며 나로서는 뭔지 확실하게 알 수 없는 재택 사업을 한다고 했다. 고향은 오리건 주 남부의 한 작은 마을이라고 했다. 그는 봄에 멕시코 국경에서 모하비 사막까지 걸었고 마침 내가 포기할 뻔했던 그 장소에서 나와 거의 비슷한 시기에 여행을 그만두고 피닉스로 돌아가 6주간 하던 일을 처리한 뒤 다시 모든 눈길을 유유히 피해 올드 스테이션으로 돌아왔다고 했다.

"새 등산화가 필요한 거 아니에요?" 내가 발을 보여주자 그가 이렇게 말했다. 새삼 그렉과 브렌트 생각이 다시 떠올랐다.

"하지만 어쩔 수 없어요. 지금은 돈이 없어서요." 내가 그에게 말했다. 이제는 그런 사실을 부끄러워하고 자시고 할 것도 없었다.

"어디서 샀어요, 그 등산화?" 렉스가 물었다.

"REI에서요."

"거기다가 전화를 해요. 보증기간이 있을 거예요. 아마 무료로 교환해줄 겁니다."

"정말 그럴까요?"

"1-800번 무료통화로 걸어봐요." 그가 말했다.

나는 가게 뒤에 그와 함께 텐트를 치고 저녁 시간을 보내며 계속 그 일에 대해 생각을 했다. 그리고 그다음 날 내내 마침 쉽고 편안하게 펼쳐진 20킬로미터의 길을 그 어느 때보다도 빨리 걸어 맥아더-버니 폭포 메모리얼 주립 공원에 도착했다. 나는 도착하는 즉시 여행자들의 편의를 봐준다는 가게로 달려가 내 보급품 상자를 찾았다. 그리고 근처 공중전화로 가서 교환원을 통해 REI에 전화했다. 5분도 되지 않아 전화를 받은 여자는 내게 치수가 하나 더 큰 새 등산화 한 켤레를 빠른우편으로 부쳐주기로 했다. 물론 부대비용은 없었다.

"정말이요?" 나는 여자에게 그동안 나를 괴롭혀온 작은 등산화에 대해 사정을 이야기하며 계속해서 물었다.

"그럼요." 그는 차분한 목소리로 공식적인 절차라고 대답했다. 나는 스내플 레모네이드를 만들어내는 사람들보다 REI의 사람들을 더 사랑하게 되었다. 나는 아직 열어보지 못한 보급품 상자에 적혀 있는 가게 주소를 불러주었다. 전화를 끊고 너무 기뻐 팔짝 뛰어올랐다. 벌써 발이 다 나은 것만 같았다. 나는 그제야 상자를 열고 그 안에 들어 있던 20달러 지폐를 찾아낸 뒤 가게로 들어가 관광객들 틈에 끼었다. 제발 사람들이 내 몸에서 나는 악취를 알아채지 못하기를 바라면서. 나는 아이스크림콘 하나를 사들고 피크닉 테이블에 앉아 즐거움을 감추지 못하고 아이스크림을 먹기 시작했다. 렉스가 내가 있는 쪽으로 걸어왔고, 몇 분 지나지 않아 트리나가 그 하얗고 큰 개, 오딘을 데리고 나타났다. 우리는 서로 부둥켜안았고 렉스에게도 트리나를 소개했다. 트리나는 스테이시와 함께 전날 이곳에 도착했고 여기서 PCT 도보 여행을 중단하고 콜로라도의 집 근처로 돌아가 남은 여름 동안 도보 여행을 하겠다고 했다.

"스테이시랑 같이 가면 아주 좋아할 텐데요." 트리나가 이렇게 말했다. "스테이시는 아마 내일 아침 일찍 출발할 거예요."

"아, 그건 어려워요." 나는 그러면서 새로 배달될 등산화에 대해 들뜬 마음으로 설명해주었다.

"해트 크리크 림에서 당신 걱정을 했어요. 거기에 물이 하나도 없어서요."

"아, 그랬죠." 나는 대답했고 우리는 얼굴을 찡그리고 고개를 흔들었다.

"같이 가죠." 트리나가 나와 렉스에게 말했다. "우리가 야영하는 곳을 보여줄게요. 한 20분만 걸어가면 돼요. 여기보다는 나을 걸요. 게다가 우리 쪽으로 가면 공짜라고요." 그러면서 관광객들로 가득 찬 술집이며 가게가 보기 싫다는 표정을 지어 보였다.

잠시 쉬었다가 다시 걸을 때마다 내 발은 점점 더 통증이 심해졌다. 이런저런 상처들이 다시 새롭게 재발하는 것 같았다. 나는 트리나와 렉스의 뒤를 따라 절룩거리며 걸어갔다. PCT와 연결된 숲길을 따라가니 나무들 사이에 작은 공터가 하나 있었다.

"셰릴!"

그때 스테이시가 내 이름을 부르며 달려와 나를 끌어안았다. 우리는 해트 크리크 림과 그 폭염, 그리고 갈증에 대해 이야기하고 스낵바의 저녁식사에 대해 아쉬운 점 등을 나누었다. 나는 등산화와 양말을 벗고 샌들을 신었다. 그리고 텐트를 치고 이야기를 나누는 동안 상자를 열어보는 기쁨의 의식을 치렀다. 스테이시와 렉스는 금방 친구가 되어 PCT의 다음 구간을 같이 가기로 결정했다. 저녁을 먹으러 다 같이 스낵바로 갈 준비를 마치고 보니 엄지발가락들이 빨갛게 부풀어 올라 이제는 차라리 무슨 두 개의 홍당

무처럼 보일 정도였다. 나는 이제 양말조차 다시 신을 수 없을 것만 같았다. 그래서 샌들만 신고 절룩거리며 스낵바로 향했다. 우리는 핫도그와 할라페뇨, 그리고 나초와 함께 찍어먹을 산뜻한 오렌지색 치즈를 사들고 와 피크닉 테이블에 둘러앉았다. 마치 축하 파티가 벌어진 것 같았다. 우리는 음료수가 담긴 종이컵을 들고 축배를 들었다.

"트리나와 오딘의 무사 귀향을 위하여!" 우리는 이렇게 외치며 컵을 부딪쳤다.

"함께 길을 떠나는 스테이시와 렉스를 위하여!" 우리는 건배를 했다.

"셰릴의 새로운 등산화를 위하여!" 우리는 함께 소리쳤다.

그리고 나는 엄숙한 태도로 음료수를 들이켰다.

*

다음 날 아침, 잠에서 깨어나자 숲속 공터에 남은 텐트는 내 것 하나였다. 나는 공식 공원 야영장에 있는 야영객들을 위해 마련된 세면장까지 걸어가 몸을 씻고 다시 텐트로 돌아왔다. 그리고 캠핑용 의자에 몇 시간 동안 앉아 있었다. 한자리에서 아침을 차려서 먹고 『여름 새장』의 나머지 절반을 읽었다. 오후가 되자 나는 새 등산화가 도착했는지 스낵바 근처 가게로 가보았다. 그렇지만 카운터에 있던 여자는 등산화가 아직 배달되지 않았다고 했다.

나는 풀이 죽어 그곳을 떠나 샌들을 끌고 이 공원의 이름이 된 그 유명한 폭포를 살펴보러 포장된 짧은 길을 내려갔다. 버니 폭포는 캘리포니아 주에서 1년 중 대부분 가장 많은 유수량을 자랑하는 폭포라는 것이 표지판의 설명이었다. 떨어지는 폭포를 보고 있으려니 사진기와 작은 가방을 메고 버뮤다 반바지를 입은 사람들 사이에서 투명인간이 된 듯한 기분을 느꼈다.

나는 벤치에 앉아 요란하게 찍찍거리며 친한 척을 하는 다람쥐에게 박하사탕을 던져주고 있는 남녀 한 쌍을 보았다. 다람쥐 옆 표지판에는 야생동물에게 먹이를 주지 말라는 경고가 쓰여 있었다. 그 모습을 보고 있자니 화가 치밀어 올랐다. 그렇지만 그 분노는 그들이 다람쥐에게 먹이를 주었기 때문이 아니라는 사실을 곧 깨달았다. 내가 화가 난 또 다른 이유는 그들이 바로 남녀 한 쌍이었기 때문이었다. 두 사람이 서로에게 기대어 깍지를 끼고 걸어가는 모습을 보니 참을 수 없을 정도로 화가 났다.

나는 아픔과 질투를 동시에 느꼈다. 두 사람의 존재 자체가 나는 그동안 저런 로맨틱한 사랑을 한 번도 해보지 못했다는 증거가 되는 것 같았다. 불과 며칠 전 올드 스테이션에서 폴과 통화를 할 때만 해도 용기와 만족감을 얻었지만 이제 더는 그와 비슷한 감정을 느낄 수 없었다. 평온해졌던 모든 마음이 마구 뒤엉키기 시작했다.

나는 내 텐트로 다시 절룩거리며 돌아와 내 부어오른 엄지발가락들을 살펴보았다. 살이 너무 많이 쓸려나간 발가락은 무척 고통스러웠다. 말 그대로 상처가 욱신거렸고 상처가 울릴 때마다 규칙적으로 배어나오는 피가 발톱을 분홍색으로 물들였다. 발가락이 너무 부풀어 발톱은 그냥 건드리기만 해도 빠질 것만 같았다. 그리고 보니 아예 발가락을 뽑아버리는 것이 더 낫지 않을까 하는 생각이 들었다. 나는 발톱 하나를 잡고 힘껏 당겨보았다. 그러자 금방 지독한 고통이 몰려왔지만, 발톱이 빠지자 그 즉시 고통이 완전히 사라지는 것을 느꼈다. 잠시 뒤 나는 다른 한쪽 발톱도 뽑아버렸다.

그렇게 발톱을 뽑으며 나는 PCT와 내가 대결 중임을 깨달았다. 발톱 네 개를 뽑아버렸으니 이제 점수 차는 6대4. 나는 간신히 앞서 나가고 있었다.

*

해가 저물 무렵 또 다른 PCT 도보여행자 네 명이 내 텐트 주변에 모여들었다. 그들은 내가 작은 알루미늄 프라이팬에 『여름 새장』의 마지막 장을 태우고 있을 때 도착했다. 내 나이 또래쯤 되는 남녀 두 쌍으로 멕시코에서부터 걸어왔으며 역시 나처럼 눈에 덮인 시에라네바다 산맥 구간만 우회했다고 했다. 각 쌍이 따로 출발했지만 캘리포니아 남부에서 만나 일행이 되었고 몇 주간 같이 야생의 길을 걷고 눈길을 우회하며 일종의 더블데이트를 하는 셈이었다. 존과 새라는 캐나다 앨버타 출신으로 PCT 여행을 시작할 때는 아직 사귄 지 1년이 채 되지 않았다고 했다. 샘과 헬렌은 메인 주에서 온 부부였다. 그들은 이곳에 더 머물겠다고 했지만 나는 새 등산화가 도착하는 대로 떠나겠다고 대답했다.

다음 날 아침, 나는 몬스터를 짊어지고 샌들을 신은 채 가게로 향했다. 등산화는 배낭에 매단 채였다. 나는 가까이 있는 피크닉 테이블 앞에 앉아서 우편물이 도착하기를 기다렸다. 내가 빨리 떠나고 싶었던 건 그러고 싶어서가 아니라 그렇게 해야만 했기 때문이었다. 계획대로 각 보급품을 받을 수 있는 곳에 도착하기 위해서는 나름대로 지켜야 할 시간 계획이 있었다. 여러 돌발 상황과 돈과 날씨 문제 때문에 길을 돌아가야 하기도 했지만 나는 9월 중순까지 여행을 끝마치기 위해서 계획을 지킬 필요가 있었다. 나는 몇 시간 동안 등산화가 배달되기를 기다리며 보급품 상자 안에 들어 있던 새 책, 블라디미르 나보코프의 『롤리타』를 읽었다. 사람들이 몰려왔다가 나가고 때로는 그냥 가지 않고 내 주위에 몰려들어 배낭을 눈여겨보고는 PCT에 관해 물어보기도 했다. 그 질문에 대답하다 보면 스스로 가지고 있던 의구심이 잠깐이나마 사라지고 내가 저질렀던 그 바보 같은 행동들도 모두 다 잊어버릴 수 있었다. 그렇게 주위에 몰려든 사람들의 관심을 받고 있으려니 그냥 배낭여행 전문가가 아니라 마치 엄청나게 대단한 전사라도 된 듯한 기분이었다.

"전부 다 이력서에 넣어요." 플로리다에서 왔다는 밝은 분홍색 스카프와 주먹만 한 금목걸이로 멋을 낸 한 나이 든 여자가 내게 말했다. "내가 인사과에서 일했거든. 회사에서는 이런 사람을 찾지. 뭔가 자기만의 개성이 있는 사람 말이야. 다른 사람들하고 구별되잖아."

3시 가까이 되어서야 우편물들이 도착했다. 그러나 누구도 내 등산화를 들고 오지는 않았다. 가슴이 철렁했다. 나는 공중전화로 달려가 REI에 전화를 걸었다. 전화를 받은 남자는 아직 내 등산화를 부치지 않았다고 정중하게 알려주었다. 문제의 원인은 여기 주립공원까지 빠른우편으로 보낼 수가 없다는 사실을 알게 되어 대신 일반우편으로 보내려고 했다는 것이었다. 하지만 내게 연락해서 그 사실을 알려줄 방법이 없어 결국 아무것도 하지 않았다고 했다.

"지금 상황을 이해 못 하시는 거 같은데요. 나는 지금 PCT를 여행하는 중이라고요. 숲속에서 텐트 치고 자는 게 일이니까 연락할 수 없는 게 당연하죠. 그리고 나는 여기서 더 기다릴 수가 없어요. 그럼 일반우편으로 등산화를 받으려면 얼마나 걸린다는 건가요?"

"대략 닷새쯤 걸리겠네요." 남자가 전혀 흔들리지 않는 말투로 이렇게 대답했다.

"닷새라고요?" 내가 되물었다. 나는 사실 화를 낼 수 없었다. 어쨌든 새 등산화 한 켤레를 무료로 보내준다는 것이 아닌가. 그렇지만 실망과 충격이 이만저만이 아니었다. 내가 계획한 시간표를 따르는 문제뿐만 아니라, 다음 목적지인 캐슬 크렉스까지 130여 킬로미터 동안 버티려고 준비한 식량도 문제였다. 만일 내가 여기 버니 폭포에서 등산화를 기다린다면 나는 그 식량으로 버텨야 한다는 뜻이었다. 내게 남은 5달러 남짓한 돈을 가지고는 닷새 동안 이 식당에서 음식을 사먹으며 기다릴 수 없었다.

나는 배낭을 열어 안내서를 꺼내 들고 캐슬 크렉스의 주소를 찾았다. 작은 등산화에 부어오른 발을 밀어 넣고 다시 130킬로미터가 넘는 길을 걸어가는 건 상상도 못 할 일이었다. 그렇지만 내게는 선택의 여지가 없었다. REI에게 등산화를 캐슬 크렉스로 보내달라고 할 수밖에는.

나는 착잡한 심정으로 내 등산화를 바라보았다. 마치 서로 거래를 해야 할 것만 같았다. 낡은 빨간색 신발 끈으로 배낭에 대롱대롱 매달려 있는 등산화는 악마처럼 이 상황을 모른 척하는 것 같았다. 나는 새 등산화가 도착하는 대로 낡은 등산화를 PCT 도보 여행자 나눔의 상자에 던져 넣으려고 생각했다. 등산화 쪽으로 손을 뻗었지만 도저히 다시 신을 수가 없을 것 같았다.

어쩌면 나는 이 부실한 샌들을 신고 어느 정도는 걸어갈 수 있을지도 모른다. 등산화 대신 샌들로 갈아 신고 여행을 하는 사람들을 본 적 있다. 그러나 그들이 신고 있는 샌들은 내 것보다 훨씬 더 튼튼했다. 나는 한 번도 샌들을 신고 걸어보려고 한 적이 없었다. 내가 샌들을 가져온 이유는 그저 하루 여정이 끝내고 등산화를 벗고 쉴 때 신으려고 그렇게 한 것이다. 동네 할인점에서 19.99달러를 주고 산 싸구려 샌들을 벗어서 손에 들었다. 마치 그렇게 들고 자세히 바라보면 없는 내구성이 생겨나기라도 할 것처럼.

검은색 고정끈 끝에 붙어 있는 찍찍이는 어느새 다 닳아 떨어져 벗겨지기 시작했다. 파란색 밑창은 밀가루 반죽처럼 부드럽고 얇아서 걸을 때마다 바닥의 돌이나 나뭇가지들이 다 그대로 느껴질 정도였다. 그걸 신고 있으면 아무것도 안 신고 맨발로 있는 것보다 조금 나을 뿐이었다. 그런데 이걸 신고 캐슬 크렉스까지 걸어갈 수 있을까?

그럴 수는 없겠지. 나는 생각했다. 아니, 그렇게 할 수는 없을 거야. 지금까지 버텨온 것만 해도 용하지. 이 일도 이력서에 적어 넣을 수 있을까.

"제기랄." 내가 이렇게 내뱉었다. 나는 돌멩이를 하나 주워들고는 가까이 있는 나무를 향해 힘껏 던졌다. 그리고 또 하나를 집어 들고 다시 또 던졌다.

이런 순간이 되면 항상 떠오르는 한 여자가 있었다. 스물세 살 때 내 별자리와 운명을 읽어준 점성술사였다. 내가 막 미네소타를 떠나 뉴욕으로 가게 되었을 때 한 친구가 작별 선물로 점성술사를 소개해줬다. 아주 진지해 보이는 중년 여성으로 이름은 팻이라고 했고 나를 자기 집 주방 식탁 앞에 앉혔다. 식탁 위에는 뭔지 모를 기묘한 표시들로 뒤덮인 종이와 조용히 웅웅거리는 카세트 녹음기가 놓여 있었다. 나는 뭘 믿어서가 아니라 그저 재미있을 것 같아 찾아간 것이었다. 당신은 마음이 따뜻한 사람이라는 둥 사람을 으쓱하게 만들어주는 의례적인 이야기나 듣게 될 것이라고 생각했다.

하지만 팻은 그렇게 하지 않았다. 아니, 물론 그런 이야기를 하기도 했지만 동시에 예상치 못하게 정확하고 특별한 이야기들을 구체적으로 늘어놓았다. 그래서 나는 깜짝 놀라는 한편 마음에 위안을 얻기도 했다. 내가 할 수 있는 일이라고는 놀라움과 원통함으로 소리를 지르지 않는 것뿐이었다. 나는 계속해서 "도대체 그걸 어떻게 알았어요?"라는 말만 되풀이했다. 그런 다음 내가 태어났을 때의 별들과 태양과 달의 모양에 대해 이야기해주는 것에 귀를 기울였다. 달이 사자자리와 쌍둥이자리 안에서 떠오를 때 내가 처녀자리에서 태어났다는 것이었다. 나는 고개를 끄덕이며 생각했다. 이건 필시 뉴에이지 시대의 반지성적 어쩌고 하는 개똥같은 이야기일 거야. 그러나 팻이 또 다른 이야기를 꺼내자 나는 큰 충격을 받고 말았다. 전부 사실이었기 때문이다.

"아버지가 베트남전 참전 용사인가요?" 팻이 물었다.

"아니요." 아버지는 1960년대 중반에 잠깐 군에 있기는 했지만, 외할아버지가 복무하던 콜로라도 스프링스 기지에 있었을 뿐이었다. 바로 그곳에서 엄마와 아버지가 만나기는 했지만 베트남에는 한 번도 가본 일이 없었다.

"하지만 베트남에 참전한 군인과 다를 바가 없어요. 실제로는 안 그런지 몰라도 그 사람들과 공통점이 있어요. 깊은 상처를 입은 피해자예요. 아버지의 상처는 인생에 영향을 주었고 당신에게도 영향을 끼쳤네요."

나는 고개를 끄덕이지 않았다. 이제껏 살면서 일어났던 모든 일이 한데 뒤섞이는 것 같았다. 아버지가 내게 영향을 미쳤다고 점성술사가 말하는 순간, 내 머리는 돌덩이처럼 완전히 굳어버렸다. "상처를 입었다고요?" 그렇게 되묻는 게 내가 할 수 있는 전부였다.

"그래요. 그리고 당신은 같은 자리에 상처를 입었어요. 자신의 상처를 치료할 수 없는 아버지들이 하는 방식이지요. 자신들의 자녀에게 똑같이 상처를 입히는 거예요."

"흠." 나는 아무런 표정도 짓지 않았다.

"내가 틀릴 수도 있어요." 팻은 우리 사이에 놓여 있는 종이를 내려다보았다. "그렇다고 말 그대로 될 필요는 없는 것이지요."

"사실 나는 여섯 살 이후로는 아버지를 세 번밖에 만나지 못했어요." 내가 말했다.

"아버지가 하는 일은 자신의 자녀들을 전사로 키우는 것이에요. 필요할 때 말을 타고 전장으로 달려나갈 수 있는 자신감을 심어주는 것이지요. 아버지로부터 그런 것을 배우지 못했다면 스스로 깨우치는 수밖에는 없어요."

"그렇지만 나는 내가 이미 그런 건 다 알고 있다고 생각해요." 내가 웅얼거렸다. "나는 강해요. 나는 일을 피하지 않아요. 나는."

"지금 이건 강하고 약하고의 문제가 아니에요. 그리고 당신은 자신을 제대로 보지 못하는 것일지도 몰라요. 하지만 언젠가 때가 되면, 그러니까 지금부터 몇 년쯤 더 세월이 흐르고 난 뒤 당신이 말에 올라타 전장으로 달려가야 할 때가 오면, 당신은 주저하게 될지도 몰라요. 그냥 머뭇거리게 되는 거지요. 아버지가 준 상처를 치료하기 위해서는 전사처럼 그렇게 말에 올라타고 전장으로 과감하게 달려나가야 해요."

나는 조금 웃었다. 행복한 웃음이 아니라 어딘가 슬픈, 남을 의식하는 듯한 큭큭거리는 웃음이었다. 그때 대화를 녹음한 카세트테이프를 집으로 가져와 몇 번이고 다시 반복해서 들었다. 아버지가 준 상처를 치료하기 위해서는 전사처럼 그렇게 말에 올라타고 전장으로 과감하게 달려나가야 해요. 그리고 큭큭큭.

되감기, 그리고 재생.

"주먹으로 한번 때려줄까?"

아버지는 화가 나면 주먹을 불끈 쥐고 내게 들이대며 이렇게 물었다. 세 살, 네 살, 다섯 살, 여섯 살 나이의 아이 얼굴 바로 앞에서.

"때려줘? 어! 빨리 대답 안 해?"

나는 참 없어 보이는 샌들을 끌고 캐슬 크렉스까지 먼 길을 떠났다.

길이 없는 길

PCT를 처음 생각해낸 사람은 한 여성이었다. 워싱턴 주 벨링햄에서 퇴직한 교사로 이름은 캐서린 몽고메리였다. 그는 산악인이자 작가인 조셉 T. 해져드와 이야기를 나누다가 각 주의 경계선과 경계선을 아우르는 '미국의 서쪽 산맥들을 타고 오르내리는 여행로'에 대해 제안했다. 그때가 1926년이었다. 몇몇 도보 여행자들이 그의 제안을 환영하기는 했지만, 6년 뒤 클린턴 처칠 클라크가 PCT에 대한 정확한 계획을 들고 나온 이후에야 비로소 일은 진척되기 시작했다.

클라크는 파사데나에서 여유로운 생활을 즐기는 석유 사업가였지만 동시에 야외 활동에도 아주 열심인 사람이었다. 자동차와 극장 좌석에 편안히 앉아서 많은 시간을 보내는 문화에 진력이 난 클라크는 연방 정부에 진정을 넣어 PCT를 위한 야생의 통행로가 인정되도록 노력했다. 그의 꿈은 PCT를 훨씬 더 뛰어넘어 알래스카에서 칠레까지 이어지는 훨씬 더 긴 아메리칸 트레일을 만드는 것이었다. 클라크는 야생에서 보내는 시간은 '영원한 치유와 문명화된 가치'를 제공해준다고 믿었다. 그리고 그 후 25년 동안 PCT를 위해 헌신했다. 그러나 1957년 그가 사망할 때까지도 PCT는 아직 요원한 꿈이었다.

어쩌면 PCT를 위해 클라크가 한 가장 중요한 일은 워런 로저스를 만난 게 아닐까. 1932년 두 사람이 만났을 때 로저스의 나이는 스물네 살로 캘리포니아 주 앨라배마의 YMCA에서 일하고 있었다. 클라크는 로저스를 설득해 YMCA의 자원봉사자들이 맡아 조사해온 길들을 지도로 만드는 일을 돕도록 했다. 이 길들이 훗날 PCT를 구성하게 된 것이다. 로저스는 처음에는 망설였지만 곧 PCT를 만드는 일에 열정적으로 참여했다. 그리고 남은 일생을 PCT를 지지하고 자신의 앞길을 가로막고 있는 모든 법적, 재정적, 물리적 문제들을 극복하는 데 다 바쳤다. 로저스는 1968년 미국 의회가 PCT 국립 자연 경관로를 승인하는 것을 직접 보았고 PCT가 완전히 완성되기 1년 전인 1992년 눈을 감았다.

나는 지난겨울 여행 안내서에서 PCT의 역사에 대한 대목을 읽었다. 그렇지만 이렇게 버니 폴스를 떠나 허술한 샌들을 신고 이른 저녁 열기 속을 몇 킬로미터나 걸어가고 있는 지금까지는 이 이야기의 어떤 부분이 내 가슴을 울리고 직접적으로 와 닿았는지 알지 못했다. 정말 터무니없는 이야기가 아닌가. 캐서린 몽고메리와 클린턴 클라크, 그리고 워런 로저스와 그밖에 PCT를 만들어낸 수백 명의 사람은 장차 미국의 서쪽 산맥들을 따라 사람들이 이 길고 긴 도보 여행을 하게 되리라 상상했을까? 그리고 나에 대해서도? 내 싸구려 샌들에서부터 지금 1995년의 첨단 등산화나 배낭 같은 것이 그들에게 전혀 낯선 존재라는 사실은 아무 문제도 아니었다. 정말 중요한 것은 바로 영원히 변치 않는 어떤 것이었다. 바로 그것을 위해서 그들은 모든 역경을 이겨내고 PCT를 위해 싸우고 노력했다. 그리고 거기에 감명을 받은 나와 다른 장거리 도보 여행자들이 이렇게 온갖 고생을 무릅쓰고 전진하고 있는 게 아닌가. 어떤 등산화나 배낭을 준비했는지는 아무 문제도 되지 않는다. 시대의 철학도, 심지어 한 지점에서 다른 지점으로 이동한다는 개념도 중요하지 않았다.

중요한 것은 바로 이 야생에서 어떤 것을 느끼느냐 하는 것이다. 특별한 이유 없이 그저 나무들이 쌓여 있는 모습과 풀밭, 산과 사막, 바위와 개천들, 강과 잡초들, 일출과 일몰을 보기 위해 몇 킬로미터고 계속해서 걷는 것은 과연 어떤 의미일까. 그렇게 얻는 경험은 강력하면서도 근본적이다. 야생 속으로 들어간 인간이면 언제나 그런 경험을 하게 될 것이며 또한 그 야생의 환경이 존재하는 한 언제나 같은 경험을 할 수 있을 것이다. 그것이 바로 몽고메리가 꿰뚫어보았던 것이 아닐까. 클라크와 로저스도 그 사실을 알고 있었으리라. 그리고 그들의 뜻을 계승하고 따랐던 수천 명의 사람도 그 사실을 알고 있었겠지. 나도 이 길에 직접 들어서기 전에 어렴풋이 그 사실을 알고 있었다. PCT의 여정이 얼마나 어렵고 영광스러운 길인지, 그리고 그 길이 나를 산산이 부술지라도 다시 나를 보호해줄 것이라는 사실을.

울창한 소나무들이 만들어주는 눅눅한 그늘 아래를 걸어 여행 6주차에 접어들면서 나는 그런 사실들에 대해 생각을 했다. 자갈이 깔린 길을 걷고 있으려니 얇은 샌들 바닥으로 그 느낌이 다 전해졌다. 내 발을 지탱해주던 등산화가 없으니 발목 근육이 땅기기는 했지만 그래도 한 걸음 내디딜 때마다 아픈 발가락들이 다시 고통받는 일만은 면했다. 나는 그렇게 걷다가 어느 시냇물 위에 걸쳐 있는 나무로 만든 다리에 도착했다. 근처에 평평한 장소를 찾을 수 없어서 다리 위에 텐트를 쳤다. 나는 PCT 바로 위에서, 내 밑에서 밤새도록 들려오는 부드러운 물소리를 들으며 잠을 청했다.

동틀 무렵 잠이 깬 후, 나는 다시 샌들을 신고 몇 시간가량을 걸었다. 해발 500미터쯤 올라가니 내가 통과했던 소나무 숲 그늘과 남쪽의 버니 산 전경이 한눈에 다 들어오기도 했다. 점심을 먹기 위해 잠시 멈춘 나는 내키지는 않았지만 배낭에서 등산화를 끌러냈다. 이제는 이 신발을 신을 수밖에 없다는 생각이 들었다.

나는 『PCT 제1권: 캘리포니아』의 저자들이 버니 폭포와 캐슬 크랙스 사이의 구간에 대해 어떻게 설명했는지 찾아보기 시작했다. 설명에 의하면 이 구간은 제대로 정비가 되어 있지 않아서 '정해진 구간이 아닌 그냥 길 없는 땅을 걷는' 것과 비슷하다고 했다. 그리고 물론 그런 내용은 찾을 수도 없었겠지만 내가 신고 있는 샌들에 대한 경고나 조언은 없었다. 벌써 샌들 바닥이 갈라지기 시작했고 걸을 때마다 갈라진 틈으로 나뭇가지나 돌이 박혀 퍽퍽 소리가 났다.

나는 발을 억지로 등산화 안에 밀어 넣고 걷기 시작했다. 발의 고통이 느껴졌지만 애써 무시했다. 내가 걸어서 통과한 대부분의 지역은 울창한 삼림지대로, 트랙터의 깊은 바퀴자국에 의해 태곳적 길들이 점점 많이 끊겨나간 상태였다. 오래전에 나무들이 잘려 나갔지만 다시 생명이 천천히 움트고 있는 거대한 들판으로 나무 그루터기와 뿌리들, 아직 내 키 정도밖에 자라지 못한 작고 어린 나무들이 있었다.

쓰러진 나무들과 가지들이 쌓여 있어 제대로 길을 찾기 쉽지 않았다. 이곳의 나무들은 이번 여행길에서 종종 본 것과 같은 종류의 나무들이었다. 그렇지만 숲 전체의 느낌은 조금 달랐다. 어딘지 모르게 정리되지 않은 산만한 느낌이었다. 이따금 확 트인 전경이 펼쳐져도 왠지 어둡다는 기분이 들었다.

그날 늦은 오후, 굽이치는 푸른 땅이 보이는 한 지점에서 걸음을 멈추었다. 내 위쪽으로는 우뚝 솟은 산이, 그리고 아래쪽으로는 가파른 경사면이 있었다. 비탈길이었지만 달리 가서 쉴 곳이 없어 그냥 앉았다. 나는 등산화와 양말을 벗어 던지고 나무 꼭대기 너머를 바라보며 발을 주물렀다. 내가 앉은 자리는 정확히 말해 숲 위로 돌출된 그런 위치였다. 나는 나무보다 더 높이 있는 기분을 만끽했다. 저 하늘을 날고 있는 새라도 된 듯 그렇게 아래쪽을 바라보았다. 그 풍경이 지금 내 발의 상태와 앞으로 가야 할 험난한 길에 대한 걱정을 잠시나마 잊게 해주었다.

그렇게 공상에 잠겨 있다가 배낭의 옆 주머니에 손을 뻗었다. 주머니 지퍼를 잡아당기자 몬스터가 기우뚱하더니 등산화 위로 엎어졌고 그 바람에 등산화 한 짝이 마치 내가 집어던진 듯이 공중으로 튕겨나갔다. 그 모습은 번개처럼 빠르기도 했지만 동시에 느린 화면처럼 보였다. 등산화는 산 끄트머리 쪽으로 굴러 저 아래 나무들 사이로 소리도 없이 떨어졌다. 나는 마치 기절이라도 할 것처럼 숨을 들이켰다. 그리고 황급히 남은 등산화 한 짝을 품에 꼭 끌어안았다. 그리고 시간을 되돌아가길, 누군가 웃으며 숲에서 걸어 나와 이 모든 게 다 장난이었다고 말해주길 기다렸다.

그러나 웃는 사람은 없었다. 내가 아는 세상은 결코 장난 같은 건 치지 않는다. 원하는 게 있으면 그게 무엇이든지 빼앗고 다시는 돌려주지 않는 것이 바로 이 세상이었다. 나는 정말 등산화 한 짝을 잃어버린 것이다. 자리에서 일어나 나머지 한 짝도 저 너머로 던져버렸다. 나는 내 맨발을 내려다보고 오랫동안 가만히 그러고 있었다. 그러다가 너덜너덜한 샌들을 할 수 있는 한 최선을 다해 테이프로 때우기 시작했다. 바닥을 다시 붙이고 거의 떨어져 나갈 지경이 된 고정끈도 테이프로 강화했다. 샌들 안에 붙어 있는 테이프 결에 발이 쓸리지 않게 양말을 신고 새로운 종류의 고통을 느끼며 걸음을 재촉했다. 캐슬 크랙스에서 새 등산화 한 켤레가 나를 기다리고 있다고 자신을 위로했다.

저녁 무렵이 되자 숲이 끝나고 넓은 길이 나왔다. 풍경이 완전히 달라졌다. 야생의 폐허라고 부를 만큼 나무가 다 잘려나간 땅이었다. PCT는 그 끝을 따라 희미하게 이어지고 있었다. 나는 몇 번이고 길을 놓쳐 걸음을 멈춰야 했다. 떨어진 나뭇가지나 파헤쳐진 흙더미 때문에 길이 보이지 않을 때도 많았다. 그 땅 끄트머리에 남아 있는 나무들은 마치 다른 나무들을 애도하는 것 같았다. 거친 표면이 새롭게 드러나고, 제멋대로 자란 가지들은 기묘한 각도를 이루었다.

나는 숲에서 이런 광경을 한 번도 본 적이 없었다. 건물을 철거할 때 사용하는 거대한 쇠공을 굴려 모든 것을 다 휩쓸어버린 것만 같은 모습이었다. 이것이 의회가 계획하고 추진했던 야생의 통행로란 말인가? 그렇게는 보이지 않았다. 그렇지만 나는 국유림 지역을 통과하고 있었고, 그 말은 공권력이 대중의 이익을 위해서 사용되어야 하는 지역에 있다는 뜻이었다. 야생의 땅이 PCT 대부분의 구간처럼 사람들의 손길이 미치지 않은 채로 있어야 한다는 뜻이기도 했다. 때로는 태고의 거목들이 잘려나가 사람들을 위한 의자나 화장실 휴지로 둔갑해야 한다는 뜻이기도 한 모양이었다.

이렇게 뭔가 휘젓고 지나간 듯한 황폐한 모습에 마음이 불편해졌다. 슬프기도 했고 화도 났다. 물론 나 역시 이 일에 한몫을 했을 것이라는 복잡한 진실이 포함되어 있었다. 나도 결국 탁자와 의자, 그리고 화장실 휴지를 사용하지 않는가. 그런 황폐한 지역으로 접어들자, 오늘 여정은 여기서 끝이라는 것을 깨달았다. 가파른 경사로를 올라가 위쪽의 평평하고 나무가 없는 곳으로 가서 나무 그루터기와 파헤쳐진 흙더미 사이에 텐트를 쳤다.

좀처럼 느끼지 못했던 외로움이 몰려왔다. 누군가와 이야기를 하고 싶었다. 사실 그 누군가가 그냥 아무나는 아니었다. 카렌이나 레이프, 아니면 에디와 이야기를 하고 싶었다. 가족들과 다시 만나고 싶었다. 그렇게 해서 내가 믿고 있는 어떤 것이 아직 무너지지 않고 안전하다고 확신하고 싶었다. 그런데 문득 가족들에 대한 그리움과 함께 그들 각자에 대한 뜨거운 증오심이 피어오르는 것을 느꼈다. 나는 이 숲을 엎어버린 것과 똑같은 거대한 기계가 미네소타 숲속 40에이커의 우리 땅도 그렇게 뒤엎어버렸으면 좋겠다는 상상을 했다. 진심으로 그런 일이 일어나기를 바랐다. 그러면 나는 자유로워질 수 있겠지. 엄마가 떠난 뒤 우리는 더 이상 가족 해체라는 위험에서 안전할 수 없었다. 그러니 이제는 완전히 파괴되고 해체되는 것이 구원의 한 방법이 아닐까. 가족과 고향 집이 다 없어지고 나면 내 인생도 저 나무가 잘려나간 숲처럼 깨끗하게 정리되지 않을까. 내게 남아 있던 추악한 모습들도 다 사라지지 않을까.

나는 PCT로 떠나기 일주일 전 마지막으로 집에 들렀다. 에디에게 작별 인사를 하고 엄마의 무덤을 찾아갔다. 이번 여행이 끝나면 미네소타로 돌아오지 않으리라는 사실을 나는 잘 알고 있었다. 나는 미니애폴리스 식당에서의 마지막 근무를 끝마치고 북쪽으로 세 시간을 달려 아침에 목적지에 도착했다. 나는 집에 있는 사람들을 깨우지 않기 위해 길가에 차를 세워두고 트럭 짐칸에서 잠을 자려고 생각했지만, 막상 도착해보니 파티가 한창이었다. 집에는 불이 밝혀져 있었고 마당에서는 모닥불이 피어오르고 있었다. 이곳저곳에 텐트가 세워져 있었고 풀밭 위에 설치한 스피커에서는 요란한 음악들이 흘러나오고 있었다. 생각해보니 그날은 미국 전몰장병 추모일을 앞둔 토요일이었다.

나는 트럭에서 내려 사람들 사이로 걸어갔다. 대부분은 내가 모르는 사람들이었다. 나는 당황했지만 놀라지는 않았다. 파티의 소란스러움이나 내가 초대받지 못했다는 사실도 별로 대수롭지 않았다. 그저 모든 것이 완전히 뒤바뀌었다는 걸 확실히 느낄 뿐이었다.

"셰릴!" 사람들로 가득 차 있는 차고로 들어서자, 레이프가 큰 소리로 내 이름을 불렀다. 나는 사람들을 헤치고 앞으로 나아갔고 서로를 끌어안았다. "기분 좋아지는 약을 좀 했어."

레이프는 내 팔을 아플 정도로 움켜쥐고 신이 나서 말했다.

"에디는 어디 있어?" 내가 물었다.

"나도 잘 몰라. 그런데 누나한테 보여줄 게 있어." 레이프는 그렇게 말하며 나를 잡아끌었다. "아마 깜짝 놀랄 거야."

나는 동생을 따라 주방 식탁 앞에 섰다. 우리가 어렸을 때 엄마가 10달러를 주고 사들인, 트리 로프트 아파트에 있던 바로 그 식탁이었다. 에디를 처음 만났던 날 저녁을 함께 먹었던, 다리가 짧아 바닥에 앉아 밥을 먹었던 바로 그 식탁이었다. 지금은 보통 식탁처럼 도로 높아져 있었다. 우리가 에디와 함께 단독주택으로 이사를 하게 되었을 때 에디는 식탁 다리를 다 잘라내고 큰 통을 다리 대신 밑에 고정시켰다. 우리는 그 후 지금까지 의자에 앉아 정상적으로 식사할 수 있었다. 전혀 예쁘지도 않았고 세월이 흐를수록 더 낡아갔으며 에디가 새로 칠을 한 곳은 갈라져갔지만 여전히 우리 식탁이었다.

아니, 최소한 내가 PCT 여행을 떠나기 일주일 전 그날 밤까지는 우리 것이었다. 이제 그 식탁 위에는 새로 새겨진 단어들이 가득했다. 분명 여기 파티에 모인 사람들이 한 짓이 분명했다. 그걸 쳐다보고 있는 중에도 내가 알지도 못하는 한 소년이 스위스 군용 칼로 또 뭔가를 새기고 있었다.

"그만해." 내가 말했다. 그러자 그 아이는 놀란 듯이 나를 바라보았다. "그 식탁은……." 나는 하고 싶은 말을 다 잇지 못했다. 나는 그저 몸을 돌려 문을 열고 밖으로 나왔다. 레이프가 나를 쫓아왔다. 우리는 텐트와 모닥불을 지나쳤다. 이제는 닭이 한 마리도 없는 닭장과 말이 한 마리도 없는 목초지도 지나쳤다. 길을 따라 내려가 숲으로 들어갔다. 거기에는 정자가 하나 있었다. 나는 레이프가 조용히 다가와 옆에 서 있을 때까지 그곳에 앉아 흐느껴 울었다. 에디에게 욕지기가 치밀어 올랐지만, 그보다 나에게 더 화가 났다. 나는 일기장에 이런 다짐을 쓴 적이 있었다.

'운명과 용서, 그리고 우연을 감사하게 받아들일 것을 분명히 약속한다. 내 마음 한구석 작고 고통스러운 곳에서 나는 엄마를 보내고 아버지를 보내고 에디도 함께 떠나보낼 거야.'

그렇지만 그 식탁은 전혀 다른 이야기였다. 그것마저 함께 떠나보내고 잊어버려야 할 줄은 몰랐다.

"미네소타를 떠나게 돼서 정말 기뻐." 나는 씁쓸하게 말했다.

"난 아니야." 레이프가 말했다. 그는 손으로 잠시 내 머리를 만졌다가 이내 손을 뗐다.

"너하고 헤어져서 기쁘다는 말은 아니었어." 나는 손으로 얼굴과 코를 문지르며 말했다. "그렇지만 어쨌든 앞으로는 보기 힘들 거야." 그 말은 사실이었다. 레이프의 말처럼 나는 '두 번째 엄마'

로 그의 인생에서 가장 중요한 사람이었는지 모르겠지만 나는 아주 간간이 동생을 볼 수 있을 뿐이었다. 레이프는 속을 알 수 없는 모든 것이 불확실한 아이였고 무책임했으며 때로는 어디 있는지 그 행방을 전혀 알 수 없을 때도 있었다. 연락은 대부분 되지 않았고 사는 곳도 언제나 확실치 않았다.

"가끔은 나 보러와." 내가 말했다.

"어디로 찾아가?" 그가 물었다.

"내가 PCT 여행을 끝내고 가을에 살기로 결정한 곳에."

나는 내가 어디서 살지 생각은 했었지만 그게 어디가 될지는 상상할 수도 없었다. 어디든 될 수 있지만, 이곳은 아닐 것이라고 확신했다.

여기 말고! 여기 말고!

엄마는 죽기 전에 며칠 동안 정신이 혼미한 상태에서 이렇게 계속해서 말했다. 엄마가 죽고 난 뒤 화장한 재를 어디에 뿌리면 좋겠냐는 내 질문에 대한 답이었다. 나는 이 말의 정확한 의미를 알 수 없었다. 여기 미네소타를 말하는 걸까 아니면 엄마가 있었던 다른 곳을 말하는 걸까. 아니면 그냥 이런 모습이 싫어 병원에서 나가자는 말이었을까.

"아마도 오리건일 거야." 잠시 말없이 있다가 나는 레이프에게 이렇게 말했다.

"해가 지면 여기는 참 멋진 곳이지." 그는 몇 분 뒤 이렇게 속삭였다. 그리고 우리는 어슴푸레한 밤의 불빛 속에서 주변을 둘러보았다.

폴과 우리는 이곳에서 결혼했다. 우리는 지금으로부터 거의 7년 전 결혼을 앞두고 이 정자를 함께 지었다. 에디와 엄마가 우리를 도왔다. 이곳은 우리의 순진하고 불운했던 사랑을 상징하는 변변찮은 작은 성이었다. 지붕은 주름진 양철로 덮여 있었고 제대로 다듬지 않은 나무로 만든 옆면은 건드리면 나무 조각이 떨어져 나왔다. 바닥에는 숲을 가로질러 운반해온 흙과 평평한 돌이 깔려 있었다. 그 일을 하는 데 사용한 파란색 외바퀴 수레는 오랫동안 우리 가족이 사용하던 것이었다. 폴과 내가 이 정자에서 결혼한 뒤 숲속의 이곳은 사람들이 산책하고 싶을 때 산책하고 축하하고 싶은 일이 있으면 찾아오는 그런 장소가 되었다. 에디는 몇 년 전 엄마를 위한 선물로 이곳에 널찍한 그물침대를 매달았다.

"여기 잠깐 눕자." 레이프가 이렇게 말하며 그물침대를 가리켰다. 우리는 그 위로 올라가 누웠고 내가 침대를 천천히 흔들었다. 침대를 흔들기 위해 한쪽 발로 민 그 돌은 바로 내가 폴과 결혼할 때 섰던 자리였다.

"나 이혼했어." 나는 아무런 감정 없이 말했다.

"이미 한 것 아니었어?"

"음, 공식적으로 처리됐다는 말이야. 지난주에 관청에서 확인 도장 찍어준 최종 서류를 받았어."

레이프는 고개를 끄덕이고 아무런 말도 하지 않았다. 레이프와 카렌, 그리고 에디는 폴을 좋아했다. 나는 이 결혼생활을 끝내야만 하는 이유를 그들에게 납득시킬 수 없었다. 그렇지만 무척 행복해 보이는데. 이게 세 사람이 내게 한 말의 전부였다. 모두 사실이었다. 우리 모두 그렇게 행동했다. 엄마가 죽고 난 뒤에 나도 아무렇지 않은 듯 보이려 했다. 슬픔에는 표정이 없으니까.

레이프와 내가 그물침대 위에 누워 이리저리 흔들리고 있을 때 나무들 사이로 집의 전등 불빛과 모닥불이 희미하게 보였다. 파티가 마무리되면서 사람들의 목소리도 점점 사라져갔다.

엄마의 무덤은 우리 뒤 가까운 곳에 있었다. 이 정자를 지나 서른 걸음쯤 가면 작은 공터가 나왔다. 우리는 그곳에 화단을 꾸미고 그 밑에 엄마의 화장한 유골을 묻은 뒤 비석을 세웠다. 나는 엄마가 곁에 있는 것처럼 느껴졌고 레이프도 같은 기분일 것이라고 생각했다. 그러나 우리는 한마디도 하지 않았다. 입을 열면 엄마가 가버릴까 봐 두려웠다. 그러다가 나도 모르는 새 잠이 들었고 태양이 떠오르기 시작하자 깜짝 놀라 레이프 쪽으로 몸을 움찔하며 잠에서 깨어났다. 순간 나는 내가 지금 어디에 있는지 잊어버렸다.

"잠들었었나 봐." 내가 말했다.

"알고 있었어." 레이프가 대답했다. "나는 계속 깨어 있었어. 약 때문인지도 모르지만."

나는 그물침대에서 몸을 일으켜 동생 쪽을 바라보았다.

"너 걱정 돼. 그 약 때문에."

"누나도 했잖아."

"그건 좀 달라. 거기에도 단계가 있는 거 알잖아." 내가 이렇게 말했다. 나도 모르게 목소리가 방어적으로 되려는 것을 참았다. 마약 때문에 후회하는 일은 무수히 많지만, 그중에서도 남동생의 신뢰를 저버린 것은 정말 씻을 수 없는 잘못이었다.

"우리 조금 걷자." 레이프가 말했다.

"지금 이 시간에?" 내가 물었다.

"무슨 상관이야."

나는 레이프를 따라나섰다. 이제는 조용해진 텐트들을 지나 길을 따라 내려가 집으로 이어지는 자갈길로 접어들었다. 불빛은 부드러웠고 엷은 분홍색으로 물들어 있었다. 그 모습이 너무 아름다워 피곤함 같은 건 다 잊어버렸다. 서로 그렇게 하자는 말도 하지 않았지만 우리는 집 너머 길을 조금 따라가면 있는 버려진 집 쪽으로 향했다. 어린 시절 자주 가던 집이었다. 차를 몰고 어디든지 떠날 수 있는 나이가 되기 전까지 길고 뜨거운 여름날을 지루해하며 보내던 곳이었다. 당시에도 그 집은 텅 비어 허물어져 있었는데 지금은 그때보다 더 많이 기울어져 있었다.

"그 여자 이름이 바이올렛이었나. 여기 살던 여자 이름." 집 현관에 도착하자 내가 동생에게 이렇게 말했다. 현관은 항상 열려 있었고 지금도 그랬다. 우리는 집 안으로 들어갔다. 십여 년 전 봤었던 물건들이 그대로 흩어져 있는 걸 보고 깜짝 놀랐다. 물론 지금은 그때보다 훨씬 더 낡기는 했지만. 나는 노랗게 색이 바랜 잡지 한 권을 집어 들었다. 살펴보니 1920년 10월 미네소타 공산당에서 발행한 잡지였다. 그 옆에는 분홍색 장미꽃이 그려진 깨진 찻잔이 있어서 옆으로 비켜섰다. 집은 너무 작아 몇 걸음만 걸어도 다 살펴볼 수 있을 정도였다. 나는 뒤로 물러나 하나 남은 경첩에 위태위태하게 매달려 있는 나무 문 쪽으로 다가갔다. 문 위쪽에는 오래된 유리창 하나가 박혀 있었다.

"건드리지 마. 깨지면 재수 없다잖아."

우리는 조심스럽게 문을 지나쳐 주방으로 들어섰다. 스토브가 있던 자리에는 구멍들과 뭔가 뜯어낸 자국, 그리고 커다란 검은 얼룩만 남아 있었다. 한쪽 구석에는 다리가 하나 떨어져 나간 작은 나무 식탁이 하나 서 있었다.

"저기다 네 이름을 새겨보는 게 어때?" 내가 식탁을 가리키며 물었다. 순간 내 목소리가 격한 감정으로 떨렸다.

"그만해!" 레이프가 내 어깨를 움켜쥐고 강하게 흔들며 말했다. "누나, 그냥 잊어버려. 현실이 그랬던 거야. 좋든 싫든 우리는 현실을 받아들여야만 한다고."

나는 고개를 끄덕였고 레이프는 내 어깨에서 손을 내렸다. 우리는 나란히 서서 창문 밖 마당을 바라보았다. 한때 사우나가 있던 자리에는 다 허물어진 헛간만 남아 있었고 물통에는 잡초와 이끼만 무성했다. 저 멀리 자작나무가 서 있는 곳까지 질척한 넓은 평지가 이어져 있었다. 그리고 그 습지 너머는 잘 알고 있는 곳이었지만 여기서는 보이지 않았다.

"그 식탁에는 내 이름도 누나 이름도 새기지 않을 거야."

잠시 뒤 레이프가 나를 돌아보며 이렇게 말했다. "왜 그런지 알아?" 그가 물었다.

나는 그 대답을 알고 있었지만 고개를 저었다.

"우리 둘 다 엄마가 키웠으니까."

*

나는 동이 트자 야영한 곳을 떠났다. 그리고 오전 내내 아무도 볼 수 없었다. 정오가 되자 PCT로 이어지는 길을 찾을 수 없었다. 쓰러진 나무들과 임시로 만들어진 길들이 이리저리 뻗어나가 결국 PCT를 가려버렸고 나는 그 안에서 길을 잃고 말았다.

처음에는 그리 크게 걱정하지 않았다. 지금 가고 있던 길을 다시 돌아가면 PCT와 연결되는 장소가 나올 거라 믿었다. 하지만 생각대로 그렇게 되지 않았다. 나는 지도와 나침반을 꺼내 들고 지금 있는 곳이 어디인지 찾아보려 했다. 아니 그렇게 할 수 있다고 믿었는지도 모르겠다. 나의 길 찾기 기술은 여전히 믿을 만하지 않았으니까. 다른 길도 따라가 보았지만 그 길은 또 다른 길로 자꾸 이어져 결국 내가 원래 왔던 길이 어디인지 정확하게 기억하지 못하게 되었다.

나는 한낮의 뜨거운 열기 속에서 점심을 먹기 위해 가던 길을 멈췄다. 내 엄청난 식욕도 지금 내가 어디 있는지 모르겠다는 불안한 마음 때문인지 조금씩 사라지고 있었다. 나는 말없이 내 부주의함을 스스로 꾸짖었다. 멋대로 발걸음을 재촉할 것이 아니라 멈춰 서서 어디로 가야 할지 잘 생각했어야 했는데. 그렇지만 이제 내가 할 수 있는 일은 없었다.

나는 밥 말리 티셔츠를 벗어 나뭇가지 위에 걸어 말리고 배낭에서 다른 티셔츠를 꺼내 입었다. 파코가 밥 말리 티셔츠를 준 다음부터 나는 양말처럼 티셔츠도 두 개를 번갈아 갈아입었다. 그렇게 하는 것이 배낭 무게만 늘리는 사치스러운 일에 불과하다는 사실을 잘 알고 있었다.

나는 지도를 보며 다시 걷기 시작했다. 거친 벌목용 도로를 따라 내려가니 또 다른 도로가 나왔다. 새로운 길이 나타날 때마다 다시 PCT로 돌아갈 수 있는 희망이 퍼덕이는 것 같았다. 그러나 해가 질 때까지 내가 따라간 길은 불도저가 흙과 나무뿌리와 가지들을 산더미처럼 쌓아올린 곳에서 끝나 있었다. 나는 주위를 둘러보고 오래된 개간지 공터를 가로지르는 또 다른 길을 찾아냈다. 나는 샌들 한쪽이 떨어질 때까지 걸었다. 테이프와 그것으로 때웠던 고정끈이 결국 샌들에서 완전히 떨어져 나가고 말았다.

"아아아아악!" 나는 고함을 내질렀다. 그리고 주위를 둘러보았다. 저 멀리 나무들이 기묘하게 울어대는 소리가 느껴졌다. 그 소리가 마치 어떤 존재처럼, 사람처럼, 보호자처럼 나를 이 난국에서 꺼내줄 것 같았다. 그러나 조용히 나를 바라보는 것 말고는 아무 일도 하지 않았다.

나는 무릎까지 자란 묘목과 잡초 사이 땅바닥에 앉아 그 어느 때보다도 광범위한 신발 수리 작업에 들어갔다. 나는 뼈대만 남은 샌들과 양말 주변에 테이프를 감고 또 감아서 은회색의 신발 비슷한 걸 한 켤레 만들어냈다. 마치 부러진 발을 석고붕대로 둘둘 감아 고정한 것 같았다. 발에서 샌들이 떨어지지 않도록 조심스럽게, 그리고 튼튼하게 발에 고정을 시켰지만 한편으로는 필요할 때 벗을 수 있는 여유를 둬야 했다. 이제 캐슬 크랙스까지 계속 나와 함께여야만 했다.

그리고 나니 이제 목적지까지 얼마나 남았는지 또 어떻게 그곳에 가야 하는지 전혀 모르고 있다는 사실이 떠올랐다. 테이프로 만든 신발을 신고 나는 다시 길로 이어지는 공터를 가로지른 뒤 주변을 둘러보았다. 나는 어느 방향으로 가야 하는지 더 이상 아무런 확신이 없었다. 내 눈에 들어오는 광경은 나무가 잘려나간 개간지와 길뿐이었다. 숲은 빽빽하게 들어찬 소나무와 떨어진 나뭇가지들로 가득 차 있었고 그날 내가 배운 교훈은 저 벌목용 도로는 따라가봤자 도저히 헤어나올 수 없는 미로로 연결될 뿐이라는 것이었다.

길은 서쪽으로 갔다가 다시 북동쪽으로, 그리고 종국에는 남쪽으로 이어졌다. 문제를 더 복잡하게 만드는 건 버니 폴스와 캐슬 크랙스 사이의 PCT 구간이 북쪽으로 이어지지도 않고 넓은 서쪽으로 이어지지도 않는다는 사실이었다. 그러다 보니 이제는 어느 길로도 따라갈 수 없을 것 같은 생각이 들었다.

이제 내 유일한 목표는 내가 어디에 있든지 길을 찾아서 빠져나가는 것뿐이었다. 계속 북쪽으로만 가다 보면 결국 89번 고속도로에 도착하게 되리라는 건 알고 있었다. 나는 완전히 어두워질 때까지 걷다가 나무들 사이에 텐트를 칠 만한 적당한 장소를 발견하고 거기서 가던 길을 멈췄다.

나는 길을 잃었지만 걱정하지 않는다고 저녁을 먹으며 스스로에게 다짐했다. 물과 식량이 충분했고 일주일 이상 버틸 수 있는 물품들이 배낭 안에 다 들어 있었다. 계속 걸어가다 보면 결국에는 사람이 사는 곳을 만날 수 있을 터였다. 그리고 어쨌든 텐트 안으로 기어들어갔다. 이제는 나의 집이 된 초록색 나일론과 그물 벽으로 이루어진 내 아늑한 쉼터에 있자니 감사하는 마음에 몸이 부들부들 떨릴 정도였다. 나는 조심스럽게 내 테이프 신발에서 발을 빼내고 신발을 저 구석에 놓아두었다. 하루 종일 안내서의 지도를 백 번도 더 넘게 들여다보았고 그럴수록 불확실한 상황에 화가 치밀어 올랐다. 결국 지도 보는 일을 포기했다.『롤리타』나 읽으며 지금의 내 처지를 완전히 잊어버렸다.

아침이 되자 나는 밥 말리 티셔츠를 잃어버렸다는 사실을 깨달았다. 전날 땀을 말리려고 널어놓았다가 그냥 두고 온 것이었다. 등산화를 잃어버린 것도 나쁜 일이지만, 밥 말리 티셔츠가 사라진 것은 더 나쁜 일이었다. 그 셔츠는 그냥 낡은 티셔츠 한 장이 아니었다. 최소한 파코의 말에 따르면 동물들과 땅과 하늘의 기운이 함께 하는 신성한 셔츠였다. 나는 내가 그런 이야기를 진짜로 믿고 있는지는 알 수 없었지만 그 셔츠는 내가 정확히 알 수 없는 어떤 것의 상징이 되어버린 것이다.

나는 신발에 다시 테이프를 감고 습기 찬 길을 걷기 시작했다. 지난밤 나는 계획을 하나 세웠다. 어디가 나오든 이 길을 계속 따라가기로. 길을 가면서 어떤 다른 그럴듯한 길이 나타나더라도 철저히 다 무시할 생각이었다. 그렇게 하지 않으면 계속해서 끝없는 미로를 헤매게 될 뿐이라는 걸 깨달은 것이다.

늦은 오후, 나는 이 길이 나를 어디론가 데려 가고 있음을 느낄 수 있었다. 길은 넓어지고 바큇자국 같은 건 점점 사라지더니 눈앞에 숲이 나타났다. 어느 모퉁이를 돌아 나오자 마침내 빈 트랙터도 한 대 나타났다. 그 트랙터 너머로 포장된 2차선 도로가 있었다. 나는 길을 건너 왼쪽으로 돌아 그 가장자리를 따라 걸어갔다. 이 길이 89번 고속도로가 아닐까 추측만 할 따름이었다. 나는 지도를 꺼내 들고서 자동차를 얻어 타면 PCT로 돌아갈 수 있는 길을 찾았다. 그리고 발에 감고 있는 번쩍이는 은회색 테이프를 의식하며 지나가는 차를 세워보려 했다. 차 두 세대가 한꺼번에 지나가더니 그 뒤로는 한참 동안 차가 지나가지 않았다. 나는 고속도로에 30분가량을 서서 엄지손가락을 들고 있었다. 불안한 마음이 점점 커져만 갔다. 마침내 픽업트럭을 몰고 가던 한 남자가 차를 세웠다. 나는 조수석으로 가 차 문을 열었다.

"배낭은 저기 짐칸에 둬요." 남자가 말했다. 그는 덩치가 큰 남자로 쉰 살 가까이쯤 되어 보였다.

"여기가 89번 고속도로인가요?" 내가 물었다.

그는 어리둥절한 표정으로 나를 바라보았다. "자기가 어디 있는지도 모르고 있는 거요?"

나는 고개를 끄덕였다.

"그 발에 신고 있는 건 또 도대체 뭐요?" 그가 또 물었다.

한 시간가량 달린 후 그는 나를 자갈길이 숲으로 이어지는 PCT와의 교차로에 나를 내려주었다. 내가 어제 길을 잃었던 곳과는 사뭇 달라 보였다.

다음 날, 나로서는 기록적인 속도로 걷고 있었다. 그날 안에 캐슬 크랙스에 닿고 싶다는 욕망이 내 발걸음을 재촉했다. 안내서에 따르면 보통 속도로는 마을에 도착할 수 없었다. 길은 편의점과 우체국이 있는 근처 주립 공원으로 이어지지만 내게는 그것만으로는 충분하지가 않았다. 그 우체국에 내 보급품 상자와 새 등산화가 도착해 있어야만 했다. 편의점에는 작은 식당이 딸려 있어 최소한 보급품 상자에 들어 있는 20달러로 음식도 사먹고 간절히 바라는 음료수도 사 마실 수 있어야 했다. 그리고 주립 공원은 PCT 여행자를 위한 무료 야영장을 제공해야만 했다. 그리고 뜨거운 물로 샤워할 수 있는 곳도.

오후 3시가 되어 캐슬 크랙스로 들어가게 되었을 때 나는 거의 맨발이었다. 내 테이프 신발은 다 떨어져 나갔다. 나는 더러울 대로 더러워진 테이프 쪼가리를 발에 매단 채 우체국 안으로 절뚝거리며 걸어 들어가 내게 온 우편물에 대해 물었다.

"상자가 두 개 있을 거예요." 나는 REI로부터 온 상자가 있기를 간절히 바라며 이렇게 덧붙였다. 나는 우체국 직원이 뒤편 창고에서 나오길 기다리며 새 등산화와 보급품 상자 말고도 또 다른 게 있을지 모른다는 생각을 했다. 혹시 편지가 와 있지 않을까? 나는 길을 돌아가면서 들르지 못한 가게나 우체국에 내 우편물을 모두 이곳으로 보내달라고 부탁해두었다.

"여기 있습니다." 직원이 묵직한 보급품 상자를 들고 와 카운터에 올려놓았다.

"혹시 REI에서 온 게 하나 더 있지 않아요? 그게 뭐냐면."

"한 번에 하나씩입니다." 직원은 이렇게 말하고는 다시 창고로 돌아갔다.

우체국을 걸어 나오면서 나는 기쁨과 안도감으로 힘껏 소리라도 치고 싶었다. 깨끗한 마분지 상자 안에는 새 등산화가 한 켤레 들어 있었다. 내 등산화가! 그리고 내가 들르지 못한 곳의 주소가 쓰여 있는 편지도 아홉 통이나 있었다.

나는 작은 건물 근처 콘크리트 바닥 위에 앉아 조급한 마음을 이기지 못하고 급하게 봉투를 뒤적였다. 한 통은 폴에게서, 다른 한 통은 조에게서 온 편지였다. 카렌도 한 통을 보냈고 나머지는 이곳저곳에 흩어져 사는 친구들에게서 온 편지들이었다. 나는 편지를 옆에 내려놓고 칼로 REI에서 온 상자를 뜯어보았다. 상자 안에는 종이로 정성스럽게 포장이 된 새 갈색 가죽 등산화가 들어 있었다. 산 너머로 던져버린 등산화와 같은 종류였지만 새것에 치수가 하나 더 컸다.

"셰릴!" 어떤 여자가 내 이름을 불렀다. 고개를 들어보니 바로 새라였다. 버니 폭포에서 만났던 그 두 쌍의 남녀 중 한 여자. 그 새라가 배낭도 없이 맨몸으로 옆에 서 있었다.

"여기서 뭘 하고 있어요?" 새라가 물었다.

"그러는 당신은 여기 웬일이에요?" 내가 되물었다. 나보다 한참 뒤처져 있을 줄 알았는데.

"가다가 길을 잃었어요. 그래서 고속도로를 찾아 나와 차를 얻어 탔어요."

"그래요? 나도 길을 잃었었는데!" 나는 놀라워하기도 하고 신기해하기도 하면서 이렇게 말했다. 그곳에서 길을 잃은 사람이 나 혼자는 아니었구나 하는 안도감이 들었다.

"모두 다 길을 잃어요." 그러면서 건물 끝에 있는 식당을 가리

컸다. "가요. 다들 저기 있어요."

"금방 갈게요." 내가 말했다. 새라가 가고 나서 나는 상자에서 새 등산화를 꺼냈다. 그리고 드디어 내 테이프 신발을 다 뜯어내 근처에 있는 쓰레기통에 버렸다. 나는 보급품 상자를 열어 깨끗한 새 양말 한 켤레를 꺼내 내 더러운 발 위에 끼어 신었다. 그리고 등산화를 신고 끈을 묶었다. 뭐 하나 나무랄 데 없이 깨끗했다. 등산화를 신고 주차장을 걸어보니 마치 완벽한 장인의 작품 같았다. 새 신발이 주는 이 경이로운 느낌이라니. 상처 없는 발가락을 위한 영광의 등산화여. 단단한 느낌이었지만 여유가 있었다. 새로 길을 들여야 한다는 일이 좀 걱정이 되기는 했지만 어쨌든 그럭저럭 다 잘될 것 같았다. 낙관적으로 생각하는 것 말고는 내가 더 할 수 있는 일은 없었다.

"셰릴!" 내가 식당 안으로 들어서자 렉스의 목소리가 크게 울려 퍼졌다. 스테이시가 그 옆에 앉아 있었고 또 그 옆에는 샘과 헬렌, 그리고 존과 새라가 있었다. 작은 식당 안을 그 여섯 명이 꽉 채우고 있는 기분이었다.

"천국에 온 걸 환영해요!" 존이 손에 맥주병을 들고 외쳤다.

우리는 치즈버거와 감자튀김을 먹고 식사 뒤의 황홀감을 만끽하며 편의점으로 향했다. 거기서 두 손 가득 술안주용 과자와 맥주, 큰 병에 든 싸구려 레드 와인 여러 병을 사들고 각자 나눠서 계산했다. 우리 일곱 명은 무리를 지어 한껏 흥분한 채 언덕을 올라 주립공원 야영장으로 향했다. 무료 야영장이라고 표시된 곳을 찾아 둥글게 텐트를 친 다음 피크닉 테이블에 모여 해가 지는 모습을 바라보며 즐겁게 웃고 이야기하면서 저녁 시간을 함께 보냈다.

그렇게 이야기를 하고 있으려니 두 마리의 검은색 곰이 숲속에서 나타났고 야영장 주변을 어슬렁거렸다. 우리는 별로 놀라지도 않았고 그저 큰 소리를 쳐서 곰들을 쫓아 보냈다. 저녁 시간 내내 나는 내 종이컵에 연신 편의점 와인을 채웠다. 그리고 마치 물이라도 되는 듯 벌컥벌컥 마셔댔다. 한참 마시다 보니 진짜 술이 아닌 물처럼 느껴졌다. 30도가 넘는 더위 속에서 27킬로미터나 되는 길을 배낭을 짊어지고, 또 발에 테이프를 감고 걸어왔다는 게 전혀 실감이 안 났다. 마치 그냥 두둥실 흘러온 기분이었다.

그날 저녁의 피크닉 테이블은 그 전에도, 그리고 앞으로도 경험해보지 못할 최고의 장소였다. 이제 그만 모두 자리를 끝내기로 할 때까지 나는 내가 취했다는 사실을 알지 못했다. 자리에서 일어나니 취기가 나를 덮쳤고 제대로 서 있을 수가 없었다. 눈 깜빡할 사이에 나는 비틀거리며 손으로 무릎을 짚고 야영장 한가운데 땅바닥 위에 꼴사납게 토하고 말았다. 그동안 별별 꼴을 다 보며 살아왔지만 나는 한 번도 이런 식으로 술에 취한 적은 없었다. 다 토하고 나자 스테이시가 물병을 갖다 주며 물을 좀 마시라고 웅얼거렸다. 희미해지는 정신 속에서도 나는 그 말이 맞다고 생각했다. 나는 그저 물이 필요할 뿐만 아니라 심한 탈수 증세를 겪고 있었다. 그 뜨거운 오후의 길을 걸어온 이후 나는 물을 한 방울도 마시지 않았던 것이다. 나는 억지로 물병에 입을 대고 물을 들이켰다. 그리고 물을 마시자 곧바로 다시 토해버렸다.

다음 날 아침, 나는 다른 사람들보다 일찍 일어나 어제 내가 토해놓은 것들을 소나무 가지로 쓸어 치워버렸다. 그런 다음 샤워장으로 가서 더러운 옷을 벗고 콘크리트 칸막이 안에서 뜨거운 물세례를 받았다. 마치 누군가 지난밤에 나를 힘껏 후려친 것 같았다. 나는 술을 깨고 있을 여유가 없었다. 정오까지는 PCT로 되돌아가야 했다. 옷을 다시 챙겨 입고 텐트로 돌아가 피크닉 테이블 앞에 앉아 물을 마실 수 있을 만큼 잔뜩 마시면서 다른 사람들이 잠들어 있는 동안 어제 받은 아홉 통의 편지를 차례차례 다 읽어 내려갔다.

폴은 우리의 이혼에 대한 철학적이며 사랑이 담긴 편지를, 조는 로맨틱하지만 거친 편지를 보냈다. 그러면서 현재 자신의 상태가 어떤지는 한마디도 써 보내지 않았다. 카렌은 짧고 무미건조하게 지금 어떻게 지내고 있는지에 대한 정보만 써서 보냈다. 친구들로부터 온 편지에는 다정하면서도 재미있는 새로운 이야깃거리들이 넘쳐났다.

편지를 다 읽고 나니 다른 사람들이 하나둘 텐트에서 모습을 드러냈다. 매일 아침 내가 몸이 풀릴 때까지 그렇게 하듯 이리저리 몸을 뒤틀며 햇빛 속으로 걸어 나왔다. 한 명도 빠짐없이 나처럼 숙취에 시달리는 모습을 보니 사실 속으로 좀 안심이 되었다. 우리는 서로를 쳐다보며 머쓱하지만 재미있다는 듯 웃어보였다. 헬렌과 샘, 새라는 샤워를 하러 갔고 렉스와 스테이시는 다시 편의점으로 향했다.

"거기 가면 시나몬 롤이 있다는데요." 렉스가 이렇게 말하며 나보고도 함께 가자고 했지만 거절했다. 단지 뭘 먹는다는 생각만 해도 속이 뒤틀렸다. 게다가 어제 치즈버거와 와인, 안주거리에 쓴 돈만으로도 이미 과용을 했고 이제 남은 돈은 5달러도 채 되지 않았다.

사람들이 각자 가버리고 나자 나는 보급품 상자를 가져와 식량들을 배낭 안에 챙겨 넣기 시작했다. 다음 구간을 위해 꽤 많은 식량을 준비해야 했다. PCT에서 가장 긴 구간, 세이어드 밸리까지 250킬로미터나 되는 길이었다.

"당신하고 새라는 밥 안 먹어요?" 피크닉 테이블에 앉아 있는 존에게 물었다. 어쩌다 보니 야영장에는 우리 두 사람만 남게 되었다. "같이 좀 나눠 먹을까요?" 나는 이렇게 말하며 일종의 즉석 식품인 피에스타 누들 한 봉지를 들어 보였다. 그동안 하도 먹어서 이제는 질린 음식이었다.

"아뇨. 괜찮아요." 존이 말했다.

나는 제임스 조이스의 『더블린 사람들』을 꺼내 들고 코를 들이대 보았다. 초록색 표지는 다 낡아 떨어졌고 케케묵은 듯하지만 왠지 좋은 냄새가 났다. 바로 한 달 전 미네소타에 있는 헌책방에서 이 책을 살 때와 똑같은 냄새였다. 책을 펼쳐 들고 출판된 날짜를 확인하니 내가 태어나기 수십 년 전에 출판된 책이었다.

"이건 뭔가요?" 존이 내가 어제 편의점에서 산 엽서를 들고 물었다. 사스쿼치의 조각 사진과 함께 위에는 '빅풋 컨트리'라는 글이 새겨져 있었다.

"빅풋을 믿으세요?" 그가 엽서를 내려놓으며 물었다.

"아뇨. 하지만 사람들 말이 여기가 전 세계 빅풋의 수도쯤 된다

더군요."

"사람들이야 그렇게 많이 얘기하죠."

"글쎄요. 어쨌든 빅풋이 존재한다면 여기 있지 않을까요?" 나는 그렇게 반문하며 주변을 둘러보았다. 우리를 둘러싸고 있는 나무들 너머로는 캐슬 크렉스라고 부르는 태고의 회색 바위들이 있었다. 마치 창문이 뚫려 있는 듯 보이는 그 정상은 우리 머리 위로 큰 성당처럼 솟아 있었다.

우리는 곧 저곳을 지나가게 될 터였다. 화강암과 초고철질암으로 되어 있는 2킬로미터 가까운 그 길은 안내서에 따르면 '원래는 화성암이었으나 세월이 흐르면서 관입암으로 바뀐' 지형이라고 했다. 나는 그런 지질학적 문제에는 전혀 관심이 없었고 다른 곳으로 이동하기 위해 초고철질암이 무엇인지 알고 있을 필요도 없었다.

캐스케이드 산맥으로 이동하는 일은 시에라네바다 산맥으로 들어갈 때의 경험과 비슷했다. 새로운 지역으로 들어간다는 생각을 미처 하기도 전에 이미 그 땅을 걷고 있는 형국이었다.

"한 발자국만 더 가면요." 존이 마치 내 생각을 읽고 있는 것처럼 말했다.

"우리는 세이어드 밸리에 들어가게 돼요. 거기서부터 오리건 주죠. 주 경계선에서 불과 320킬로미터 떨어져 있는 거예요."

나는 웃으며 고개를 끄덕여 보였다. '불과'와 '320킬로미터'라는 말이 저렇게 한 문장 속에 들어 있다니. 나는 그곳을 다음 목적지 이상으로는 생각할 수 없었다.

"오리건!" 그가 감탄한 듯 다시 말했다. 그의 목소리에 담겨 있는 기쁨에 나마저 매료되는 것 같았다. 마치 그 320킬로미터도 한순간인 것처럼. 그렇지만 나는 더 많은 것을 알고 있었다. 이제 일주일 정도의 여정은 내게 더 이상 고통이 되지 않는다는 것을.

"오리건." 나도 고개를 끄덕였다. 내 표정이 진지해졌다.

"그렇지만 우선 캘리포니아를 벗어나야죠."

비로소 숨을 쉬다

때때로 PCT는 내가 올라야 하는 하나의 긴 산길처럼 느껴진다. 내 여정의 끝은 컬럼비아 강이지만 가장 낮은 곳이 아닌 정상에 올라야 여정을 마칠 수 있을 것만 같다. 올라간다는 느낌은 그저 은유적인 표현만은 아니었다. 말 그대로 나는 거의 언제나 엄청난 높이를 오르고 있는 기분이었다. 그 냉혹한 현실에 매번 울 뻔했고 근육과 허파는 전력을 다해야 했다. 그리고 언제나 내가 더는 올라갈 수 없다고 생각하는 그 순간, PCT는 내게 내리막길을 보여주곤 했다.

그렇다면 내려가는 길은 또 어떤가. 잠깐은 천국 같다. 내려가고, 내려가고, 또 내려가고. 그렇게 내려가다 보면 이번에는 그 내리막길이 엄청난 형벌처럼 느껴진다. 급기야 길이 다시 오르막길이 되기를 기도하게 된다. 내가 생각하는 내리막길이란 오랜 시간을 공들여 막 완성한 털실 스웨터의 실을 잡아 풀어 다시 원래의 털실 뭉치로 되돌리는 작업 같았다. PCT를 걷는 일은 스웨터를 짰다 풀었다 하는 일이 끝없이 반복하는, 사람을 미치게 만드는 일이었다. 모든 것을 얻었다고 생각하지만 결국 전부 잃게 되는 그런 여정.

스테이시와 렉스가 떠난 지 한 시간이 지난 뒤, 나는 두 쌍의 남녀보다 몇 시간 앞서 캐슬 크렉스를 출발했다. 지난번 등산화보다 더 크고 넉넉해진 새 등산화를 신고서. "나는 빅풋이다!" 나는 남아 있는 사람들에게 농담을 하며 작별을 고했다.

점점 더 뜨거워지는 한낮의 열기 속을 걷고 또 걸었다. 온몸에는 활기가 넘쳤으며 아직 남아 있는 취기는 땀이 되어 다 흘러내려가는 것 같았다. 나는 올라가고 또 올라갔다. 그날 오후는 물론 다음 날까지 걸음을 멈추지 않았다. 그렇지만 새 등산화 덕에 얻은 의욕이 한풀 꺾이고 그 대신 냉혹한 현실을 깨닫게 되기까지는 그리 오랜 시간이 걸리지 않았다. 다시 말해, 새로 얻은 등산화도 이전에 신던 등산화와 별다를 바가 없었다. 그저 내 발을 새로 괴롭히기 시작했을 뿐이었다. 이제 아름다운 풍경들도 익숙해졌고 장거리 여행이라는 이 고된 일에 내 몸도 완벽하게 적응을 했다. 하지만 발의 문제 때문에 뭐라 말할 수 없는 절망감에 빠져들고 말았다.

나는 벨든 타운에서 브렌트와 함께 하늘의 별을 보며 소원을 빌던 일이 기억이 났다. 소원을 입 밖으로 소리 내어 말하면 안 된다고 하더니 결국 이 모양이었다. 발이 나아질 가능성은 전혀 없어 보였다.

캐슬 크랙스를 나와 이틀째 되던 날, 이런저런 씁쓸한 생각에 정신이 팔렸던 나는 불과 몇 킬로미터에 걸쳐 두 번이나 방울뱀을 밟을 뻔했다. 두 번 다 말 그대로 덜거덕거리는 소리를 내며 간발의 차로 내게 경고를 보내 나를 뒤로 물러나게 했다. 호되게 혼이 나다 보니 스스로 주의를 기울여야 했다. 나는 이상한 상상을 해가며 걸음을 재촉했다. 내 발은 사실 내 발이 아니라거나 혹은 내가 지금 느끼는 건 진짜 고통이 아니라 그냥 느낌일 뿐이라는 둥 말이다.

덥고, 화나고, 컨디션도 좋지 않은 상황에서 나는 가던 길을 멈추고 나무 그늘에서 점심을 먹었다. 방수포를 펼치고 거기에 기대 누웠다. 출발하기 전 렉스와 스테이시와 다시 만나 함께 야영할 계획을 세웠었다. 늦게 출발한 두 쌍의 남녀는 우리보다 뒤처져 따라오고 있을 것이다. 하지만 나는 온종일 혼자 걸었다. 사람은 한 명도 만나지 못했다. 보이는 것이라고는 저 산꼭대기 위를 맴돌고 있는 매나 독수리들과 한가롭게 하늘 위를 흘러가고 있는 하얀 구름 한 조각뿐이었다. 그걸 보고 있다가 나는 그만 까무룩 잠이 들고 말았다. 나는 30분쯤 뒤 가위에 눌려 신음하다가 깜짝 놀라 잠에서 깨어났다.

전날 밤 꾸었던 꿈과 같은 꿈이었다. 꿈속에서 빅풋이 나를 납치했다. 빅풋은 아주 정중하게 나를 모셔다가 깊은 숲속으로 데려갔다. 거기에는 빅풋들이 모여 사는 마을이 있었다. 꿈속에서 나는 놀라기도 하고 겁에 질리기도 했다. "어떻게 인간들에게 들키지 않고 이렇게 오랫동안 숨어 살 수 있었나요?" 나는 나를 잡아온 빅풋에게 이렇게 물었다. 그러나 빅풋은 그저 으르렁거리기만 했다. 다시 바라보니 그는 빅풋이 아니라 그냥 가면과 털옷을 걸친 사람이었다. 나는 가면 뒤에 숨어 있는 창백한 인간의 살갗을 보았고 공포에 질렸다.

아침에 잠에서 깨어나자마자 그런 꿈같은 건 그냥 털어내려 했다. 아마도 내가 캐슬 크랙스에서 산 그림엽서 때문일 거라고 생각하면서. 그래도 같은 꿈을 두 번이나 꾸고 나니 기분이 확 달라졌다. 어쩌면 이건 그냥 꿈이 아니라 내가 알지 못하는 어떤 불길한 징조가 아닐까? 나는 자리에서 일어나 몬스터를 등에 짊어지고 푸른 나무들이 있는 땅을 사이에 두고 나를 온통 둘러싸고 이어져 있는 바위산과 봉우리들, 그리고 갈색과 회색의 높은 절벽들을 살펴보았다. 서늘한 불안감이 엄습했다. 나는 계속해서 신경이 몹시 곤두서 있었고, 덤불에서 들려오는 조그만 소리에도 깜짝깜짝 놀랐다. 긴 침묵이 이어지면 또 그것대로 불안해졌다.

스테이시와 렉스와 만나기로 했던 야영장에 도착했다. 스테이시의 텐트 옆에 텐트를 치고 있으니 스테이시가 다가와 물었다.

"발은 좀 어때요?" 나는 대답 대신 바닥에 앉아 등산화와 양말을 벗고 발을 보여주었다.

"세상에나. 정말 아프겠네요."

"내가 어제 아침 편의점에서 무슨 말을 들었는지 알아요?" 렉스가 물었다. 그는 스토브 불 위에 올려놓은 냄비 안을 휘젓고 있었다. 그의 얼굴은 오늘의 고된 일정이 말해주듯 아직도 붉게 상기되어 있었다.

"토드 레이크 근처에서 레인보우 게더링 행사가 열릴 거라는데요."

"토드 레이크요?" 내가 되물었다. 문득 리노의 버스 정류장 화장실에서 만났던 여자가 했던 말이 기억이 났다. 그 여자도 거기로 간다고 했었지.

"네." 렉스가 대답했다. "PCT에서 7~800미터만 벗어나면 된다는데. 여기서부터는 15킬로미터쯤 되고요. 다 같이 한번 가봐도 좋겠어요."

나는 찬성한다는 듯 손뼉을 쳤다.

"레인보우 게더링이 뭔가요?" 스테이시가 물었다.

저녁을 먹으며 두 사람에게 레인보우 게더링이 정확하게 어떤 행사인지 설명해주었다. 나는 이전에 몇 번 그 행사에 참가해본 적이 있었다. 레인보우 게더링은 이른바 자유로운 사상가들의 모임인 리빙 라이트 레인보우 패밀리가 주최하는 행사였다. 거기서 지구의 사랑과 평화라는 공동의 목표를 함께 나눈다. 매년 여름이면 그들은 국유림에서 행사를 열었고 수천 명이 모이는 그 축하 행사는 독립기념일 주간에 절정에 달한다. 그러다가 그 기간이 지나면 비교적 조용하게 치러지는 행사였다.

"모닥불을 피우고 파티도 하고 모여서 북도 함께 치고 그래요. 그렇지만 가장 대단한 건 사람들이 직접 빵을 굽고 푸성귀며 스튜와 쌀을 요리해서 야외에 한 상 거나하게 차려 놓는다는 거예요. 그러면 누구든 그냥 가서 차려놓은 음식들을 마음대로 먹을 수 있어요."

"누구나 마음대로요?" 렉스가 놀란 목소리로 물었다.

"그럼요." 내가 대답했다. "자기가 쓸 컵이랑 숟가락만 가져가면 돼요."

그런 이야기를 주고받는 동안 나는 그 레인보우 게더링 행사에 가서 며칠 지내야겠다고 마음먹었다. 다음 일정 같은 건 될 대로 되라지. 나는 발을 쉬게 해줄 필요가 있었고 머리도 좀 식힐 필요가 있었다. 그 빅풋인지 뭔지 하는 숲속의 괴물에게 희롱당한 것 같은 이 기분을 떨쳐버리고 싶었다. 그리고 어쩌면 그 뜨거운 히피들의 축제에서 즐거운 시간을 보낼 수 있을지도 몰랐다.

이야기를 마치고 텐트로 들어간 나는 배낭을 샅샅이 뒤져 지금까지 가지고 다닌 콘돔을 찾아냈다. 케네디 메도우즈에서 앨버트가 배낭을 정리할 때 하나 건져낸 유일한 콘돔이었다. 아직 포장도 건드리지 않은 새것으로 마치 적절한 때를 기다리고 있는 것만 같았다. 지난 6주 동안 PCT를 걸으며 나는 자위조차 하지 않았다. 하루가 저물 때면 너무 지쳐 고작해야 책이나 몇 줄 읽거나 아니면 내 몸에 나는 악취 때문에 다른 생각은 할 것도 없이 그냥 잠에 들곤 했다.

다음 날 아침, 나는 걸음마다 힘을 주어 전보다 더 빠르게 걸었다. 해발 고도 1,981미터에서 2,225미터를 넘나드는 높이에서 아래를 바라보니 수정처럼 맑은 호수들과 끝없이 이어지는 산들이 눈에 들어왔다. 우리가 PCT에서 토드 레이크로 내려가는 작은 길에 접어들었을 때는 거의 정오가 다 된 시간이었다.

"그렇게 멀어 보이지는 않네요." 우리가 100여 미터 아래쪽에 있는 호수를 바라보고 있으려니 렉스가 이렇게 말했다.

"그런데 아무것도 안 보여요." 내가 말했다. 눈에 들어오는 건 제멋대로 자란 소나무들이 둘러싸고 있는 호수뿐이었다. 그 동쪽으로는 섀스타 산이 있었다. 해트 크리크 스프링$^{\text{Hat Creek Spring}}$을 떠난 이후 항상 내가 가는 길 북쪽에 있던 산이었다. 나는 이제 마침내 높이 4,267미터의 장대한 봉우리를 지나가게 되는 것이었다.

"아마 행사가 반대편에서 열리나봐요." 스테이시가 말했다. 우리는 호숫가에 도착했지만, 아무것도 없었고 흥겨운 야영회도, 잔뜩 모여들어 신나게 즐기거나 따끈한 스튜를 만들고 있는 사람도 없었다. 빵도 매력적인 히피들도.

레인보우 게더링은 그곳에 없었다.

우리 세 사람은 호수 근처에 맥없이 주저앉아 점심을 먹었다. 지겹도록 먹어온 초라한 메뉴였다. 식사를 마치고 나자 렉스는 수영을 하러 갔고 스테이시와 나는 배낭을 내려놓고 안내서에 나오는 차량용 산길로 이어지는 가파른 길을 찾아 내려갔다. 두 눈으로 확인을 했지만 우리는 레인보우 게더링 행사에 대한 희망을 완전히 포기할 수 없었다. 거친 산길을 10분 넘게 가도 아무것도 없었다. 그저 나무와 흙, 바위와 잡초 따위, 늘 눈에 들어오던 것뿐이었다.

"우리가 뭘 잘못 알았나봐요." 스테이시가 사방을 둘러보며 말했다. 그 목소리에는 내가 품고 있는 감정과 똑같은 짜증과 섭섭함이 배어 있었다. 내가 느낀 실망감은 아주 크고 유치했다. 서너 살 먹은 애들이나 느낄 것 같은 그런 울화통이 치밀었다. 길옆에 있는 커다랗고 평평한 바위로 가서 그 위에 드러누웠다. 그리고 두 눈을 감고 이 멍청한 상황을 잊어버리려고 애썼다. 이런 일로 이번 여행 중에서 처음으로 눈물을 흘릴 수는 없지 않은가. 바위는 탁자처럼 널찍하고 따뜻하고 부드러웠다. 그렇게 등을 대고 누워 있으니 뭐라 말할 수 없을 정도로 편안한 기분이 느껴졌다.

"잠깐만요." 얼마 있다가 스테이시가 이렇게 말했다. "무슨 소리가 들리는 것 같아요."

나는 감았던 눈을 뜨고 귀를 기울였다. "그냥 바람 소리겠지요." 아무 소리도 들리지 않자 내가 말했다.

"그런가요?" 우리는 서로를 바라보며 희미하게 웃었다. 스테이시는 햇빛 차단용 모자를 쓰고 턱 밑으로 모자 끈을 단단히 묶고 있었다. 짧은 반바지 아래로는 무릎까지 올라오는 각반을 착용하고 있었다. 그런 차림새는 볼 때마다 걸스카우트 같다는 인상을 주었다. 스테이시를 처음 만났을 때는 그가 내 친구들이나 나와 닮지 않아서 조금 실망했었다. 그는 조용하고 감정의 동요를 보이지 않았으며 여성의 권리를 주장하는 것 같지도 않았고 예술이나 정치적 성향도 주류 쪽에 가까웠다. 만일 PCT가 아닌 다른 곳에서 만났다면 친구가 될 수 없었을 거라고 생각했다. 하지만 이제는 아주 친한 사이가 되었다.

"소리가 또 들려요." 스테이시가 갑자기 이렇게 말하며 길 아래쪽을 바라보았다. 나는 몸을 일으켰다. 낡아빠진 작은 픽업트럭 한 대가 사람들을 가득 태우고 모퉁이를 돌아서 올라왔다. 차 번호판을 보니 오리건 주에서 온 차였다. 차는 곧장 우리 쪽을 향해서 올라오다가 바로 몇 미터 앞에서 급정거했다. 운전하는 사람이 미처 시동을 끄기도 전에 사람 일곱 명과 개 두 마리가 트럭에서 뛰어내리기 시작했다. 딱 봐도 히피스러운 더럽고 지저분한 차림새의 남녀들은 두말할 나위도 없이 레인보우 게더링에 참여하기 위해서 온 사람들일 것 같았다. 심지어는 개들에게도 분위기에 어울리는 수건이며 장신구를 신경 써서 두르게 했다. 나는 풀밭을 가로질러 내게 달려온 개들의 복슬복슬한 등을 쓰다듬었다.

"안녕하세요?" 스테이시와 내가 우리 앞에 서 있는 네 명의 남자와 세 명의 여자에게 한목소리로 인사를 건넸다. 그런데 그들은 기분이 상한 것처럼 곁눈질로 우리를 쳐다볼 뿐이었다. 마치 집이나 차에서 나온 사람들이 아니라 어디 동굴에 살다 튀어나온 사람들 같았다. 밤새도록 잠을 못 자고 깨어 있었거나 아니면 환각제라도 한 것이 아닐까. 어쩌면 둘 다일지도 몰랐다.

"여기가 레인보우 게더링이 열리는 곳인가요?" 픽업트럭 운전석에 앉아 있던 남자가 물어왔다. 햇볕에 그을린 피부에 뼈대가 가느다란 남자였다. 기묘하게 생긴 지저분한 하얀색 머리띠가 그의 머리 대부분을 가리며 길고 구불거리는 머리카락을 얼굴 뒤로 넘겨 고정시켜주었다.

"우리도 그걸 찾고 있는데요. 하지만 지금은 여기 있는 우리 두 사람이 전부예요." 내가 대답했다.

"이런 빌어먹을!" 창백하고 마른 여자가 이렇게 작은 소리로 내뱉었다. 뼈가 앙상하게 드러난 상반신에는 켈트 문양의 타투가 새겨져 있었다.

"애쉬랜드에서 여기까지 기를 쓰고 달려왔는데 아무것도 없다고요?" 여자는 내가 막 몸을 일으킨 바위 쪽으로 와 드러누우며 말했다.

"나 지금 배고파서 당장이라도 죽을 거 같아!"

"나도 배고파." 검은 머리의 체구가 작은 여자가 우는소리를 했다. 그 여자는 작은 은색 종이 달린 끈을 허리띠처럼 두르고 있었다. 그 여자는 마른 여자 옆으로 가 머리를 쓰다듬었다.

"염병할 인간들!" 머리띠를 한 남자가 소리쳤다.

"진짜 염병이네." 머리를 인디언처럼 깎아 올리고 초록색으로 물들인 한 남자가 중얼거렸다. 코에는 커다란 은색 고리가 걸려 있었는데 아무리 봐도 무슨 황소의 코뚜레처럼 보였다.

"내가 뭘 할 건지 알아?" 머리띠 한 남자가 물었다. "크레이터 레이크로 가서 우리끼리 그 게더링인지 뭔지를 하는 거야. 다른 사람들이 어디로 갔는지 따위는 알 필요도 없어. 여기서는 내가 마음대로 할 거라고."

"크레이터 레이크가 여기서 얼마나 먼데?" 세 번째 여자가 오스트레일리아 억양으로 물었다. 금발의 키가 크고 아름다운 여자였다. 레게머리를 위로 한데 묶어 올렸고 착용한 귀고리는 진짜 새의 뼈처럼 보였다. 손에는 열 손가락 모두 요란한 반지를 끼고 있었다.

"그렇게 안 멀어, 여보야." 머리띠 한 남자가 말했다.

"여보라고 부르지 말라고." 여자가 대꾸했다.

"왜? 오스트레일리아에서는 여보라고 부르면 안 돼?" 그가 물었다. 여자는 한숨을 내쉬더니 투덜거렸다.

"알았어, 자기야. 앞으로는 그러면 여보라고 안 부를게." 남자가 하늘을 향해 킬킬거리고 웃었다. "그렇지만 자기라고는 불러도 되지? 자기만 괜찮다면 말이야. 지미 핸드릭스가 그랬대잖아. 만나는 사람마다 모두 다 자기라고 불렀다고."

나와 스테이시의 눈이 마주쳤다.

"우리도 레인보우 게더링 행사가 열리는 곳을 찾고 있었어요. 여기 토드 레이크에서 열린다고 들었는데."

"우리는 지금 PCT 여행 중이에요." 스테이시가 거들었다.

"난, 지금, 배가 고프다고!" 말라깽이 여자가 바위 위에서 소리쳤다.

"괜찮다면 먹을 게 좀 있어요. 근데 저기 호수 위쪽에 짐이 있어요."

그녀는 그저 나를 바라보기만 했다. 그녀의 얼굴에는 아무런 표정도 없었고 눈은 흐리멍덩했다. 몇 살이나 되었을까 궁금했다. 겉보기에는 내 또래처럼 보였지만 열두 살에서 성장이 멈춘 것 같았다.

"당신들 차에 탈 자리가 있나요? 애쉬랜드로 돌아가는 길이라면 좀 얻어 탈 수 있을까 해서요." 오스트레일리아 억양의 여자가 조용히 물어왔다.

"우리는 걸어서 왔어요." 내가 무표정하게 대답했다. "우리는 배낭여행 중이에요. 그 배낭을 지금 호수 위쪽에 두고 왔다는 거고요."

"뭐 우리도 애쉬랜드로 가기는 해요." 스테이시가 말했다.

"그렇지만 우리는 12일 동안 걸어서 그곳에 갈 거예요." 우리 두 사람은 웃음을 터뜨렸다. 하지만 우리 말고는 아무도 웃지 않았다. 잠시 뒤 그들은 모두 트럭에 올라타고 가버렸다. 그리고 스테이시와 나는 짐이 있는 곳으로 돌아갔다. 우리가 오자 그 두 쌍의 남녀가 렉스와 함께 앉아 있었다. 우리는 모두 함께 PCT로 출발했다.

그렇지만 얼마 지나지 않아 나는 뒤로 처졌고 날이 어두워질 무렵 야영장에 가장 늦게 도착했다. 모두 발 상태가 가져다준 재앙이었다.

"셰릴, 아무래도 이 발로는 좀 힘들 것 같아요." 새라가 말했다. "우리는 당신이 지쳐서 다른 곳에서 야영하는 줄 알았어요."

"음, 어쨌든 여기 왔잖아요." 내가 이렇게 대꾸했다. 그 말이 내 발의 상태를 염려해서 하는 말임을 잘 알고 있으면서도 상처받는 느낌이었다. 캐슬 크랙스에서 먹고 마시며 이야기를 나눌 때 그들에게 내가 겪은 다양한 사건사고들을 이야기해주자 샘은 PCT에서의 내 별명이 '불운한 여행자'쯤 되지 않겠느냐고 농담을 던졌다. 그럴듯하다며 그때는 나도 같이 웃었지만 나는 불운한 여행자가 아니라 대단한 전사가 되고 싶었다.

다음 날 아침, 나는 다른 사람들보다 일찍 일어났다. 그리고 조용히 단백질 가루를 차가운 물에 타고 거기에 그래놀라와 건포도를 넣었다. 나는 또다시 빅풋에 대한 꿈을 꾸다가 잠이 깼다. 앞서 꾸었던 두 번의 꿈과 내용이 흡사했다. 아침을 다 먹고 나자 나는 아직 어두운 숲속에서 들려오는 소리에 조용히 귀를 기울이고 있는 내 모습을 발견했다.

나는 다른 사람들이 텐트에서 나오기 전에 서둘러 길을 떠났다. 이렇게 먼저 일찍 출발하는 것이 내심 기뻤다. 지치고 느리고 발도 아픈데다가 어쩌면 불운하기까지 할지라도 다른 사람들에게 뒤처지지 않고 가고 있었다. 내가 진짜 도보 여행자라고 생각하는 사람들 말이다. 바로 하루에 25㎞에서 30킬로미터씩 거뜬히 걸으며 그것도 매일 그렇게 하는 것을 당연히 여기는 사람들.

한 시간쯤 지났을까. 나무며 덤불이 부서지는 엄청나게 큰 소리를 들었다. 나는 그 자리에서 몸이 얼어붙었다. 소리를 질러야 할까, 아니면 꼼짝 않고 가만히 있어야 할까. 도무지 알 수 없었다. 정말 바보 같은 소리지만 나는 그 생각을 안 할 수 없었다. 빅풋 마스크를 쓴 꿈속의 남자가 번뜩 떠오른 것이다.

"악!" 털북숭이 괴물이 눈앞에 그 모습을 드러내자 나는 소리를 질렀다. 놈이 너무 가까이 다가와서 나는 놈의 냄새까지 맡을 수 있었다. 잠시 뒤에야 정체를 알게 되었다. 곰이었다. 놈의 눈이 나를 무심하게 훑고 지나가더니 이내 코를 쿵쿵거리더니 뒤뚱거리며 북쪽으로 달려갔다.

왜 만나는 놈들마다 하필이면 내가 가야 하는 방향으로 가는 거야?

나는 몇 분간 기다렸다가 다시 걷기 시작했다. 겁이 나서 최대한 주의하며 힘차게 노래를 부르며 걸었다.

"오, 사랑하는 당신, 나는 당신을 마셔버릴 거야. 그러고도 난 멀쩡하게 걸을 수 있지, 난 멀쩡하게 걸어갈 수 있다고." 나는 큰 소리로 노래를 불렀다.

"그녀는 덩치 큰 기계. 언제나 자기 엔진을 잘 준비하고 있는 내가 지금까지 만나본 최고의 여자라네!" 나는 고함을 내질렀다.

"작은 찻잎을 띄워 차 한잔 마실 시간을 좀 내어주렴!" 나는 꺽꺽대며 노래를 불렀다.

효과가 있었다. 곰도, 그리고 빅풋도 다시 나타나지 않았다.

대신 나는 정말 두려운 장면과 마주치게 되었다. 얼어붙은 눈이 내 앞길을 약 40도 각도로 널찍하게 덮고 있었다. 이렇게 날이 더운데도 비탈길 북쪽 면의 눈들은 아직 완전히 다 녹지 않았던 것이다. 눈길 너머로 돌을 던질 수는 있었지만 그 돌처럼 날아갈 수 없었다. 나는 그 위를 걸어가야만 했다. 산 아래쪽을 바라보았다. 시선이 눈길을 따라갔다. 저기서 미끄러진다면 어떻게 될까. 그 눈길의 끝에는 뾰족한 바위들이 모여 있었고 바위 뒤로는 허공만이 기다리고 있을 뿐이었다.

나는 조심스럽게 얼음을 깨며 걷기 시작했다. 한 걸음 내디딜 때마다 등산화로 얼음을 걷어차고 스키 스틱으로는 몸의 중심을 잡았다. 한쪽 발이 밑으로 푹 꺼져 나는 손으로 몸을 지탱했다. 그리고 천천히 무릎을 굽혀 다시 몸을 일으켰다. 그러다 문득 다시 넘어질지 모른다고 생각하자 몸을 움직일 수 없었다. 아래에 있는 바위들을 내려다보았다. 저기로 떨어지면 어떻게 될까. 나는 내가 출발한 곳과 내가 가야 할 곳을 바라보았다. 나는 딱 중간에 있었다. 이도저도 못하게 된 상황이라면 결국 앞으로 전진하는 수밖에는 없었다. 나는 손으로 바닥을 짚고 기어서 앞으로 나아갔다. 나도 모르게 다리가 후들후들 떨렸고 분홍색 나일론 끈으로 손목과 이어진 스키 스틱은 내 옆에서 덜그럭거렸다.

마침내 반대편에 도착하자 나는 내가 어리석고 유약하며 비참하게 느껴졌다. 여행을 시작하고 이렇게 내가 못나게 느껴지기는 이번이 처음이었다. 나는 함께 여행하는 사람이 부러웠다. 렉스와 스테이시는 만나자마자 친구가 되어 함께 여행했다. 렉스가 사이어드 밸리에서 여행을 끝마치면 스테이시는 친구인 디를 만나 다시 짝을 이뤄 오리건까지 가게 될 것이다. 그렇지만 나는 계속 혼자였다.

두렵지 않아. 나는 이렇게 중얼거렸다. 마음을 진정시키는 익숙한 주문이었다. 그렇지만 이전과 같은 느낌이 들지 않았다. 어쩌면 그 말도 이제 사실이 아닐지도 몰랐다. 어쩌면 이제 정말 두려움을 느낄 정도로 멀리 와버렸는지도.

점심을 먹기 위해 가던 길을 멈춘 나는 다른 사람들이 나를 따라잡을 동안 자리를 뜨지 못했다. 그들은 오다가 만난 삼림 순찰대원이 해피 밸리 서쪽과 북쪽에서 일어난 산불에 대해 경고하더라고 전해주었다. 아직은 PCT까지 영향을 미치지는 못했지만 여하튼 조심하라는 것이었다.

나는 사람들에게 나보다 먼저 출발하라고 했다. 밤이 되면 따라잡을 거라고 말이다. 그리고 오후의 열기 속에서 홀로 걸어갔다. 몇 시간 뒤 나는 한적한 어느 풀밭에 있는 샘을 만나 거기서 물을 채웠다. 그냥 떠나기에는 너무나 아름다운 곳이어서 나는 쉽게 자리를 뜨지 못했다. 나는 샘물에 발을 담그고 있다가 요란하게 울려 퍼지는 종소리를 들었다. 황급히 발을 웅크리고 보니 하얀색 라마 한 마리가 이빨을 드러내고 씩 웃으며 모퉁이를 돌아서 내가 있는 쪽으로 곧장 뛰어오고 있었다.

"악!" 나는 앞서 곰을 만났을 때와 똑같은 소리를 질렀다. 그렇지만 나는 재빨리 손을 뻗어 놈의 목에 걸려 있는 줄을 잡아끌었다. 어린 시절 말과 함께 뛰놀던 시절부터 익숙해져 있던 습관이었다. 라마는 은색 종이 주렁주렁 매달린 안장 비슷한 걸 몸에 두르고 있었다. 토드 레이크에서 만났던 히피 여자의 종과는 많이 달라 보였다.

"자, 착하지." 나는 깜짝 놀라 맨발로 일어서서 라마를 달랬다. 이제 일이 어떻게 될까 궁금해하면서. 라마도 나를 놀란 듯이 쳐다보았다. 그리고 우습기도 하고 진지하기도 한 표정을 지어 보였다. 나를 물지 않을까 걱정되었다. 하지만 라마의 행동은 무엇도 예측할 수가 없었다. 라마를 본 적은 있었지만 이렇게 가까이 있어 본 적은 없었다. 그리고 예전에 봤던 라마가 지금 이 라마와 같은 종류인지는 확신할 수 없었다. 라마에게서는 입 냄새 같은 것이 풍겼다. 나는 놈을 조심스럽게 내 등산화가 있는 쪽으로 끌고 가서 우선 등산화부터 신은 다음 털이 무성한 목을 단호한 태도로 두들겼다. 그렇게 해서 내 말을 듣게 되기를 바랐다.

몇 분쯤 지났을까, 잿빛 머리카락을 양쪽으로 꼬아 늘어뜨린 나이 든 여자가 이쪽으로 올라왔다.

"놈을 잡았네요! 고맙습니다." 여자가 활짝 웃으며 이렇게 외쳤다. 눈이 반짝반짝 빛이 나는 여자였다. 등에 메고 있는 작은 배낭만 아니면 어디 동화책에서 방금 튀어나온 요정 같았다. 장밋빛 뺨이 아주 통통했다. 작은 사내아이 하나가 그 뒤를 따라왔고 또 그 뒤에는 갈색 개 한 마리가 있었다.

"잠시 풀어줬더니 저렇게 멋대로 가버렸지 뭐예요." 여자가 웃으며 라마의 끈을 건네 받았다. "당신이 붙들어주지 않을까 생각했어요. 오다가 당신 친구들을 만났는데 당신이 뒤따라오고 있다더군요. 내 이름은 베라고 얘는 카일이에요. 이제 다섯 살이고요." 꼬마를 가리키며 말했다.

"안녕? 나는 셰릴이야." 아이는 물을 가득 담은 유리병을 굵은 줄에 매달아 어깨에 걸치고 있었다. 이런 길에서 유리병이라니, 그 모습이 너무 생경하게 보였고 어린아이라는 존재 자체도 너무 낯설었다. 나로서는 어린아이를 만난 지가 정말 오랜만이었다.

"안녕하세요." 아이가 대답했다. 그 바다처럼 푸른 눈이 내 눈과 마주쳤다.

"그리고 우리 슈팅스타하고는 이미 인사를 한 것 같고." 베라가 이렇게 말하며 라마의 목을 쓰다듬었다.

"미리엄도 소개해야죠." 카일이 베라에게 말했다. 녀석의 작은 손이 갈색 개의 머리를 쓰다듬었다. "얘는 미리엄이에요."

"안녕, 미리엄?" 내가 말했다. "여행하는 거 재미있니?" 카일에게 물었다. "아주 재미있게 보내고 있어요." 카일은 이상할 정도로 정중한 어조를 대답했고 이내 샘으로 가 손을 물에 담갔다.

카일이 풀잎을 물 위에 띄우고 흘러가는 모습을 지켜보는 동안 나는 베라와 이야기를 나누었다. 베라는 자신이 오리건 주 중심부의 한 작은 마을에 살고 있다고 소개했고 시간이 나는 대로 이렇게 배낭여행을 떠난다고 했다.

"카일과 애 엄마가 요즘 상황이 많이 안 좋아서요." 베라가 목소리를 죽여가며 말했다. 모자는 포틀랜드에 살고 있는데 바로 몇 개월 전에 베라가 두 사람을 찾아가 보았더니 심각한 문제에 얽혀 있더라는 것이었다. 그래서 카일의 엄마는 베라에게 자기가 이 문제를 바로잡는 동안만 아들을 배낭여행에 데려가 달라고 부탁했다고 한다.

"우리 집 이야기는 안 하기로 약속했잖아요!" 카일이 우리가 있는 쪽으로 달려오며 맹렬하게 소리질렀다.

"너희 집 이야기 아니야." 베라가 카일을 달래듯 거짓말했다.

"우리 집 일을 모르는 사람에게 이야기하기 싫다고요." 카일이 말했다. 우리의 눈이 다시 한번 마주쳤다.

"사람들에겐 다 일이 있어. 나만 해도 여러 가지 일들이 있지."

"아줌마는 무슨 일인데요?" 카일이 물었다.

"음, 우리 아빠하고 좀 그래서." 내가 주저하며 말했다. 그리고 더 이상 이야기하게 되지 않기를 바랐다. 나는 이런 아이들과 시간을 보내본 적이 거의 없어서 다섯 살짜리 아이에게 뭘 얼마나 정직하게 이야기해야 하는지 알지 못했다.

"사실은 난 아빠가 없어." 내가 차분하게 별거 아니라는 투로 설명을 했다.

"나도 아빠 없는데. 다른 애들은 다 아빠 있는데 나만 없어요.

제4부 / 뜨거운 야생에서

애기 때는 있었는데 이제는 기억이 하나도 안 나요." 카일은 손바닥을 펼치더니 그 펼친 손을 내려다보았다. 거기에는 작은 풀잎들이 가득했다. 우리는 풀잎들이 바람에 실려 날아가는 모습을 함께 지켜보았다.

"아줌마 엄마는 어디 있어요?" 카일이 다시 물었다.

"우리 엄마는 돌아가셨어."

카일이 얼굴을 획 돌려 나를 바라보았다. 깜짝 놀란 얼굴이 조금씩 평온을 되찾았다.

"우리 엄마는 노래 부르는 거 좋아해요." 아이가 말했다. "우리 엄마가 가르쳐준 노래 한번 들어볼래요?"

"그래." 내가 대답하자마자 카일은 「홍하의 골짜기」$^{\text{Red River Valley}}$라는 옛날 민요를 한 소절도 빠트리지 않고 부르기 시작했다. 그 목소리가 너무나 청아해서 나는 뭔가 뭉클한 감정이 느껴졌다.

"고마워. 지금까지 살면서 들은 노래 중에 가장 좋은 노래야." 카일이 노래를 끝내자마자 반쯤 마음이 무너져내린 기분으로 말했다.

"엄마가 노래를 많이 가르쳐줬어요. 우리 엄마는 가수예요." 아이가 진지하게 말했다. 그리고 베라는 내 사진을 찍어줬다.

나는 다시 몬스터를 등에 짊어졌다.

"잘 가, 카일. 잘 가요, 베라. 너도 잘 가라, 슈팅스타." 나는 인사하고 다시 길을 나섰다.

"셰릴 아줌마!" 내가 거의 보이지 않게 되자 카일이 소리쳤다. 나는 걸음을 멈추고 뒤를 돌아보았다.

"미리엄은요? 우리 개요."

"그래! 잘 가, 미리엄!"

*

그날 오후 늦게 나는 피크닉 테이블이 하나가 놓인 그늘 자리를 만났다. PCT에서는 보기 드문 사치스러운 광경이었다. 내가 그곳으로 다가가자 테이블 위에 복숭아와 그 밑에 있는 종이쪽지 한 장이 보였다.

'세릴! 지나가던 사람에게 하나 얻어서 여기다 두고 가요. 맛있게 먹어요! —샘&헬렌'

나는 복숭아를 들고 전율에 가까운 감동을 받았다. 물론 신선한 과일과 푸성귀는 스내플 레모네이드와 마찬가지로 내가 여행을 하면서 꿈꾸는 음식이긴 했다. 그렇지만 샘과 헬렌이 나를 위해 남겨둔 그 마음에 더 큰 감동을 받았다. 그들도 나처럼 이런 음식을 간절히 바랐을 텐데. 나는 피크닉 테이블에서 더없는 기쁨에 사로잡혔다. 그 풍부한 과즙이 내 모든 세포 하나하나에 가서 닿을 것만 같았다. 복숭아 하나로 엉망이 된 내 발의 상태도 나쁘지 않게 느껴졌다. 두 사람의 따뜻함이 이 무덥고 지루한 날을 견디도록 해주었다. 나는 복숭아를 먹다가 샘과 헬렌에게 고맙다는 인사를 할 수 있는 방법이 없다는 사실을 깨달았다. 오늘밤 나는 다시 혼자 텐트를 치고 지낼 것이다.

복숭아씨를 내던지고 나니 주변을 둘러싸고 있는 진달래꽃

수백여 송이가 눈에 들어왔다. 꽃잎 몇 개가 산들바람을 따라 흩날리고 있었다. 그 모습이 마치 복숭아처럼, 그리고 카일이 불러주었던 「홍하의 골짜기」라는 노래처럼 또 다른 선물로 느껴졌다. PCT의 여정이 어렵고 고달파도 이렇게 PCT에서만 만날 수 있는 여러 종류의 선물들을 만나지 못하고 그냥 지나치는 날은 드물었다. 전혀 기대하지 못했던 이처럼 달콤한 일들이 PCT에서 겪는 어려움들을 이겨내게 했다. 마치 마법과 같다고 할까.

몬스터를 짊어지고 자리에서 일어나기 전에 나는 발걸음 소리를 듣고 뒤를 돌아보았다. 사슴 한 마리가 나를 향해 걸어왔다. 나의 존재를 알아채지 못한 것 같았다. 나는 부스럭거리는 소리를 냈다. 깜짝 놀라 도망갈 줄 알았던 사슴은 오히려 걸음을 멈추더니 나를 빤히 바라보았다. 그러면서 내 쪽을 향해 코를 킁킁거리고 다시 천천히 다가오기 시작했다. 한 걸음 내디딜 때마다 계속 그렇게 다가와도 좋을지 생각하는 것 같았다. 그렇게 점점 더 가까이 다가온 사슴은 어느새 열 발자국 정도 앞까지 와 있었다. 얼굴은 침착했고 호기심이 가득 차 있었다. 코는 대담하게 내 쪽을 향해 쭉 뻗어 있었다. 나는 사슴의 모습을 보며 가만히 앉아 있었다. 몇 주 전 눈밭에서 여우가 나타나 나를 관찰하던 때처럼 두려운 마음은 전혀 들지 않았다.

"괜찮아." 내가 사슴에게 속삭였다. 그다음에 나온 말은 내가 미처 생각하지도 못했던 말이었다.

"넌 여기서는 안전해."

내가 입을 열자 마치 마법이 깨지기라도 한 것처럼 사슴은 나에 대한 흥미를 모두 잃어버린 듯했다. 그러나 도망을 가지는 않았다. 그저 고개를 들고 몇 걸음 뒤로 물러서더니 우아한 걸음걸이로 진달래꽃밭으로 들어가 꽃잎을 뜯어 먹었다.

나는 다음 날도 그다음 날도 혼자 걸었다. 올라갔다가 내려갔고, 그리고 다시 올라갔다. 세이어드 밸리까지 이어진 길고 뜨거운 길을 계속 걸었다. 호수들을 지나며 모기들에게 시달리다가 여행을 나선 뒤 처음으로 DEET 방충제를 몸에 뿌리기도 했다. 그리고 단기 여행자들을 만나 산불이 서쪽으로 번져가고 있다는 소식을 들었다. 그렇지만 아직까지는 PCT와 거리가 먼 이야기였다.

그러던 어느 날 밤, 텐트를 친 곳에서 산불을 보게 되었다. 흐릿한 장막 같은 연기가 서쪽을 전부 가리고 있었다. 나는 한 시간가량 의자에 앉아 태양이 연기 속으로 사라지는 모습을 지켜보았다. PCT에서 저녁을 맞으며 숨이 멎을 것처럼 아름다운 일몰을 많이 봐왔지만 이번만은 그 어느 때보다 장엄하고 아름다웠다. 태양 빛이 조금씩 희미해지며 푸른 초목의 물결 위로 펼쳐지는 수없이 많은 노란색, 분홍색, 오렌지색, 자주색 그늘 안으로 조금씩 녹아들었다.

나는 읽고 있던 책을 마저 읽을 수도, 그렇다고 슬리핑백 안으로 들어가 누에고치처럼 잠이 들 수도 없었다. 그날 밤의 저녁 하늘은 마치 마법이라도 부리는 것처럼 나를 꼼짝 못하게 만들었다. 그 모습을 바라보고 있으려니 내 여정도 어느덧 중반에 접어들었다는 걸 깨닫게 되었다. 나는 지금껏 50일 가까이 이 길을 걸어왔다. 모든 것이 계획대로 잘 되어왔고 이제 다시 50일이 지나면 이 여행도 끝이 난다. 이제 그동안 내게 일어날 뻔했던 일들이 차례차례 진짜로 일어나게 되는 건 아닐까.

"오, 홍하의 골짜기를 기억하나요. 당신을 사랑했던 카우보이의 마음은 진심이었건만……." 나는 노래를 불렀다. 목소리는 차츰 잦아들었다. 다음 가사가 기억이 나지 않아서였다. 카일의 작은 얼굴과 손의 모습이 기억이 났다. 그리고 그 청아했던 목소리의 여운도. 나는 내가 언젠가 엄마가 될 수 있을지, 그리고 카일의 엄마가 처해 있다는 그 곤란한 상황이 무엇인지 갑자기 궁금해졌다. 카일의 아버지는 어디로 간 걸까. 그리고 우리 아버지는? 지금 이 순간 아버지는 어디서 무엇을 하고 있을까? 나는 이따금 살면서 그에 관한 생각을 해보았지만 도저히 상상도 할 수 없었다. 아버지는 분명히 존재하는데도 마치 숲속의 그림자 괴물처럼 눈에 보이지 않았다. 저 멀리 산불이 일어났어도 내 눈에는 연기밖에 보이지 않는 것처럼.

우리 아버지. 내게는 아버지가 아닌 남자. 그 사실이 언제나 나를 놀라게 만들었다. 다시, 그리고 다시. 그리고 또다시 언제나. 온갖 일이 다 있었지만 나를 제대로 사랑하지 못한 아버지의 잘못이야말로 내게는 가장 이해할 수 없는 괴이한 일이었다. 하지만 그날 밤, PCT에서 어두워지는 대지를 바라보며 나는 이제 아버지 때문에 놀라워할 필요가 없다는 걸 깨달았다.

이 세상에는 그보다 놀라운 일이 훨씬 더 많다.

그렇게 생각하자 내 안의 마음이 마치 강물처럼 열리는 것 같았다. 내가 숨 쉴 수 있다는 사실을 몰랐다가 갑자기 숨을 쉬게 된 것처럼. 나는 기뻐서 웃었다. 그리고 다음 날 아침, PCT에 들어선 이후 처음으로 눈물을 흘렸다. 나는 울고 또 울었다. 행복해서 우는 게 아니었다. 그렇다고 슬퍼서 우는 것도 아니었다. 엄마나 아버지, 폴 때문도 아니었다. 내가 울었던 이유는 내 마음이 가득 채워졌기 때문이었다. PCT에서 보낸 힘들었던 50일과 그전에 살아왔던 9,760일이 드디어 내 마음을 채워준 것이다.

나는 이곳에 왔고 나는 떠난다. 내 뒤로는 캘리포니아가 마치 기다란 비단 장막처럼 그렇게 흘러갔다. 나는 이제 더 이상 내가 멍청한 바보처럼 느껴지지 않았다. 그렇다고 엄청나게 대단한 전사도 아니었다. 내 안의 나는 이제 강하면서도 겸손하다. 마음이 하나로 합쳐졌다. 나는 그 사슴처럼 이 세상에서 안전했다.

제5부

돌아가다

말해보라, 하나뿐인 이 거칠고 소중한 삶을 걸고
당신이 하려는 것이 무엇인지

메리 올리버, 「여름 날 The Summer Day」

오리건에서 만난 사람들

캘리포니아를 떠나기 이틀 전, 나는 어둠 속에서 잠이 깼다. 나뭇가지를 후려치는 바람 소리와 텐트를 두드리는 빗소리가 울려 퍼졌다. 나는 어둠 속에서 재빨리 방수 덮개를 찾아 텐트 위로 덮어씌웠다. 여름 내내 너무 건조한 탓에 방수 덮개를 씌우지 않고 잠이 들곤 했었다.

8월 초순이었지만 몸이 으슬으슬 떨려왔다. 그동안 기온이 평소에는 32도쯤에서 때로는 37도 이상 올라가기도 했다. 그러나 비바람이 몰아치자 날씨가 급변했다. 텐트로 다시 들어와 플리스 레깅스와 파카를 껴입고 슬리핑백 안으로 기어들어갔다. 그리고 턱밑까지 지퍼를 올리고 머리 쪽 덮개 부분으로 머리를 완전히 감쌌다. 6시쯤 잠이 깨어 배낭에 매달린 소형 온도계를 보니 영상 2도였다.

나는 비를 맞으며 높은 분수령을 따라 걸었다. 가지고 있는 옷

가지를 대부분 몸에 걸친 뒤였다. 잠시 몇 분 동안 걸음을 멈추고 쉬려고 하면 너무 추워서 마치 만화에서나 보듯 이가 맞부딪치며 달그락거릴 정도였다. 다시 걸음을 재촉하고 땀이 흐르면 추위를 조금 이길 수 있었다.

안내서에 따르면 맑은 날에는 북쪽으로 오리건 주가 한눈에 들어온다고 했지만, 지금은 짙은 안개에 전부 가려져 열 발자국 앞에 있는 것도 보이지 않을 지경이었다. 하지만 꼭 눈으로 확인할 필요는 없었다. 나는 내 앞에 거대한 무엇이 존재한다는 것을 느낄 수 있었다. 신들의 다리에 도착할 수 있다면 오리건 주 전체를 걸어서 횡단해도 괜찮을 것 같았다.

그렇게 다 걷고 나면 나는 어떤 사람이 되는 걸까? 그리고 만약 해내지 못한다면?

오전 중반쯤, 안개 속에서 남쪽으로 걸어가고 있는 스테이시의 모습이 보였다. 나는 깜짝 놀랐다. 우리는 어제 함께 사이어드 밸리를 떠나왔다. 렉스와 남녀 두 쌍과 같이 밤을 보낸 뒤였다. 아침이 되자 렉스는 버스를 타고 다시 일상생활로 돌아갔고 나머지는 같이 출발했다가 몇 시간쯤 뒤에 헤어졌다. 나는 저 남녀 두 쌍을 PCT에서는 다시 볼 수 없을 거라고 거의 확신했지만 스테이시하고는 애쉬랜드에서 다시 만나기로 계획을 세웠다. 스테이시는 거기에서 며칠 동안 머무르며 친구인 디가 도착하기를 기다린다고 했다. 친구가 도착하면 둘이서 오리건 주까지 같이 여행을 하겠다는 것이었다. 그랬는데 스테이시를 지금 다시 보니 놀랄 수밖에 없었다. 반쯤은 유령으로 보였다.

"사이어드 밸리로 돌아가던 중이었어요." 스테이시가 말했다. 지금 몹시 추운데다 발에는 물집이 잡혔고 다운 슬리핑백은 간밤에 비에 젖어 다시 밤이 되기 전까지 도저히 말릴 재간이 없다는 것이었다.

"버스를 타고 애쉬랜드까지 가려고요. 거기에 도착하면 호스텔로 나를 찾으러 와요."

우리는 서로 포옹을 했다. 스테이시는 떠났고 안개가 그의 몸을 순식간에 다시 감쌌다.

다음 날 아침, 나는 평소보다 일찍 잠에서 깼다. 하늘은 창백하기 이를 데 없는 회색이었지만 비는 그치고 날은 다시 따뜻해졌다. 몬스터를 등에 메고 밤새 야영했던 곳을 떠날 때쯤 되자 나는 흥분이 되기 시작했다. 이제 몇 킬로미터만 더 가면 캘리포니아를 벗어나게 되는 것이었다.

주 경계선을 1킬로미터쯤 남겨두었을 무렵, 길가에 늘어져 있던 나뭇가지 하나가 내 윌리엄 J. 크로켓 팔찌에 걸렸다. 그 바람에 팔찌가 끊어져 빽빽한 덤불 사이로 떨어졌다. 나는 매우 당황해 바위와 덤불, 그리고 나무들 사이를 살펴보았다. 풀밭까지 뒤질 때쯤에는 찾을 가능성이 없다는 사실을 깨달았다. 어디로 가버렸는지 보이지가 않았다. 그저 내 손을 떠날 때 희미하게 획, 하는 소리만 들렸을 뿐이었다. 하필이면 지금 이 순간 그 팔찌를 잃어버렸다는 사실이 참 터무니없이 느껴졌다. 앞으로 문제가 생길 것 같은 불길한 예감이 들었던 것이다. 나는 그 생각을 마음속에서 털어내고 뭔가 다른 좋은 쪽으로 생각하려고 애를 썼다. 어쩌면 이제 그런 것은 내게 더 이상 필요하지 않다는 뜻이 아닐까? 좀 억지스럽기는 하지만 짐도 그만큼 덜어지지 않았는가.

그러나 그 생각은 금방 사라지고 내 머릿속에는 온통 윌리엄 J. 크로켓에 대한 생각뿐이었다. 미네소타 출신으로 나와 비슷한 나이에 베트남에서 실종된 군인. 그의 흔적은 발견되지 않았고 그의 가족은 당연히 지금까지도 크로켓을 생각하며 마음 아파하고 있을 터였다. 내 팔찌는 그런 그가 너무 어린 나이에 죽었다는 상징 그 이상도 이하도 아니었다. 이 세상은 너무도 무심하게 굶주리고 냉혹한 입을 벌려 그 상징을 그냥 삼켜버린 것이었다.

내가 할 수 있는 일은 결국 단 하나였다. 앞으로 걸어가는 것.

불과 몇 분 뒤 나는 주 경계선에 도착했다. 캘리포니아와 오리건. 끝과 시작이 서로 마주 보고 있었다. 그런 중요한 자리에 섰건만 사실 그리 대단해 보이지는 않았다. 그저 여행자 방명록이 든 갈색 금속 상자 하나와 '워싱턴: 797킬로미터'라는 표지판만 덩그러니 있을 뿐이었다. 심지어 오리건 주에 대한 말은 아예 하나도 없었다. 그렇지만 나는 그 797킬로미터가 어떤 의미인지 알고 있었다. 나는 캘리포니아 주에서만 두 달을 머물렀다. 그렇지만 배낭을 짊어지고 언젠가 이곳에 도착하겠다고 마음속에 그리며 처음 테하차피 패스에 홀로 선 이후, 나이를 아주 많이 먹어버린 기분이었다.

나는 갈색 금속 상자로 가서 방명록을 꺼내 들었다. 그리고 바로 지난주에 적힌 이름들을 훑어보았다. 한 번도 본 적도 만난 적도 없는 사람들의 글이었지만 이상하게 잘 아는 사람 같은 기분이 들었다. 나는 여름 내내 그 사람들과 같은 길을 걸어왔으니까. 그리고 가장 최근에 적힌 이름은 바로 내가 아는 그 사람들, 존과 새라, 그리고 헬렌과 샘이었다. 기쁨에 가득 찬 듯한 그들의 글 아래 나도 내 이름과 글을 적어 넣었다. 감정이 복받쳐 올랐기에 오히려 나는 짧게 썼다. '나는 해냈다!'

오리건, 오리건, 오리건!

내가 여기 왔다. 걸어서 오리건 주에 입성한 나는 남쪽으로는 섀스타 산의 장엄한 봉우리들을, 그리고 섀스타보다는 좀 낮지만 더 험준한 북쪽의 맥러플린 산을 볼 수 있었다. 나는 높은 분수령을 넘었다. 눈이 얼어붙어 있는 짧은 구간을 만났을 때는 스키 스틱의 도움으로 건너갈 수 있었다. 나보다 조금 아래쪽에 있는 고지대의 푸른 목초지에서는 젖소들이 풀을 뜯어 먹고 있었다. 소들이 움직일 때마다 목에 걸린 사각형의 커다란 종이 딸랑거렸다. "안녕, 오리건 주 젖소들아." 나는 소들에게 인사를 했다.

그날 밤에 본 달의 크기는 거의 보름달에 가까웠다. 하늘은 밝고 날은 시원했다. 나는 J. M. 쿳시가 쓴 『야만인을 기다리며』라는 책을 펼쳤다. 그렇지만 집중이 잘 안 돼 몇 쪽밖에는 읽지 못했다. 그 대신 내 마음은 책이 아닌 애쉬랜드에 대한 생각으로 가득 찼다. 마침내 그곳에 대한 생각을 해도 괜찮을 정도로 나는 그곳에 가까워졌다. 애쉬랜드에 가면 음식과 음악, 그리고 와인과 PCT는 들어본 적도 없는 사람들이 있겠지. 그리고 무엇보다 중요한 것은, 그곳에 가면 돈이 있었다. 지금까지 보급품 상자마다 넣어두었던 20달러짜리 지폐가 아니라, 250달러짜리 여행자 수표가 애쉬랜드의 보급품 상자 안에 들어 있었다.

원래 그 상자는 이 여행의 최종 목적지에서 나를 기다리고 있어야 했다. 그 안에는 식량이나 다른 물건은 들어 있지 않았다. 대신 여행자 수표와 일상생활을 위한 옷들이 들어 있었다. 내가 좋아하는 색 바랜 리바이스 청바지와 몸에 딱 달라붙는 티셔츠, 그리고 새로 장만한 레이스가 달린 검은색 브래지어와 거기에 어울리는 속옷까지. 몇 개월 전 여행을 준비하며 나는 그 돈과 옷으로 여행의 마무리를 축하하고 포틀랜드로 돌아올 여비로 쓸 계획이었다. 여행 일정을 변경했을 때 나는 리사에게 돈과 옷이 든 작은 상자를 식량과 보급품이 든 다른 큰 상자 안에 넣어 함께 주소를 애쉬랜드로 바꿔 부쳐달라고 했다. 시에라네바다에서 들르지 않고 지나친 곳들을 위한 상자였다. 나는 그 상자를 빨리 받아보고 싶어서 좀이 쑤실 지경이었다. 주말을 즐길 수 있는 돈과 새 옷들이 담긴 그 상자!

나는 다음 날 점심 무렵에 애쉬랜드에 도착했다. 도중에 지역사회 봉사단체인 아메리코의 자원봉사자들에게 차를 얻어 탔다.

"혹시 그 소식 들었어요? 큰일이 있었는데." 내가 차에 올라타자 한 사람이 물었다. 나는 고개를 저었다. 지난 두 달간 크건 작건 어떤 소식도 제대로 듣지 못했다고 말하지는 않았다.

"그레이트풀 데드라는 록그룹은 아시죠?" 그가 다시 물었다. 나는 고개를 끄덕였다.

"리더인 제리 가르시아가 죽었대요."

*

　나는 마을 중심가 인도 위에 서서 지역 신문 1면에 난 몽환적인 색으로 표현된 가르시아의 얼굴을 보려고 몸을 숙였다. 신문 한 부 살 돈도 없어서 무인 판매대의 플라스틱 창문을 통해 기사를 읽었다. 그레이트풀 데드의 노래 몇 곡을 좋아하기는 했지만 음반을 사 모으거나 공연 마니아처럼 그들을 따라 전국을 돌아다니지는 않았다.
　1년 전 커트 코베인이 죽었을 때는 더 심각한 기분이었다. 그의 슬프고도 비극적인 권총 자살은 우리 세대뿐 아니라 스스로에게도 굉장한 충격이었다. 그렇지만 가르시아의 죽음은 단지 지금 이 순간이 끝나는 것이 아니라 그동안 내 인생과 함께 계속되어온 한 시대가 종말을 고하는 것 같은 묵직한 기분이 들었다.
　몬스터를 짊어지고 몇 블록 떨어져 있는 우체국까지 걸어갔다. 가다 보니 어떤 가게 창문에 '제리, 당신을 사랑해요. 삼가 고인의 명복을 빕니다'라고 직접 만들어 붙인 표지판이 보이기도 했다. 거리에는 주말을 맞아 쏟아져 나온 잘 차려입은 관광객들과 태평양 연안 북서부 저지대에서 몰려든 요란스러운 청춘남녀들로 시끌벅적했다. 젊은 사람들은 제리 가르시아의 사망 소식 때문인지 평소보다 더 흥분된 분위기를 뿜어대며 여기저기 삼삼오오 몰려들 있었다. 그중 여러 사람이 지나가는 나를 보고 인사를 했다. "어이, 거기 지나가는 언니!"라며 부르는 사람들도 있었다. 연령대는 10대부터 노년층까지 다양했고 옷차림을 보니 히피, 무정부주의자, 영국 펑크, 미국 펑크가 한데 모여 있는 예술가 거리 같았다. 사실 나도 저 사람들처럼 보일 것 같았다. 머리는 길고 피부는 검게 그을렸고 타투까지 있는데다 잔뜩 짊어진 짐들이 짓누르고 있었다. 게다가 몸에서 나는 냄새까지 그들과 비슷했다. 아니, 분명 더 심했을 것이다. 나는 캐슬 크랙스 야영장에서 몸을 씻은 후 지금까지 몇 주째 제대로 몸을 씻지 못했으니까. 그럼에도 나는 사람들이 낯설게 느껴졌다. 마치 내가 이곳과 다른 장소 다른 시간을 살다 온 사람 같았다.

"어, 안녕하세요!" 나는 길을 걷다 아는 남자를 발견하고 놀라서 소리쳤다. 스테이시와 내가 레인보우 게더링 행사를 찾다가 토드 레이크에서 만난 픽업트럭에 타 있던 사람이었다. 그렇지만 그 남자는 나를 기억하지 못하는 것처럼 아무 말도 없이 그저 묵묵히 고개만 끄덕였다.

우체국에 도착한 나는 문을 열고 들어갔다. 기대감 때문인지 절로 웃음이 나왔다. 그렇지만 카운터에 내 이름을 이야기하고 받은 것은 편지봉투 하나뿐이었다. 상자는 없었다. 큰 상자도 그 안의 작은 상자도, 리바이스 청바지도 레이스 달린 검은색 브래지어도, 250달러짜리 여행자 수표도 없었고 다음 목적지인 크레이터 레이크 국립공원까지 가는 데 필요한 식량도 없었다.

"상자가 하나 더 있을 텐데요." 내가 편지봉투를 손에 든 채 이렇게 말했다.

"그러면 내일 다시 와서 확인하세요." 직원이 무심하게 말했다.

"정말 더 없어요? 저기, 분명히 여기에 와 있어야 하는데." 내가 더듬거리며 말했으나 직원은 여전히 무덤덤한 표정으로 고개를 흔들 뿐 아무런 관심도 없었다. "다음 분?" 직원은 내 뒤에서 차례를 기다리고 있는 남자를 보며 말했다.

나는 터덜거리며 우체국 밖으로 나왔다. 충격과 분노로 반쯤 정신이 나간 것만 같았다. 나는 오리건 주 애쉬랜드에 도착했다. 그리고 주머니에는 겨우 2달러 29센트밖에 없었다. 나는 오늘 밤 묵을 호스텔 숙박비가 필요했다. 다시 여행을 시작하기 전에 식량도 보충해야 했다. 그리고 무엇보다도 가장 필요했던 것은 따로 있었다. 지난 60여 일간 나는 무거운 배낭을 지고 걸으며 씹으면 종이 맛이 나는 건조식품을 먹으며 버텼다. 때로는 일주일 이상 사람들을 전혀 만나지 못하고 산길을 오르내리기도 했다. 그동안 별별 지형을 다 지나쳐왔고 지나는 곳마다 기온도 다 달랐다. 나는 쉬고 싶었다. 단 며칠만이라도, 제발.

일단 근처 공중전화 박스를 찾아 몬스터를 바닥에 내려놓고 그 안으로 들어갔다. 문을 닫고 있으니 그 안이 너무 편했다. 이 작고 투명한 유리 박스를 떠나고 싶지 않을 정도였다. 나는 편지 봉투를 바라보았다. 미니애폴리스에 사는 친구 로라가 보낸 것이었다. 봉투를 여니 편지와 내 새 이름이 새겨진 목걸이가 하나 들어 있었다. 로라가 나를 위해 만든 목걸이였다. 군번에 쓰이는 것과 비슷한 목걸이 줄에 은으로 만든 스트레이드^{Strayed}라는 이름이 매달려 있었다. 처음에는 'y' 자가 끝의 꼬리가 없는 것처럼 보여 '굶주림^{Starved}'이라는 단어인 줄 알았다. 그러다가 차츰 내게 익숙한 단어로 바뀌어갔다. 나는 목걸이를 목에 걸고 공중전화기의 금속 표면에 일그러져 비치는 모습을 바라보았다. 내 이름을 새긴 목걸이가 케네디 메도우즈에서부터 걸고 온 엄마의 터키석 은 귀고리로 만든 목걸이와 겹쳐졌다.

나는 수화기를 들고 리사에게 수신자 부담으로 전화를 걸었다. 그리고 내 상자에 대해 물어보려 했지만 아무도 전화를 받지 않았다.

나는 비참한 심정으로 거리를 배회했다. 그리고 아무것도 필요 없다고 생각하려 애를 썼다. 점심도 필요 없고 상점 창문으로 보이는 머핀도 쿠키도 필요 없다. 관광객들이 깨끗한 손으로 집어드는 저 종이컵 안에 담긴 뜨거운 커피도 필요 없다. 나는 호스텔로 가서 혹시 스테이시가 여기 묵고 있는지 물어보았다. 카운터의 남자는 스테이시는 지난밤에 여기 도착했으며 잠시 나갔으니 다시 돌아올 거라고 말해주었다. "여기 묵으시겠어요?" 그가 물었지만 나는 고개를 흔들었다.

나는 친환경 식품 협동조합으로 향했다. 가게 앞에는 아까 본 태평양 연안 북서부 저지대에서 출신의 젊은이들이 마치 캠프장이라도 되는 듯 잔디밭과 인도 근처에 모여 있었다. 나는 그곳에 도착하자마자 토드 레이크에서 보았던 사람들 중 또 다른 남자를 보게 되었다. 바로 머리띠를 하고 무리의 우두머리처럼 행동했던, 지미 핸드릭스처럼 모든 사람을 '자기야'라고 부르던 바로 그 남자였다. 그는 가게 입구 근처 인도 위에 앉아 매직으로 돈 좀 보태달라고 갈겨 쓴 작은 마분지를 들고 있었다. 그 앞에는 동전 몇 개가 든 빈 커피 깡통이 놓여 있었다.

"안녕하세요." 내가 걸음을 멈추고 그에게 아는 척을 했다. 그래도 아는 얼굴을 만나니 반가운 마음이 들었다. 그는 여전히 그 더럽고 기묘하게 생긴 머리띠를 하고 있었다.

"안녕하세요." 그는 인사를 받아줬지만 나를 기억하지 못하는 것이 분명했다. 그는 내게 돈을 달라고는 하지 않았다. 분명 내 행색이 동전 한 푼 없어 보였으리라.

"여행 중인가요?" 그가 물었다.

"PCT 여행을 하고 있어요." 내가 그의 기억을 상기시켜주려고 이렇게 대답했지만 그는 그저 고개만 끄덕일 뿐 자기가 할 말만 했다.

"외지에서 모여든 사람들이 행사를 한다더군요."

"추모행사가 있나요?" 내가 물었다.

"오늘 밤에 뭐를 한다네요."

그가 크레이터 레이크에 가서 자기들만의 레인보우 게더링 행사를 가졌는지 궁금했지만 직접 물어볼 만큼 궁금하지는 않았다. 나는 인사를 하고 떠났다.

협동조합 안으로 들어갔더니, 맨살에 닿는 에어컨 바람이 낯설게 느껴졌다. 그동안 여행을 하면서 보급품 상자를 찾기 위해 편의점이며 관광객들을 상대로 하는 가게에 많이 들렀지만 이런 가게는 처음이었다. 나는 통로를 왔다 갔다 하며 내가 살 수 없는 물건들을 바라보았다. 특히 직접 만든 많은 상품들에 넋을 잃고 말았다. 어째서 나는 그동안 이런 것들을 당연하게 여겨온 것일까? 유리병에 담긴 피클과 종이봉투에 들어 있는 바게트가 너무나 신선해 보였고 오렌지 주스와 셔벗, 그리고 무엇보다도 통 속에 들어 있는 여러 농산물이 너무 환하게 빛이 나 눈이 멀어버릴 것 같았다. 나는 그 자리를 떠나지 못하고 냄새들을 맡았다. 토마토와 상추, 복숭아와 라임에서 풍기는 향기……. 정말 나도 모르게 손이 나가는 걸 간신히 참을 수밖에 없었다.

나는 건강과 미용 관련 상품이 있는 곳으로 가서 무료로 제공되는 로션 샘플을 손바닥에 부어 몸 곳곳에 발랐다. 로션에서 풍기는 복숭아와 코코넛, 라벤더, 오렌지 향기에 쓰러질 것 같았다. 나는 립스틱 샘플들 앞에서 한참 고민하다가 '자두색 아지랑이'라는 이름의 립스틱을 입술에 발라보았다. 그런 다음 천연 유기농 재활용 제품 티슈를 한 장 뽑아들고 화장품 진열대 옆 거울 앞에 서서 내 모습을 바라보았다. PCT 여행 전에 즐겨 쓰던 립스틱과 색이 비슷해서 골랐는데 막상 발라보니 거친 얼굴 위에 유난히 입술만 빛이 나 어릿광대처럼 보였다.

"찾는 상품 있으세요?" 두꺼운 안경을 쓰고 '젠 G.'라는 이름표를 단 직원이 다가와 물었다.

"아뇨. 그냥 둘러보던 중이에요."

"그 색 잘 어울리네요. 파란색 눈을 더 돋보이게 해주는 것 같아요."

"정말요?" 나는 갑자기 부끄러워져 되물었다. 나는 작고 둥근 거울 속에 비친 내 모습을 다시 바라보았다. 마치 정말 그 립스틱을 사려고 생각해보는 사람처럼.

"그런데 목걸이가 참 멋져요." 젠이 말했다. "배고프다^{Starved}. 재미있는데요."

나는 손으로 목걸이를 만졌다. "아, 그게 아니라 스트레이드예요. 성을 따서 만든 거예요."

"그래요?" 젠은 좀 더 가까이 다가와 목걸이를 살펴보았다. "어머, 제가 잘못 봤네요. 하지만 정말 그렇게 보였어요."

"아, 그렇게 보일 수도 있죠."

나는 그곳을 빠져나와 조리된 음식을 파는 곳으로 향했다. 그리고 통에서 조악한 냅킨 한 장을 뽑아 입술에서 자두색 립스틱을 지웠다. 그런 다음 레모네이드가 있는 진열장을 음미하듯 바라보았다. 유감스럽게도 거기에는 스내플은 없었다. 나는 마지막으로 주머니를 털어 방부제가 들어 있지 않은 갓 짜낸 신선한 천연 유기농 레모네이드를 샀다. 그리고 가게 앞에 앉았다. 사람들이 사는 마을에 도착해 흥분도 되었지만 점심을 먹지 않아 배가 고팠다. 나는 배낭에서 단백질 바와 이제는 눅눅해진 견과류를 꺼내 먹었다. 이곳에 도착하면 먹으려고 했던 근사한 식사 생각은 하지 않으려고 애썼다. 아, 시저 샐러드와 그릴에 구운 닭 가슴살, 그리고 바삭바삭한 프랑스 빵을 올리브유에 흠뻑 적셔 콜라랑 먹으려고 했는데. 디저트로는 바나나 스플릿!

나는 방금 산 레모네이드를 마시며 지나가는 사람들과 이야기를 나눴다. 애쉬랜드에 있는 대학에서 공부한다는 미시간 주 출신의 남자도 있었고 밴드에서 드럼을 친다는 남자도 있었다. 어떤 여자는 자기가 여신상을 주로 빚는 도자기 공예가라고 소개했다. 내게 유럽식 억양으로 오늘 밤 제리 가르시아 추모 행사에 가느냐고 물어보는 여자도 있었다. 황갈색 머리카락을 대충 말아 올려 머리 뒤로 묶은 예쁘장한 여자였다.

"호스텔 근처에 클럽이 하나 있는데, 거기서 행사가 열려요." 여자는 내게 '제리를 추모하며'라는 글이 적힌 팸플릿을 한 장 내밀었다.

"우리도 여행을 다녀요." 여자는 배낭을 가리키며 이렇게 덧붙였다. 나는 그 '우리'가 누구인지 한 남자가 옆에 나타나서야 알게 됐다. 남자는 여자와는 정반대로 키가 크고 애처로울 정도로 야위었으며 원주민들이 옷 대신 입는 것처럼 무릎까지 오는 천을 몸에 두르고 있었다. 짧은 머리는 네다섯 가닥으로 묶어 머리 위로 여기저기 삐죽 솟아 있었다.

"여기까지 차를 얻어 타고 왔나요?" 남자가 물었다. 원주민이 아니라 미국인이었군. 나는 두 사람에게 PCT 도보 여행에 대해 설명해주었다. 그리고 주말을 애쉬랜드에서 보내게 된 사정에 대해서도. 남자는 별로 관심 없는 것 같았지만 여자는 내 이야기를 듣고 깜짝 놀랐다.

"내 이름은 수재너라고 하고 스위스에서 왔어요." 수재너는 내 손을 잡으며 자기소개를 했다. "당신은 순례자의 길을 걷고 있는 것과 같네요. 괜찮으시면 그런 의미로 발을 씻겨드리고 싶어요."

"아, 고마운 말이지만 그럴 필요까진 없어요." 내가 말했다.

"내가 그렇게 하고 싶어서 그래요. 오히려 영광이죠. 스위스에서 하는 방식이라고 할까요. 잠시만요."

내가 너무 과분한 일이라고 말하려는데 수재너는 이미 몸을 돌려 가게 안으로 들어갔다. 나는 수재너의 남자친구를 바라보았다. 그는 머리가 삐죽삐죽 나 있어 유명한 큐피 아기 인형 같았다.

"수재너가 정말 좋아서 하는 일이니 너무 걱정하지 마세요." 그가 내 옆에 앉으며 말했다.

1분도 지나지 않아 수재너가 다시 모습을 드러냈다. 앞으로 모은 두 손 안에는 향기로운 기름이 있었다. "박하 향이에요." 나를 보고 웃으며 말했다.

"자, 이제 양말과 등산화를 벗으세요."

"아니, 그런데 내 발이요." 내가 머뭇거렸다. "지금 꼴이 아주 거칠고 더러워요."

"이건 내 소명입니다!" 수재너가 소리쳤고 그 말에 따를 수밖에 없었다. 곧 그는 내 발에 박하 향이 나는 기름을 쏟아부었다.

"당신의 발은 아주 강합니다. 동물의 발과 같아요. 나는 손을 통해 당신의 힘을 느낄 수 있어요. 그리고 그동안 당한 고통도요. 발톱이 다 달아난 것도 보이는군요."

"아, 뭐." 나는 우물거렸다. 팔꿈치를 땅바닥에 대고 몸을 지탱했으며 감고 있는 눈은 떨고 있었다.

"성령께서 내게 이렇게 말했어요." 수재너가 엄지손가락으로 내 발바닥을 누르며 이렇게 말했다.

"성령이요?"

"네. 내가 당신을 처음 보았을 때 성령께서는 당신에게 줄 무엇인가를 내가 가지고 있다고 말씀하셨어요. 그래서 그 팸플릿을 들고 당신에게 다가갔죠. 그렇지만 순간 나는 뭔가 더 다른 것이 있다는 사실을 깨달았어요. 스위스에서는 순례자의 길을 가는 사람들을 최고로 존경한답니다."

수재너는 손가락으로 내 발가락 하나하나를 어루만졌다. 그리고 고개를 들어 나에게 물었다.

"그런데 목걸이에 그 말은 무슨 뜻인가요? 당신, 배가 고픈 건가요?"

*

시간은 그렇게 흘러갔다. 그 후 몇 시간 동안 그냥 그렇게 가게 앞에 앉아 있었다. 나는 배가 고팠다. 나는 더 이상 사람이 아니었다. 그저 욕망과 굶주림에 휩싸인 채 시들어가는 한 생명체였다. 어떤 사람이 내게 채식주의자용 머핀을, 또 어떤 사람은 포도가 들어 있는 퀴노아 샐러드를 주었다. 내 말 문신을 보고 감탄하거나 내 배낭에 대해 물어보는 사람들도 있었다. 4시쯤 되자 스테이시가 나타났고 나는 지금 내가 처해 있는 곤란한 상황에 대해 이야기해주었다. 스테이시는 내 보급품 상자가 도착할 때까지 돈을 빌려주겠다고 했다.

"우체국에 한 번 더 가볼게요." 제안이 고맙기는 했지만 그냥 받아들이기는 어려웠다. 나는 우체국으로 돌아가 기다리고 있는 사람들 뒤에 섰다. 아까 내게 상자가 오지 않았다고 했던 직원이 아직도 자리를 지키고 있는 모습을 보니 약간은 실망스러웠다. 내 차례가 되자 나는 우체국에 처음 온 사람처럼 배달된 상자를 찾으러 왔다고 말했다. 직원은 뒤편 창고로 가서 내 상자를 들고 와 미안하다는 말도 없이 내게 건네주었다.

"아니 이게 아까부터 계속 여기 있었다는 거잖아요." 내가 따졌지만 직원은 별로 무안해하지도 않고 그저 아까는 보지 못했을 뿐이라고 대답했다.

상자를 끌어안고 스테이시와 함께 호스텔로 가는 동안 나는 기분이 너무 좋아 화내는 것도 잊어버렸다. 나는 입구에서 숙박 확인을 마치고 스테이시를 따라 계단을 올라갔다. 그리고 여자용 공동 숙소를 지나 건물 처마 아래에 있는 더 작은 방으로 들어갔다. 거기에는 1인용 침대가 세 개 있었다. 스테이시와 그의 친구 디가 각각 하나씩을 차지했고 나머지 하나는 나를 위해 맡아둔 것이었다.

스테이시가 친구에게 나를 소개했고, 나는 상자를 열면서 그 친구와 서로 인사를 나누었다. 상자 안에는 깨끗하게 세탁해 넣어둔 내 청바지와 새 브래지어와 속옷, 그리고 여행을 시작한 후로 처음 만져보는 거액의 돈이 들어 있었다.

나는 샤워실로 가서 샤워기의 뜨거운 물줄기에 몸을 맡겼다. 지난 2주 동안 제대로 씻지 못한 몸. 그동안 기온은 0도에서 37도 사이를 넘나들었다. 물이 내 몸에 켜켜이 쌓인 땀을 씻어내는 게 느껴졌다. 그동안 실제 내 피부처럼 느껴졌던 것들이었다.

샤워를 마치고 거울 속에 비친 벌거벗은 내 모습을 바라보았다. 지난번에 봤을 때보다 더 야위었고 머리카락은 어린 시절보다 더 밝은 색으로 바뀌어 있었다. 나는 새 검정색 브래지어와 속옷을 입고 티셔츠와 색 바랜 리바이스 청바지를 그 위에 걸쳤다. 3개월 전만 해도 좀 작게 느껴졌던 옷들이 지금은 헐렁했다. 다시 방으로 돌아온 나는 등산화를 신었다. 등산화는 이미 더러워져 더 이상 새 신발이 아니었다. 신기만 해도 무겁고 뜨겁고 발이 아팠지만 그게 내가 가진 유일한 신발이었다.

스테이시와 디와 저녁을 함께하며 나는 그동안 먹고 싶었던 것들을 마음껏 주문했다. 그런 다음 신발 가게로 가 검은색과 파란색이 뒤섞인 머렐 스포츠 샌들 한 켤레를 샀다. 지난번에 신었던 것과 같은 종류였다. 우리 세 사람은 호스텔로 돌아왔지만 스테이시와 나는 금방 다시 밖으로 나와 근처 클럽에서 열린다는 제리 가르시아 추모 행사로 향했다. 디는 혼자 남아 쉬겠다고 했다.

우리는 춤을 추는 구역과 구별하기 위해 줄을 쳐놓은 작은 공간 안 테이블에 자리를 잡았다. 화이트 와인을 마시면서 연령대와 외모, 키, 몸집이 모두 제각각인 여자들을 바라보았다. 이따금 계속해서 흘러나오는 그레이트풀 데드의 노래에 맞춰 몸을 흔들고 있는 남자도 눈에 띄었다. 춤을 추고 있는 사람들 뒤쪽으로는 어딘지 모르게 난해하고 몽환적인, 그러면서 딱딱하기도 한 제리와 밴드의 연주 모습이 영상으로 나왔다.

"사랑해요 제리!" 그의 모습이 나오자 옆 테이블의 여자가 소리 질렀다.

"우리 춤출까요?" 내가 스테이시에게 물었다.

스테이시는 고개를 저었다. "호스텔로 가서 쉬어야겠어요. 우리는 내일 아침 일찍 출발할 예정이라서요."

"나는 좀 더 머물게요. 내일 아침에 못 일어나거든 가기 전에 꼭 깨워주세요. 작별 인사는 해야죠." 스테이시가 호스텔로 간 뒤 나는 와인을 한 잔을 더 주문하고 음악 소리에 귀를 기울였다. 그리고 사람들을 바라보며 이렇게 어느 여름 저녁 음악을 들으며 사람들과 함께 한 공간에 있는 것만으로도 깊은 행복감을 느꼈다.

30분쯤 뒤 자리에서 일어서려는데 「빗물$^{\text{Box of Rain}}$」이라는 노래가 흘러나왔다. 내가 가장 좋아하는 그레이트풀 데드의 노래였다. 조금 흥분되어 나도 모르게 사람들 속으로 들어가 춤을 추기 시작했다. 그리고 그 즉시 후회하기 시작했다. 그동안 거친 산길을 걸어오느라 무릎은 뻣뻣했고 삐걱거렸으며 엉덩이는 이상할 정도로 잘 움직이지 않았다. 춤추는 걸 포기하려고 하는 순간 지난번 마주쳤던 미시간에서 대학을 다니러 왔다는 남자가 갑자기 눈앞에 나타났다. 나와 함께 춤이라도 추려는 것처럼 내 주위를 팽이처럼 빙빙 맴돌았다. 그리고 나를 보고 고갯짓을 하며 손가락으로는 허공에다 상자 모양 같은 것을 그렸다. 마치 내가 그 의미를 다 알고 있다는 듯, 그러니 그냥 가버리면 큰 실례라는 듯한 표정이었다.

"이 노래를 들을 때마다 오리건 주가 생각이 나요." 내가 빠른 블루스 리듬에 몸을 맡기고 있으려니 그가 음악 소리 때문인지 큰 소리로 이렇게 외쳤다.

"오리건 하면 비가 생각나지 않아요?"

나는 고개를 끄덕이고 웃음을 터뜨렸다. 마치 여기서 한껏 재미라도 보고 있는 것처럼 보여주려는 의도였을까. 그렇지만 노래가 끝나자마자 나는 그 자리를 떠나 술 마시는 카운터와 나란히 있는 벽 쪽으로 가서 섰다.

"저기요!" 한 남자가 뒤에서 나를 불렀다. 돌아보니 그가 반대편 벽 쪽에 서 있었다. 손전등과 매직펜을 들고 있는 걸 보니 사람들의 출입을 관리하는 직원인 듯하다. 조금 전까지도 그 남자가 거기 서 있는지 몰랐다.

"아, 네." 내가 대꾸했다. 그는 잘생겼고 나이는 나보다 조금 위로 보였다. 그의 검은색 곱슬머리가 어깨까지 늘어져 있었고 입고 있는 티셔츠 앞에는 '윌코'라는 단어가 쓰여 있었다. 내가 티셔츠를 손짓하며 말했다. "그 밴드 좋아해요."

"윌코를 알아요?" 그가 물었다.

"물론이죠." 내가 대답했다.

"끝내주는 애들이죠." 그가 말하며 웃자 갈색 눈가에 주름이 잡혔다. "조나단이라고 해요." 그가 자기 이름을 말하며 내 손을 잡고 흔들었다. 내가 막 내 이름을 말하려는데 음악이 다시 시작되었다. 그렇지만 그는 내 귀 쪽으로 몸을 기대고 부드럽지만 큰 목소리로 내게 어디서 왔냐고 물었다. 내가 이곳 애쉬랜드 사람이 아닌 것을 알아챈 모양이었다. 나는 그에게 큰 소리로 최대한 간단하게 PCT에 대해 설명해주었다. 그러자 그가 다시 내 귀에 대고 뭐라고 길게 이야기를 했다.

음악 소리 때문에 제대로 알아들을 수가 없었다. 하지만 그의 입술이 내 머리카락에 와 닿고 그의 숨결이 목덜미를 간질이자 무슨 말을 하든 아무 상관없다는 생각이 들었다. 나는 몸이 그 자리에서 녹아내리는 것만 같았다.

"뭐라고 했어요?" 그가 말을 마치자 나는 다시 그렇게 소리쳤다. 그러자 그가 이번에는 더 느리고 큰소리로 다시 말을 했다. 이번에는 무슨 말인지 알아들었다. 오늘 밤은 늦게까지 일을 하지만 내일 밤은 11시쯤에 일이 끝나니 같이 밴드 연주도 구경하고 자기와 함께 시간을 보내겠느냐는 것이었다.

"그야 물론이죠!" 나는 소리쳤다. 그러면서 그가 다시 입술을 내 머리와 목에 대고 다시 한 번 더 말해주면 좋겠다고 생각했다. 그는 내게 매직펜을 주면서 자기 손바닥 위에 내 이름을 적으라는 손짓을 했다. 그러면 그가 나를 손님 명단에 올려놓겠다는 것이었다. 나는 최대한 단정한 글씨체로 '셰릴 스트레이드'라고 썼다. 손이 저절로 떨렸다. 이름을 다 쓰고 나니 그는 자기 손바닥을 들여다보며 엄지손가락을 세웠다. 나는 흥분된 기분으로 그에게 손을 흔들고 클럽 밖으로 나왔다.

데이트 약속인가? 지금 데이트 약속을 잡은 거야?

나는 따뜻한 거리를 걸으며 다시 한 번 생각해보았다. 어쩌면 내 이름 같은 건 명단에 없을지도 모르지. 어쩌면 내가 뭘 잘못 알아들었을지도. 아니, 몇 마디 말도 나눠보지 못한 사람하고 데이트를 한다는 거 자체가 이상한 일 아니야? 그것도 그냥 그 사람이 잘생기고 윌코를 좋아한다고 해서? 물론 나는 지금까지 이보다 훨씬 더 이상한 남자들과 관계를 맺어보긴 했다. 그렇지만 이번만은 달랐다. 아니, 이제는 내가 달라졌다. 그렇지 않은가?

호스텔로 돌아온 나는 낯선 여자들이 잠들어 있는 공동 침실을 조심스럽게 지나쳐 우리 방으로 향했다. 스테이시와 디는 이미

자고 있었다. 나는 옷을 벗고 슬리핑백이 아닌 진짜 침대 안으로 들어갔다. 여기서 밤을 보낼 수 있다니 그저 놀라울 따름이었다. 나는 한 시간가량 잠을 자지 않고 깨어 있었다. 손으로 내 몸을 어루만지며 내일 밤 조나단이 내 몸을 이렇게 만져준다면 그는 어떤 기분일까 상상했다. 내 가슴과 매끈한 배, 다리의 근육과 은밀한 곳의 그 거친 느낌……. 그럭저럭 다 괜찮아 보였다.

하지만 엉덩이를 쓰다듬자 마치 단단한 나무껍질과 죽은 닭의 거죽 같은 느낌이 들었다. 나는 내일 데이트를 하게 되면 무슨 일이 있어도 바지는 벗지 말아야겠다고 생각했다.

다음 날, 나는 조나단을 만나지 말자고 온종일 스스로에게 속삭였다. 빨래를 하면서도, 식당에서 푸짐한 식사를 즐기면서도, 그리고 거리를 돌아다니며 사람들을 구경하면서도 스스로에게 되물었다. 그냥 잘생기고 윌코만 좋아하면 되는 거야? 그러면서도 내 마음은 이미 우리가 만나서 무엇을 할지 그려보고 있었다.

물론 바지는 계속해서 입고 있으면서.

그날 저녁이 되자 나는 씻고 옷을 차려입은 뒤 그 친환경 협동조합 가게로 향했다. 그리고 샘플로 제공되는 자두색 립스틱과 로션을 발랐다. 그런 다음 조나단이 일하고 있는 클럽 입구를 지키고 서 있는 여자에게 다가가 아무렇지도 않게 말했다.

"내 이름이 예약 명단에 있을 거예요." 나는 그런 이름은 명단에 없다는 말이 날아오기를 기다렸다. 그러나 한마디 말도 없이 여자는 내 손에 붉은색 도장을 찍어주었다.

클럽 안으로 들어서자마자 조나단과 나는 한눈에 서로를 알아보았다. 높이 솟아 있는 단 위에서 조명을 손보고 있던 그가 내게 손을 흔들었다. 나는 와인 한 잔을 들고 밴드의 음악 소리에 귀를 기울이며 최대한 우아한 모습으로 보이기를 바라며 와인을 마셨다. 내가 서 있는 곳은 어젯밤 조나단을 만난 바로 그 자리였다.

연주를 하는 밴드는 샌프란시스코 연안인 베이 에리어에서 꽤 유명한 컨트리 음악 밴드였다. 제리 가르시아를 추모하는 노래였고 음악도 나쁘지 않았지만 나는 집중을 할 수가 없었다. 아무렇지 않은 듯 완벽하게 편한 모습으로 보이기 위해 무지 애쓰다 보니 그렇게 된 것이다. 마치 조나단이 나를 초대한 일과는 아무 상관없이 그저 바로 저 밴드의 음악을 듣기 위해 이 클럽을 찾은 사람처럼 보이려고 했다.

무엇보다도 조나단과 눈을 마주치지도, 그를 바라보고 있다는 사실 자체도 들키지 말아야 했다. 그가 있는 쪽으로 눈을 돌릴 때마다 그는 나를 보고 있었다. 그러다 보니 혹시 조나단이 내가 계속해서 자기만 바라보고 있다고 생각할까 봐 걱정되었다. 사실 그가 나만 바라보고 있었을 리가 없으니 우리 둘이 서로 눈이 마주치는 건 그저 우연에 불과했다. 그걸 알면서도 혹시나 그가 오해를 할까 봐 불안했다. 그래서 결국 나는 긴 컨트리 음악이 세 곡이나 흘러나올 동안 그를 바라보지 않기로 했다. 그중 한 곡은 즉흥연주로 관객들이 박수를 칠 때까지 끝없이 바이올린 독주가 계속되기도 했다. 나는 결국 더 견디지 못하고 그를 올려다보았다. 그는 나를 바라보고 있었다. 그리고 손까지 흔들었다. 나도 손을 흔들어주었다.

나는 몸을 돌려 잠시 움직이지 않고 꼿꼿하게 서 있었다. 그러면서도 내 모습이 아름답고 정열적인 모습으로 비치기를 간절히 바랐다. 근육으로만 꽉 찬 내 엉덩이와 허벅지를 바라보는 조나단의 시선이 느껴졌다. 새 브래지어의 마법 덕분에 몸에 딱 달라붙는 티셔츠 안의 가슴이 도드라져 보이고, 밝은색 머리카락과 구릿빛 피부도 나쁘지 않을 것 같았다. 내 푸른 눈은 그 자두색 립스틱 덕분에 푸른빛이 더 빛을 발하겠지. 그런 기분은 노래가 끝날 때까지 계속되었다. 그러다 노래가 끝나고 나니 모든 것이 다 뒤집혔다.

나는 내가 나무껍질이나 죽은 닭 같은 피부에 시커멓게 그을린 흉측한 괴수처럼 보인다는 사실을 깨달았다. 쭈글쭈글한 얼굴에 햇볕 탓에 색이 바랜 머리카락, 그리고 탄력이 없는 배까지……. 지난 두 달 동안 그렇게 무수히 걷고 밥도 제대로 먹지 못하고 배낭 무게에 시달렸지만 현실은 상상과 딴판이었다. 내 배는 여전히 둥글고 펑퍼짐한 모습 그대로였고 아예 누워 있거나 감추지 않으면 그 모습이 그냥 다 드러날 판이었다. 옆모습을 보자면 내 코는 너무 뾰족 튀어나와 어떤 친구는 상어가 생각난다고 놀린 적도 있었다. 그리고 내 입술, 그 우스꽝스럽고 천박한 입술이여! 나는 음악이 계속 흘러나오는 동안 조심스럽게 손등으로 자주색 립스틱을 문질러 지워버렸다.

아, 신이여! 감사합니다. 음악이 끝났다. 조나단이 어느새 내 곁으로 다가와 내 손을 부드럽게 움켜쥐며 와줘서 기쁘다고 말했다. 와인 한 잔을 더 하겠냐고도 물어보았다. 사실 와인 같은 건 필요 없었다. 얼른 11시가 되어 빨리 조나단과 이곳을 떠나고 싶었다. 그렇게 되면 내가 미녀인지 야수인지, 그리고 그가 나를 쳐다보았는지 아니면 내 착각이었는지 더 이상 궁금해하지 않아도 되겠지.

아직 11시가 되려면 한 시간 하고도 30분이 더 남아 있었다.

"이따가 뭐 하고 싶어요? 저녁은 먹었어요?"

나는 그에게 저녁은 이미 먹었지만 뭘 또 먹어도 상관없다고 대답했다. 요즘에는 저녁을 서너 번 연달아 먹어도 끄떡없다는 말은 하지 않았다.

"나는 여기서 25킬로미터쯤 떨어진 곳에 있는 유기농 농장에 살고 있어요. 아주 전망이 멋진 곳이죠. 거기에 갔다가 원하면 언제든 내가 다시 차로 데려다줄게요."

"좋아요." 내가 대답했다. 그러면서 엄마의 터키석 귀고리로 만든 목걸이를 만지작거렸다. 내 이름이 새겨진 목걸이는 하고 오지 않았다. 조나단이 글자를 잘못 읽고 배가 고프냐고 물어보면 곤란한 일이 아닌가.

"사실 지금 좀 나가서 바깥바람을 좀 쐬고 싶어요. 11시까지는 돌아올게요."

"좋아요." 그가 대답했다. 그가 다시 일하던 곳으로 돌아가기 전에 내 손을 한 번 더 꼭 쥐었다 놓았다. 밴드가 음악을 다시 연주하기 시작했다. 나는 비틀거리며 밤거리를 걸었다. 스토브를 담았던 작고 빨간 나일론 가방의 끈이 내 손목에서 대롱거렸다.

나는 가지고 있던 대부분의 가방이나 용기들을 케네디 메도우즈에 두고 왔다. 배낭의 무게를 줄이기 위해서였다. 하지만 스토브만은 따로 보관해야겠다는 생각에 이 가방만은 들고 왔다. 그리고 그 나일론 가방을 애쉬랜드에 머무는 동안 핸드백처럼 사용하기로 했다. 휘발유 냄새가 좀 나기는 했지만. 가방 안에 들어 있는 물건들은 모두 지퍼락 봉지 안에 들어 있었다. 핸드백 안에 들어가기에는 다 그저 그런 물건들이었다. 돈, 운전면허증, 립밤, 빗, 호스텔에서 준 카드 하나. 카드는 몬스터, 스키 스틱, 내 식량 상자를 호스텔 창고에 따로 보관하고 있다는 확인증이었다.

"안녕." 클럽 밖 인도에 서 있던 남자가 말을 걸어왔다. "밴드 마음에 들었어요?" 남자가 작은 목소리로 물었다.

"아, 예." 나는 예의바르게 웃어보였다. 40대 후반쯤 되어 보이는 남자로 청바지에 낡은 티셔츠를 입고 멜빵을 하고 있었다. 곱실거리는 턱수염이 가슴께까지 늘어져 있었고 벗겨진 정수리 아래로 늘어진 뻣뻣한 잿빛 머리카락이 어깨를 감싸고 있었다.

"나는 산에서 왔어요. 가끔 이렇게 음악 들으러 내려오곤 하지요." 남자가 말했다.

"나도요. 그러니까…… 나도 산에서 내려왔다는 뜻이에요."

"그래요? 어떤 산이요?"

"지금 PCT를 여행하는 중이거든요."

"아, 그렇군요." 그가 고개를 끄덕였다. "PCT라. 전에 한 번 가본 적이 있어요. 내가 살고 있는 곳은 다른 쪽이에요. 인디언처럼 천막을 짓고 1년에 4, 5개월은 거기서 지내요."

"인디언 천막에서 지낸다고요?"

"네, 난 거기가 좋아요. 물론 가끔 외롭기도 하지만. 참, 내 이름은 클라이드예요." 그가 손을 내밀었다.

"난 세릴이에요." 내가 내민 손을 맞잡으며 말했다.

"나랑 차라도 한잔하겠어요?"

"고맙지만 지금 친구가 일 끝나기를 기다리는 중이라서요." 나는 그렇게 말하며 클럽 입구를 곁눈질했다. 언제라도 조나단이 밖으로 나올 것만 같았다.

"그래요? 내 트럭이 바로 여기 있어서 멀리 안 가도 돼요." 그러면서 그는 주차장에 서 있는 낡은 우유배달 트럭을 가리켰다. "천막에서 생활하지 않을 때는 저기서 살아요. 몇 년 동안 은둔자처럼 살아보는 연습을 하고 있어요. 그래도 때로는 이렇게 사람들 사는 곳으로 나와 음악을 듣는 것도 멋진 일이죠."

"무슨 말인지 잘 알겠어요." 나는 클라이드와 그가 살아가는 방식이 마음에 들었다. 그는 미네소타 북부에서 내가 알고 지냈던 몇몇 남자들을 생각나게 했다. 엄마와 에디의 친구들로, 평범한 생활을 거부하고 따뜻하고도 공허하지 않은 삶을 찾는 사람들이었다. 엄마가 죽고 난 뒤에는 거의 만나지 못했다. 이제는 애초에 그들을 전혀 몰랐던 것처럼, 다시 알 수 없을 것처럼 느껴졌다. 내가 자라온 과거의 생활 속에 어떤 것들이 존재했든지 이제는 너무나 멀리 떨어져 있다는 생각이 들었다. 그리고 다시는 돌이킬 수 없을 거라는 생각도.

"어쨌든 만나서 반가웠어요, 세릴. 물 끓여 놓을 테니 언제든 원하면 찾아와요."

"좋아요." 나는 바로 대답했다. "나도 차 한잔 마시고 싶네요."

*

그동안 보아온 트럭이나 트레일러를 개조한 살림집들은 모두 아주 멋진 곳들이었다. 클라이드의 트럭도 기대를 배신하지 않았다. 효율적으로 잘 정돈된 공간은 우아하고 아름다웠으며 파격적이면서도 실용적이었다. 작은 주방에는 나무를 연료로 쓰는 스토브가 있었고, 방에는 줄지어 늘어선 초들과 크리스마스 장식용 전구들이 아름다운 그림자를 드리우고 있었다. 트럭 안 삼면을 둘러싸고 있는 선반에는 책들이 가득했고 한가운데 널찍한 침대가 있었다. 나는 새로 산 샌들을 벗어 던지고 침대에 앉아 클라이드가 물을 끓이는 동안 선반 위 책들을 꺼내 살펴보았다. 주로 수도사들이나 동굴 같은 곳에서 살았던 사람들에 관한 책들이었다. 그리고 극지방이나 아마존의 열대우림, 그리고 워싱턴 주 해안 너머의 섬에 살았던 사람들의 이야기도 있었다.

"내가 직접 재배한 캐모마일 차예요." 클라이드가 뜨거운 물을 주전자에 부었다. 차가 우러나는 동안 그는 초 몇 개에 불을 붙이고 내게 다가와 옆에 앉았다. 나는 침대 위에 배를 깔고 누워 팔꿈치를 기대고 힌두교의 남신과 여신들 그림이 있는 책을 넘겨 보고 있었다.

"윤회나 환생을 믿으세요?" 책에 나오는 복잡하고 난해한 그림들이며 그에 대한 이야기들을 함께 읽다가 물었다.

"아뇨. 내가 믿는 건 지금 우리가 여기 있고 중요한 건 우리라는 거예요. 당신은 그런 걸 믿나요?"

"난 아직도 내가 뭘 믿고 있는지 잘 모르겠어요." 그가 내미는 뜨거운 머그잔을 받아들며 대답했다.

"괜찮다면 차 말고 다른 게 또 있어요. 이것도 숲속에서 내가 직접 채집한 건데요." 그는 주머니에서 생강처럼 보이는 뿌리 같은 걸 꺼내 손바닥 위에 올려놓고 내게 보여주었다. "씹을 수 있는 아편이에요."

"아편이요?" 내가 물었다.

"좀 더 부드러운 거지요. 그냥 아주 편안한 기분만 느끼게 해줘요. 해볼래요?"

"네, 해보고 싶어요." 나는 반사적으로 대답했다. 그리고 그가 잘게 잘라서 건네주는 아편을 받아들었다. 그는 자기도 한쪽 잘라 입에 집어넣었다.

"씹고 있어요?" 내가 묻자 그는 고개를 끄덕였다. 나도 아편을 입에 넣고 씹었다. 마치 그냥 나무를 씹는 맛이 났다. 문득 그게 진짜 아편이든 그냥 나무뿌리든 뱉어버리는 게 낫다는 사실을 깨달았다. 아무리 그가 친절하고 위험하지 않아 보일지라도 어쨌든 낯선 남자가 건네준 물건이 아닌가. 나는 입에 씹고 있던 걸 손바닥에 뱉어냈다.

"맛이 이상한가요?" 그는 웃으면서 작은 쓰레기통을 내게 내밀었다. 나는 손 안에 든 걸 그 안에 던져 넣었다.

나는 11시까지 그 트럭 안에서 클라이드와 이야기를 나눴다.

그가 나를 클럽 입구까지 배웅해주었다.

"앞으로 무사히 여행하기를 바랄게요." 그의 작별 인사와 함께 우리는 서로 포옹했다.

잠시 뒤 조나단이 클럽에서 나와 함께 그의 차로 갔다. 낡은 뷰익 스카이라크. 그는 자기 차를 베아트리체라고 불렀다.

"오늘 일은 어땠어요?" 내가 그의 옆에 앉으며 물었다. 이제는 아까 클럽에서 서로 마주 볼 때 느꼈던 그런 어색하고 긴장된 느낌이 전혀 들지 않았다.

"좋았어요." 그가 대답했다. 애쉬랜드를 너머 어둠 속으로 차를 몰면서 그는 유기농 농장에서의 삶이 어떤지 이야기해주었다. 농장은 친구들 소유로 일을 좀 해주는 대신 공짜로 머물고 있다고 했다. 나를 바라보는 그의 얼굴에 계기판의 불빛이 부드럽게 반사되었다. 그는 어떤 길로 접어들더니 또 다른 길로 들어섰다. 결국 나는 이제 애쉬랜드가 어느 쪽인지 전혀 분간할 수 없게 되었다. 다시 말해 내 몬스터가 어디 있는지 알 수 없게 되었다는 뜻이었다. 나는 몬스터를 가지고 오지 않은 것이 후회되었다. PCT 여행을 시작한 이후 내 배낭과 이렇게 멀리 떨어져본 것은 이번이 처음이었다. 그 사실이 내 기분을 묘하게 만들었다. 조나단은 도로를 벗어나 개가 짖고 있는 집을 지나쳐 바퀴 자국이 나 있는 비포장도로를 따라갔다. 옥수수와 꽃들이 줄지어 피어 있는 사이를 지나 마침내 우리가 도착한 곳은 커다란 사각형 텐트로 나무로 된 단 위에 세워져 있었다. 조나단이 차를 세웠다.

"여기가 내가 머무는 곳이에요." 그가 말했고 우리는 차에서 내렸다. 애쉬랜드보다 밤공기가 차가웠다. 내가 몸을 떨자 조나단이 나를 팔로 감싸 안았다. 그 모습이 하도 자연스러워 마치 전에도 이런 일이 수백 번은 더 있었던 것 같았다. 우리는 환한 보름달 아래 옥수수와 꽃밭 사이를 걸으며 각자 좋아하거나 혹은 둘 다 좋아하는 가수나 밴드에 대해 이야기했다. 그리고 우리가 봤던 공연에 대해 다시 떠올려보기도 했다.

"나는 미쉘 쇼키드 라이브 공연을 세 번 봤어요." 조나단이 말했다.

"세 번이나요?"

"한번은 폭설을 뚫고 차를 몰고 갔었지요. 가보니 관객이 열 명밖에 없더군요."

"우와!" 미쉘 쇼키드 공연을 세 번이나 봤다는 남자 앞에서 바지를 벗지 않고 계속 버틸 재간이 없다는 것을 깨달았다. 지금 내 엉덩이 꼴이 어떻다 하더라도 상관이 없었다.

"우와." 그가 내 뒤에서 말했다. 어둠 속에서 그가 나의 눈을 찾았다.

"우와." 내가 말했다.

"우와." 그가 또 말했다.

우리는 오직 그 말만 반복했지만 나는 갑자기 정신이 혼란스러워졌다. 우리는 더 이상 가수들 이야기는 하지 않았다.

"저게 다 무슨 꽃들이죠?" 우리 주변을 온통 둘러싸고 있는 꽃들을 가리키며 물었다. 갑자기 그가 내게 키스라도 해올까 나는 두려웠다. 키스하고 싶지 않다는 뜻이 아니었다. 다만 두 달도 더 전에 조와 키스를 한 이후로는 아무하고도 키스를 한 적이 없다는 게 문제라면 문제였다. 그리고 나는 키스를 한 지 너무 오래되어 키스하는 방법을 잊어버린 게 분명하다고 확신했다. 키스를 피하고자 나는 조나단에게 농장과 클럽에서 하는 일에 대해서 물었다. 그리고 고향이 어디인지, 가족은 어떤 사람들인지. 마지막으로 사귄 여자친구가 누군지 물었다. 그 여자친구와 사귄 기간은 얼마나 되는지 그리고 왜 헤어졌는지, 할 수 있는 질문이란 질문은 다 했다. 그는 그때마다 솔직하게 다 대답을 해주었고 내게는 아무것도 되묻지 않았다.

사실 그런 질문들은 내게 아무런 의미가 없었다. 그의 손이 내 어깨를 부드럽게 감싸 안았다. 그리고 그 손이 더 따뜻하게 내 허리 쪽으로 내려왔다. 우리 두 사람은 텐트 뒤쪽으로 돌아갔고 그가 몸을 돌려 내게 키스를 했다. 그리고 나는 내가 아직 키스 방법을 잊지 않았다는 사실을 깨달았다. 우리가 나눴던 많은 질문과 이야기들이 내 머릿속에서 점점 사라져갔다.

"정말 멋진데요." 그가 말했다. 우리는 서로를 보며 바보처럼 웃었다. 마치 둘 다 키스를 처음 해본 사람들 같았다.

"여기 와줘서 기뻐요."

"나도 그래요." 나는 내 허리에 와 있는 그의 손을 강렬하게 의식하고 있었다. 그 따뜻한 느낌이 얇은 내 티셔츠 안을 파고들고 청바지 허리 부분을 훑듯이 지나갔다. 우리는 조나단의 차와 텐트 사이에 서 있었다. 마치 내가 가야 할 두 방향을 가리키고 있는 것 같았다. 홀로 애쉬랜드 호스텔에 있는 작은 골방으로 돌아갈 것인가 아니면 조나단과 함께 그의 침대로 갈 것인가.

"하늘 좀 봐요." 그가 말했다. "저 별들도요."

"아름답네요." 내가 말했다. 그렇지만 나는 하늘을 보고 있지 않았다. 대신 나는 어둠에 잠긴 땅 쪽을 바라보았다. 점점이 불이 밝혀진 집과 농장들이 흩어져 있었다. 나는 클라이드 생각을 했다. 그도 같은 하늘 아래서 트럭 안에 있는 멋진 책들을 읽고 있을까. 나는 PCT가 어디쯤 있을까 궁금했다. PCT가 너무 멀게 느껴졌다. 지난밤 음악 속에서 그의 귀에 대고 큰 소리로 말한 이후 조나단에게 PCT에 대해서 아무런 말도 하지 않았다는 사실을 깨달았다. 그도 아무것도 묻지 않았다.

"왜 그랬는지 잘 모르겠어요. 당신을 본 순간 가서 이야기를 걸고 싶었어요. 당신이 정말 멋진 여자라고 느껴졌거든요." 조나단이 말했다.

"당신도 정말 근사해요." 나도 말했다.

그는 내게 몸을 기대며 다시 키스했고 나도 열정적인 키스를 되돌려주었다. 우리는 그 자리에 서서 계속해서 키스하고 또 했다. 텐트와 차와 옥수수와 꽃, 그리고 별과 달 등 우리를 둘러싸고 있는 모든 것이 세상에서 가장 아름다워 보였다. 내 손은 천천히 그의 머리카락을 어루만지다가 탄탄한 어깨를 타고 내려와 든든한 팔을 더듬고 그의 억센 등에 가서 멈췄다. 나는 조나단의 멋진 육체를 힘껏 끌어안았다. 내가 남자를 얼마나 사랑하는지 기억할 수 없었지만 모든 것을 다시 시작하는 데는 그리 오랜 시간이 필요하지 않았다.

"같이 안으로 들어갈까요?" 조나단이 물었다.

나는 고개를 끄덕였고 조나단은 들어가서 전등과 난방기를 켤 테니 잠시 기다리라고 말했다. 잠시 뒤 다시 모습을 드러낸 그는 텐트 문을 열고 나를 불렀다. 나는 텐트 안으로 들어갔다.

그건 내가 그동안 지내던 텐트하고는 완전히 달랐다. 조나단의 텐트는 최고급 특등실이었다. 작은 전열기로 따뜻해진 텐트 안은 사람이 똑바로 설 수 있을 정도로 높았고 한가운데 2인용 침대가 있었지만 걸어 다닐 수 있을 정도로 널찍했다. 침대 옆에는 판지로 된 작은 서랍장이 있었고 그 위에는 건전지로 작동하는 촛불 모양의 전등이 두 개 있었다.

"대단하네요." 내가 말했다. 나는 텐트 입구와 그의 침대 끝자락 사이에 있는 작은 공간에 그와 함께 섰다. 잠시 뒤 그는 나를 다시 끌어안고 키스를 했다.

"이런 거 물어보면 좀 우습지만." 그가 말했다. "그냥 생각만 하기가 싫어서요. 당신하고 이러고 있으니까 참 좋은데, 그러니까 정말 근사하고 멋진 일인데 말이죠. 만일 당신이 그냥 호스텔로 돌아가고 싶다거나, 정말 당신이 그렇게 하고 싶다면……. 나야 뭐 당신이 안 그러길 바라지만요. 그런데 우리가 반드시 할 필요는 없는데, 그러니까 만약 우리가……. 나야 뭐 아무 문제 없지만 그래도 만약이라는 게 있는 거니까……. 혹시 콘돔 가진 거 있어요?"

"콘돔이 없다고요?" 내가 물었다. 그는 고개를 흔들었다.

"나도 콘돔은 없어요." 내가 말했다. 정말 듣도 보도 못한 우스꽝스러운 일이었다. 혹독한 황무지와 얼음길을 넘어 산과 숲과 강을 지나고 고통스럽고 지루한 시간을 견디면서 나는 콘돔 하나를 꼭 챙기고 다녔다. 그리고 마침내 여기에 도착해 즐거운 시간을 보내고 따뜻하게 데워진 호화로운 텐트 안 2인용 침대가 눈앞에 있는데, 그리고 비록 건전지로 작동하는 모형이지만 촛불도 있는데, 뜨겁고 부드러우며 빨려들 것 같은 갈색 눈동자가 나를 바라보고 있는데, 미셸 쇼키드를 좋아하는 이 남자에게 콘돔이 없다니. 그리고 나는 내 부끄러운 엉덩이 꼴을 보여주지 않으려고 바지를 절대 벗지 않겠다는 결심 아래 하나 있던 콘돔을 일부러 배낭 안 구급상자 안에 넣고 왔다. 그 배낭은 마을에 있고 여기서는 그 마을이 있는 방향조차 제대로 알 수가 없었다. 그 콘돔은 구급상자가 아니라 바로 여기 휘발유 냄새가 나는 내 작은 핸드백 대용 나일론 가방 안에 들어 있어야 했다. 그게 가장 이성적이고 합리적인, 그리고 현실적인 상황이 돼야 했었는데.

"괜찮아요." 조나단이 내 두 손을 모아 쥐며 속삭였다. "시간은 많아요. 그리고 할 수 있는 것도 많고요."

그리고 우리는 다시 키스를 시작했다. 키스하고, 하고, 또 했다. 그의 손이 내 온몸을 더듬었고 내 손도 그의 몸을 그냥 놓아두지 않았다.

"티셔츠 벗을래요?" 잠시 뒤 그가 몸을 떼어내며 속삭였다. 사실 나도 그렇게 하고 싶었기 때문에 나는 그만 웃고 말았다. 나는 티셔츠를 벗었고 그는 내 레이스 달린 검은색 브래지어를 바라보았다. 몇 개월 전 브래지어를 상자에 넣으며 애쉬랜드에 도착하면 그걸 입겠다고 생각했던 일이 기억이 나자 나는 또다시 웃음을 터뜨렸다.

"뭐가 그렇게 재미있어요?" 조나단이 물었다.

"아, 뭐 그냥요. 내 브래지어 마음에 들어요?" 나는 내가 마치 브래지어 모델이라도 된 듯이 과장되게 손을 흔들었다. "아주 먼 길을 돌아서 온 겁니다."

"여기에 무사히 도착해서 다행이네요." 그가 말했다. 그는 손을 뻗어 손가락으로 아주 부드럽게 쇄골 근처의 브래지어 끈을 더듬었다. 그렇지만 그걸 끌어내려 벗겨낼 것이라는 예상과는 달리 그는 천천히 손가락으로 브래지어를 처음부터 끝까지 더듬었다. 나는 그동안 그의 얼굴을 바라보았다. 키스할 때보다 더 가까워진 느낌이었다. 마침내 브래지어 만지는 일을 그만둔 그는 거침없이 내 몸을 더듬어갔다. 이미 몸이 뜨거워진 나는 제대로 서 있을 수조차 없었다.

"이리로 와요." 조나단을 내 쪽으로 잡아끌며 말했다. 그리고 우리 두 사람은 침대 위에 함께 누웠다. 이미 샌들은 벗어 던진 후였다. 우리는 여전히 청바지를 입고 있었지만, 그는 셔츠를 벗었고 나는 브래지어를 풀어 텐트 저편으로 던졌다. 우리는 키스를 하며 뜨겁게 엉켜들어갔다. 이윽고 진정이 된 우리는 나란히 누워 다시 키스했다. 그러는 동안 그의 손이 내 머리부터 더듬어 내려오더니 가슴을 거쳐 허리에 닿았고 마침내 청바지의 첫 단추를 풀려고 했다. 그러나 내 엉덩이의 상태가 얼핏 기억나 그에게서 떨어졌다.

"미안해요." 그가 말했다. "내 생각엔 당신이……."

"그게 아니라, 그게…… 당신에게 먼저 말해야 할 게 있어요."

"당신 혹시 결혼했나요?"

"아니요." 내가 말했다. 문득 내가 사실을 말하고 있구나 하는 생각이 들었다. 폴 생각이 났다. 폴. 그리고 갑자기 나는 몸을 일으켰다. "당신은 결혼했나요?" 내가 내 뒤에 누워 있는 조나단을 돌아보며 물었다.

"결혼도 안 했고 아이도 없어요." 그의 대답이었다.

"몇 살이에요?" 내가 물었다.

"서른네 살."

"나는 스물여섯 살이에요."

우리는 잠시 생각에 잠겼다. 그는 나에게 아무것도 물어보지 않았다. 서른네 살이라는 나이는 매력적으로 느껴졌다. 더 이상 소년이 아닌 남자와 한 침대에 있다니.

"하고 싶었던 말이 뭐예요?" 그가 물었다. 그리고 손을 뻗어 내 벌거벗은 등을 쓰다듬었다. 그의 손길이 느껴지자 나는 내가 떨고 있다는 사실을 깨달았다. 그도 내 떨림을 눈치챘는지 궁금했다.

"그냥 나 혼자 의식하는 것일 수도 있지만, 지금 내 엉덩이가…… 뭐랄까 그 꼴이……. 저기, 지난밤에 내가 했던 말 기억나요? PCT를 따라 여행 중이라는? 그래서 매일 배낭을 짊어지고 걷다 보니 배낭에 살이 이리저리 쓸렸어요. 그래서 엉덩이 피부가 그렇게 된 거예요." 나는 나무껍질과 죽은 닭살이라는 말 말고 뭐 다르게 표현할 방법이 없나 생각해보았다. "그러니까 좀 거칠어졌어요. 오래 걷다 보니 굳은살 같은 게 생긴 거죠. 그러니까 당신이 보고 놀라지 않았으면 좋겠는데……."

나는 말을 멈추고 숨을 몰아쉬었다. 내가 하는 모든 이야기가 내 등에 와 닿는 그의 입술이 주는 순전한 즐거움 속에서 다 사라져버렸다. 그의 손은 앞으로 가 내 청바지의 단추를 모조리 풀었다. 그가 몸을 일으켰다. 그의 벌거벗은 가슴이 나에게로 와서 닿았다. 그는 내 머리를 옆으로 치우더니 내 목과 어깨에 키스했다. 잠시 뒤 나는 몸을 돌려 그를 떼어내고 몸을 꿈틀거리며 청바지를 벗었다. 그러는 동안 그는 다시 내 귀에서부터 키스를 시작해 목과 쇄골을 거쳐 배를 지나 팬티 레이스까지 도달했다. 그는 내 팬티를 끌어 내렸다. 그의 손이 내 엉덩이 근처를 오가자 나는 그가 절대로 그 부분은 만지지 않기를 바랐다.

"아, 이런." 그가 속삭였다. 그의 입술이 부드럽게 내 살의 가장 거친 부분에 가서 닿았다. "쓸데없는 걱정을 했네요."

*

즐거웠다. 아니, 즐거움 그 이상이었다. 마치 텐트 안에서 벌어진 축제 같았다. 우리는 6시에 잠이 들어 두 시간 뒤에 깨어났다. 지쳐 있었지만 어쨌든 몸을 일으켰다. 어찌 된 일인지 몸은 피곤한데 잠은 오지 않았다.

"오늘은 쉬는 날인데, 해안가로 한 번 가볼래요?" 조나단이 몸을 일으키며 말했다. 나는 그가 말하는 해안가가 정확히 어디인지도 모르면서 고개를 끄덕였다. 오늘은 나도 마지막으로 쉬는 날이었다. 내일이면 나는 PCT로 돌아가 크레이터 레이크로 향한다.

우리는 옷을 입고 차를 몰아 활처럼 길게 굽어 있는 길을 따라 두어 시간쯤 달렸다. 숲을 통과한 후 해안가에 있는 산 위로 올라갔다. 우리는 커피와 케이크를 먹고 마신 뒤 음악을 들으며 계속 달렸다. 지난밤처럼 별로 중요하지 않은 대화들이 이어졌다. 오직 음악만이 우리가 공통으로 관심 있게 이야기할 수 있는 주제인 것 같았다. 해안가 마을인 브루킹스에 도착할 무렵, 나는 여기로 따라오겠다고 한 것이 후회되었다. 나도 조나단이 원하는 대로 따르고 싶은 마음은 있었지만, 운전만 벌써 세 시간째였다. PCT에서 이렇게 멀어지다니 기분이 이상했다. 마치 내가 그 길을 배신이라도 한 기분이었다.

그러나 해안가의 멋진 모습을 보자 그런 생각들이 모두 사라졌다. 조나단과 함께 바닷가를 걸으며 나는 전에 바로 이곳에 폴과 함께 와본 적이 있다는 사실을 깨달았다. 우리는 근처 주립공원 야영장에서 야영했다. 당시 우리는 그랜드 캐니언과 라스베이거스, 빅 수와 샌프란시스코를 포함한 장거리 자동차 여행 중이었다. 그렇게 일하며 여행을 하다가 결국 나중에 포틀랜드에 정착했다. 이 해안에 머무르게 되었을 때 우리는 불을 피워 직접 음식을 만들고 피크닉 테이블에서 카드놀이를 했다. 그리고 내가 몰고 온 트럭 뒷자리에 올라타 거기 마련된 잠자리에서 사랑을 나누었다. 그때 기억이 마치 몸에 걸친 옷처럼 느껴졌다.

폴과 함께 이곳에 왔을 때 나는 어떤 사람이었고, 어떤 일을 기대했을까. 그리고 지금 나는 어떤 사람일까. 어떻게 모든 것이 다 바뀐 것일까.

나는 말 없이 조용히 있었지만 조나단은 내가 무슨 생각을 하고 있는지 물어보지 않았다. 우리는 그저 말없이 함께 걸었다. 일요일 오후였지만 사람들이 별로 없었다. 그렇게 아무도 보이지 않을 때까지 걷고 또 걸었다.

"저기 어때요?" 검은색 바위들이 있는 작은 만에 도착하자 조나단이 물었다. 나는 그가 담요를 펼쳐 놓고 슈퍼마켓에서 사온 음식 꾸러미를 올려놓은 뒤 자리에 앉는 모습을 지켜보았다.

"당신만 괜찮으면, 나는 좀 더 걷고 싶어요." 나는 이렇게 말하고 담요 옆에 샌들을 벗어놓았다. 혼자 걸으니 기분이 좋았다. 바람이 머리카락을 간질이고 모래 때문에 발이 따끔따끔했다. 조나단이 보이지 않을 정도로 멀리까지 간 나는 몸을 굽혀 모래 위에 폴의 이름을 썼다.

나는 전에도 몇 번이고 같은 일을 했다. 열아홉에 폴과 사랑에 빠진 뒤로 나는 바닷가에 갈 때마다 폴의 이름을 썼다. 폴과 함께 있을 때도, 그렇지 않을 때도. 하지만 지금 이 순간, 그의 이름을 쓰는 건 이게 마지막이 될 것이라고 예감했다. 나는 더 이상 폴을 괴롭히고 싶지 않았다. 그러면서도 알고 싶었다. 내가 폴을 떠난 것은 실수였을까. 폴을 그렇게 대하면서 나는 나 자신을 괴롭히고 있었던 것은 아닐까. 내가 나를 용서할 수 있다면 어떨까? 절대 저지르지 말아야 할 일을 해버리긴 했지만 그런 나를 스스로 용서할 수 있다면? 내가 저지른 짓에 대해 변명의 여지도 없지만, 단지 내가 그렇게 하기를 원했고 내게 필요했던 일이라면? 너무나도 후회스럽지만 다시 그때로 돌아가도 역시 그때와 똑같이 행동할 수밖에 없다면? 그때 만났던 남자들을 사실은 내가 진짜 원했었다면? 마약이 내게 무엇인가를 가르쳐주었다면? 그때 할 수 있었던 대답이 노가 아니라 예스가 최선이었다면? 모든 사람이 내가 하지 말았어야 한다고 생각했던 바로 그 일들 덕분에 내가 지금 여기까지 와 있는 거라면? 아무것도 결코 되돌릴 수 없다면? 아니, 이미 내가 다 회복되었다면?

*

"이거 어때요?" 다시 돌아온 내가 조나단에게 내가 주워온 돌들을 보여주었다. 그는 웃으며 고개를 저었다. 그리고 내가 그 돌들을 다시 모래밭으로 던져버리는 걸 지켜보았다.

나는 조나단 옆에 앉았다. 그리고 그는 베이글이며 치즈, 그리고 작은 플라스틱 용기에 든 꿀과 바나나, 그리고 오렌지들을 차려놓았다. 그가 오렌지 껍질을 까주었다. 나는 음식을 먹었다. 조나단이 손가락에 꿀을 묻혀 내 입술에 바르더니 키스를 하며 부드럽게 입술을 깨물었다.

그렇게 해변에서의 환상적인 시간이 시작되었다. 조나단과 나, 그리고 꿀과 어쩔 수 없이 그 안에 섞여든 모래까지. 나의 입술과 그의 입술, 그리고 내 팔에서 가슴까지 모든 내 몸의 부드러운 부분들이. 그의 벌거벗은 넓은 어깨를 지나 가슴으로, 배로, 그리고 그가 입고 있던 반바지의 윗부분까지. 내가 결국 견디지 못할 때까지 우리의 달콤한 시간은 그렇게 계속되었다.

"우와." 내가 숨을 헐떡이며 말했다. 그 말만이 우리 사이에 어울리는 말 같았다. 말이 많지 않은 나와 그의 사이에서 통하는 말이었다. 게다가 그는 침대에서 죽여줄 정도로 끝내주는 남자였다. 그리고 나는 아직 그와 자지도 않았다.

아무런 말도 없이 그는 슈퍼마켓에서 사온 콘돔을 꺼내 들었다. 그리고 포장을 뜯었다. 그는 자리에서 일어나 나를 일으켜 세웠다. 나는 그가 이끄는 대로 내버려두었다. 우리 두 사람은 모래밭을 지나 바위들이 모여 있는 좁은 만으로 들어갔다. 그리고 그 뒤를 돌아 은밀한 장소를 찾았다. 환한 한낮의 태양 속에 그늘진 바위틈 사이에 있는 공간이었다. 이렇게 야외에서 관계를 갖는 것은 나에게는 익숙한 일이 아니었다. 물론 세상에는 아무리 불편하고 형편없는 곳이라도 야외에서의 관계를 선택하는 사람도 있겠지. 그렇지만 나는 그런 사람을 만나지 못했다. 그래도 나는 오늘은 바위가 마련해준 안식처에 만족하기로 했다.

결국 나는 지난 몇 개월의 시간을 포함해서 야외에서 할 수 있는 일은 다 해본 셈이었다. 우리는 서로의 옷을 벗겼고 나는 기울어진 바위 위에 몸을 비스듬히 기댔다. 내 다리가 조나단의 몸을 감싸 안았고 그러다가 그가 내 몸을 뒤집자 나는 바위를 움켜쥐었다. 몸에 남아 있던 꿀과 함께 소금과 모래 냄새, 그리고 해초와 플랑크톤 냄새가 났다. 얼마 지나지 않아 나는 우리가 밖에 나와 있다는 사실과 꿀 냄새 등을 다 잊어버렸다. 그리고 그가 내게 무슨 말을 물어봤는지도 하나도 기억이 나지 않았다.

*

다시 애쉬랜드로 돌아오는 길에 우리는 거의 아무런 말도 하지 않았다. 나는 우리가 나눴던 격정적인 사랑과 수면 부족 탓에 아주 피곤했다. 어쨌든 모래와 태양과 꿀 말고는 사실 별로 할 말도 없었다. 우리는 평화스럽고 조용하게 호스텔로 돌아오는 내내 닐 영^{Neil Young}의 노래들을 흥얼거렸다. 그렇게 특별한 마무리도 없이 우리의 22시간짜리 데이트가 끝이 났다.

"정말 고마웠어요." 내가 그에게 키스하며 말했다. 벌써 일요일 밤 9시로 날은 이미 어두워진 후였다. 마을은 전날 밤보다 더 고요했다. 절반이 넘는 관광객들이 집으로 돌아간 탓인지 분위기가 훨씬 가라앉아 있었다.

"주소 좀 알려줘요." 그가 내게 종이쪽지와 볼펜을 내밀었다. 나는 리사의 주소를 적었다. 슬프지도 후회스럽지도 그렇다고 아쉽지도 않았지만 모든 감정이 한데 뒤섞여 올라오는 것 같았다. 분명 아주 멋진 시간이었다. 그렇지만 나는 공허했다. 손에 넣기 전까지는 내가 진정으로 원하는 게 뭔지 모르는 사람처럼.

"고마웠어요." 나는 그러면서 그에게 종이쪽지를 건네주었다.

"가방 챙겨 가요." 그는 내 작은 나일론 가방을 집어 들었다.

"그럼 안녕." 나는 가방을 받아들고 문 쪽으로 향했다.

"그렇게 서두르지 마요."

조나단이 나를 자기 쪽으로 잡아끌었다. 그는 내게 뜨겁게 키스를 했고 나는 더 뜨거운 키스를 돌려주었다. 지금까지 살아온 내 인생의 한 시대가 끝이라도 나는 것처럼.

*

다음 날 아침, 나는 여행용 복장으로 갈아입었다. 여행 첫날부터 입어왔던 낡은 스포츠 브래지어와 닳아 떨어진 남색 반바지였다. 거기에 앞으로 남은 기간 신을 새 모직 양말과 새 티셔츠를 입고 다시 그 위에 보라색이 섞인 회색 셔츠를 입었다. 가슴에 노란색 글씨로 캘리포니아 주립대학교라고 적혀 있는 셔츠였다. 나는 몬스터를 메고 가게로 들어갔다. 손목에는 스키 스틱이 매달려 있었고 팔에는 상자를 안고 있었다. 나는 조리 식품을 파는 곳에서 탁자 하나를 차지하고 앉아 짐을 정리하기 시작했다.

정리를 마치고 나서 잘 정리된 배낭 옆에 작은 상자를 놓았다. 그 상자 안에는 내 청바지와 브래지어, 그리고 속옷이 들어 있었다. 나는 그 상자를 리사에게 다시 보낼 생각이었다. 그리고 그 옆 비닐봉지 안에는 더 이상 못 먹을 것 같은 여행용 음식들이 들어 있었다. 그 봉지는 마을 우체국 옆 여행자 나눔의 상자에 남겨둘 생각이었다. 다음 목적지는 크레이터 레이크 국립공원으로 여기에서 176킬로미터가량 떨어져 있었다. 빨리 PCT로 돌아가야 했지만 애쉬랜드를 떠나기가 싫었다. 배낭을 뒤져 내 이름이 새겨진 목걸이를 꺼내 들고 목에 걸었다. 그리고 더그가 주었던 까마귀 깃털을 만져보았다. 깃털은 이제 낡고 풀이 죽었지만 내가 처음 꽂아두었던 그 자리에 여전히 꽂혀 있었다. 나는 배낭 옆 주머니를 열어 구급상자를 꺼내 열었다. 모하비에서 여기까지 가지고 온 콘돔 하나가 안에 있었다. 여전히 새것이었다. 나는 그 콘돔을 꺼내 이제는 필요 없는 음식이 들어 있는 비닐봉지 안에 넣었다. 그리고 몬스터를 짊어지고 상자와 비닐봉지를 끌어안은 채 가게를 나왔다.

나는 얼마 가지 않아 토드 레이크에서 만났던 머리띠 한 남자를 다시 보았다. 그는 전에 그를 봤던 그 인도 위에 앉아 있었다. 커피 깡통과 마분지도 그대로였다.

"난 이제 떠나요." 내가 그 앞에서 가던 길을 멈추고 이렇게 말했다.

그는 얼굴을 들어 나를 보더니 고개를 끄덕였다. 그는 여전히 내가 누군지 기억하지 못하는 눈치였다. 토드 레이크에서의 만남은 물론 며칠 전 바로 이 자리에서 만난 일도.

"레인보우 개더링을 찾을 때 만났었죠. 그때 스테이시라는 여자와 함께 있었어요. 당신이랑 이야기도 했었고요." 그는 다시 고개를 끄덕이고 깡통 속 동전을 흔들어 보였다.

"여기 음식이 좀 있어요. 난 더 이상 필요 없으니 만약 필요하면 가져요." 나는 이렇게 말하고 비닐봉지를 그의 옆에 놓았다.

"고마워, 자기야." 내가 발걸음을 돌리자 그가 말했다.

나는 걸음을 멈추고 뒤를 돌아보았다.

"저기요." 내가 그를 불렀다. "저기요!" 나는 그가 나를 볼 때까지 소리쳤다.

"날 자기라고 부르지 말아요." 내가 말했다.

그러자 그가 마치 기도라도 하듯 두 손을 합장했다. 그리고 나를 보며 머리를 숙였다.

텅 빈 그릇을 채운 것

    크레이터 레이크는 한때 마자마 산이라고 불렸던 곳이다. 그곳은 내가 오리건 주의 PCT를 통과하며 지나쳤던 맥러플린 산, 세자매 산, 워싱턴 산, 후드 산 같은 휴화산하고는 달랐다. 무엇보다도 그 크기가 비교할 수 없을 만큼 커서 높이가 대략 해발 3,657미터에 달했다. 마자마 산은 대략 7,700년 전 대격변을 겪으며 폭발했고 그 규모는 1980년 폭발했던 세인트 헬레나 화산의 42배에 달했다고 한다. 캐스케이드 레인지 100만 년 역사에 있어 가장 큰 화산폭발이었다.

    이 폭발로 분출된 화산재와 부석 등은 130만 제곱킬로미터를 뒤덮었다고 한다. 오리건 주 전체는 물론 캐나다의 앨버타까지 덮을 수 있는 면적이다. 그 모습을 목격했던 북미 원주민인 클래머스 족은 그 폭발이 지하세계의 신인 랄로와 하늘의 신인 스켈의 전쟁이라고 생각했다. 랄로는 지하세계로 다시 쫓겨났고 마자마 산은 거대한 빈 그릇이 되었다.

산이 내려앉은 그 지형을 칼데라라고 부른다. 산의 중심이 움직인 것이다. 그리고 수백 년의 세월이 흐르는 동안 그 칼데라에는 빗물과 눈 녹은 물이 모여 천천히 물이 채워져 지금처럼 호수가 되었다. 최대 수심이 580미터에 달하는 이 크레이터 레이크는 미국에서 수심이 가장 깊은 호수이며 세계에서도 가장 깊은 호수 중 하나다.

나는 미네소타에서 올 때부터 호수에 대해 조금 들은 바가 있었다. 그렇지만 애쉬랜드부터 걸어가면서 나는 내가 크레이터 레이크에서 어떤 것을 보게 될지 제대로 상상하지 못했다. 어쩌면 슈피리어 호수와 비슷하지 않을까 생각만 했을 뿐이었다. 슈피리어 호수는 엄마가 있었던 병원 근처에 있던 곳으로 푸른 수평선이 끝없이 펼쳐져 있는 곳이었다.

나에게는 새 여행 안내서가 생겼다. 나의 새 경전인 셈이었다. 이름하여 『PCT 제2권: 오리건과 워싱턴』. 애쉬랜드에서 구매한 후 내게 필요 없는 워싱턴 부분을 130쪽가량 찢어버리긴 했다. 애쉬랜드를 떠난 첫날 밤, 나는 잠들기 전에 책을 이리저리 살펴보았다. PCT에서의 첫날 밤 황야에서 1권을 뒤적이던 그때와 똑같았다.

애쉬랜드를 떠난 후 첫 며칠 동안 나는 남쪽의 섀스타 산을 몇 번 볼 수 있었다. 하지만 대부분 가는 길이 숲속이라 경관을 살펴볼 수는 없었다. 배낭여행자들 사이에서 오리건 주 PCT는 종종 '녹색의 터널'이라고 불린다. 캘리포니아 PCT에 비해 탁 트인 곳이 별로 없기 때문이다. 나는 발아래 모든 것을 내려다볼 수 있는 기분을 더 이상 느낄 수 없었으며 그렇게 탁 트인 경관을 바라볼 수 없다는 사실이 기묘하게 느껴졌다. 캘리포니아가 나의 시야를 넓혔다면 오리건은 다시 좁게 만들어버린 셈이었다. 나는 당당하고 멋진 소나무 숲을 통과해 걸었다. 때로는 길까지 가려버리는 우거진 엉겅퀴들을 헤치고 덤불숲의 호수를 지나가기도 했다. 나는 로그 리버 국유림으로 건너가 어마어마한 태고의 나무들 아래를 걸었다. 그러다가 몇 주 전에 본 것 같은 개간지가 나타났다. 빽빽한 나무숲을 벌채하고 난 자리에 그루터기와 나무뿌리만 남아 있는 넓은 공간이었다. 나는 거기서 길을 잃은 채 오후를 보냈다. 그러다 몇 시간을 걸은 뒤 포장된 도로로 들어서 다시 PCT를 찾을 수 있었다.

날은 화창하고 맑았지만 공기는 차가웠다. 그리고 해발 1,828미터 높이에 있는 길인 스카이 레이크스 윌더니스로 들어간 후 시간이 지날수록 점점 더 추워졌다. 화산암과 바위들로 이루어진 분수령을 따라 걷다 보니 다시 시야가 트여 길 아래 호수와 저 너머 펼쳐져 있는 땅이 이따금 보이기 시작했다. 태양은 밝게 빛났지만 마치 8월 중순 오후가 아니라 10월 초순 아침처럼 느껴졌다. 나는 몸을 따뜻하게 만들기 위해 계속해서 걸어야만 했다. 5분 이상 쉬면 등을 흠뻑 적시고 있던 땀이 차갑게 식어버렸다. 애쉬랜드를 떠난 이후로 사람은 한 명도 보지 못했지만 여기서부터는 여러 길이 교차하는 곳 중 하나인 PCT까지 올라온 낮 또는 하루 정도만 머무는 단기 여행자들을 몇 명 볼 수 있었다. 길은 저 위 산봉우리나 아래 호수까지 이어져 있었다. 그렇지만 대부분 나는 혼자였고 그건 별로 드문 일도 아니었다. 하지만 추운 날씨 탓인지 길이 더 텅 빈 것처럼 느껴졌다. 바람은 말없이 서 있는 굳건한 나무들의 가지를 흔들어댔다. 날은 더 춥게 느껴져 실제로 눈은 조금밖에 보이지 않는데도 시에라네바다 산맥의 눈길보다 더 춥게 느껴질 정도였다. 그때는 여름으로 접어들던 시기였지만 그로부터 6주나 지난 지금 내가 가야 하는 길은 이미 여름은 다 지나고 계절이 가을로 접어들고 있기 때문이었다.

어느 날 밤, 나는 야영을 하기 위해 가던 길을 멈추었고 땀에 젖은 옷들을 벗고 남아 있는 모든 다른 옷들을 다 껴입었다. 그리고 재빨리 저녁을 지어 먹고 슬리핑백으로 들어가 지퍼를 올렸다. 뼛속까지 추위가 몰려왔고 너무 추워 책도 읽을 수 없었다. 나는 마치 엄마 배 안의 태아처럼 몸을 웅크렸다. 모자를 쓰고 장갑까지 꼈지만 좀처럼 잠을 잘 수 없었다. 마침내 태양이 떠오르자 기온은 영하 3도였고 텐트에는 얇게 눈이 덮여 있었다. 텐트 안에서 품고 있던 물통의 물까지 얼어붙었다. 물 한 모금 마시지 못하고 아침은 평소에 먹는 단백질 가루와 그래놀라를 물에 탄 것 대신 그냥 단백질 바로 때운 뒤 텐트를 접었다. 그리고 나는 다시 엄마 생각을 했다. 애쉬랜드를 떠난 이후로 엄마 생각이 계속 내 마음속을 맴돌더니 무겁게 가라앉았다. 그리고 눈이 내린 아침, 엄마는 분명 이곳에 있었다.

8월 18일. 바로 엄마의 생일이었다. 엄마가 살아 있었으면 쉰 살이 되었을 것이다.

엄마는 죽었다. 엄마는 쉰 살 생일을 맞이하지 못했다. 엄마는 절대로 쉰 살이 되지 못한다. 나는 차갑고 환한 8월의 태양 아래를 걸으며 계속 이렇게 중얼거렸다. 엄마, 왜 쉰 살까지 못 살았어? 빌어먹을, 쉰 살까지는 살았어야지. 그런 생각을 할수록 분노가 쌓여가는 것을 느꼈다. 나는 쉰 살 생일까지 살아남지 못한 엄마에 대한 분노가 이렇게 큰다는 사실을 믿을 수가 없었다. 엄마가 눈앞에 있다면 분명 주먹을 휘둘렀을지도 몰랐다.

지난번 엄마의 생일에는 이렇게 화가 나지는 않았다. 지난 몇 년간 나에게는 슬픔밖에는 없었다. 엄마 없이 보낸 첫 번째 생일, 엄마가 마흔여섯 살이 되던 날 나는 에디와 카렌, 그리고 레이프와 함께 우리의 북쪽 땅으로 갔다. 그리고 엄마를 위해 만들어두었던 화단에 엄마의 유골을 뿌렸다. 그리고 두 번째, 세 번째, 네 번째 생일에 나는 자리에 꼼짝하지 않고 앉아 주디 콜린스의 앨범 「그날의 색깔들Colors of the Day」을 들으며 아무것도 안 하고 울기만 했다. 노래 한 구절 한 구절이 모두 내 몸의 일부분 같았다. 나는 1년에 한 번만 그 앨범을 들을 수 있었다. 노래를 듣고 있으면 어린 시절 엄마와의 모든 기억이 되살아났고 마치 엄마가 방 안에 서서 바로 내 곁에 있는 것 같았다.

하지만 엄마는 없었고 다시는 돌아오지 않았다. 그런데 지금 이렇게 PCT에 서 있자니 그 노래가 단 한 줄도 기억나지 않았다. 머릿속에서 내가 그 앨범의 노래들만 싹 지워버린 것이다. 상상 속의 버튼을 마구 눌러 뒤섞어버리고 대신 아무 소리도 들리지 않게 했다. 오늘은 엄마의 쉰 번째 생일이 아니니 노래도 필요 없었다. 대신 나는 고지대의 호수들을 지나 험준한 화산암 지대를 건너갔다. 그 사이로 자라난 거친 들꽃들 위로는 간밤의 눈이 녹아내리고 있었다. 나는 엄마에 대한 잔인한 생각들을 하면서 어느 때보다도 빨리 걸었다. 마흔다섯 살에 죽다니. 그건 엄마가 한 많은 잘못 중에서도 가장 최악이었다. 길을 걸으며 나는 머릿속에 남아 있는 생각들을 애써서 정리해 목록을 만들어보았다.

첫째, 엄마는 정기적으로 마리화나를 피우며 약에 취하곤 했다. 그것도 우리 삼 남매 앞에서 거침없이. 한번은 약에 흠뻑 취해 이런 말을 했다. "이건 그냥 약초야. 마시는 차와 비슷한 거지."

둘째, 아이를 혼자 키우는 엄마들로 가득 찬 아파트 단지에 살 때 우리 삼 남매만 집에 남아 있는 일이 비일비재했다. 엄마는 우리가 다 컸으니 몇 시간 정도는 서로 잘 돌볼 수 있다고 말했다. 우리를 봐줄 사람을 구할 여유가 없었고, 무슨 일이 있으면 도움을 청할 수 있는 엄마들이 아파트에는 가득하다는 게 엄마의 생각이었다. 그렇지만 우리에게 필요한 건 '우리 엄마'였다.

셋째, 같은 시기에 엄마는 화가 너무 많이 나서 나무숟가락으로 우리를 후려치겠다고 종종 겁을 주었다. 그리고 몇 번인가 실제로 우리를 때렸다.

넷째, 한번은 엄마가 우리에게 원한다면 엄마라고 부르는 대신 그냥 이름을 불러도 상관없다고 했다.

다섯째, 엄마는 자기 친구들에게 종종 냉담하고 쌀쌀맞게 굴었다. 친구들을 사랑했지만 적당하게 거리를 두었다. 나는 엄마가 친구들 중 누구와도 진심으로 가까웠다고 생각하지 않는다. 엄마는 '피는 물보다 진하다'라는 믿음을 지켰다. 그러는 우리 가족은 핏줄이 진했던가. 그리 멀리 살지도 않았는데 말이다.

　엄마는 편협하고 개인적인 성품을 유지하면서도 친구들과의 모임에는 참여했다. 그렇지만 동시에 우리 가족은 거기에 섞이지 못하게 했다. 엄마가 돌아가실 때 아무도 찾아오지 않은 이유가 바로 그 때문이 아니었을까. 왜 엄마의 친구들은 방황할 때 나를 그냥 내버려둔 걸까. 엄마가 아무와도 진정으로 친하게 지내지 않았기 때문일까. 물론 다들 내가 잘 지내기를 바랐겠지만 추수감사절에 나를 초대해주거나 엄마가 떠난 후 엄마의 생일을 기억해주는 사람은 아무도 없었다.

　여섯째, 엄마는 정말 곤란한 순간에서 늘 낙천적이었다. 그리고 항상 멍청한 소리만 골라 했다. 우리는 가난하지 않아. 우리는 사랑이 넘치는 부자야. 한쪽 문이 닫히면 또 다른 문이 열리기 마련이란다! 물론 내가 언제나 그 말에 휘둘리는 건 아니었다. 그래서 심지어 엄마가 죽어갈 때도 나는 엄마를 다그치고 싶었다. 엄청난 양의 약초즙을 마시는 이상, 자신은 죽지 않을 거라는 믿음 속에서 보였던 그 덧없으면서도 초라한 낙관주의라니.

　일곱째, 내가 고등학교 졸업반이었을 때 엄마는 내게 어느 대학을 가고 싶으냐고 묻지 않았다. 대학 구경을 시켜주지도 않았다. 나는 대학에 들어가서 친구들이 그런 이야기를 해줄 때까지 그런 게 있는지도 몰랐다. 나는 혼자서 대학 진학 문제를 해결해야 했다. 그런 내가 트윈 시티에 있는 대학에 지원한 것은 그저 팸플릿에 나와 있는 모습이 멋졌고 집에서 차로 세 시간밖에 걸리지 않아서였다.

　사실 나는 고등학교 시절을 놀면서 보낸 편이었고 바보 같은 금발 여자애의 모습이었다. 그래서 친구들에게 따돌림을 당하지 않고 지낼 수 있었던 걸까. 생각해보면 우리 가족은 양동이를 화장실 대용으로 쓰고 나무를 때 난방을 하던 사람들이 아니었던가. 에디는 머리며 턱수염이 덥수룩했고 폐차를 픽업트럭으로 직접 개조해서 타고 돌아다녔다. 그리고 엄마는 겨드랑이 털을 깎지 않았고 우리 마을의 혈기왕성한 총기애호가들에게 "사실, 나는 사냥은 살인하고 같다고 생각해요"라고 말하곤 했다.

　그렇지만 엄마는 내가 사실은 똑똑하다는 사실을 알고 있었다. 엄마는 내가 지적인 탐욕이 넘치고 매일 책을 열심히 읽는다는 사실도 알고 있었다. 나는 학교에서 시행하는 각종 평가에서 상위권 안에 들었고 다들 깜짝 놀랐다. 하지만 엄마와 나는 놀라지 않았다. 왜 엄마는 내게 하버드에 진학하라고 권하지 않았을까. 예일에 가라는 말은? 그 당시 하버드나 예일에 진학한다는 생각은 꿈도 못 꿀 일이었다. 그런 학교들은 나에게는 저 먼 이야기 속에나 등장할 법한 곳들이었다. 나중에야 나는 하버드와 예일이 실제로 존재한다는 것을 알게 되었다. 그리고 실제로 존재하는 그 학교들은 나를 받아주지 않았다. 솔직하게 말하면 나는 그들이 내세우는 기준에 미치지 못했다. 내게 지원을 할 수 있는 기회조차 주지 않을 거라는 사실을 알게 되었을 때, 내 마음속에 있는 무엇인가가 산산이 부서져버렸다.

　그렇지만 이제는 다 늦어버린 일이었다. 엄마는 죽었다. 편협

한 성격에 혼자서만 과하게 낙천적인, 대학 진학도 신경 써주지 않고 때로는 자녀들을 방치하는 마리화나 중독의 엄마. 나무숟가락으로 우리를 때리고 엄마라고 부르지 않고 이름을 불러도 상관없다던 엄마. 엄마는 실패했다. 엄마는 실패했다. 엄마는 나를 제대로 키우는 데 실패했다.

빌어먹을, 엄마. 나는 화가 치밀어 걸음을 멈췄다.

그러고 있으려니 다시 서글픈 마음이 들었다. 눈물은 흐르지 않았지만 더 이상 견딜 수가 없어 내 몸 저 구석에서 치밀어오르는 비명을 내지르고 말았다. 나는 몸을 웅크려 손으로 무릎을 짚고 비통해했다. 배낭이 위에서 내 몸을 짓눌렀고 스키 스틱은 땅바닥에 떨어져 쨍그랑 소리를 냈다. 내가 지금껏 살아온 어리석은 인생이 내 목구멍을 통해 터져 나왔다.

뭔가 잘못되었다. 엄마가 그렇게 내 곁을 떠나버린 건 정말 끔찍하게 잘못된 일이었다. 나는 엄마에게 제대로 화조차 낼 수 없었다. 제대로 자라지도 못했고 엄마를 떠나지도 못했으며 엄마에게 불평조차 하지 못했다. 그러나 나중에 나이가 들어서는 엄마가 최선을 다했다는 사실을 이해하게 되었다. 그리고 엄마가 했던 모든 일은 다 옳은 것이며 엄마를 다시 내 품 안에 꼭 안고 싶어 한다는 사실도 깨달았다.

엄마의 죽음이 모든 것을 다 망쳐버렸다. 내 인생도 망쳐버렸다. 내 어린 시절의 교만이 절정에 달했을 때 엄마의 죽음이 나를 끝장냈다. 나는 어느새 강제로 훌쩍 어른이 되어버렸고 동시에 엄마의 잘못들을 모두 다 용서해야만 했다. 그리고 그와 동시에 나는 영원히 어린아이가 되어버렸다. 우리가 헤어진, 너무 일렀던 그 시점에서 내 인생은 끝이 났고 다시 시작되었다. 분명 내게는 엄마가 있었다. 지금은 아니다. 나는 엄마에게 사로잡혀 있지만, 완전히 혼자다. 엄마는 언제나 텅 빈 그릇 같았고 아무도 그 속을 채워줄 수 없었다. 오직 나만이 그 텅 빈 속을 채우고, 채우고, 또 채워줘야 했다.

빌어먹을, 엄마. 나는 계속 걸음을 재촉하며 이렇게 중얼거렸다. 분노로 발걸음은 더욱 빨라졌지만 이내 속도를 줄인 나는 걸음을 멈추고 바위 위에 앉아 쉬었다. 발밑에는 엷은 분홍색 꽃잎의 꽃들이 바위를 따라 자라고 있었다. 사프란이구나. 나는 생각했다. 그 이름이 기억이 난 건 엄마가 예전에 내게 주었던 꽃이었기 때문이다. 사프란은 엄마의 유골이 뿌려진 그 화단에도 자라고 있다. 나는 손을 뻗어 꽃잎을 만졌다. 그러자 내 안의 분노가 점차 사라지는 듯했다.

자리에서 일어나 다시 걷기 시작하자 더 이상 엄마에게 화가 나 있지 않았다. 사실 엄마는 정말 대단한 사람이었다. 나는 자라면서, 엄마가 죽어가는 모습을 보면서 그 사실을 알게 되었다.

이제 나는 알았다. 아주 대단한 무엇인가를. 나는 많은 친구가 있었고 그들에게도 물론 엄마가 있었지만 우리 엄마처럼 모든 것을 다 아우르는 사랑을 자식들에게 주지는 않았다. 엄마는 자신의 사랑이야말로 가장 중요한 것이라고 생각했다. 그리고 자신이 정말 죽어가고 있으며, 곧 죽게 될 거라는 사실을 깨닫게 되었을 때 엄마가 놓치지 않고 붙들고 있던 것이 바로 그 사랑이었다. 그래서 엄마는 나와 카렌, 그리고 레이프를 남겨두고 떠나는 일을 간신히 견뎌낼 수 있었다.

"난 네게 모든 걸 다 주었단다." 엄마는 죽음을 앞두고 계속해서 이렇게 말하고 또 말했다.

"맞아." 나는 고개를 끄덕였다. 그건 사실이었다. 엄마는 그랬다. 엄마는 우리에게 엄마로서 할 수 있는 최선을 다했다. 엄마는 자신의 사랑을 숨기지 않았다. 아주 조금이라도.

"무슨 일이 있더라도 나는 항상 너와 함께 있을 거란다."

"맞아." 엄마의 부드러운 팔을 문지르며 내가 말했다.

엄마의 상태가 절망적일 정도로 악화되었을 때, 우리가 지옥으로 가는 마지막 길을 달리고 있을 때, 이제 아무리 약초즙을 마셔도 더 이상 살 수 없을 거라는 사실을 알게 되었을 때, 나는 엄마에게 어떻게 정리를 하겠느냐고 물었다. 화장? 아니면 그냥 매장? 그러나 엄마는 마치 내가 도통 알아들을 수 없는 소리를 한다는 듯 나를 바라볼 뿐이었다.

"줄 수 있는 건 다 주고 떠나고 싶구나." 잠시 뒤 엄마가 말을 이었다. "장기기증 말이야. 필요하면 다 기증하고 떠나고 싶어."

"알았어요." 정말 생각하기도 싫은 일이었고 아예 예상조차 하지 않았던 일이었다. 엄마의 몸이 조각조각 나뉘어 다른 사람의 몸에 붙어 살아가게 된다니.

"하지만 그다음은?" 내가 고통으로 숨을 헐떡이며 끈질기게 물었다. 나는 알아야 했다. 그게 내가 할 일이었다.

"그러니까 어떻게 했으면 좋겠냐고······. 그······ 그거 다하고 말이야. 화장? 아니면 그냥 매장할까?"

"상관없어." 엄마가 대답했다.

"왜 상관이 없어." 내가 대꾸했다.

"난 정말 아무 상관없어. 하고 싶은 대로 해. 가장 비용이 적게 드는 쪽으로."

"싫어." 나는 세차게 고개를 흔들었다. "지금 나한테 이야기해줘. 엄마가 뭘 원하는지 알아야겠다고." 내가 이 일을 결정해야 한다는 생각이 들자 너무나 당황스러웠다.

"셰릴……." 엄마가 나 때문에 다 지쳐버린 듯 말했다. 슬픔에 빠진 우리의 눈동자가 서로 부딪혔다. 긴장이 풀렸다. 내가 그렇게 다그치고 싶었던 건 엄마가 언제나 너무 낙천적이었기 때문이었다. 그리고 엄마가 나를 못마땅하게 여긴 건 내가 한 번도 그런 여유를 부리지 않았기 때문이리라.

"화장해주렴." 마침내 엄마는 대답했다

"나를 재로 만들어줘."

*

그래서 우리는 그렇게 했다. 그렇지만 화장을 한 엄마의 유골은 내가 예상했던 모습과는 달랐다. 그냥 나무를 태운 재와는 달리 아주 부드러운 모래 같았다. 마치 옅은 색깔의 조약돌과 단단한 회색 자갈이 섞여 있는 듯한 모습이랄까. 어떤 덩어리들은 꽤 커서 원래 뼈였다는 사실을 금방 알아볼 수 있을 정도였다.

화장장의 남자가 상자를 건네주었다. 거기에 엄마의 이름과 주소가 적혀 있는 것이 기묘하게 느껴졌다. 나는 그 상자를 집으로 가져와 오래된 장 아래 빈칸에 보관해두었다. 엄마가 귀중품을 두었던 곳이었다. 6월에 가져온 상자는 8월 18일까지 그 자리에 있었다. 그리고 우리가 엄마를 위해 주문했던 비석이 그 상자와 같은 주에 집에 도착했다. 비석은 거실 한쪽 옆에 두었다. 보는 사람들이 불편해할 수도 있는 자리였다. 그렇지만 나는 그게 편했다. 비석은 회색의 석판으로 하얀색 글이 새겨져 있었다. 엄마의 이름과 생년월일, 그리고 사망한 날짜와 엄마가 늘 우리에게 했던 말이었다. 병이 들고 죽음을 맞이하며 하고 또 했던 말.

나는 항상 너희들과 함께 있단다.

엄마는 우리가 그 말을 기억해주기를 바랐다. 그리고 나는 그렇게 했다. 엄마는 항상 나와 함께 있는 것 같은 기분이 들었다. 최소한 그냥 말이라도. 그리고 물론 어떤 때는 진짜처럼 느껴질 때도 있었다. 우리가 마침내 엄마의 비석을 세우고 유골을 땅에 뿌리게 되었을 때 나는 전부를 다 뿌리지 않고 몇몇 큰 덩어리들을 손에 쥐고 있었다. 완전히 놓아줄 준비가 될 때까지 계속 쥐고 있었다. 그러나 나는 결국 그것을 땅으로 돌려보내지 않았다. 절대로 그렇게 할 생각이 없었다.

나는 엄마의 남은 유골을 입에 넣고 다 삼켜버렸다.

엄마의 쉰 번째 생일이었던 날 밤, 나는 여전히 주디 콜린스의 노래를 머릿속에 떠올릴 수는 없었지만 다시 엄마를 사랑하게 되었다. 날은 추웠지만 지난밤처럼 그렇게 춥지는 않았다. 나는 텐트 안에 웅크리고 앉아 장갑을 낀 채 새로 읽기 시작한 책인『1991년 미국 우수 수필선』을 펼쳐 들었다. 보통 밤에 책을 읽고 나면 다음 날 아침이 되어서야 읽은 부분을 찢어 불에 태웠는데, 이날 밤에는 책을 읽은 뒤 텐트 밖으로 기어나가 방금 다 읽은 부분을 불에 태웠다.

그 모습을 지켜보며 나는 엄마를 추모라도 하듯 엄마의 이름을 큰 소리로 불렀다. 엄마의 이름은 바바라였다. 보통은 바비로 불렸고 나도 그렇게 불렀다. 엄마라고 부르는 대신 바비라고 부르니 마치 무슨 비밀이라도 폭로하는 것 같았다. 바비가 우리 엄마라는 사실을 이제야 진심으로 이해하게 된 것처럼.

엄마가 죽었을 때, 나는 바비도 함께 잃었었다. 엄마의 또 다른 모습이었던 바비를. 그러나 지금 바비의 완전한 모습과 불완전한 모습이 다시 내게 돌아온 기분이었다. 바비의 인생이라는 복잡한 벽화를 이제야 비로소 완전히 볼 수 있게 된 것만 같았다.

바비가 내게 보여준 모습은 무엇이고 보여주지 않은 모습은 무엇일까. 그리고 어떻게 나의 인생과 깊게 연결이 되었고 또 멀어지게 되었을까.

*

바비는 마지막 소원을 이루지 못했다. 자신의 장기가 다른 사람들에게 도움이 되기를, 아니면 최소한 어느 정도까지라도 쓸모

있게 사용되기를 바랐으나 그의 육신은 암과 모르핀으로 상할 대로 상해 있었다. 마흔다섯 살의 육신은 이미 약물에 중독된 것이나 다름없었다. 결국 쓸 수 있었던 것은 각막뿐이었다.

나는 눈의 각막이 그저 투명한 막에 불과하다는 사실을 잘 알고 있었다. 그렇지만 엄마의 각막이 다른 사람에게 기증된다고 생각하자 견딜 수가 없었다. 나는 엄마의 아름다운 푸른 눈을 떠올렸다. 그 눈이 누군가의 얼굴 위에서 다시 살아가게 된다니.

엄마가 죽은 지 몇 개월 후 우리는 장기기증 홍보 재단으로부터 감사 편지를 받았다. 편지에는 엄마의 희생으로 누군가 다시 볼 수 있게 되었다는 말이 적혀 있었다. 나는 그 사람을 만나고 싶어서 미칠 지경이었다. 남자인지 여자인지 모르지만 그 사람의 눈을 보고 싶었다. 아무 말도 하지 않아도 상관없었다. 나는 그저 누구든지 그 눈으로 나를 보는 사람을 만나고 싶을 뿐이었다. 나는 편지에 적힌 전화번호로 재단에 전화를 걸었지만, 소득이 없었다. 기증자와 이식자 사이의 비밀 엄수는 가장 중요한 사항이라는 것이었다. 그리고 그것이 이식을 받은 사람의 권리라고도 했다.

"전화 거신 분 어머니의 각막 기증이 어떤 의미가 있는지 설명해드리고 싶군요." 전화를 받은 여자가 인내심을 가지고 타이르는 말투로 내게 말했다. 그 목소리를 들으니 상담 전문가와 호스피스 자원봉사자, 간호사와 의사, 그리고 장의사가 생각이 났다. 모두 엄마가 죽어가던 몇 주일과 죽은 뒤 며칠 동안 나와 이야기를 나눈 사람들이었다. 그들의 목소리에는 의도적이면서도 다소 과장된 동정심이 묻어났다. 그리고 그런 대화 속에서 나는 결국 완전히 혼자였다.

"눈 전체가 이식이 된 것이 아닙니다." 여자가 설명을 시작했다. "각막만 이식이 된 거예요. 그게 무슨 말이냐면……."

"나도 각막이 뭔지는 알고 있어요." 내가 말을 가로챘다. "내가 알고 싶은 건 그걸 이식받은 사람이 누구냐는 거예요. 할 수 있다면 그 사람을 만나보고 싶다고요. 나에게 그럴 권리 정도는 있는 거 아닌가요?"

나는 슬픔을 억누르고 전화를 끊었다. 그렇지만 마음 한 켠에서는 그 여자의 말이 이성적으로 옳다고 생각했다. 엄마는 이제 없었다. 엄마의 푸른 눈은 사라져버렸다. 이제 나는 두 번 다시 그 눈을 볼 수 없다.

*

책을 태우는 불길이 잦아들자 텐트로 돌아가기 위해 자리에서 일어섰다. 동쪽에서 높은 음으로 분노하듯 짖어대는 소리가 들려왔다. 코요테 무리들이었다. 나는 그 소리를 미네소타 북부에서 많이 들은 덕에 그리 무섭지 않았다. 오히려 그 소리를 들으니 집 생각이 났다. 나는 하늘을 바라보았다. 어두운 하늘에 아름답게 반짝이는 별들이 가득했다. 내가 여기 있는 게 얼마나 행운인지 실감하며 몸을 떨었다.

세상이 너무 아름다워 아직은 텐트 안으로 들어가고 싶지 않았다. 앞으로 한 달 뒤 나는 어디 있을까? 지금은 PCT를 떠난다는 것이 비현실적으로 느껴졌다. 그러나 현실은 현실이었다. 아마도 나는 포틀랜드에 있게 되지 않을까. 특별한 이유가 있어서가 아니라 그저 가진 돈이 다 떨어져서였다. 애쉬랜드를 떠날 때는 남은 돈이 조금 있었지만 신들의 다리에 도착할 때쯤이면 그나마 남은 돈도 다 사라지고 한 푼도 안 남을 터였다.

나는 스카이 레이크스 윌더니스를 지나 오리건 데저트로 들어가는 며칠 동안 계속 포틀랜드 생각을 했다. 오리건 데저트는 로지폴 소나무가 자라는 고지대에 있는 메마른 평야로 안내서의 설명에 따르면 마자마 산의 화산 폭발로 인해 발생한 수 톤의 화산재와 부석에 파묻히기 전에는 호수와 냇물들이 있었다고 한다. 내가 크레이터 레이크 국립공원에 도착했을 때는 토요일 아침이었고 호수는 어디에도 보이지 않았다. 나는 대신 호수 가장자리에서 남쪽으로 11킬로미터 정도 떨어진 야영장에 도착했다.

이곳 야영장은 그냥 야영장이 아니었다. 주차장에 가게와 모텔, 작지만 무인세탁소까지 있는 관광단지였다. 그리고 적어도 300명은 되어 보이는 사람들이 차를 부릉거리고 음악을 시끄럽게 틀어놓은 채 가게에서 산 엄청나게 큰 종이컵에 든 음료수와 커다란 봉지에 든 감자튀김을 먹고 마시고 있었다. 그런 모습이 시선을 끌기도 했지만 한편으로는 혐오스럽게 느껴지기도 했다.

이렇게 직접 눈으로 확인하지 않았다면 단지 몇 킬로미터만 벗어나도 여기와 완전히 다른 세상이 펼쳐진다는 사실을 도저히 믿지 못했을 것이다. 나는 그곳에 텐트를 치고 샤워장에 가서 정말 감사한 마음으로 샤워를 했다. 그리고 다음 날 아침 크레이터 레이크를 향해 떠났다. 안내서의 설명은 틀리지 않았다. 눈앞에 믿지 못할 광경이 펼쳐졌다. 나는 호수를 감싸고 있는 해발 2,164미터 높이의 바위산 위에 있었고 내 발밑 275미터 아래에 호수가 있었다.

내 밑으로 펼쳐져 있는 가장자리가 들쭉날쭉한 호수에는 이제껏 한 번도 보지 못한, 뭐라 말할 수 없을 만큼 맑은 군청색 물이 가득 차 있었다. 호수의 너비는 대략 9.5킬로미터쯤 되며 그 푸른 물의 한가운데에는 수면 위로 200미터가량 솟아 있는 이른바 또 다른 화산 꼭대기인 위저드 아일랜드가 있었다. 그 원뿔형 섬에는 뒤틀린 소나무들이 자라고 있었다. 호수 주변의 땅은 대부분 헐벗었지만 역시 소나무들이 점점이 자라고 있었고 그 뒤로는 저 멀리 산들이 보였다.

"저 호수가 너무 깊고 맑아서 파란색만 빼고는 모든 가시광선을 다 흡수한다네요. 그래서 우리 눈에는 저렇게 맑은 파란색만 보인답니다." 옆에 서 있던 낯선 여자가 이렇게 말했다. 나도 모르게 입 밖으로 크게 내뱉은 감탄의 말에 대한 대답이었다.

"알려줘서 고마워요." 그의 말은 완벽하게 과학적인 설명처럼 들렸다. 그래도 여전히 저 크레이터 레이크에 대해 남아 있는 수수께끼가 하나 있었다.

클래머스 족은 여전히 호수를 신성한 곳으로 여기고 있다. 나는 그 이유를 알 수 있을 것 같았다. 거기에 대해서는 어떤 의심도 들지 않았다. 내 주변에 온통 관광객들이 몰려와 사진을 찍어대고 차를 몰고 천천히 지나간다고 해도 상관없었다. 나는 호수의 위력을 느낄 수 있었다. 이 거대한 땅의 한가운데에서 느껴지는 충격이라고나 할까. 신성불가침의, 세상과 격리된 듯한 그 모습. 마치 지금까지도 존재했고 앞으로도 영원히 존재할 것 같은 그런 모습. 파란색만 빼고는 모든 색을 다 흡수해버리는 그 힘.

사진을 몇 장 찍고는 호숫가를 따라 걸어 근처에 숙박을 하는 관광객들을 위해 세워진 건물들이 모여 있는 곳으로 향했다. 일요일이라 공원 우체국이 문을 닫았기 때문에 나는 그곳에 묵을 수밖에 없었다.

월요일이 되어 보급품 상자를 찾아 길을 다시 떠날 수 있었다. 날은 화창했고 다시 따뜻해졌다. 길을 걷다 보니 여행을 결정하기 전날 밤 임신 사실을 알게 되었을 때가 기억났다. 만일 그때 아이를 낙태하지 않았다면 지금쯤 내 아기가 태어났을 터였다. 계산해 보면 엄마의 생일이 있던 그 주가 바로 출산 예정일이 아니었을까. 이런 생각을 하니 마치 주먹으로 배를 한 대 얻어맞은 것 같았지만 그때 낙태를 결심한 일을 후회하지는 않았다. 그저 우주를 향해 내게 한 번만 더 기회를 달라고 빌고 싶은 생각이 들었다. 엄마가 되기 전에 내가 원하는 사람이 될 수 있도록 도와주소서. 우리 엄마의 인생과는 완전히 다른 인생을 사는 여인이 되게 하소서.

엄마를 사랑하고 존경했지만, 어린 시절 나는 엄마와 다른 사람이 되고 싶었다. 나는 왜 엄마가 열아홉 살에 아버지와 결혼했는지 알고 있었다. 예상치 못한 임신과 약간의 사랑하는 마음. 그것도 엄마에게 묻고 또 물어서 간신히 알아낸 사실이었다. 엄마는 고개를 흔들며 말했다. "그런 게 왜 알고 싶니?" 나는 그래도 줄기차게 묻고 또 물었고 결국 대답을 얻어냈다.

임신 사실을 알았을 때 엄마에게는 두 가지 선택지가 있었다. 덴버 같은 곳으로 가서 합법적으로 낙태를 하는 것, 아니면 임신 사실을 숨기고 먼 곳에서 숨어 있다가 출산 후 아이를 엄마의 엄마에게 맡겨서 동생인 것처럼 키우는 것이었다. 그렇지만 엄마는 두 가지 다 선택하지 않았다. 아이를 낳기로 결심했고 아버지와 결혼했다. 엄마는 그렇게 카렌과 나, 레이프의 엄마가 되었다. 우리의 엄마가 되었다.

"나는 내 인생을 내 마음대로 살아본 적이 한 번도 없어." 말기 암 판정을 받고 며칠이 지난 후 엄마는 울면서 이렇게 말했다. "항상 다른 사람들이 원하는 대로만 살아왔어. 언제나 누구의 딸, 엄마 그리고 아내였지. 나는 나 자신이었던 적이 한 번도 없었어."

"엄마……." 엄마의 머리를 끌어안으며 내가 할 수 있는 말은 이것뿐이었다.

다른 말을 하기에 나는 너무 어렸다.

*

정오가 되어 간이식당으로 향해 점심을 먹었다. 그리고 주차장을 가로질러 크레이터 레이크 로지로 가 몬스터를 짊어진 채 우아하면서도 고풍스러운 현관을 지나 잠시 걸음을 멈추고 식당을 바라보았다. 그럴듯해 보이는 사람들이 연한 노란 보석처럼 보이는 샤르도네와 피노그리 와인이 든 잔을 들고 앉아 있었다. 나는 호수를 향해 있는 긴 테라스로 향했다. 그리고 멋진 흔들의자가 줄지어 있는 곳으로 가 적당한 의자에 앉았다.

나는 호수를 바라보며 남은 오후 시간을 보냈다. 신들의 다리에 도착하려면 535킬로미터를 더 가야 했다. 하지만 마치 이미 도착한 것 같은 기분이 들었다. 저 파란 호수의 물이 그동안 내가 걸어오면서 알고 싶어 했던 그 해답을 알려주는 것 같았다.

이곳의 옛 이름은 마자마였다지. 나는 기억을 더듬었다. 한때는 3,657미터나 솟아 있던 산이었지만 그 심장이 움직이면서 용암과 화산재와 부석으로 인해 황무지로 변했고, 다시 텅 빈 그릇처럼 변해 그 안에 물이 채워지길 수백 년을 기다렸다지. 그렇지만 아무리 애써도 그 모습을 그려볼 수 없었다. 산도 황무지도, 그리고 텅 빈 그릇도. 지금은 존재하지 않는 모습들. 지금 내 눈앞에 펼쳐져 있는 것은 조용히 침묵하고 있는 호수뿐이었다. 치유가 시작된 후 산과 황무지와 텅 빈 그릇이 변한 저 모습을 보라.

뛰고, 넘고, 돌면 끝

오리건 주는 내게 돌차기 놀이 같았다. 크레이터 레이크에서 신들의 다리로 향하는 길을 상상하며 나는 그 길을 건너뛰기도 하고 돌아가기도 하고 훌쩍 뛰어넘기도 했다. 다음 보급품 상자가 있는 곳은 셸터 코브 리조트라는 곳으로 135킬로미터를 더 가야 했다. 그리고 228킬로미터를 더 가면 오랠리 레이크에 마지막 보급품 상자가 있었다. 그다음, 캐스케이드 록스가 있는 컬럼비아 강까지 마지막 여정을 남겨두게 된다.

170킬로미터 떨어진 캐스케이드 록스까지 가는 동안 나는 마지막 여정의 중간 지점인 후드 산의 팀버라인 로지에 들러 이 믿기지 않는 빌어먹을 PCT의 여정을 거의 다 마친 것을 축하하는 축배를 들 예정이었다. 그렇지만 어쨌든 여전히 500킬로미터 이상을 가야만 했다. 나는 서둘러 좋은 점 하나를 찾아냈다. 이 길가에 야생 산딸기가 자라고 있다는 것이다. 허클베리, 블루베리, 새먼

베리, 블랙베리 등 온갖 종류의 산딸기들이 길을 따라 몇 킬로미터에 걸쳐 풍성하게 나 있었다. 나는 틸센 산과 다이아몬드 피크 윌더니스를 여유롭게 통과하며 손으로 딸기를 땄고 때로는 걸음을 멈추고 모자에 가득 채우기도 했다.

날은 춥기도 했고 덥기도 했다. 나무껍질과 죽은 닭살을 닮은 내 엉덩이에는 또 다른 굳은살이 박였다. 발에서는 피도 멈추고 더 이상 물집도 생기지 않았지만 여전히 죽을 것처럼 고통이 심했다. 나는 고통을 줄이기 위해 며칠간 11~12킬로미터 정도만 걸었지만 큰 효과가 없었다.

고통은 점점 심해졌고 때로는 마치 어디가 부러져서 등산화가 아니라 석고붕대를 감고 있는 기분까지 들었다. 엄청난 무게를 짊어지고 형벌과도 같은 머나먼 길을 걸으며 내 발에다가 뭔가 심오하면서도 불가항력적인 임무를 부여한 것이 아닌가 하는 생각마저 들었다. 어쨌든 나는 이전보다 더 강해지긴 했다. 엄청난 무게의 배낭에도 장거리를 힘차게 걸을 수 있었다. 물론 하루 일과를 마치고 쉴 때면 여전히 지쳐 나가떨어지기는 했지만. PCT를 걷는 일은 점점 쉬워졌지만 길 자체가 내게 만만해진 것은 아니었다.

상쾌한 아침과 멋진 오후들이 이어졌다. 이제 15~16킬로미터 정도는 별다른 느낌 없이 미끄러지듯 갈 수 있게 되었다. 내 발걸음과 스키 스틱이 땅에 부딪히는 그 박자 속에 빠져드는 것이 좋았다. 머릿속에는 침묵과 노래와 문장들이 함께 떠올랐다. 나는 산과 바위 위를 올랐고 사슴과 토끼들은 숲 사이를 뛰어다녔으며 길 위에는 딱정벌레며 개구리들이 있었다.

그렇지만 그 모든 일을 더 이상 즐길 수 없는 순간이 매일 찾아왔다. 모든 것이 단조롭고 어렵게만 느껴지고 내 마음은 더 이상 견딜 수 없이 공허한 상태로 더 걸을 수 없을 때까지 앞으로만 전진하게 되었다. 그리고 한 발자국도 더 못 걷겠다는 생각이 들면 걸음을 멈추고 기계적으로 야영에 필요한 모든 일을 준비한 뒤 전력을 다해 가능한 한 빨리 지쳐버린 몸을 이끌고 텐트 안으로 들어갔다. 가장 축복받은 시간을 누리기 위하여.

셸터 코브 리조트로 들어섰을 때의 내 기분이 바로 그랬다. 지루한 걷기를 마치고 모든 것이 텅 비어버린 나에게 남은 것이라곤 오직 감사하는 마음뿐이었다. 나는 이 오리건 돌차기 놀이에서 또 다른 단계 하나를 뛰어넘은 것이었다. 셸터 코브 리조트는 오델 레이크 옆 널찍한 푸른 잔디밭 위에 시골풍의 통나무집들로 둘러싸인 가게 건물이었다. 그리고 녹색의 숲이 그 호수를 둘러싸고 있었다. 나는 가게 안으로 들어섰다. 그곳에는 과자류와 낚시 도구가 있는 작은 진열대, 음료수가 있는 냉장고가 있었다. 나는 스내플 레모네이드 한 병과 감자튀김 한 봉지를 집어 들고 카운터로 갔다.

"PCT를 여행 중인가요?" 카운터의 금전 등록기 뒤에 서 있던 남자가 내게 이렇게 물었다. 내가 고개를 끄덕이자 그는 가게 뒤쪽 창문을 가리켰다. "우체국은 내일 아침이 되어야 문을 열어요. 하지만 우리가 근처에 마련한 자리에 가면 무료로 야영을 할 수 있어요. 동전을 넣고 사용할 수 있는 샤워장도 있고요."

내게 남은 돈은 이제 10달러뿐이었다. 지금 와서 생각해보니 애쉬랜드와 크레이터 레이크 국립공원에서 예상보다 많은 돈을 썼다. 그래도 내일 아침 받을 상자에 20달러가 들어 있기에 음료수와 감자튀김 값을 치르고 샤워장에서 쓰기 위해 동전을 바꿨다.

밖으로 나와 남자가 알려준 방향 쪽 나무로 지은 작은 샤워장으로 걸어가면서 음료수와 튀김을 먹어치웠다. 이제 곧 샤워할 수 있다니 무척 기뻤다. 샤워장은 한 사람씩 사용할 수 있도록 되어 있어서 마음에 들었다. 탈의실로 들어가 문을 걸어 잠그니 나만의 공간이 생겼다. 허락만 한다면 그 안에서 잠이라도 자고 싶었다.

나는 옷을 벗고 여기 저기 상처가 나 있는 거울 속 내 모습을 바라보았다. 그동안 여행을 하며 망가진 건 내 발만이 아니었다. 말라붙은 땀과 길의 먼지가 겹겹이 들러붙은 내 머리카락은 이전보다 훨씬 더 거칠어졌고 기묘할 정도로 부풀어 올라 제멋대로 뻗쳐 있었다. 마치 전성기 시절의 금발 미녀 배우 파라 포셋과 어느 원시림 속 원주민의 모습 사이를 천천히 오가고 있는 것 같았다.

나는 작은 상자 안에 동전을 집어넣고 샤워를 시작했다. 뜨거운 물의 사치를 만끽하며 누군가 쓰다 남기고 간 비누가 손 안에서 완전히 다 녹아 없어질 때까지 몸을 문질러댔다. 샤워를 마친 후 나는 식기를 닦을 때 쓰던 수건으로 몸을 닦았다. 그리고 다시 내 더러운 옷을 걸쳐 입었다.

나는 몇천 배나 더 나아진 기분으로 몬스터를 짊어지고 다시 가게로 돌아왔다. 널찍한 현관 옆으로 긴 벤치가 하나 있었다. 벤치에 앉아 오델 레이크를 바라보며 손가락으로 머리를 빗었다. 그러면서 생각을 했다. 오랠리 레이크 다음에는 팀버랜드 로지, 그리고 그다음에는 캐스케이드 록스로군.

뛰고, 넘고, 돌면 끝.

"당신이 셰릴인가요?" 한 남자가 가게에서 나오면서 말을 걸어 왔다. 잠시 뒤 그 뒤를 따라 남자 두 명이 더 나왔다. 나는 땀에 전 그들의 티셔츠를 보고 배낭이 없이도 PCT 도보 여행자라는 사실을 금세 알 수 있었다. 세 남자는 젊고 잘생겼으며 턱수염을 길렀고 더럽고 살은 검게 그을어 있었다. 몸에 지방이 하나도 없이 깡마른 채 근육만 잘 발달되어 있는 모습이었다. 한 사람은 키가 컸고 한 사람은 금발이었으며 나머지 한 사람은 눈빛이 강렬했다. 방금 샤워를 마쳐서 정말 다행이라는 생각이 들었다.

"네, 내가 셰릴 스트레이든데요."

"오랫동안 당신 뒤를 따라왔어요." 금발 남자가 여윈 얼굴에 함박웃음을 지으며 말했다.

"오늘쯤이면 따라잡을 줄 알았지요." 강렬한 눈빛의 남자가 말했다. "당신이 남긴 흔적을 봤거든요."

"방명록에서 당신이 남긴 글을 읽었어요." 키 큰 남자가 덧붙였다.

"당신이 몇 살이나 되었을까 맞춰보려고 했는데." 금발 남자가 말했다.

"몇 살로 생각했는데요?" 내가 정신 나간 사람처럼 슬며시 웃으며 물었다.

"우리 또래가 아니면 쉰 살 이상이요." 강렬한 눈빛의 남자가 말했다.

"실망하지 않았으면 좋겠네요." 내가 이렇게 말했고 우리는 모두 함께 얼굴을 붉히며 웃었다.

세 사람은 릭, 조쉬, 리치라고 했다. 셋 다 나보다 서너 살쯤 어렸고 각각 포틀랜드, 유진, 뉴올리언스에서 왔다. 모두 트윈 시티에서 한 시간가량 떨어져 있는 미네소타의 어느 문과대학에 다니는 학생이라고 했다.

"나도 미네소타에서 왔어요!" 그 이야기에 나는 이렇게 소리쳤다. 하지만 그들은 내가 방명록에 쓴 글을 보고 그 사실을 이미 알고 있었다.

"PCT에서 별명은 생겼나요?" 누군가 내게 물었다.

"내가 아는 한은 없네요."

그들에게는 캘리포니아 남부에서 '세 마리 젊은 수사슴'이라는 별명이 붙었다고 했다. 그 별명이 잘 어울려 보였다. 그들은 젊고 멋진 남자들이었다. 멕시코 국경에서부터 여행을 시작했으며 다른 사람들과는 달리 눈길도 빼먹지 않고 횡단했다고 한다. 그들은 기록적인 폭설에도 아랑곳하지 않고 눈길을 뚫고 왔으며 그로 인해 멕시코에서 캐나다까지 가는 여행자들보다 뒤처졌고 덕분에 이렇게 느지막이 나를 만나게 되었다는 것이다.

그들은 톰과 더그, 그렉, 매트와 앨버트, 브렌트, 스테이시, 트리나, 렉스, 샘, 헬렌, 존, 새라를 만나지 못했고 심지어 애쉬랜드에 들르지도 않았다. 제리 가르시아를 추모하지도 않았으며 씹는 아편에 손을 대거나 해변 바위 위에서 뜨거운 사랑을 나눈 사람도 없었다. 세 사람은 그저 매일 성실하게 30킬로미터가 넘는 길을 뚜벅뚜벅 걸어왔고 내가 길을 우회해서 시에라 시티로 향하면서 그들의 북쪽을 뛰어넘은 이후 여기에서야 나를 만나게 된 것이다. 그들은 세 마리 젊은 수사슴이 아니라 믿기지 않는 걷는 기계들이었다.

그들과 함께 있는 시간은 마치 휴가와 같았다. 우리는 가게에서 마련해두었다는 야영장으로 갔다. 세 사람은 이미 야영 준비를 마친 상태였고 우리는 함께 저녁을 지어 먹고 여행 이야기는 물론 다른 개인적인 이야기들도 나누었다. 나는 그들이 금방 좋아졌고 우리는 친해졌다. 그들은 다정하고 귀여웠으며 재미있고 친절한 사람들이었다. 그들 덕분에 나는 불과 한 시간 전에 느꼈던 우울함을 다 털어버릴 수 있었다.

그런 그들에게 감사하는 마음으로 나는 특별한 날을 기념하기 위해 몇 주 동안이나 보관해오던 건조된 라즈베리로 파이를 구워 대접했다. 내 냄비 안에서 다 익은 파이를 각자 숟가락으로 퍼먹은 다음, 우리는 별빛 아래 나란히 누웠다.

다음 날 아침이 되자 우체국으로 가 각자의 상자를 찾아들고는 야영장으로 돌아와 떠나기 전 짐을 점검했다. 나는 내 상자를 열어 지퍼락에 담긴 식량들 사이로 20달러가 들어 있는 봉투를 찾아보았다. 이제껏 돈봉투를 찾는 일은 짜릿한 즐거움을 주는 일이었다. 그런데 이번에는 그 봉투가 보이지 않았다. 나는 상자 안 짐을 다 꺼내놓고 샅샅이 뒤졌지만 돈이 없었다. 이유를 알 수 없었다. 어쨌든 돈이 없었다. 이제 내게 남은 돈은 6달러하고도 12센트뿐이었다.

"젠장." 내가 말했다.

"네?" 누가 물었다.

"아무것도 아니에요." 돈이 떨어졌다는 사실이 무척이나 당황스러웠지만, 신용카드나 수표를 가지고 나를 도와주러 나타나는 사람은 아무도 없었다.

나는 배낭에 식량을 꾸렸다. 주머니 속에 6달러 12센트만을 가지고 228킬로미터를 가야 다음 상자를 찾을 수 있다는 사실이 기가 막혔다. 나는 마음을 진정하기 위해 일단 길을 나서면 돈이 필요 없다는 사실을 되새겼다. 오리건 주 중앙을 관통해 윌러맷 패스, 메켄지 패스, 그리고 샌티엄 패스를 지나 세 자매 산, 워싱턴 산, 그리고 제퍼슨 윌더니스를 가로지르는 동안에 남은 6달러 12센트를 쓸 일은 전혀 없을 것이다. 분명히 그럴 것이다.

나는 한 시간 뒤 세 마리 젊은 수사슴과 길을 떠나 서로 앞서거니 뒤서거니 하며 온종일 걸었다. 이따금 우리는 걸음을 멈추고 쉬기도 했는데 나는 그들이 먹는 음식과 먹는 방식을 보고 놀라고 말았다. 세 사람은 원시림 속을 자유롭게 누비던 야만인들처럼 그 짧은 15분간의 휴식시간 동안 초콜릿 바 세 개를 한꺼번에 먹어치웠다. 그런데도 그렇게 막대기처럼 깡말랐다니! 그들이 셔츠를 벗으면 앙상한 갈비뼈가 확연히 드러나 보일 정도였다. 나도 몸무게가 줄긴 했지만, 저 세 남자처럼은 아니었다. 하긴 이번 여름에 여행하면서 만난 남녀 여행자들의 모습은 다 각양각색이었으니까. 그리고 나로서는 내가 말랐는지 살이 쪘는지 더 이상 아무 상관이 없었다. 내 관심사는 어떻게 하면 더 많은 음식을 섭취하느냐는 것이었다. 나도 세 남자와 다를 바가 없었다. 내 배고픔도 그들 못지않게 엄청났다. 나는 내가 읽고 있는 책에서 주인공이 뭔가 먹는 장면이 나오면 그 부분을 읽지 않고 그냥 넘어가야만 했다. 간절히 원하지만 지금 손에 넣을 수 없는 것에 대해 읽는 일은 그 얼마나 고통스러운 일인가.

나는 그날 오후 젊은 수사슴들에게 작별을 고했다. 그들은 내가 야영을 하려고 하는 곳을 그냥 지나 몇 킬로미터 더 가려고 했다. 물론 그들이 젊고 마치 기계처럼 힘이 넘치기도 했지만 그들은 빨리 샌티엄 패스에 도착하고 싶어 했다. 거기서 잠시 며칠 동안 여행을 중단하고 친구와 가족들을 만날 예정이라는 것이다. 그러면 거기서 그들은 목욕을 하고 진짜 침대에서 잠을 자며 내가 상상도 하지 못했던 그런 음식들을 맛보겠지. 내가 그들을 앞서게 되면 그들은 또다시 내 뒤를 따라 여행을 계속하게 될 터였다.

"또 따라잡을 수 있으면 잡아봐요." 나는 이렇게 말했고 실제로도 그들이 그렇게 해주기를 바랐다.

사람들과 헤어진 후의 쓸쓸함은 참 빨리도 나를 찾아왔다. 그날 저녁 세 사람과 만났던 흥분이 아직 가시지 않은 채로 어느 연못 근처에서 혼자 야영을 하며 그들과 나누었던 이야기들을 생각했다. 저녁을 먹은 후 발을 주무르니 검게 죽어버린 발톱이 또 하나 떨어져나가려고 했다. 발톱을 잡아당겼고 발톱은 쉽게 빠져버렸다. 나는 그걸 풀밭으로 내던졌다.

이제 PCT와 나는 동점이었다. 점수는 5대5.

나는 식량 주머니 위에 발을 올려놓고 텐트 안에 앉아 보급품 상자에서 꺼낸 새 책, 마리아 데무트의 『만 가지 일들 The Ten Thousand Things』을 읽기 시작했다. 하지만 눈꺼풀이 천근만근이었다. 나는 헤드램프를 끄고 어둠 속에 누워 잠을 청했다. 잠이 막 들려고 하는 순간 바로 머리 위 나무에서 부엉이가 우는 소리가 들렸다.

"부엉, 부엉." 그 소리가 마치 누군가를 부르듯 너무 또렷하면서도 부드럽게 들려 나는 잠에서 깨어났다.

"부엉, 너는 누구냐." 나도 부엉이 울음소리를 흉내를 내봤다. 그렇지만 부엉이는 묵묵부답이었다.

"부엉, 너는 누구냐니까." 나는 다시 부엉이를 불렀다.

"부엉, 부엉." 부엉이가 대답했다

*

이제 세 자매 윌더니스로 들어섰다. 그 경계선을 이루는 남쪽과 북쪽, 그리고 그 중간에 있는 세 자매 산에서 이름을 따온 곳이었다. 세 산 모두 높이가 3,000미터를 훌쩍 넘었고 오리건 주에서 세 번째, 네 번째, 다섯 번째로 높은 봉우리들이다. 다음 주쯤 내가 지나치게 될 상대적으로 가까이 모여 있는 화산 봉우리들 중에서도 가장 매력적인 모습이었다. 그렇지만 PCT의 남쪽에서부터 올라가다 보니 아직 그 산들을 볼 수 없었다. 나는 노래를 부르고 기억하고 있던 시를 외우며 키가 훌쩍 큰 더글라스 소나무와 스트로부스 잣나무, 솔송나무 숲을 통과하고 연못과 호수들을 지나쳤다.

세 남자와 헤어지고 난 뒤 며칠이 지난 후, 나는 가던 길에서

1.5킬로미터 정도를 우회해서 안내서에 나와 있는 엘크 레이크 리조트로 향했다. 그곳은 호숫가에 있는 작은 가게로 셸터 코브 리조트처럼 주로 낚시를 하러 온 사람들이 많이 이용했다. 다른 점이 있다면 햄버거를 파는 카페 하나만 있다는 것이었다.

처음에는 그곳에 들를 계획이 없었지만 PCT에 있는 교차로에 도착하고 보니 그치지 않는 배고픔에 그만 무릎을 꿇고 말았다. 나는 오전 11시쯤 도착했고 일하는 남자를 빼놓고는 손님이 나뿐이었다. 메뉴판을 살펴보고 속으로 계산을 한 뒤 치즈버거와 감자튀김, 콜라 작은 컵 하나를 주문했다. 나는 황홀한 기분으로 음식을 다 먹어치우고 낚시 장비가 늘어서 있는 벽에 등을 기댔다. 음식 가격은 6달러 10센트였다. 지금껏 살아오면서 팁을 줄 수 없는 형편이 된 건 이번이 처음이었다. 내게 남은 2센트를 팁으로 주는 건 놀리는 것처럼 보일 것 같았다. 나는 운전면허증 등을 넣어두는 지퍼락 봉지에서 작은 기념품 도장 하나를 꺼내 접시 옆에 올려놓았다.

"죄송해요. 남은 돈은 하나도 없지만 이거라도 드리려고요."

나는 입을 열었지만 너무 당황스러운 나머지 뭘 주겠다는 건지 차마 말을 하지 못했다. 남자는 그저 고개를 흔들며 내가 알아듣지 못할 말을 중얼거렸다.

나는 남은 2센트를 가지고 엘크 레이크를 따라 나 있는 텅 빈 물가를 따라 걸었다. 이걸 호수에 던지고 소원이나 한번 빌어볼까. 나는 이내 그 생각을 떨쳐버리고 2센트를 반바지 주머니 안에 도로 집어넣었다. 지금부터 족히 320킬로미터는 더 가야 하는 오랠리 레이크 순찰대 기지까지 남은 2센트가 필요할 일이 생길지도 모를 일이 아닌가. 주머니에 2센트밖에 없다니. 이렇게 한번씩 파산 직전에 몰릴 때마다 두렵기도 했지만 조금은 우습기도 했다.

가만히 서서 엘크 레이크를 바라보고 있으려니 문득 살면서 처음으로 어려운 형편에서 자라난 게 큰 도움이 되었다는 생각이 들었다. 아마도 내가 그런 어린 시절을 보내지 않았더라면 이렇게 적은 비용만 가지고 이런 도보 여행에 아무런 두려움 없이 뛰어들 수는 없었을 것이다. 나는 내가 가질 수 없는 것들을 중심으로 항상 가족의 경제적 형편을 생각해왔다. 야영, 과외, 여행, 대학 등록금 등 다른 아이들이라면 누군가 다른 사람이 대신 비용을 내주는 별것도 아닌 그런 일들이었다. 그렇지만 이제 나는 엄마와 새아버지가 주머니에 넣어준 푼돈으로 어떻게든 살아야 했던 내 어린 시절과 지금의 형편을 비교해서 바라볼 수 있었다.

여행을 떠나기 전에 나는 전체 여행에 따른 총경비가 얼마나 들지, 그리고 거기에 예상치 못할 상황을 고려해서 얼마쯤 비상금을 더 준비해야 하는지 등에 대해 계산해보지 않았다. 만일 내가 그런 계산을 했다면 지금 이 자리에 있지도 못했을 것이다. PCT에서의 80여 일, 그리고 텅 빈 주머니. 하지만 괜찮다. 보통 사람이라면 나보고 견뎌내지 못할 거라고 할 정도의 상황 속에서도 나는 원하는 바를 이루어낼 테니.

나는 계속 걸어 1,980미터 높이까지 올라갔다. 거기에 서니 북쪽과 동쪽의 봉우리인 배첼러 뷰트와 빙하로 뒤덮인 브로큰 탑, 그리고 여러 봉우리들 중에서 3,157미터로 가장 높은 사우스 시스터, 즉 세 자매 중 남쪽 봉우리가 눈에 들어왔다. 안내서를 보니 자매 중 가장 어리고 높으며 균형이 잘 잡혀 있는 봉우리라고 되어 있었는데, 위쪽 산등성이는 눈으로 덮여 있었다. 한낮이 되자 날은 다시 따뜻해졌고, 그 열기와 눈앞에 몇 킬로미터쯤 펼쳐진 바위가 깔린 푸른 땅을 보니 캘리포니아로 돌아간 느낌이었다.

이제 나는 공식적으로 세 자매 산의 중간에 위치하게 되었고 나는 이제 더는 혼자서 길을 가지 않아도 되었다. 높은 암벽 지대의 목초지에 이르게 되니 나는 일일 여행자와 단기 배낭 여행자들, 그리고 하룻밤을 보내러 온 보이스카우트들을 만나게 되었다. 나는 가던 길을 멈추고 그들과 이야기를 나누기도 했다.

총은 가지고 있나요? 무섭지 않으세요? 여름 내내 들어왔던 질문들이 메아리처럼 다시 들려왔다. 아니오, 아니오. 나는 슬쩍 웃으며 대답했다. 내 또래의 두 남자도 만났다. 그들은 걸프전 참전 용사로 둘 다 현역 육군 대위였다. 깔끔한 모습의 건장하고 잘생긴 남자들로 마치 군인 모집 포스터에 나올 법한 사람들 같았다. 우리는 시냇물 옆에서 오후의 긴 휴식을 함께했다. 물속에는 두 사람이 가지고 온 맥주 두 캔이 있었다. 오늘은 여행의 마지막 밤이었고 바로 이 시간을 축하하기 위해 내내 마시지 않고 가지고 있던 것이라고 했다.

두 사람은 내 여행에 대한 모든 것들을 다 알고 싶어 했다. 그렇게 오랜 시간 동안 걷는다는 건 어떤 기분인가요? 그 길에서 무엇을 보고 어떤 사람들을 만났나요? 그리고 도대체 그 발은 어떻게 된 거예요? 두 사람은 내 배낭을 한번 들어보겠다고 하더니 자기들 것보다 무거운 걸 알고 얼이 빠진 모양이었다. 그들이 떠날 준비를 하자 나는 둑 위에 앉아 햇볕을 쬐고 쉬면서 좋은 여행이 되기를 빌어주었다.

"이봐요, 셰릴." 둘 중 한 사람이 거의 모습이 보이지 않을 만큼 되어 뒤를 돌아보며 이렇게 외쳤다. "거기 시냇물에 맥주 한 캔을 남겨뒀어요. 이미 두고 온 것이니까 거절하지 말아요. 우리보다 더 강한 사람이니 그걸 마실 자격이 있잖아요."

나는 웃으며 고맙다고 말하고 밑으로 내려가 맥주를 찾았다. 왠지 으쓱하고 쑥스러운 기분이었다. 나는 그날 밤 옵시디언[obsidian] 폴스 근처에서 밤을 보내며 그 맥주를 마셨다. 옵시디언 폴스는 흑요석을 뜻하는 그 이름이 말해주듯 칠흑의 유리 같은 돌들이 놀라운 모습으로 길 위에 깔려서 발을 내디딜 때마다 덜거덕거리는 소리가 났다. 마치 깨진 도자기 파편 위를 걸어가는 것 같았다.

다음 날이 되어 매켄지 패스를 넘어 워싱턴 윌더니스에 들어서자 그 놀라움은 이내 많이 줄어들었다. 현무암 지대를 지나가게 되어 길이 더 험준해졌다. 봄날의 푸른 목초지 위의 밝게 빛나는 바위조각들은 이제 없었다. 야구공에서 축구공 크기만 한 검은색 화산암들이 깔려 있는 길을 6킬로미터 정도 걸어가게 되었고 발목과 무릎이 계속해서 휘청거렸다. 눈앞에 펼쳐진 풍경은 황량했고 워싱턴 산으로 가는 힘겨운 길 내내 햇볕은 무자비할 정도로 뜨겁게 내리쬐었다.

분화구들의 반대편에 도착하게 되자 나는 감사하는 마음으로 숲 사이를 걷게 되었고 사람들의 모습이 보이지 않는다는 사실을 깨달았다. 나는 다시 혼자가 되었다. 이제는 길과 나뿐이었다.

다음 날 나는 센티엄 패스를 넘어 제퍼슨 윌더니스를 건너가게 되었다. 제퍼슨 산은 북쪽에 있는 어둡고 장대한 봉우리였다. 나는 바위 봉우리 여러 개가 하늘을 향해 손가락처럼 솟아 있는 세 손가락 잭 산을 걸어서 지나갔다. 그리고 그렇게 저녁까지 걸음을 재촉하니 어느새 태양은 구름 사이로 지고 짙은 안개가 서서히 나를 감쌌다. 기온이 순식간에 20도가량 떨어지더니 바람이 몰아치다가 갑자기 멈췄다.

나는 야영할 장소를 찾으며 가능한 한 빠른 속도로 걸었다. 추위에도 불구하고 몸에서는 땀이 흘러내렸다. 날은 어느새 위험할 정도로 어두워졌지만 텐트를 칠 만한 평평하거나 확 트인 장소가 전혀 보이지 않았다. 바로 그때 나는 작은 연못 근처의 한 지점을 찾아냈다. 그곳으로 가니 마치 구름 속으로 들어간 듯 공기가 무서울 정도로 고요하게 움직임이 없었다. 간신히 텐트를 치고 참을 수 없을 정도로 느리게 움직이는 내 정수기로 물을 채우고 있으려니 엄청난 위력의 바람이 다시 불기 시작하며 머리 위 나뭇가지들을 후려쳤다.

나는 산에서 부는 폭풍을 한 번도 본적이 없었다. 두렵지는 않았지만 저녁도 먹지 않고 텐트 안으로 기어들어갔다. 텐트가 작은 안식처가 되기는 하지만 자연에서 나란 존재가 참으로 무력하다는 것을 느꼈다. 나는 두려움과 긴장, 경이로움 속에서 결코 오지 않을 거대한 폭풍을 기다렸다.

해가 지고 한 시간쯤 지나자 바람은 다시 잦아들었고 저 멀리

서 코요테들이 낑낑거리는 소리가 들려왔다. 마치 날씨가 다시 맑아진 것을 축하하는 것 같았다. 이제 계절은 8월에서 9월로 바뀌었고 밤이 되자 기다렸다는 듯 기온이 매섭게 곤두박질쳤다. 나는 소변을 보러 텐트 밖으로 나오면서 모자와 장갑을 꼈다. 헤드램프 불빛으로 나무들을 비춰보니 뭔가가 있었다. 두 쌍의 반짝이는 눈동자들이 나를 응시하고 있는 모습을 본 나는 그만 그 자리에 얼어붙고 말았다.

나는 그것의 정체가 무엇인지 전혀 알 수 없었다. 눈동자들은 순식간에 사라져버렸다.

*

다음 날은 뜨겁고 화창했다. 마치 지난밤의 기묘했던 폭풍이 한바탕 꿈이었던 것 같았다. 나는 오리건 스카이라인 트레일이라는 우회로를 걸었다. PCT가 아닌 서쪽으로 1.5킬로미터가량 떨어져서 나란히 나 있는 길로, 우회로여서 별다른 걱정 없이 계속 걸었다. 다음 날이 되자 길이 PCT로 이어졌다. 그리고 다음 날이면 나는 오랠리 레이크에 도착하게 될 터였다.

뛰고, 넘고, 돌면 끝.

오후 내내 빽빽한 숲속을 걸었다. 한번은 어떤 구부러진 길을 돌아나가자 천둥 같은 발굽소리를 내며 나무들 사이를 뛰어 다니고 있는 거대한 엘크 사슴 세 마리와 마주쳤다. 그날 저녁 길가 연못 근처에 야영을 하기 위해 걸음을 막 멈췄을 때 길을 따라 남쪽으로 내려가던 활 사냥꾼을 두 명 만났다.

"혹시 물 가진 거 있어요?" 한 남자가 다급하게 물었다.

"저 호숫물을 그냥 마실 수는 없는 거죠, 그렇죠?" 다른 사람이 필사적인 표정으로 말했다. 두 사람은 모두 서른 중반으로 보였다. 한 남자는 모래 빛 머리카락의 말랐지만 단단해 보이는 모습이었고 다른 남자는 붉은 머리카락에 미식축구 선수 출신이라도 되는 듯 덩치와 키가 컸다. 모두 청바지를 입었고 허리에는 커다란 사냥칼을, 등에는 활과 화살을 매단 거대한 배낭을 짊어지고 있었다.

"저 물은 그냥 못 마시고요. 먼저 정수기로 걸러야 해요."

"우리는 정수기가 없는데." 마른 남자가 배낭을 가까이 있던 바위 옆에 내려놓고 길과 호수 사이에 있는 작은 공터에 앉았다. 내가 막 텐트를 치고 야영을 하려던 자리였다. 나는 두 사람이 가 버릴 때까지 내 배낭을 내려놓고 기다릴 수밖에 없었다.

"괜찮으면 내 정수기를 쓰세요." 나는 이렇게 말하며 배낭의 주머니를 열고 휴대용 정수기를 꺼내 들었다. 그리고 마른 남자에게 건네주었다. 남자는 정수기를 받아 들고 더러운 연못가로 걸어갔다. 그리고 그 앞에 웅크리고 앉았다.

"이거 어떻게 사용하는 건가요?"

나는 튜브 한쪽을 연못물에 집어넣고 정수기 필터 옆에 달린 펌프 손잡이를 움직이는 법을 보여주었다.

"이제 각자 물통을 가져오세요." 내가 말했지만 두 남자 모두 난처하다는 듯 서로를 바라보며 물통이 하나도 없다고 했다. 그들은 그저 오늘 하루만 사냥을 위해 산에 오른 것이었다. 타고 온 트럭은 4.5킬로미터쯤 떨어진 숲길에 세워놓고 왔다고 했다. 내가 얼마 전 지나쳐온 우회로 아래쪽이었다. 그들은 지금쯤 트럭에 도착할 수 있을 거라고 생각했던 것이다.

"그러면 하루 종일 물도 안 마시고 있었단 말이에요?"

"콜라를 가지고 왔어요." 마른 남자가 대답했다. "각자 여섯 개들이 한 묶음씩 가져왔는데."

"여기서 바로 트럭으로 내려갈 거니까 목만 축일 수 있으면 될 거 같은데요. 하지만 지금 당장은 목이 말라서 죽을 거 같아요." 덩치 큰 남자가 말했다.

"자, 여기요." 나는 배낭을 열어 물이 4분의 1쯤 남아 있는 물통 한 개를 꺼내서 덩치 큰 남자에게 내밀었다. 그러자 남자는 쭉 한 모금을 들이켜고는 물통을 친구에게 내밀었고 다른 남자가 나머지를 다 마셨다. 물이 다 없어진 것도 아쉬웠지만 그 사람들과 함께 있는 건 더 마음에 들지 않았다.

나는 지쳐 있었고 등산화를 벗어 던지고 땀에 전 옷도 갈아입고 싶었다. 그런 다음 텐트를 치고 저녁을 먹은 후 책을 읽으며 쉬고 싶었던 것이다. 게다가 나는 이 남자들이 하는 짓들이 왠지 다 우습게 느껴졌다. 콜라에 활에, 그리고 커다란 사냥칼이며 갑작스레 내 앞에 나타난 일까지. 그런 모습들을 생각하니 PCT에 들어섰던 첫 주에 있었던 일이 떠올랐다. 그때 나는 프랭크의 트럭을 얻어 타고 그가 나를 어떻게 하지나 않을까 걱정하고 있었지만 대신 그는 감초를 내밀었다. 나는 잠시 그때 그 감초 생각만 하기로 했다.

"빈 콜라 깡통이 있는데요." 덩치 큰 사내가 말했다. "먼저 정수기로 당신 물통을 채워주고 그다음에 우리 깡통 두 개를 채우면 될 거 같아요."

마른 남자가 내 빈 물통과 정수기를 들고 연못 쪽으로 가서 웅크리고 앉았다. 붉은 머리의 덩치 큰 남자는 배낭을 내려놓고 안을 뒤져 빈 콜라 깡통을 꺼냈다. 나는 팔짱을 끼고 서서 그들이 하는 일들을 지켜보았다. 시간이 지날수록 점점 더 추워졌다. 땀에 젖은 반바지와 티셔츠, 브래지어가 이제 차갑게 식어 몸에 달라붙었다.

"펌프질도 보통 일이 아니네요." 잠시 뒤 마른 남자가 말했다.

"힘 좀 써야 할 거예요." 내가 말했다. "원래 그렇게 사용하는 정수기라."

"이게 뭐가 문제죠? 정수된 물이 안 나오는데?"

남자 쪽으로 가보니 물을 빨아들이는 튜브 끝이 연못의 얕은 흙바닥에 처박혀 있었다. 나는 정수기를 받아 들고 튜브를 끄집어내 맑은 물이 있는 곳에 집어넣었다. 그리고 다시 펌프질을 했지만 꼼짝도 하지 않았다. 진흙이 들어가 물이 움직이는 통로를 전부 막아버린 것이었다.

"튜브 끝을 흙바닥에 두는 게 아니에요. 계속해서 물속에 있도록 신경을 썼어야죠."

"이런 제길." 남자는 사과 한마디 없이 이렇게 내뱉었다.

"그러면 이제 어떻게 하죠?" 다른 남자가 물었다. "뭔가 마실

게 필요한데."

나는 배낭 쪽으로 가 구급상자를 꺼내 요오드 정제 병을 집어 들었다. 지독한 탈수증상을 경험했던 그 해트 크리크 림의 개구리 저수지 이후로는 한 번도 이걸 사용하지 않았다.

"대신 이걸 쓸 수 있어요." 이렇게 말하며 문득 나도 내 정수기를 고칠 때까지는 약으로 정수한 물을 마셔야 한다는 사실을 깨달았다. 정수기를 제대로 고칠 수나 있을지도 의문이었다.

"그건 뭔가요?"

"요오드 정제예요. 물에 이걸 넣고 30분을 기다리면 안전하게 마실 수가 있어요." 나는 연못으로 가서 그중 좀 깨끗해 보이는 곳에 물통 두 개를 담가 물을 채우고 요오드 정제를 넣었다. 남자들도 나를 따라와 콜라 깡통을 채웠고 나는 거기에도 요오드 정제를 넣어주었다.

"이제 됐어요." 나는 이렇게 말하며 시계를 보았다. "7시 10분이면 마실 수 있겠네요." 나는 깡통을 들고 가버리길 바랐지만 그들은 오히려 자리를 잡고 앉았다.

"그러니까 당신은 혼자 여행을 하고 있는 건가요?" 마른 남자가 물었다.

"나는 PCT 여행을 하고 있어요." 내가 말했다. 그러면서 이런 여행을 하지 말걸 하는 생각이 동시에 들었다. 그 남자가 내 몸을 노골적으로 훑으며 바라보는 시선이 영 마음에 들지 않았다.

"혼자서요?"

"네." 나는 머뭇거리며 대답했다. 사실을 말해서 조심스러운 마음과 짐짓 꾸며대는 말을 했더라면 오히려 내가 더 당황하지 않았을까 하는 마음이 교차했다.

"여자 혼자서 여기까지 올 수 있었다니 믿기지가 않는군요. 이렇게 혼자 돌아다니기엔 너무 예쁜 거 아닌가요? 여행 떠난 지는 얼마나 됐어요?"

"좀 됐어요."

"젊은 여자가 이런 곳에 혼자 올 수 있었다니 영 못 믿겠는걸. 안 그래?" 남자는 붉은 머리 친구에게 마치 나는 안중에도 없다는 듯 말했다.

"아니요." 붉은 머리 남자가 뭐라고 대답하기 전에 내가 먼저 말했다. "누구나 다 그렇게 할 수 있어요. 그러니까 내 말은, 이런 일은 그저……."

"만일 당신이 내 여자친구라면 절대로 이런 데 못 돌아다니게 할 텐데. 여하튼 진짜 깜짝 놀랐어요." 붉은 머리 덩치 큰 남자가 이렇게 말했다.

"그나저나 정말 멋진 몸매 아니야, 그렇지?" 마른 남자가 말했다. "건강한데다 부드러운 굴곡도 있고 말이야. 딱 내 스타일이야."

나는 순간적인 두려움으로 목이 막혔지만 기분이 좋은 듯 반쯤 웃음소리를 냈다. "어쨌든 만나서 반가웠어요." 나는 이렇게 말하며 몬스터 쪽으로 슬금슬금 움직였다. "오늘은 좀 더 걸어야 해서요. 이제 그만 가봐야 할 거 같네요." 나는 거짓말을 했다.

"우리도 같이 가죠. 해가 지기 전에 집에 가고 싶으니까." 덩치 큰 남자가 배낭을 짊어지며 말했다. 마른 남자도 자기 배낭을 챙겨들었다. 나는 떠날 준비를 하는 척하며 두 사람의 모습을 지켜보았다.

물론 나는 다시 떠나고 싶은 생각이 조금도 없었다. 이미 지쳤고 목도 마르고 배도 고팠으며 춥기까지 했다. 이미 날은 어두워지고 있었고 이미 여기서 야영하기로 결정을 한 터였다. 이곳이 정확히 PCT에 속한 길은 아니기 때문에 자세한 설명은 없었지만 안내서에 따르면 여기가 이 근처에서 텐트를 칠 수 있을 만한 유일한 장소였다.

마침내 두 남자가 떠나고 나자, 나는 꽉 막혔던 목구멍을 가다듬으며 잠시 그 자리에 서 있었다. 위험은 없었고 나는 이제 괜찮았다. 조금 바보가 된 듯한 기분이었다. 성희롱을 예사로 하는 불쾌하기 짝이 없는 두 남자가 내 정수기까지 망가뜨렸건만 내게 해준 일이라고는 하나도 없었다. 어쩌면 해를 끼칠 생각은 전혀 없었을지도 모른다. 자기가 무슨 일을 하고 있는지 잘 모르는 남자들도 있으니까.

나는 배낭에서 필요한 물건들을 꺼내고 연못의 물로 냄비를 채웠다. 스토브에 불을 붙이고 냄비를 올려놓은 후 땀에 젖은 옷들을 벗어버리고 붉은색 플리스 레깅스와 긴팔 셔츠를 꺼내 입었다. 방수포와 텐트를 꺼내서 준비를 하려는 그때, 아까 그 마른 남자가 다시 나타났다. 그 모습을 보는 순간, 내가 느꼈던 예감이 잘못된 게 아님을 깨달았다. 내가 두려워할 만한 충분한 이유가 있었던 것이다. 그 남자가 정말 다시 이곳으로 되돌아왔다.

"무슨 일이죠?" 내가 짐짓 아무렇지 않은 듯 물었다. 친구도 없이 혼자 나타나 더욱 겁이 났다. 마치 드디어 퓨마가 모습을 드러낸 것 같았다. 나는 모든 본능을 억누른 채 도망가지 말고 제자리에 있어야 한다고 되뇌었다. 당황해하는 모습으로 상대방을 자극해서도 안 되고 분노를 드러내서 화나게 하거나 두려워하는 모습도 보여서는 안 되었다.

"당신도 떠난 줄 알았는데."

"마음이 바뀌었어요."

"우리를 속이려고 한 거군."

"아니, 그게 아니에요. 그냥 마음이 바뀐 거예요."

"마음만 바뀐 게 아니라 옷도 바꿔 입었군." 그가 의미심장하게 말했다. 그 말은 마치 총이라도 쏜 것처럼 내 마음속으로 파고들었다. 저 남자가 내가 옷을 갈아입고 있을 때 가까이서 지켜보고 있었을지도 모른다. 그 생각을 하자 온몸이 떨려왔다.

"바지, 멋지군요." 그가 능글맞게 웃으며 배낭을 내려놓고 위에 걸터앉았다. "아니면 레깅스라고 하나. 뭐 그렇게들 부르던데."

"도대체 무슨 말을 하는지 모르겠군요." 내가 전혀 감정이 섞이지 않은 목소리로 말했다. 그렇지만 나는 내가 무슨 말을 하고 있는지 전혀 알아들을 수도 없었다. 마치 머릿속에 엄청나게 큰 종소리가 울려 퍼지는 것 같았고 지금까지 PCT를 걸으며 애써온 게 결국 이렇게 끝장이 나는구나, 하는 생각이 들었다. 내가 강하거나 용감하거나 혹은 힘이 세다거나 하는 것과 아무 상관없이, 그리고 혼자 여행하는 것이 더 편했다거나 하는 사실과도 상관없이, 나는 운이 따랐던 것이다. 그리고 그 운이 이제 다해 아무것도 남지 않았다면, 오늘 저녁으로 그동안 내가 용케 버텨온 날들까지 다 끝장나게 될 터였다.

"지금 당신 바지가 마음에 든다는 이야기를 하고 있는데." 남자가 짜증이 묻어나는 목소리로 말했다. "당신에게 잘 어울린다고요. 엉덩이랑 다리 모양도 다 드러나고."

"부탁이니 그런 말은 하지 마세요." 할 수 있는 한 단호한 어조로 말했다.

"뭐가? 지금 칭찬한 건데. 남자가 여자 칭찬하는 건 당연한 일 아닌가? 오히려 좋아해야 할 것 같은데?"

"그래요, 고마워요." 나는 남자를 달래려고 애를 쓰면서도 내 그런 모습에 혐오감을 느꼈다. 문득 그 세 마리 젊은 수사슴이라던 남자들이 생각났다. 아직 PCT로 돌아오지는 않았겠지. 지금 세상에서 소리가 가장 크다는 호루라기를 불어봐야 그 소리를 들을 사람은 붉은 머리 남자밖에 없을 터였다.

그러다가 손이 닿기에는 너무 멀리 있는 배낭 왼쪽 윗주머니의 스위스 다용도 군용칼도 생각났고 아직 물이 끓고 있지 않은 스토브 위의 손잡이 없는 냄비도 생각났다. 나중에는 남자의 배낭 위로 삐죽 솟아나와 있는 화살까지 눈에 들어왔다. 하지만 그 화살들과 나 사이에 뭔가 넘어설 수 없는 보이지 않는 선이 있는 것처럼 느껴졌다.

"내 생각엔 그만 가시는 게 좋을 거 같아요." 나는 무심한 듯 말했다. "날이 곧 어두워질 거예요." 나는 가슴을 감싸 안으며 팔짱을 꼈다. 그러자 문득 내가 브래지어도 하고 있지 않다는 사실을 깨달았다.

"여긴 자유국가니까. 나는 가고 싶을 때 갈 거요. 그거야 내 마음이지, 안 그래요?" 그는 콜라 깡통을 집어 들고 안에 든 내용물을 섞는 것처럼 부드럽게 빙빙 돌렸다.

"여기서 도대체 뭐하고 있는 거야?" 다른 남자의 목소리가 들려오더니 잠시 뒤 붉은 머리가 모습을 드러냈다. "너 찾느라 다시 길을 이렇게 되돌아왔잖아. 길이라도 잃어버린 줄 알았다고." 그는 힐난하는 표정으로 나를 바라보았다. 마치 다 내 잘못인 듯, 자기 친구를 여기 붙들어놓은 것도 다 내 탓인 듯 생각하는 눈초리였다.

"어두워지기 전에 트럭으로 되돌아가려면 지금 당장 떠나야 해."

"어쨌든 조심하시고." 마른 남자가 내게 이렇게 말하며 배낭을 둘러메었다.

"잘 가세요." 나는 아주 조용하게 말했다. 대답 같은 건 하고 싶지도 않았지만 그렇다고 입을 다물고 있다가 그 남자를 자극하고 싶지도 않았다.

"아, 7시 10분이네." 남자가 말했다. "이제 물을 마셔도 되겠군." 그는 콜라 깡통을 마치 건배라도 하듯 내 쪽을 향해 들어올려 보였다. "혼자서 숲길을 가는 젊은 여성을 위해."

그는 이렇게 말하고서 물을 한 모금 들이켜고는 몸을 돌려 친구를 따라 길을 내려갔다.

나는 두 사람이 사라진 뒤 그 자리에 잠시 서 있었다. 비로소 모든 두려움이 다 사라지는 것 같았다. 아무 일도 일어나지 않았어. 나는 혼자 중얼거렸다. 나는 완벽할 정도로 멀쩡해. 저 남자는 그저 구질구질한 호색한일 뿐이야. 남자도 아니지. 그리고 이제는 가버렸잖아.

그렇지만 나는 다시 텐트를 접어 배낭에 넣고 스토브의 불도 껐다. 거의 끓기 시작한 물은 버렸다. 그리고 뜨겁게 달아오른 냄비는 연못물에 식혔다. 정수된 물을 들이켜고는 물통과 티셔츠, 브래지어, 그리고 반바지를 다시 배낭 속에 쑤셔 넣었다.

나는 배낭을 짊어지고 끈을 조여맨 뒤 걷기 시작했다. 희미해지는 빛 속에서 북쪽으로 방향을 잡았다. 그리고 걷고 또 걸었다. 두려운 마음은 더 이상 견딜 수가 없었고 그저 앞으로 전진하는 것 말고는 아무것도 할 수 없었다. 그렇게 나는 더 이상 걸을 수 없을 때까지 걸었다. 정말이지 더 이상 한 걸음도 못 걷겠다는 생각이 들 때까지. 그런 다음, 나는 달리기 시작했다.

PCT의 여왕

다음 날 아침, 눈을 떠보니 비가 내리고 있었다. 나는 길 사이 좁은 틈새에 나 있는 공간에 텐트를 치고 그 안에 누워 있었다. 폭이 고작해야 60센티미터나 될까. 전날 밤 어둠 속에서 간신히 찾아낸 평평한 공간이었다. 비는 한밤중부터 내리기 시작해 밤새도록 내렸다. 그리고 아침이 되어 다시 길을 떠나게 되자 빗줄기가 오락가락했다.

나는 그 남자들과 있었던 일에 대해 생각했다. 거의 일어날 뻔했던, 아니, 결코 일어나지 않았어야 했던 그 일들이 계속해서 마음속에 맴돌자 몸이 떨리고 아팠다. 그렇지만 정오가 되자 이내 그런 생각들은 사라졌고 나는 다시 PCT로 돌아와 있었다. 내가 무심코 선택한 우회로는 PCT 쪽으로 이어져 있었다.

하늘에서부터 떨어진 물이 나뭇가지를 타고 내려와 길에 난 도랑을 따라 흘러갔다. 나는 거대한 나무들 아래를 걸었다. 숲은 저 높이 내 머리 위를 뒤덮고 있었고 길가에 나 있는 덤불과 그 밖에 키가 작은 식물들 덕분에 그곳을 지나가는 내 발이 흠뻑 젖었다. 물에 젖은 생쥐 꼴이 되기는 했지만, 숲은 마치 마법 같았다. 초록의 웅장함 속에 빛과 어둠이 함께 공존하며 기괴한 분위기를 풍겼고 풍성하고 화려한 모습이 초현실적으로 느껴질 정도였다. 마치 실제 세상이 아닌 동화 속 세상을 걷고 있는 것 같았다.

비는 내리고 또 내리면서 그렇게 온종일 오락가락했다. 다음 날도 마찬가지였다. 240에이커에 달하는 오랠리 레이크에 도착한 저녁 무렵에도 여전히 비는 내리고 있었다. 나는 근처에 있는 순찰대 기지를 지나가며 깊은 안도감을 느꼈다. 진흙과 젖은 풀들을 밟고 피크닉 테이블들이 모여 있는 곳을 지나쳐 가니 검은색 목조 건물들이 모여 있는 곳이 나왔다. 오랠리 레이크 리조트였다. 오리건 주를 걸어서 통과하기 전까지 나는 리조트라는 단어가 주는 의미에 대해 완전히 다른 생각을 하고 있었다. 사람은 한 명도 눈에 보이지 않았다. 소박해 보이는 통나무집이 열 채 정도 호숫가 근처에 흩어져 있었지만 모두 다 텅 비어 보였다. 그리고 중간에 보이는 작은 가게는 밤이면 문을 닫았다.

가게 근처 로지폴 소나무 아래 서 있으려니 다시 비가 내리기 시작했다. 나는 비옷에 달린 모자를 머리 위로 뒤집어쓰고는 호수 쪽을 바라보았다. 남쪽으로는 제퍼슨 산의 거대한 봉우리가 솟아 있고 북쪽으로는 오랠리 뷰트가 웅크리고 있다는데 내 눈에는 잘 보이지 않았다. 날은 어두워지고 안개가 피어올라 시야를 가렸던 것이다. 산이 보이지 않으니 남아 있는 소나무 숲과 널찍한 호수는 내게 미네소타의 북쪽 숲을 연상시켰다. 심지어 분위기도 미네소타와 비슷했다. 이제 거의 가을에 가까워졌다고 해야 할까. 모든 것이 고즈넉하고 쓸쓸하게 느껴졌다. 나는 비옷 아래로 몸을 파묻고 안내서를 펼쳐 근처에 야영할 수 있는 곳이 있는지 찾아보았다. 오랠리 호수보다 작은 이웃 호수인 헤드 레이크를 가리고 있는 순찰대 기지 너머에 야영장이 있다고 한다.

나는 그곳으로 찾아가 텐트를 치고 비를 맞으며 저녁을 지어 먹었다. 그리고 텐트 안으로 들어가 물에 젖은 슬리핑백 안에서 잠을 청했다. 몸에는 비에 젖은 옷을 그대로 걸친 채였다. 헤드램프의 건전지도 이미 다 닳아버려 책도 읽을 수 없었다. 대신 나는 누워서 바로 머리 위 매끄러운 나일론 지붕 위로 떨어지는 빗방울 소리를 들었다.

내일 찾게 될 보급품 상자에는 새 건전지가 들어 있겠지. 그리고 남은 기간 아껴 먹으려고 준비한 초콜릿이며 마지막 건조식품과 견과류 봉지도 들어 있을 터였다. 그런 식량들이야 오래 묵어 신선함과는 거리가 멀겠지만. 그런 것들을 생각하고 있으려니 고통스럽기도 하고 기분이 편안해지기도 했다.

나는 몸을 웅크려 혹시나 빗물이 스며들어올 것을 대비해 슬리핑백이 텐트 가장자리에서 멀어지도록 했다. 그렇지만 잠은 쉽게 오지 않았다. 우울한 기분 속에서 나는 문득 그동안 여행을 하며 있었던 일들이 주마등처럼 스쳐 지나가는 것을 느꼈다. 그리고 이제 일주일쯤 뒤면 이 여행도 끝이 난다는 사실을 깨달았다. 나는 이제 다시 평범하게 살게 되겠지. 막상 포틀랜드로 다시 돌아가 정착할 생각을 하자 나는 몇 시간 동안 그게 어떤 기분일까 계속해서 상상했다. 음식과 음악, 와인과 커피가 얼마든지 있는 그런 생활.

물론 그곳에 가면 마약도 함께 있겠지. 그런 생각을 하긴 했지만 이제는 내가 그런 것을 원하지 않았다. 어쩌면 앞으로도 영원히 그럴 것이다. 나는 이제야 비로소 보통 사람들의 생활이 어떤 것인지 이해할 수 있게 되었다. 그렇게 빠져나오고 싶어 했지만 이제는 진심으로 다시 그 생활로 돌아갈 수 있는 방법을 찾고 싶은 것이다. 나는 이미 돌아와 있는 것일까? 아니면 그 근처라도?

"나한테 온 상자가 있는데요." 다음 날 아침이 되자 나는 트럭을 타고 막 떠나려는 삼림 순찰대원을 붙잡고 이렇게 말했다.

순찰대원은 차를 멈추고 창문을 내렸다. "당신이 셰릴인가요?"

나는 고개를 끄덕였다. "나한테 배달 온 상자가 하나 있어요." 나는 같은 말을 되풀이했다. 여전히 더러운 냄새가 나는 비옷을 뒤집어쓰고 있는 채였다.

"당신 친구들에게 이야기를 들었어요." 그가 트럭에서 내리며 이렇게 말했다. "부부 같던데요."

나는 눈을 깜빡이다가 비옷 모자를 벗었다. "샘과 헬렌 말인가요?" 내가 되묻자 그가 고개를 끄덕였다. 두 사람을 생각하니 따뜻한 기분이 솟아나 나를 채웠다. 나는 다시 모자를 뒤집어쓰고 남자를 따라 순찰대 기지와 붙어 있는 차고로 들어갔다. 들어가 보니 거기에는 그가 사는 살림집과도 연결이 되어 있는 것 같았다.

"지금 읍내로 내려갈 건데 오후 늦게나 돼야 돌아올 겁니다. 만일 필요한 게 있으면 부탁하세요." 그는 이렇게 말하며 내게 보급품 상자와 편지 세 통을 건네주었다. 갈색 머리와 수염을 길렀는데 30대 후반쯤 되지 않았을 것 같았다.

"고맙습니다." 나는 이렇게 말하며 상자와 편지를 받았다.

밖에는 여전히 비가 내리고 있었고 분위기도 우울했다. 그래서 나는 작은 가게로 들어가 커피 한 잔을 샀다. 계산하는 나이 든 남자에게는 이 상자를 열면 바로 돈을 치르겠다고 말했다. 나는 나무를 때고 있는 난로 옆 의자에 앉아 커피를 마시며 편지를 읽었다. 첫 번째 편지는 에이미, 두 번째는 폴, 그리고 세 번째 편지는 놀랍게도 에드에게 온 것이었다. 케네디 메도우즈에서 만났던 그 PCT의 천사!

'만일 이 편지를 받았다면 마침내 해냈다는 뜻이겠지. 셰릴, 축하해요.'

편지를 읽자 큰 감동을 받은 나머지 큰 소리로 웃음을 터뜨렸다. 계산대 뒤의 남자가 나를 올려다보았다.

"집에서 뭐 좋은 소식이라도 있나 보죠?" 그가 물었다.

"네." 내가 대답했다. "집에서 온 소식은 아니지만요."

상자를 열어보니 기대했던 20달러 외에 봉투가 하나 더 있었다. 바로 지난번 셸터 코브 리조트에 있던 보급품 상자 안에 들어 있어야 했던 바로 그 20달러였다. 몇 개월 전 짐을 꾸리면서 분명 내가 실수를 한 모양이었다. 이제 모든 것이 제자리로 돌아왔다. 나는 2센트만 가지고 여기까지 왔고 이제는 그 보상으로 40달러하고도 2센트를 가진 부자가 되었다. 나는 커피 값을 치르고 쿠키

한 봉지를 샀다. 그리고 어디 샤워라도 할 곳이 없냐고 물었더니 그는 미안하다는 듯 고개를 저었다. 샤워시설도 없고 식당도 없는 리조트라! 밖은 쉬지 않고 부슬부슬 내리는 비에 기온은 12도까지 떨어져 있었다.

커피 한 잔을 더 마신 나는 오늘 다시 길을 떠날지 말지에 대해 생각을 해보았다. 이곳에 계속 있어야 할 이유는 별로 없었다. 그렇지만 이렇게 온몸이 젖은 채로 젖은 배낭을 메고 다시 숲으로 들어선다는 건 맥이 빠지는 일일 뿐만 아니라 위험할 수도 있는 일이었다. 계속 젖은 채로 있으면 저체온증에 걸릴 위험성이 있었다. 최소한 여기 따뜻한 가게 안에라도 있으면 춥지는 않았다. 나는 지난 사흘간 땀이 날 정도로 더운 날씨와 얼어붙을 정도로 차가운 날씨를 번갈아 경험했다. 나는 정신적으로나 육체적으로나 다 지쳐 있었다. 며칠 동안 걸었지만 크레이터 레이크 이후 하루를 온전히 쉬어본 적이 없었다. 게다가 그동안 신들의 다리에 도착할 순간을 간절히 고대해왔지만 이제는 서두를 필요가 전혀 없었다. 여정은 거의 다 끝나가고 있었고 내 생일까지는 무난하게 도착할 수 있다는 사실을 나는 잘 알고 있었다. 내게는 충분한 시간이 있었다.

"아가씨, 여기는 샤워장은 없지만 저녁식사는 됩니다. 괜찮으면 5시에 나랑 다른 직원들과 함께 저녁을 먹는 게 어때요?" 나이 든 남자가 말했다.

"저녁식사요?" 나는 이곳에 잠시 머무르기로 했다.

　나는 야영지로 돌아와서 비가 쏟아지는 와중에도 최선을 다해 비에 젖은 물건들을 말렸다. 나는 냄비에 물을 끓여 벌거벗은 채 몸을 웅크리고 손수건으로 몸을 닦았다. 그리고 두 남자가 망쳐놓은 정수기를 분해해서 진흙을 긁어내고 물로 씻어 다시 사용할 수 있도록 만들었다. 저녁을 먹기 위해 약속한 작은 건물로 막 가보려고 하는데, 세 마리 젊은 수사슴이 비에 흠뻑 젖었지만 더 멋진 모습으로 나타났다. 나는 세 사람의 모습을 보고 정말 말 그대로 펄쩍 뛰어올랐다. 나는 그들에게 지금 저녁을 먹으러 간다고 설명을 한 뒤 아마 같이 먹을 수 있을 거라고 말했다. 그러니 일단 내가 먼저 가서 확인한 뒤 바로 돌아오겠다고 말하고 그 자리를 떠났다. 그런데 저녁을 먹기로 한 장소에 도착해서 물어보니 음식 담당인 듯한 여자는 세 사람의 도착을 반기지 않았다. 음식이 충분하지 않았기 때문이다.
　나는 혼자서 저녁을 먹는 것이 미안했지만 배가 너무 고팠다. 저녁은 어렸을 적 미네소타에서 수천 번은 먹어본 듯한 익숙한 가정식이었다. 체더치즈를 올린 다진 쇠고기 찜, 통조림 옥수수, 그리고 양상추 샐러드와 감자 등등. 나는 접시에 담긴 음식을 숟가락질 대여섯 번 만에 다 먹어치우고는 여자가 설탕을 뿌린 노란 케이크를 잘라 줄 때까지 얌전히 자리에 앉아 기다렸다. 나는 내 몫을 먹은 다음 슬며시 테이블로 가 남아 있는 케이크 중에서 가장 큰 조각을 종이 냅킨으로 싸서 입고 있던 비옷 호주머니 속에 집어넣었다.

"감사합니다. 이제 그만 친구들에게 가봐야 할 거 같아서요."

나는 주머니 안에 든 케이크를 조심스럽게 감싸 쥐고 비에 젖은 풀밭을 걸어 나왔다. 시간은 5시 반이었지만 날은 이미 컴컴했고 한밤중처럼 음산했다.

"여기 있었네. 한참 찾았어요." 누군가 나를 불러 돌아보니 오늘 아침 상자와 편지를 전해준 순찰대원이었다. 그는 행주 비슷한 것을 꺼내 입술을 닦았다. "말하는 게 좀 이상할 거예요." 내가 다 가서자 그가 분명치 않은 발음으로 말했다. "오늘 입안에 수술을 좀 받았거든요."

비가 다시 내리기 시작했기 때문에 나는 비옷의 모자를 다시 뒤집어썼다. 순찰대원은 약간 술에 취한 것 같았다. 말이 어눌한 것은 수술 때문만이 아닌 듯했다.

"그러면 내가 지내고 있는 곳으로 가서 같이 한잔하는 게 어때요? 어쨌든 비도 피해야 하고요." 그가 역시 잘 알아들을 수 없는 웅얼거리는 목소리로 이렇게 말했다. "나는 바로 저쪽에 살고 있어요. 순찰대 기지에 붙어 있지요. 벽난로는 이미 불을 때고 있고 거기 가면 근사한 칵테일 한 잔도 만들어 드리죠."

"고맙군요. 하지만 오늘은 안 되겠네요. 친구들이 기다리고 있어서요. 모두 같이 야영을 할 거라서." 나는 이렇게 말하며 길 저편을 가리켰다. 거기에는 내 텐트가 있었고 지금쯤이면 세 남자의 텐트도 다 준비가 되어 있으리라. 그러다 문득 그 세 사람이 바로 지금 무엇을 하고 있을지 분명하게 상상이 되었다. 쏟아지는 빗속에서 비옷을 걸친 채로 웅크리고 앉아 맛없는 저녁이라도 먹으려고 애를 쓰고 있겠지. 아니면 갈 곳이 아무데도 없으니 그냥 텐트 안에서 쓸쓸하게 있지 않을까. 그런데 따뜻한 벽난로와 술이 있는 곳이라……. 만일 그 세 사람과 함께 이 순찰대원의 집으로 찾아가면 어떨까. 그렇게 세 남자와 같이 있으면 이 순찰대원이 내게 품고 있을 뭔지 모를 생각으로부터도 안전할 수 있을 것 같았다. "갈 수 있을지도 모르겠어요." 입술에 흘러내리는 침을 닦고 있는 그를 보며 내가 머뭇거리며 말했다. "그러니까 친구들과 함께 간다면요."

*

얻어온 케이크를 들고 야영장으로 돌아오니 세 남자는 이미 모두 각자의 텐트 안에 들어가 있었다. "케이크 갖고 왔어요!" 내가 소리를 지르자 남자들이 텐트 밖으로 나와 나를 둘러싸더니 내가 건네는 케이크를 받아들고 손가락으로 먹었다. 케이크는 순식간에 사라졌고 아무런 설명 없이도 그들이 몇 개월 동안 겪은 어려움을 다 알 수 있었다.

그들과 헤어진 뒤 9일이 흘렀다. 그렇지만 마치 따로따로가 아닌 같이 여행한 것처럼 우리는 더 가까워지고 친밀해진 느낌이었다. 세 남자는 여전히 내게는 세 마리의 젊은 수사슴이었지만 동시에 내 마음속에 특별한 존재가 되어가기 시작했다. 리치는 좀 이상했지만 재미가 있었고 왠지 꼭 알아내고 싶은 그런 어둡고 수

수께끼 같은 부분이 있었다. 조쉬는 다정하고 영리했으며 다른 두 사람보다 내성적이었다. 릭은 재미있고 약간 냉소적이며 말을 정말 재미있게 잘했다. 이렇게 세 남자에게 둘러싸여 내 손 위의 케이크를 허겁지겁 집어 먹고 있는 모습을 보고 있으려니 내가 세 사람 모두에게 조금씩 반해 있다는 사실을 깨닫게 되었다. 특히 나는 릭에게 더 큰 호감이 있었다. 기이한 감정이라는 건 나도 알고 있었다. 그는 나보다 거의 네 살이나 어렸다. 게다가 4년이란 시간 동안 그와 내가 겪어온 일의 차이가 너무 컸기 때문에 나는 그와 텐트에서 단둘이 있을 만한 사이라기보다는 그냥 큰누나처럼 생각이 되었다. 그래서 나는 괜한 생각은 그만두었지만 릭과 눈이 마주칠 때마다 내 마음속에서 두근거리는 감정이 점점 더 크게 피어나고 있다는 사실만은 부인할 수 없었다. 그리고 그의 눈에서 나와 같은 감정이 피어나고 있음을 알 수 있다는 사실 역시 부인할 수 없었다.

"저녁 같이 못 먹어서 미안해요." 나는 사정을 설명한 후 이렇게 말했다. "저녁들은 먹었어요?" 내가 미안해하며 묻자 세 사람 모두 손가락에 묻은 설탕을 빨아 먹으며 고개를 끄덕였다.

"저녁은 어땠어요?" 릭이 뉴올리언스 억양으로 물었다. 그 억양조차 매력적이었다.

"그냥 고기찜하고 샐러드만 먹었어요."

세 남자는 마치 내가 큰 상처라도 준 듯 그렇게 나를 쳐다보았다.

"그래서 이렇게 케이크를 가지고 왔잖아요!" 뒤집어쓴 비옷 모자 아래로 이런 소리가 터져나왔다. "그리고 또 다른 좋은 소식도 있어요. 저녁식사하고는 좀 다른 이야기지만. 여기서 만난 순찰대원 하나가 자기 집으로 가서 한잔하자고 하길래 나랑 같이 있는 친구들도 함께라면 가겠다고 했죠. 미리 말하지만 분위기가 조금 이상할 수도 있어요. 순찰대원이 오늘 입에 무슨 수술을 받았다나. 진통제 때문인지 술 때문인지는 모르겠는데 벌써 좀 취한 것 같더라고요. 하지만 집에는 따뜻한 벽난로도 있고 마실 것도 있대요. 어때요? 같이 가볼래요?"

세 수사슴은 자유분방하고 강렬한 눈으로 나를 바라보았고, 그로부터 2분 뒤 우리는 함께 그 순찰대원의 집을 찾아갔다.

"어서 와요." 그는 여전히 웅얼거리는 목소리로 우리를 반겼다. "슬슬 바람맞은 거 아닌가 생각하던 중이었는데."

"이쪽은 내 친구들인 릭과 리치, 그리고 조쉬예요." 그는 썩 반갑지 않은 표정으로 세 남자를 바라보며 행주로 입술을 누르고 있었지만 어쨌든 나는 사람들을 소개했다. 사실 세 친구와 함께 찾아가겠다는 제안을 그가 흔쾌히 수락한 것은 아니었다. 그는 그저 친구들과 아니면 나도 가지 않겠다는 말에 고개를 끄덕였을 뿐이었다.

세 수사슴은 우르르 들어가 불이 활활 타오르는 벽난로 앞 소파에 한 줄로 앉은 뒤 젖은 등산화를 달아오른 돌벽에 갖다 대었다.

"예쁜 아가씨, 한잔 어때요?" 내가 그를 따라 주방으로 들어가자 그가 이렇게 물었다. "내 이름은 가이라고 해요. 이미 말했던가?"

"만나서 반가워요. 가이." 나는 이렇게 말하며 주방에 그와 함께 다정하게 있는 모습처럼 보이지 않으려고 애를 썼다. 그리고 다함께 즐거운 시간을 보낼 수 있도록 분위기를 만들기로 했다.

"당신을 위해 특별히 만든 거예요."

"정말요? 고맙네요." 내가 말했다. "거기, 한잔씩 할래요?" 나는 세 남자에게 이렇게 물었다. 그들은 좋다고 대답했다. 나는 가이가 커다란 플라스틱 통에 얼음을 띄우고 각양각색의 술을 부어 섞고 그 위에 냉장고에서 꺼내 온 통조림 속 과일 화채를 얹는 모습을 지켜보았다.

"자살 음료수 같네요." 그가 다 만든 칵테일을 내밀자 나는 이렇게 말했다. "대학 다닐 때 이렇게 만든 칵테일을 그렇게 부르곤 했죠. 온갖 종류의 술을 한꺼번에 뒤섞은 거 말이에요."

"맛이 어떤지 한번 마셔봐요." 가이가 말했다.

나는 한 모금을 들이켰다. 지옥 같은 맛이었지만 근사했다. 차가운 비를 맞으며 밖에 있는 것보다 훨씬 더 나은 맛이었다. "오!" 내가 좋다는 듯 말했다. "저 친구들도 마음에 들어 하겠어요. 자, 이제 한잔들 해야죠?" 나는 소파 쪽으로 가면서 다시 한번 이렇게 물었다.

"좋지요." 세 남자는 합창이라도 하듯 한꺼번에 그렇게 대답했지만 가이는 귀담아듣는 것 같지 않았다. 나는 술이 담긴 통을 릭에게 건네주고 그 옆에 끼어 앉았다. 우리 네 사람은 소파 위에 나란히 몸을 붙이고 앉아 불이 주는 마법 같은 사치스러움을 즐겼다. 릭의 사랑스러운 몸이 내게 바짝 붙어 있었다. 난롯불은 우리 두 사람만이 즐기는 태양처럼 우리를 따뜻하게 말려주었다.

"아까 자살에 대해 뭐라고 하던데, 내가 진짜 자살 이야기 하나 해줄까요?" 가이는 이렇게 말하며 내 앞에서 벽난로 장식에 몸을 기댔다. 릭은 술을 마신 뒤 통을 조쉬에게 내밀었고 조쉬도 한 모금 마신 뒤 다시 가장 끝에 앉아 있는 리치에게 건네주었다. "안된 일이지만 이 근처에서 자살 사건이 종종 일어나죠. 이제는 그것도 이 직업의 흥미로운 점이 아닌가 뭐 그런 생각도 들지만요."

그렇게 말하는 가이의 두 눈동자에서 빛이 나기 시작했다. 그의 얼굴은 콧수염 아래로 늘어진 행주 뒤에 감춰져 있었다. 술이 담긴 통은 천천히 한 순배를 돌아 다시 내게로 돌아왔다. 나는 한 모금을 마시고 다시 릭에게 건네주었고 그렇게 우리는 마치 거대한 수연통(중국에서 쓰는 담뱃대 대통의 하나―옮긴이)으로 마리화나를 돌려 피우는 것처럼 같은 통으로 술을 마셨다. 우리가 그러는 동안 가이는 어느 날 오후 근처 숲속의 임시 화장실 안에서 한 남자가 자기의 머리를 날려버린 장면을 목격한 일에 대해 자세히 이야기하기 시작했다.

"다시 말하는데, 머리가 박살이 나고 뇌수가 온통 흩어져 있었다고요. 상상을 초월하는 장면이었지. 상상할 수 있는 가장 매스꺼운 장면을 한번 그려봐요. 그리고 그 장면에는." 그가 내 쪽만 바라보며 섰다. 마치 다른 세 사람은 안중에도 없는 것 같았다. "그냥 뇌수만 흩어진 게 아니었어요. 피는 물론이고 박살이 난 뼈랑 살 조각들이 같이 있었지. 온 천지를 다 덮고 있었다고. 화장실 벽 전체에 다 튀어 있었다니까."

"상상도 안 되네요." 나는 통에 든 얼음을 흔들며 이렇게 말했다. 옆의 세 남자가 통 바닥에 술을 조금 남겨주었지만 이제는 그것마저 다 비워버렸다.

"아가씨, 한 잔 더?" 가이가 물었다. 내가 빈 통을 그에게 내밀자 그는 통을 받아 들고 주방으로 갔다. 나는 세 남자를 돌아봤고 우리는 모두 난롯불을 쬐며 의미심장한 시선을 교환하다가 할 수 있는 한 소리를 죽여 웃음을 터뜨렸다.

"자, 이제 또 다른 이야기를 할 시간이군요." 가이가 술을 채워 돌아오면서 말했다. "이번에는 살인사건입니다. 강력범죄죠. 그리고 이번에는 뇌수 이야기가 아니라 피 이야기예요. 셰릴, 몇 리터나 되는 피라고요. 양동이 가득한 피라니까요."

그렇게 우리의 저녁 시간은 흘러갔다.

가이의 집을 나온 우리는 우리 야영장까지 걸어와 둥글게 모여 서서 반쯤 취한 채 다시 비가 내릴 때까지 이야기를 나누었다. 비가 내리자 어쩔 수 없이 잘 자라는 인사를 하고 각자 텐트로 돌아가야만 했다. 내 텐트로 들어가 보니 저 끝에 물이 고인 것이 보였다.

아침이 되자 그 물웅덩이는 작은 호수가 되어 있었고 슬리핑백은 물에 흠뻑 젖었다. 나는 슬리핑백을 들고 나와 어디 널 곳이 없는지 야영장을 둘러보았다. 그렇지만 비가 계속 쏟아져서 슬리핑백만 물에 더 젖을 뿐이었다. 나는 세 남자와 함께 가게로 가서 난로 옆에 슬리핑백을 걸어두고 커피를 마셨다.

"우리도 당신에게 어울리는 PCT의 별명을 지었어요." 조쉬가 말했다.

"그래요? 어떤 거죠?" 나는 물에 젖은 내 슬리핑백 뒤에서 머뭇거리며 물었다. 이렇게 하면 그들이 무슨 말을 하든 나를 보호해 줄 것만 같았다.

"PCT의 여왕이요." 리치가 말했다.

"사람들은 언제나 당신에게 뭔가를 주고 싶어 하고 당신을 위해 뭐든지 하고 싶어 하니까요." 릭이 말을 덧붙였다. "우리는 사람들에게 뭘 받아본 적이 한 번도 없어요. 사실 다들 모른 척 한다니까요."

나는 내 슬리핑백을 만지며 그들을 바라보았다. 그리고 우리는 모두 함께 웃었다. 여자 혼자서 여행하고 있다는 사실, 나쁜 일의 피해자가 될 수 있다는 사실을 자각하고 걱정할 때마다 나는 계속해서 사람들의 친절함을 맛볼 수 있었다.

정수기를 망가뜨린 추접스러운 남자들과 캘리포니아에서 돈이 없다고 나를 야영장 밖으로 쫓아낸 부부를 제외하면 나는 사람들의 과분한 관심과 사랑을 받았다고밖에 할 수 없었다. 이 세상과 사람들은 언제나 두 팔을 활짝 펴 나를 반겨주었던 것이다. 그리고 마침 기다렸다는 듯이 계산대의 나이 든 남자가 몸을 우리 쪽으로 기울이더니 이렇게 말했다.

"아가씨, 만일 이곳에 하룻밤 더 묵으면서 몸을 말리고 싶으면 지금 비어 있는 통나무집 하나를 그냥 실비만 받고 빌려줄까 하는데, 당신 생각은 어때요?"

나는 의미심장한 표정으로 젊은 수사슴들을 돌아보았다.

*

　　15분쯤 뒤 우리는 남자가 알려준 통나무집으로 옮겨갔다. 먼지투성이 서까래 위에 젖은 슬리핑백을 널었다. 이곳은 널빤지로 벽을 친 방 한 칸짜리 집으로 두 개의 2인용 침대가 공간의 대부분을 차지할 만큼 좁았다. 침대는 정말 오래되어 보이는 금속 틀로 되어 있었는데 조금만 몸을 기대도 삐걱대는 소리가 났다.

　　일단 짐을 풀고 난 후, 나는 간식을 좀 사기 위해 다시 쏟아지는 빗속을 걸어 가게로 향했다. 가게 안으로 들어서니 난로 옆에 리사가 있었다. 포틀랜드에 있어야 할 그 리사가, 이 긴 여름 내내 보급품 상자를 보내준 리사가, 이제 일주일쯤 뒤면 다시 만나게 될 내 친구 리사가 가게 안에 있었다.

　　"셰릴!" 리사가 반쯤 비명이라도 지르듯 내 이름을 불렀고 우리는 서로를 힘껏 끌어안았다.

　　"지금쯤 여기 있을 줄 알았어." 겨우 정신을 차리고 나자 리사가 이렇게 말했다. "그래서 우리가 이렇게 너를 보러 오기로 결심했지." 그러면서 자기 남자친구 제이슨을 돌아보았고 우리는 서로 악수를 했다. 나는 포틀랜드를 떠나 PCT로 오기 전에 제이슨을 몇 번 만나본 적이 있었다. 당시는 두 사람이 막 사귀기 시작하던 무렵이었다.

　　내가 예전에 살던 세상에서 알고 지내던 사람들을 다시 만나게 되니 어딘지 모르게 초현실적인 기분도 들었고 조금 슬픈 생각도 들었다. 여행이 정말 끝나가고 있다는 것을 실감했기 때문이다. 포틀랜드는 이제 겨우 145킬로미터만 달리면 닿을 수 있었다.

저녁이 되어 우리 모두는 제이슨의 픽업트럭에 끼어 타고 구불구불한 숲길을 따라 백비 핫 스프링스Bagby Hot Springs로 향했다. 백비는 이른바 숲속의 천국이라고 할 만했다. 나무로 만든 3층 건물 비슷한 곳에는 층마다 다양한 형태의 목욕통이 있었고 그 안에는 2.5킬로미터쯤 떨어진 후드 산 국립공원 길가 주차장 근처에서 끌어오는 뜨거운 온천물이 채워져 있었다.

이곳은 개인 사업장이나 리조트 혹은 휴양지가 아니었다. 단지 누구든 어느 때나 찾아와 태곳적부터 있었을 더글러스 소나무, 솔송나무, 삼나무가 만들어주는 지붕 아래에서 이 자연의 온천수에 무료로 몸을 담글 수 있는 그런 곳이었다. 그런 백비의 모습은 오랠리 레이크의 가게 안에 리사가 서 있던 모습보다 더 초현실적으로 보였다.

우리는 각자 자기에게 맞는 장소를 찾아 흩어졌다. 세 남자와 나는 아래층으로 내려가 보았다. 높고 시원한 나무 천장 아래, 속이 빈 삼나무를 손으로 직접 파서 만든 카누처럼 길쭉한 목욕통이 있었다. 우리는 옷을 벗었다. 거대한 나무의 푸르른 가지 위에서 부드럽게 떨어지는 빗소리가 온통 우리를 감싸고 있었다.

나는 남자들의 벗은 모습을 보지 않으려고 시선을 돌렸다. 릭과 나는 나란히 있는 목욕통에 들어가 물을 틀었다. 미네랄이 풍부한 뜨거운 온천수가 쏟아졌다. 나는 눈길에 들어서기 전 시에라 시티의 호텔에서 했던 목욕이 기억났다. 여행은 이제 일주일 남았다. 힘겨웠지만 아름다웠던 꿈을 지켜낸 기분이었다. 여행의 끝을 앞두고 온천을 즐기다니, 어쩌면 고생한 나에게 딱 맞는 일처럼 느껴졌다.

백비에 갈 때는 차 앞자리에 제이슨, 리사와 함께 탔지만 오랠리 레이크로 돌아오는 길에는 트럭 뒷자리로 가 세 남자들과 같이 앉았다. 그렇게 뒷자리에 올라타려니 청결함과 따뜻함, 그리고 감사함이 느껴졌다.

"그런데 거기 있는 이부자리는 네 거야." 리사가 문을 닫아주면서 말했다. "네 트럭에서 가져왔어. 혹시나 차에서 잘 일이 있을까 봐 가지고 왔지."

"신사분들, 내 잠자리에 오신 걸 환영해요." 나는 당혹스러움을 감추기 위해 마치 유혹이라도 하는 듯한 목소리로 말했다. 사실 그건 정말 내가 폴과 함께 몇 년간 침대처럼 쓰던 이부자리였다. 폴을 생각하자 황홀했던 기분이 가라앉았다. 나는 아직 그가 보낸 편지를 열어보지도 않았다. 보통은 그런 편지만 받으면 기쁨에 넘쳐 받자마자 뜯어보았지만 익숙한 폴의 글씨를 보니 나도 모르게 주저하게 되었다. 나는 다시 PCT로 돌아가게 되면 그때 편지를 읽기로 했다. 어쩌면 금방 답장을 할 수 없을 것을 내가 알고 있었기 때문이 아닐까. 이제 더는 성급하고 열정만 가득한 말들을 쓰고 싶지 않아서가 아니었을까.

"당신은 영원히 내 마음속의 남편이야."

우리가 이혼서류를 작성하던 날 폴에게 이렇게 말했다. 그게 불과 5개월 전 일이었지만 이미 나는 내가 한 말을 지킬 자신이 없어졌다. 그를 향한 나의 사랑은 의심할 여지가 없었지만 이제 그만을 바라볼 수는 없었다. 우리는 더 이상 부부가 아니었고 나는 이렇게 폴과 함께 쓰던 이부자리 위에 세 남자와 함께 앉아 있다. 나는 이런 상황을 받아들여야 한다고 생각했다. 그동안 있었던 많은 불확실한 순간들 속에서 뭔가 분명한 것을 찾은 기분이었다.

나와 릭, 조쉬, 리치 순서로 나란히 앉아 있던 우리 네 사람은 트럭이 덜컹거릴 때마다 한데 부딪히며 뒤엉켰다. 지난밤 그 정신 나간 순찰대원의 집 소파에 함께 앉아 있을 때처럼 조금도 빈틈이 없었다. 릭의 몸이 조쉬에게서 떨어져 조금 내 쪽으로 기울어 밀착되었다. 마침내 비가 멈췄고 나는 하늘에 뜬 보름달을 볼 수 있었다.

"저것 좀 봐요." 내가 릭에게 창밖 하늘을 가리키며 말했다. 우리는 여행을 하면서 봤던 달과 각자 살고 있던 곳에서 봤던 달, 그리고 앞으로 남은 여정에 대해 조용히 이야기를 나누었다.

"리사의 전화번호를 꼭 알려주세요. 그래야 포틀랜드에 가서도 연락할 수 있을 테니까. 나도 이번 여행이 끝나면 포틀랜드에서 지내게 될 거예요." 릭이 말했다.

"그야 물론이죠. 우리 꼭 연락해요."

"그럼요." 그가 이렇게 말하며 부드럽게 나를 바라보았다. 나는 기분이 황홀해졌다. 그렇지만 내가 그동안 잠자리를 같이 한 여러 남자들보다 릭을 어쩌면 천 배쯤 더 좋아한다는 사실을 깨달았으면서도, 그리고 그렇게 간절히 바라면서도 나는 그에게 손을 내밀 수 없었다. 그런 일은 저기 보이는 달처럼 지금 너무나 나와 거리가 먼 이야기였다. 릭이 나보다 어리기 때문도, 그렇다고 바로 옆에 조쉬와 리치가 함께 등을 부비고 있어서도 아니었다. 이번만큼은 다정하고 강하고 섹시하며 영리한 이 좋은 사람과 다른 어떤 관계도 아닌 오직 친구만이 느낄 수 있는 그저 순결하고 절제된 그런 기쁨만 누리고 싶었다. 이번만큼은 함께할 누군가가 그립지 않았다. 이번만큼은 가슴에 상처를 입은 여자라는 변명이 나를 뒤흔들지 못했다. 이제 그런 말은 더 이상 내게 아무런 의미도 없었던 것이다.

"당신을 만나게 돼서 정말 기뻐요." 내가 말했다.

"나도 그래요." 릭이 말했다. "PCT의 여왕을 만났는데 기쁘지 않을 사람이 또 있을까요?"

나는 그를 향해 웃고 다시 시선을 돌려 창문을 통해 달을 바라보았다. 이렇게 서로를 배려하는 의식적인 침묵 속에 함께 몸을 붙이고 있으려니 문득 그의 몸이 참 따뜻하다는 생각이 들었다.

"정말 좋네요." 잠시 뒤 릭이 이렇게 말했다. "정말 좋아요." 그가 같은 말을 반복했다. 두 번째 말할 때는 좀 더 힘을 주어 말했다.

"뭐가요?" 내가 릭을 보며 물었다. 나는 이미 그 답을 다 알고 있었다.

"모든 것이 다요." 그가 대답했다.

그의 말은 사실이었다.

신들의 다리

다음 날 아침이 되자 하늘이 청명하게 갰다. 태양은 오랠리 레이크를 환하게 비추고 남쪽으로는 제퍼슨 산이, 그리고 북쪽으로는 오랠리 뷰트의 모습이 완벽하게 다 눈에 들어왔다. 나는 순찰대 기지 근처 피크닉 테이블에 앉아 내 마지막 여정을 위해 배낭을 꾸리고 있었다. 세 마리 젊은 수사슴들은 워싱턴 하이 캐스케이드가 눈에 덮이기 전에 캐나다에 도착하기 위해 새벽녘에 급히 길을 떠났다. 그렇지만 나는 그렇게 멀리 갈 필요가 없었다. 내게는 아직 시간이 충분했다.

가이가 품에 상자 하나를 안고 나타났다. 오늘은 술에 취한 것 같지 않았다. 잠시 멍하니 생각에 잠겨 있던 나는 그의 등장에 정신을 차렸다. "당신이 떠나기 전에 만날 수 있어서 다행이군요. 막 도착한 상자예요."

가이에게 상자를 받아들고 보낸 사람의 주소를 흘낏 보니 그건 친구인 그레첸이 보낸 것이었다. "이것저것 다 고마워요." 나는 돌아가는 그에게 이렇게 말했다. "만들어준 칵테일도 좋았고 친절하게 대해줘서 고마웠어요."

"조심해서 잘 가요." 그는 이렇게 말하고 건물 모퉁이로 모습을 감췄다. 나는 상자를 열어 그 안에 든 것을 보고 숨을 몰아쉬었다. 예쁜 포장지에 싸인 먹음직스러운 초콜릿과 레드 와인 한 병이었다. 나는 초콜릿은 그 자리에서 맛을 보았지만 와인은 어떻게 할까 고심했다. PCT로 돌아가 따고 싶었지만 팀버라인 로지로 가는 길 내내 병을 지고 다니고 싶지는 않았다. 나는 나머지 물건들을 챙기고 배낭을 짊어진 후 빈 상자와 와인 병을 들고 순찰대 기지로 걸어가기 시작했다.

"셰릴!" 어디선가 나를 부르는 목소리가 들려왔다. 나는 뒤를 돌아보았다.

"여기 있었군요! 당신이 여기 있었어! 이렇게 다시 당신을 만나게 되다니, 야 정말이지!" 한 남자가 이렇게 소리를 지르며 내게로 다가왔다. 나는 너무나 깜짝 놀라 상자를 땅바닥에 떨어트렸다. 남자는 하늘을 향해 주먹을 흔들며 기쁨에 넘치는 소리를 질러댔지만 나는 그가 누군지 정확하게 확신할 수 없었다. 그는 젊었고 턱수염을 길렀으며 살갗은 구릿빛으로 그을었다. 내가 마지막으로 본 모습과는 많이 달랐지만 또 비슷한 모습이 남아 있기도 했다.

"셰릴!" 그 남자가 다시 소리쳐 내 이름을 부르더니 거의 나를 넘어뜨릴 듯이 달려와 껴안았다.

마치 그가 누군지 알아보지 못한 순간에서 그를 알아보는 순간으로 시간이 천천히 움직이는 것 같았다. 그렇지만 나는 그가 나를 그렇게 한참 동안이나 껴안고 있을 때까지도 그가 누구인지 정확하게 떠오르지가 않았다.

그러다가 드디어 이렇게 소리쳤다. "더그!"

"더그, 더그, 더그!" 나는 계속해서 그의 이름을 불렀다.

"셰릴, 셰릴, 셰릴!" 그도 내 이름을 불렀다.

그런 다음 우리는 말 없이 한 발자국 뒤로 물러서서 서로를 바라보았다.

"좀 야위었네요." 그가 말했다.

"당신도요." 내가 말했다.

"이제는 완전히 달라 보여요." 그가 말했다.

"나도 알아요! 그리고 당신도 많이 달라졌고요!"

"턱수염을 좀 길렀지요." 그는 그렇게 말하며 수염을 쓰다듬어보였다. "당신에게 들려줄 이야기가 너무 많아요."

"나도 마찬가지예요! 톰은 어디 있어요?"

"몇 킬로미터 뒤에서 따라오고 있어요. 금방 도착할 거예요."

"그 눈길을 뚫고 나왔나요?" 내가 물었다.

"어느 정도까지는요. 그렇지만 눈이 너무 많이 쌓여서 결국 산에서 내려와 길을 돌아가야 했지요."

나는 고개를 흔들었다. 더그가 내 눈앞에 서 있다니, 충격이 아직 가시지 않았다. 나는 여행을 그만둔 그렉에 대해서 이야기했고 앨버트와 매트에 관해서 물어보았다.

"마지막으로 헤어진 뒤에는 아무 소식도 못 들었어요." 더그가 나를 바라보며 미소 지었다. 그의 눈동자가 살아 있는 것처럼 반짝거렸다. "당신이 여행하면서 남긴 방명록의 글들을 다 읽었어요. 덕분에 우리도 여행을 계속할 동기를 부여받은 셈이지요. 우리는 당신을 따라잡고 싶었거든요."

"나는 지금 막 떠나려던 참이었어요." 내가 말했다. 나는 놀라서 바닥에 떨어트린 빈 상자를 줍기 위해 몸을 굽혔다. "몇 분만 늦었어도 당신은 나를 만나지 못했을지도 몰라요."

"결국 당신을 따라잡았을 거에요." 그가 이렇게 말하며 최고로 인기가 많은 남자처럼 그렇게 웃었다. 지금은 조금 변해 있었지만, 이전의 그의 모습이 생생하게 기억이 났다. 그는 전보다 더 거칠어졌고 이런저런 일들을 많이 겪은 듯한 모습이었다. 마치 지난 몇 개월 동안 나이를 몇 살 더 먹어버린 것 같았다.

"내가 일을 좀 처리할 동안 기다려줄 수 있겠어요? 그런 다음 같이 출발할 수 있도록?"

"그야 물론이죠." 나는 주저하지 않고 말했다. "이제 캐스케이드 록스에 닿을 때까지 남은 기간 혼자 가려고 했죠. 당신도 알겠지만 이제 여행을 마칠 때라서요. 그렇지만 당신이랑 같이 팀버라인 로지까지 가도 괜찮아요."

"아, 이런 셰릴." 그는 나를 다시 한번 끌어안았다. "이렇게 여기서 다시 만나다니 믿을 수가 없군요. 아니, 내가 준 그 검은색 깃털을 아직 가지고 있네요?" 그가 손을 뻗어 깃털을 만졌다.

"행운의 마법이니까요." 내가 말했다.

"그런데 그 와인은 뭔가요?" 그가 내 손에 들린 병을 가리키며 물었다.

"아, 삼림 순찰대원에게 갖다 주려던 건데." 와인 병을 높이 들며 대답했다. "팀버라인까지 이걸 들고 가고 싶지 않아서요."

"지금 제정신이에요?" 더그가 물었다. "나 줘요."

*

우리는 그날 밤 웜 스프링스 리버 근처에 있는 야영장에서 내 스위스 다용도 군용칼로 와인 마개를 땄다. 기온은 20도 정도로 따뜻했지만 저녁이 되니 쌀쌀해졌다.

여름의 끝자락이 가을로 넘어가는 모습이 여기저기 눈에 띄었다. 나뭇잎들이 미처 알아차리지 못한 사이에 하나둘씩 떨어졌고 들꽃들은 시들어 고개를 숙였다.

더그와 나는 불을 피워 저녁을 지은 뒤 자리에 앉아 각자의 냄비에 담아 먹었고 두 사람 다 컵이 없어서 포도주는 그냥 병째 번갈아가며 마셨다. 와인과 불과 더그의 존재. 이 모든 것들이 다시 한 번 내 여행의 마무리를 장식하는 의식이자 축하행사처럼 느껴졌다. 잠시 뒤 사방이 갑자기 완전히 어두워졌고 저 멀리서는 코요테들이 으르렁거리는 소리가 들려왔다.

"저 소리를 들으면 언제나 머리카락이 곤두서요." 더그가 말했다. 그는 와인을 한 모금 들이켜고 병을 내게 내밀었다.

"와인 맛이 정말 좋은데요."

"그러네요." 나는 고개를 끄덕이며 와인을 마셨다. "이번 여름에는 코요테 울음소리를 실컷 들었어요."

"무섭지는 않았죠? 두려워하는 게 없다고 했었잖아요."

"그렇게 말했었죠." 내가 대답했다. "물론 이따금 안 그런 적도 있었지만. 나도 겁이 날 때가 있어요."

"나도 그래요." 더그가 슬그머니 팔을 들어 올려 내 어깨를 감싸 안았고 나는 그의 손을 꼭 쥐었다. 더그는 마치 내 남동생 같았다. 물론 진짜 남매 같다는 의미는 아니었다. 그는 앞으로 다시 못 만나게 되더라도 언제나 내가 잘 알고 있는 사람 같은 느낌을 줄 것이었다.

와인 한 병을 다 비우고 나자 나는 몬스터 쪽으로 가서 책들이 들어 있는 지퍼락 봉지를 꺼냈다. "혹시 뭐 읽을 거라도 필요해요?" 내가 『만 가지 일들』을 들어 보이며 물었다. 그렇지만 그는 고개를 흔들었다. 나는 그 책을 며칠 전에 다 읽었지만 그동안 비가 내려서 미처 책을 태워버릴 수가 없었다.

그동안 여행을 하면서 읽었던 책들과는 달리 이 책은 짐을 꾸릴 당시 이미 내가 다 읽은 책이었다. 인도네시아의 몰루카제도를 배경으로 한 진지하고 서정적인 소설로, 처음 출간되었을 당시 비평가들의 큰 찬사를 받았지만 지금은 거의 잊힌 책이었다.

나는 이 책을 읽었다는 사람을 만나본 적이 없었다. 유일하게 이 책 이야기를 한 사람은 대학의 글쓰기 담당 교수였는데, 그는 엄마가 아플 무렵 내가 듣고 있던 소설작법 워크숍에서 바로 이 책을 과제로 내주었다.

엄마의 병실을 지키며 과제를 위해 읽기 시작한 이 책은 일단 제목부터 별 감흥이 없었다. 그다음 주에 있을 토론 시간을 위해 책 내용에 집중하면서 내게 닥친 두려움과 슬픔을 잊어보려고 했지만 아무 소용이 없었다. 나는 엄마 생각 말고는 아무 생각도 할 수가 없었다.

게다가 나는 이미 그 만 가지 일들에 대해 알고 있었다. 이 세상에는 내가 알거나 혹은 알지 못하는 수많은 일들이 있지만 그런 것들을 다 합쳐봐야 우리 엄마가 나를 사랑해준 것에 비하면 결국 아무것도 아니었다. 그리고 내가 엄마를 사랑한 만큼도 되지 않았다. 그래서 나는 PCT 도보 여행을 위해 짐을 꾸리면서 이 책에 한 번 더 기회를 주기로 했다. 이번에는 아무 방해 없이 이 책을 읽을 수 있을 거라 생각했다. 그리고 책의 첫 페이지를 펼치는 순간부터 나는 이 책에 빠져들었다. 저자인 마리아 데무트의 문장은 마치 모든 것을 다 알고 있는 듯 부드러운 단검처럼 내게 다가와 아득한 저편에 있는 땅의 이야기를 내가 사랑했던 장소들처럼 생생하게 보여주었다.

"이제 그만 가봐야 할 거 같네요." 더그가 빈 병을 들고 이렇게 말했다. "톰은 아마 내일쯤 도착할 거예요."

"뒷정리는 내가 할게요."

더그가 가버리고 나서 나는 『만 가지 일들』을 한 장씩 뜯어 불 속에 던지고는 다 타버릴 때까지 막대기로 이리저리 쑤셨다. 타오르는 불꽃을 바라보며 나는 에디를 생각했다. 사실 불가에 앉을 때마다 항상 그를 생각했다. 이렇게 불을 피우는 법을 가르쳐준 사람이 바로 다름 아닌 에디였던 것이다.

그는 처음으로 내게 야영이라는 것을 알려준 고마운 사람이었다. 텐트 치는 법과 로프의 매듭 묶는 법을 가르쳐주었다. 주머니칼로 깡통을 따는 법, 카누 젓는 법, 호수 위 바윗돌 사이를 뛰어다니는 법도 그에게 배웠다. 에디는 엄마와 사랑에 빠진 뒤 3년 동안 우리 가족과 함께 야영도 하고 미네소타를 따라 세인트 크루아 강과 나머카건 강에서 카누도 탔다. 말 그대로 6월에서 9월까지 매주 그렇게 했다. 그가 다친 후 보상금으로 산 땅으로 이주한 뒤로는 숲에 대해서 더 자세히 가르쳐주었다.

어떤 일이 일어나고 또 일어나지 않는 원인이 무엇인지 알 수 있는 길은 없다. 일이 어떻게 연결되고, 무엇이 일을 망치는지도 우리는 알 수가 없다. 인생을 피어나게 하거나 망치게 하거나 혹은 방향을 바꿔버리게 하는 원인이 무엇인지도 우리는 잘 모른다.

그렇지만 나는 그날 불가에 앉아 분명히 확신할 수 있었다. 에디의 도움이 아니었더라면 나는 PCT에 올 엄두도 내지 못했을 거라고. 그를 향한 내 감정이 목구멍을 조이는 바윗돌처럼 느껴진다 하더라도, 그가 내게 해준 일을 생각하면 그 바윗돌마저 조금은 더 가벼워지지 않을까. 그는 나를 끝까지 사랑해주지는 않았다. 그러나 그가 내게 주었던 사랑은 언제나 큰 도움이 되었다.

『만 가지 일들』이 재가 되어버리자 나는 지퍼락 봉지에서 또다른 책을 꺼냈다. 바로 『공통 언어를 향한 꿈』이었다. 나는 이 시집을 여행 첫날 밤 이후로는 한 번도 펼쳐보지 않았지만 이렇게 여행 내내 가지고 다녔다. 구태여 다시 볼 필요도 없었다.

이미 다 아는 시들이었고, 여름 내내 시집 전체가 내 머릿속에서 계속해서 맴돌았으니까.

다양한 시들의 구절들이나 제목 그 자체가 다 기억났고, 시집의 제목은 그것만으로도 한 편의 시였다. '공통 언어를 향한 꿈'이라……. 나는 시집을 다시 펼쳐 들었다. 시를 읽기 위해 불빛 쪽으로 몸을 굽혔다. 열 편이 넘는 시를 읽었다. 모두 다 내게 익숙했고 기묘한 편안함을 주던 시들이었다.

그동안 길을 걸으며 그 시들을 나지막이 입으로 중얼거리곤 했다. 그 내용이 정확히 무엇을 뜻하는지 모를 때도 많았고 그 의미를 알고 있지만 다르게 다가온 적도 많았다. 시가 품은 의미들은 마치 내가 맨손으로 잡으려고 애쓰는 물속의 물고기들처럼 내 앞에서 헤엄을 쳤다. 잡으려고 가까이 다가가면 다 잡힐 것처럼 가만히 있다가 어느새 멀리 달아나버리는 것이었다.

나는 책에 눈을 가까이 대고 베이지색 표지를 살펴보았다. 이 책을 태워버리지 않을 이유가 있을까.

그렇지만 나는 그 책을 품속에 힘껏 끌어안았다

*

우리는 며칠 뒤 팀버라인 로지에 도착했다. 더그와 나뿐 아니라 톰이 합류를 했고 다시 스무 살쯤 되어 보이는 여자 두 명이 더 늘었다. 두 사람은 오리건 주에서 워싱턴 주까지 짧은 구간을 여행하고 있었다. 우리는 둘씩 혹은 셋씩 다양하게 짝을 짓거나 모두 함께 나들이라도 나온 것처럼 신나게 여행했다. 즐거운 사람들과 시원하고 화창한 날씨 덕분에 활기차고 명랑한 여정이었다.

충분히 휴식을 하고, 함께 공놀이도 하고, 얼음처럼 차가운 호수에 뛰어들기도 했다. 그러다 벌집을 잘못 건드려서 웃고 떠들며 정신없이 도망을 치기도 했다. 후드 산의 남쪽 옆 1,828미터 높이로 솟아 있는 팀버라인 로지에 도착했을 때 우리는 마치 한 가족처럼 변해 있었다. 여름 캠프를 함께 보낸 아이들이라도 된 것 같은 기분이었다.

오후쯤 도착해 라운지에 들어간 우리는 소파 몇 개를 차지하고 앉아 낮은 나무 탁자를 사이에 두고 서로의 얼굴을 마주 보며 엄청나게 비싼 샌드위치를 주문했다. 그리고 초콜릿 시럽을 뿌린 커피를 마시며 주인에게 빌린 카드로 카드놀이도 했다. 창문 밖으로는 후드 산의 경사면이 위쪽으로 솟아 있었다. 오리건 주에서 가장 높은 산인 높이 3,426미터의 후드 산은 지난 7월 라센 피크 남쪽의 캐스케이드 레인지로 들어선 이후 지나친 여느 산들처럼 화산이었다. 그렇지만 단지 내가 그 끝자락에 와 있기 때문이 아니라 내가 마지막으로 지나가야 하는 마지막 산이기에 가장 중요하게 여겨졌다.

산의 모습은 내게 친숙했다. 그 압도적인 웅장한 모습은 맑은 날이면 포틀랜드에서도 잘 보이곤 했다. 이렇게 후드 산에 직접 도착해보니 고향에 온 듯한 느낌이었다. 2년 동안 지내왔던 곳. 그리고 8~9개월 동안 모든 일이 다 일어났던 곳. 그렇지만 실제적으로는 살았다고 결코 말할 수는 없는 곳. 바로 그 포틀랜드가 불과 95킬로미터 정도 떨어져 있었다.

후드 산의 전경을 멀리서 볼 때마다 단 한 번도 감탄하지 않은 적이 없었다. 그렇지만 이렇게 가까이서 보는 모습은 모든 면에서 또 달랐다. 그렇게까지 장엄하지는 않았고 순간 더 평범해 보이기는 했으나 그 불굴의 권위 안에서 끝없이 넓고 커 보였다. 건물 북쪽 창밖으로 보이는 풍경은 몇 킬로미터 밖에서 볼 때처럼 하얗게 반짝거리는 봉우리가 아니라 회색의 조금은 황량해 보이는 모습이었다. 산의 경사면을 따라 제멋대로 자란 소나무들과 바위틈 사이로 자라고 있는 붓꽃이며 과꽃들이 점점이 박혀 있는 모습이 보였다. 그 자연스러운 모습 위로는 스키장으로 연결되는 리프트가 박혀 있었다.

나는 잠시나마 이렇게 소박하지만 편안한 휴양 시설 안에서 산으로부터 보호를 받고 있음에 행복감을 느꼈다. 이곳은 1930년대 중반 당시 미국의 고용 촉진국 직원들이 직접 돌과 나무를 손으로 다듬어 지은 장대한 건물이었다. 이 건물의 모든 부분에는 각자의 이야기가 숨어 있다. 벽에 걸린 그림들이며 건축 양식, 그리고 가구를 덮고 있는 손으로 짠 천들까지……. 모든 부분이 하나하나 태평양 북서부 지역의 역사와 문화, 그리고 자연의 모습을 담고 있었다.

나는 다른 이들에게 양해를 구하고 천천히 건물 밖으로 걸어 나와 남쪽으로 향해 있는 널찍한 테라스로 향했다. 날은 맑고 화창했고 나는 100킬로미터 밖도 볼 수 있을 것 같았다. 그동안 내가 걸어서 지나온 수많은 산이 눈에 들어왔다. 세 자매 산의 두 봉우리며 제퍼슨 산, 그리고 부러진 손가락 산$^{Broken\ Finger}$도 보였다.

뛰고, 넘고, 돌면 끝.

이제 나는 이곳까지 왔다. 거의 다 해낸 것이다. 그렇지만 아직 완전히 마무리한 것은 아니다. 신들의 다리까지는 아직 80킬로미터가량을 더 걸어가야 한다.

다음 날 아침, 나는 더그와 톰, 그리고 두 여자에게 작별 인사를 하고 혼자 걷기 시작했다. 건물을 나와 PCT로 이어지는 짧고 가파른 길을 따라 올라갔다. 나는 스키 리프트 아래를 지나 후드 산의 중턱을 돌아 북쪽과 서쪽으로 길을 잡았다. 엄동설한과 매서운 모래바람에 다 닳아 없어진 바위처럼 보이는 길이었다. 20분쯤 뒤 후드 윌더니스로 들어설 때쯤, 나는 다시 숲을 만났고 나를 둘러싸는 침묵을 느낄 수 있었다.

나는 이렇게 혼자 있는 기분이 좋았다. 왠지 흥분되었다. 9월 중순이었으나 태양은 환하고 따뜻했고 하늘은 그 어느 때보다도 더 푸르렀다. 눈앞으로 몇 킬로미터까지 시야가 확 트였다가 빽빽한 삼림이 나를 둘러쌌고 그러다가 다시 길이 넓어지는 일이 반복되었다. 나는 쉬지 않고 15킬로미터가량을 걸어 샌디 강을 건넌 후 반대편에서는 작은 평지로 보이는 곳을 골라 앉아 쉬었다. 이제 『PCT 제2권: 오리건과 워싱턴』은 대부분 찢기고 없었다. 나는 접어서 반바지 주머니 속에 넣어 두었던 책의 나머지 부분을 꺼내 다시 읽어보았다.

이제 내 마음은 온통 여행의 끝에 가 있었다. 캐스케이드 록스에 도착하는 장면을 그리며 흥분도 되었지만 동시에 슬프기도 했다. 나는 야외에서 생활하며 텐트 안 바닥에서 잠을 자고 거의 날마다 온종일 혼자 숲속을 걷는 일이 일상처럼 다가올 줄은 미처 알지 못했다. 그렇지만 실제로 그렇게 되었다. 이제 그런 생활과 작별할 생각을 하니 그게 오히려 더 걱정될 지경이었다.

나는 강으로 가 쪼그리고 앉아 얼굴을 씻었다. 여름이 다 가서일까. 물길은 좁고 얕아서 그냥 강이 아니라 시냇물로 보일 정도였다.

지금쯤 엄마는 어디 있을까?

엄마가 보고 싶었다. 오랫동안 나는 엄마를 버리지 못했고 그 무게를 지고 비틀거리며 살아왔다.

엄마는 저 강 건너편에 있을까?

나는 그렇게 생각하기로 했다. 그리고 마음속의 무언가가 풀어지는 기분이 들었다.

*

그리고 이어지는 날들. 나는 라모나 폴스를 지나고 컬럼비아 윌더니스의 안팎 가장자리를 지나쳤다. 나의 눈에 세인트헬렌스 산이 들어왔다. 그리고 저 멀리 북쪽으로는 레이니어 산과 애덤스 산이 보였다. 나는 와텀 레이크에 도착한 후 PCT를 벗어나기로 했다. 그리고 PCT 대신 안내서의 저자들이 추천하는 길로 가보기로 했다. 그 길을 따라가면 이글 크리크가 나오고 컬럼비아 강 계곡으로 들어서게 되며 최종적으로 캐스케이드 록스의 마을을 따라 흐르는 강에 도착하게 된다. 내려가고, 내려가고, 또 내려가는 길. 나는 온종일 길을 따라 걸어 내려갔다. 거리는 25킬로미터, 높이로는 1,220미터쯤 내려간 것이다. 시내와 개울을 건넜고 때로는 작은 물줄기를 따라 걷기도 했다. 나는 저 물줄기가 마치 거대한 자석처럼 나를 북쪽으로 이끌고 있다고 생각했다. 드디어 모든 것이 끝나간다는 걸 실감할 수 있었다. 나는 이글 크리크 언덕에서 밤을 보내기 위해 가던 길을 멈췄다. 시간은 오후 5시였고 캐스케이드 록스까지는 겨우 9.5킬로미터밖에 남지 않았다. 나는 어두워지기 전에 마을에 들어갈 수도 있었지만 내 여행을 그런 식으로 마무리하고 싶지 않았다. 나는 나만의 시간을 가지고 환한 태양 아래서 신들의 다리와 강을 보고 싶었다.

그날 저녁 나는 이글 크리크 근처에 앉아 바위틈을 흘러가는 물줄기를 바라보았다. 긴 내리막길을 따라오다 보니 내 발은 다시 엉망이 되었다. 이제 내 몸은 이전보다 훨씬 더 강해졌다. 그래도 PCT를 걷는 일은 여전히 힘이 들었다. 상대적으로 덜 힘든 오리건 주의 길을 걸으며 어느새 조금 부드러워진 발에 다시 물집이 잡혔다. 나는 손가락으로 물집을 조심스럽게 만지며 달랬다. 발톱 하나가 또 거의 빠질 것처럼 보였다. 슬쩍 당겨보니 어느새 발톱은 내 손 안에 있었다. 여섯 번째였다. 이제 남은 발톱은 네 개뿐이었다.

PCT와 나는 이제 무승부가 아니었다. 점수는 6대4. PCT 승.

*

나는 그냥 방수포 위에서 잠을 청했다. 마지막 밤만은 다른 것으로 내 몸 위를 두르고 싶지 않았다. 그리고 후드 산 위로 떠오르는 태양을 바라보기 위해 새벽녘에 잠에서 깨어났다.

이제 거의 다 끝났어. 돌아갈 곳도 머무를 곳도 없어. 처음부터 그런 곳은 없었어.

나는 잠시 자리에 앉아 빛이 하늘을 채우는 모습을 바라보았다. 빛은 점점 환해지더니 숲속까지 이르렀다. 나는 눈을 감고 이글 크리크의 물소리에 귀를 기울였다.

컬럼비아 강으로 흐르는 물줄기. 나도 그리로 흘러간다.

나는 이글 크리크 트레일 상류 근처 작은 주차장까지 6킬로미터를 흘러갔다. 아무것도 섞이지 않은 순수한 감정, 오직 기쁨이라고밖에는 설명할 수 없는 그 감정에 나는 몸을 맡겼다. 나는 거의 텅 비어 있는 주차장을 어슬렁거리며 화장실들을 지나쳐갔다. 그리고 캐스케이드 록스까지 3.2킬로미터가량 이어지는 또 다른 길을 따라갔다. 길이 갑자기 오른쪽으로 꺾였고 내 앞에 컬럼비아 강이 그 모습을 드러냈다. 바로 아래, 84번 주간 고속도로에서 시작되는 길을 나누는 철책 담장 사이로 강이 보였다. 나는 걸음을 멈추고 철책을 손에 쥐고 강을 바라보았다.

마침내 이곳까지 도착했다는 사실이 기적처럼 느껴졌다. 마치 오랜 산고 끝에 갓 태어난 아이를 품에 안은 것만 같았다. 어두운 강물에서 비치는 희미한 빛은 이곳에 도착하기 위한 긴 여정 동안 내가 상상했던 그 어떤 모습보다도 더 아름다웠다.

나는 싱싱하고 푸른 길을 따라 동쪽으로 걸었다. 오랫동안 버려져 있던 컬럼비아 강 고속도로의 남아 있는 길이었다. 그 길이 PCT로 바뀐 것이었다. 남아 있는 포장도로의 흔적을 몇 군데 볼 수 있었지만, 대부분은 길가 돌들을 따라서 자란 이끼들로 덮여 있었고 나무들은 그 위로 묵직하게 늘어져 있었다. 그 사이로는 거미들이 거미집을 더 크게 짓고 있었다. 거미집 사이를 걸으니 얼굴에 닿는 거미줄이 마술처럼 느껴졌다. 머리에 엉킨 거미줄을 걷어내려니 보이지는 않지만 나와 강 사이를 지나가는 왼편 도로에서 자동차 소리가 들려왔다. 휙, 혹은 웅웅거리며 지나가는 익숙한 소리들.

숲에서 빠져 나오자 나는 캐스케이드 록스에 있었다. 캐스케이드 록스는 내가 그동안 들렀던 많은 마을과는 달리 천 명 조금 넘는 인구가 사는 '진짜' 마을이었다. 도착했을 때는 금요일 아침이었고 내가 지나쳐가는 집마다 금요일 분위기가 물씬 풍겨왔다. 나는 간선도로 아래쪽을 걸어 스키 스틱을 달그락거리며 거리를 따라 천천히 걸어갔다. 다리가 눈에 들어오자 심장이 미친듯이 뛰기 시작했다.

강철로 만든 트러스 구조의 우아한 다리였다. 다리의 이름은 대략 300년 전 산사태로 인해 컬럼비아 강을 덮으며 만들어졌던 천연 다리의 이름을 따서 만들어졌다. 그 지역의 원주민 인디언들은 그 길을 신들의 다리라고 불렀다. 이제는 인간이 만든 다리가 그 이름을 이어받아 약 560미터에 달하는 길이로 컬럼비아 강을 넘어 오리건 주와 워싱턴 주, 그리고 캐스케이드 록스와 스티븐슨 마을을 연결했다.

요금을 받는 곳에 도착하니 그곳에 있는 여자가 내게 걸어서 다리를 건널 거면 따로 요금은 낼 필요가 없다고 말해주었다.

"아, 다리를 건너지 않을 거예요." 내가 이렇게 말했다. "그냥 손으로만 한번 만져볼 거예요." 나는 길 가장자리를 따라 걷다가 콘크리트로 만든 다리의 기둥에 도착했다. 나는 그 위에 손을 얹고 발아래로 흐르고 있는 컬럼비아 강을 바라보았다. 태평양 북서부 지방에서 가장 크고 미국에서는 네 번째로 큰 강.

미국의 원주민들은 천 년이 넘는 세월 동안 이 강 근처에서 살며 풍족하게 몰려드는 연어를 낚으며 생활했다. 미국 정부의 명령에 따라 최초로 미국을 횡단했던 메리웨더 루이스와 윌리엄 클라크는 1805년 특별히 제작한 배를 타고 컬럼비아 강을 따라 내려갔다. 그로부터 100년하고도 90년이 지난 뒤, 그리고 내 스물일곱 번째 생일 바로 이틀 전에, 나는 이곳에 도착했다.

나는 이곳에 도착했다. 나는 이 여정을 해냈다. 그건 마치 엄청난 일인 동시에 아주 대수롭지 않은 일처럼 느껴졌다. 늘 스스로에게 속삭이지만 그 정확한 의미는 알 수 없는 나만의 비밀 같았다. 나는 몇 분 동안 그 자리에 서 있었다. 트럭이며 승용차들이 나를 지나쳐갔다. 울고 싶었지만 나는 울지 않았다.

몇 주 전 나는 그레이프바인 트레일에서 캐스케이드 록스에 도착하면 반드시 이스트 윈드 드라이브 인에 가봐야 한다는 이야기를 들었다. 거기에 가서 엄청난 크기로 유명한 아이스크림을 맛봐야 한다는 것이었다. 바로 그 이유로 나는 팀버라인 로지에 왔을 때 아껴둔 2달러를 품에 지니고 있었다.

나는 다리를 떠나 강과 주간 고속도로를 따라 나란히 나 있는 번잡한 거리로 향했다. 그 사이는 길과 마을 대부분이 자리하고 있었다. 아직 이른 아침이었고 가게는 문을 열지 않았다. 그래서 나는 가게 앞 하얀색 나무 벤치에 몬스터를 옆에 두고 잠시 앉아 있었다. 이제 얼마 지나지 않으면 나는 포틀랜드에 가 있을 것이다. 서쪽으로 72킬로미터만 가면 포틀랜드가 있었다.

그곳에 가면 지붕 아래서 내 낡은 이부자리를 깔고 잠을 자겠지. CD와 플레이어를 다시 꺼내 내가 좋아하는 음악을 마음껏 들을 수 있으리라. 검은색 레이스가 달린 브래지어, 청바지도 다시 꺼내 입어야지. 구할 수 있는 모든 근사한 음식과 음료수를 먹고 마셔야지. 가고 싶은 곳이 어디든 픽업트럭을 몰고 떠나야지. 컴퓨터도 다시 설치해서 소설을 써보자. 미네소타에서 가져온 책들이 몇 상자나 있으니 그걸 헌책방에 팔아서 현금을 좀 마련하자. 일자리를 찾을 때까지 가지고 있는 물건들을 팔아서 버틸 수 있을까. 싸구려 드레스와 소형 쌍안경, 휴대용 톱도 벼룩시장에서 팔아보자. 뭐든지 다 해봐야지.

이런 생각들을 하니 온몸에 전율이 일었다.

"영업 준비 다 되었습니다." 한 여자가 가게 창문을 열고 고개를 내밀며 말했다.

나는 초콜릿 바닐라 아이스크림콘을 주문했다. 잠시 뒤 여자는 아이스크림을 건네주었고 내가 2달러를 내밀자 거스름돈으로

20센트를 내주었다. 그 10센트짜리 동전 두 개가 이 세상에서 내게 남은 마지막 돈이었다.

나는 하얀색 벤치에 앉아 아이스크림을 하나도 남김없이 다 핥아먹고는 다시 지나가는 차들을 바라보았다. BMW 한 대가 와서 멈추고 정장을 걸친 한 젊은 남자가 차에서 내릴 때까지 나는 그날 아침의 유일한 손님이었다.

"안녕하세요." 남자는 지나가며 내게 인사를 했다. 내 나이 또래쯤 되었을까. 머리는 뒤로 빗어 넘겼고 구두는 티끌 하나 없이 반짝거렸다. 아이스크림을 산 남자는 다시 돌아와 내 옆에 섰다.

"배낭여행 하시나 봐요?"

"네. PCT를 여행했죠. 지금까지 1,700킬로미터 이상 걸어왔어요." 내가 말했다. 너무 흥분되어 목소리가 떨려 나왔다.

"오늘 아침에 막 여행을 끝냈어요."

"아, 정말이요?"

나는 고개를 끄덕이며 웃었다.

"정말 대단해요. 나도 항상 그런 일을 해보고 싶었거든요. 아주 오랫동안 여행하는 일이요."

"물론 당신도 할 수 있어요. 언젠가는 꼭 한번 해보세요. 내 말을 믿어요. 내가 할 수 있었으니 누구든 다 할 수 있는 일이에요."

"하지만 일이 바빠 시간을 낼 수가 없어서요. 나는 변호사거든요." 그가 말했다. 그는 반쯤 남은 아이스크림을 쓰레기통에 던져 넣은 후 휴지로 손을 닦았다.

"그러면 이제는 뭐하실 건가요?"

"포틀랜드로 가요. 잠깐 거기서 살려고요."

"나도 포틀랜드에서 살아요. 지금 그쪽으로 가는 길인데 괜찮으면 같이 가도 좋아요. 기쁜 마음으로 어디든 원하는 곳에 데려다줄 수 있어요."

"감사하지만 이곳에 조금 더 머물고 싶어요. 그냥 이런저런 생각을 좀 할 게 있어서요."

그는 지갑에서 명함을 꺼내 내게 주었다. "포틀랜드에 오면 연락해주세요. 식사라도 하면서 여행에 대한 이야기를 들을 수 있다면 기쁘겠어요."

"네, 좋아요." 나는 그렇게 대답하며 명함을 보았다. 흰색 바탕에 파란색 글씨가 새겨져 있었다. 다른 세상의 또 다른 유물이었다.

"이렇게 중요한 순간에 만나게 되어 영광이네요." 그가 말했다. "나도 만나서 반가웠어요." 나는 그렇게 말하며 그와 악수를 했다.

그가 차를 몰고 떠나자 나는 머리를 뒤로 젖히고 햇살을 피해 눈을 감았다. 다리 앞에 서 있을 때는 흐르지 않던 눈물이 조금씩 흐르기 시작했다.

감사합니다. 이 긴 여정을 무사히 마치게 해주셔서.

그리고 마침내 내 마음속에서 모든 것이 하나로 합쳐졌다. 그것이 무엇인지는 아직도 모르겠지만 나는 이미 어떤 것이 내 마음속에 담겨 있음을 깨닫게 되었다.

나는 BMW를 탄 그 남자를 다시는 만나지 못했다. 그렇지만 4

년 후 나는 또 다른 남자와 신들의 다리를 건넜고 내가 지금 앉아 있는 자리에서도 보이는 곳에서 그와 결혼했다. 9년 후 나는 그 남자와의 사이에서 카버라는 아들을, 그리고 1년 반 뒤에는 보비라는 이름의 딸을 얻었다. 이곳에서 아이스크림을 먹은 후 15년이 흘러, 나는 가족들과 함께 이 벤치를 다시 찾아 네 명이서 함께 아이스크림을 먹었고 나는 내 여행에 대한 이야기를 들려주었다. PCT라 불리는 먼 길을 혼자 걸어 이곳에 도착했을 때의 이야기들을. 그리고 그 이후에 그 여행의 의미가 내 안에 어떻게 자리 잡게 되었는지, 내가 항상 찾아 헤매던 나의 비밀이 어떻게 마침내 그 모습을 드러내게 되었는지를.

그렇게 나는 이 이야기를 완성했다.

나는 내가 여행을 하면서 만났던 사람들을 찾아 다시 만나게 될 줄은 몰랐다. 물론 다시 볼 수 없는 사람들도 많았고 예상치 못했던 소식을 듣기도 했다. 바로 더그의 사망 소식이었다. 그는 우리가 PCT에서 작별한 뒤 9년이 지난 후 뉴질랜드 바다에서 휴가를 즐기다 사고로 사망했다. 나는 그가 얼마나 좋은 사람이었는지를 추억하며 눈물을 흘렸다. 나는 우리 집 지하실 저 구석에 내가 몬스터를 걸어놓은 녹슨 못 아래로 가 더그가 내게 주었던 까마귀 깃털을 찾았다. 이제는 부러지고 다 닳았지만 깃털은 여전히 내가 처음 두었던 그 자리, 배낭 프레임 끝에 꽂혀 있었다.

마침내 긴 여정을 끝내고 하얀색 벤치에 앉아 있을 때 나는 앞으로 일어나게 될 일들에 대해 전혀 알지 못했다. 내가 해냈다는 사실 외에 알고 있어야 할 것들은 없었다. 내가 정말로 해냈다는 사실만 기억하면 충분했다. 그게 어떤 의미인지 정확히 설명할 수 없을지라도 그 의미를 이해하는 것. 나의 밤과 낮을 채워준 시집 『공통 언어를 향한 꿈』 속의 시 하나하나가 그랬던 것처럼 말이다.

이제 나는 믿게 되었다. 더는 무언가를 잡으려 텅 빈 손을 물속에서 휘저을 필요가 없다는 것을. 단지 헤엄치는 물고기를 바라보는 것만으로도 충분하다는 것을. 그리고 알게 되었다. 다른 모든 이의 인생처럼 나의 인생 역시 신비로우면서도 돌이킬 수 없이 고귀하다는 것을. 지금 이 순간, 내 곁에 있는 바로 이것.

인생이란 얼마나 예측 불허한가. 그러니 흘러가는 대로, 그대로 내버려둘 수밖에.

에필로그

미그웨치^{Miigwech}는 오지브웨 인디언 부족의 말이다. 미네소타 북부에서 자라면서 자주 들어오던 그 말을 여기에 써보고 싶다. 미그웨치는 '감사하다'는 뜻이기도 하지만 그보다 더 큰 의미를 담고 있다. 감사와 함께 겸손의 마음을 보여주는 것이다. 이 책을 완성하는 데 도움을 준 모든 사람에게 어떻게 감사의 마음을 전할까 고민하다 생각해낸 말이 바로 이 미그웨치다. 오직 감사와 송구스러운 마음뿐이다.

나는 이 책 내용의 대부분을 우리 집 식탁 앞에 앉아서 썼다. 그렇지만 결정적인 부분을 쓸 때는 집에서 멀리 떠나 있었다. 내게 머물 곳을 제공해준 소프스톤 측에 감사의 마음을 전한다. 특히 소프스톤의 전 책임자였던 루스 건들은 이 책을 구상하는 동안 내게 특별한 인정을 베풀어주었다. 샐리 피츠제럴드와 콘 피츠제럴드, 이 두 사람은 내가 이 책의 마무리 작업을 하고 있을 때 아름답고 고요한 작은 집으로 나를 초대해 환대해주었다. 깊은 감사의 뜻을 표하고 싶다. 그중에서도 제인 오키프의 도움을 잊을 수는 없을 것이다.

내 에이전트인 자넷 실버와 재커리 햄스워스 에이전시에게도 감사하다. 그리고 이 책의 초기 구상부터 함께하고 믿어준 노프 출판사의 수많은 직원에게 큰 빚을 졌다. 그들 덕분에 이 책은 세상의 빛을 볼 수 있었다. 특별히 내 담당 편집자 로빈 디서에게 감사의 마음을 전하고 싶다.

내 아이들, 카버와 보비 린드스톰에게 깊은 감사의 마음을 전한다. 아이들은 내가 이 책을 완성하기 위해 홀로 떠나야만 할 때마다 의젓하고 유쾌하게 그 시간을 견뎌주었다. 아이들 덕분에 나는 삶과 사랑이야말로 가장 중요한 것이라는 사실을 잊지 않을 수 있었다. 가장 큰 빚을 진 사람은 내 남편 브라이언 린드스톰이다. 그는 내 글과 내 인생 모두를 끔찍이도 사랑을 해주었다. 고마워요, 브라이언.

나는 나를 감싸주고 사랑해준 친구들에게 정말 감사한다. 감사를 전하고픈 친구들이 너무 많아서 여기에 일일이 다 그 이름들을 열거하기가 힘들 정도다. 그저 내 인생에 있어 그 친구들을 만날 수 있어 행운이었다는 말로 내 마음을 전하려 한다. 이들의 조언과 그 끝없는 선의는 내게 이 세상 전부와 같았다.

여전히 PCT 여행에 관한 여행 안내서 부문에서 타의 추종을 불허하고 있는 윌더니스 출판사에 감사의 말을 전하고 싶다. 이 안내서가 없었더라면 이 여행을 결코 해낼 수 없었을 것이다.

PCT에서 만났던 대부분 사람들은 내 인생에서 잠시 스쳐 지나갔던 사람들이다. 그렇지만 나는 그들 한 명 한 명에게 많은 도움을 받았다. 그들 덕분에 나는 웃기도 했으며 깊은 생각에 잠기기도 했다. 그들 덕분에 나는 멈추지 않고 여행을 계속할 수 있었다. 그리고 무엇보다도 이방인들의 친절을 신뢰하고 받아들일 수 있었다.

마지막으로, 나는 내 친구 더그 위저를 추모하고자 한다. 책의 말미에 언급했지만 그는 2004년 10월 16일 31세의 나이로 세상을 떠났다. 너무나도 좋은 사람이 그렇게 너무나도 빨리 속절없이 가버렸다.

고맙습니다. 미그웨치.

옮긴이 우진하

삼육대학교 영어영문학과를 졸업하고 성균관대학교 번역 테솔 대학원에서 번역학 석사 학위를 취득했다. 한성디지털대학교 실용외국어학과 외래 교수를 역임했으며, 현재는 출판 번역 에이전시 베네트랜스에서 전속 번역가로 활동하고 있다.

옮긴 책으로는 『초월』, 『2030 축의 전환』, 『어떻게 마음을 움직일 것인가』, 『동물농장-내 인생을 위한 세계문학 5』, 『고대 그리스의 영웅들』, 『내가 너의 친구가 돼줄게』, 『크리에이티브란 무엇인가』, 『탁월함은 어떻게 만들어지는가』 등이 있다.

와일드

초판 1쇄 발행 2024년 9월 25일

지은이 셰릴 스트레이드 옮긴이 우진하
펴낸이 김선준

편집이사 서선행
책임편집 이주영 편집1팀 임나리 디자인 엄재선
마케팅팀 권두리, 이진규, 신동빈
홍보팀 조아란, 장태수, 이은정, 권희, 유준상, 박미정, 이건희, 박지훈
경영관리팀 송현주, 권송이, 정수연

펴낸곳 페이지2북스 출판등록 2019년 4월 25일 제2019-000129호
주소 서울시 영등포구 여의대로 108 파크원타워1, 28층
전화 070)4203-7755 팩스 070)4170-4865
종이 (주)월드페이퍼 인쇄·제본 한영문화사

ISBN 979-11-6985-100-8 (03840)

• 책값은 뒤표지에 있습니다.
• 파본은 구입하신 서점에서 교환해드립니다.
• 이 책은 저작권법에 의하여 보호를 받는 저작물이므로 무단 전재와 복제를 금합니다.